Franziska Schuierer

Nation-Building als Aspekt des Völkerrechts

Friedenssicherung in Nachkonfliktsituationen

PL ACADEMIC RESEARCH

Bibliografische Information der Deutschen Nationalbibliothek
Die Deutsche Nationalbibliothek verzeichnet diese Publikation in der DeutschenNationalbibliografie; detaillierte bibliografische Daten sind im Internet über http://dnb.d-nb.de abrufbar.

Zugl.: Marburg, Univ., Diss., 2016

D 4
ISSN 0943-173X
ISBN 978-3-631-68115-2 (Print)
E-ISBN 978-3-653-07238-9 (E-Book)
E-ISBN 978-3-631-70069-3 (EPDF)
E-ISBN 978-3-631-70070-9 (MOBI)
DOI 10.3726/978-3-653-07238-9

PL Academic Research ist ein Imprint der Peter Lang GmbH.

Peter Lang – Frankfurt am Main · Bern · Bruxelles · New York · Oxford · Warszawa · Wien

Die Publikation wurde begutachtet.

www.peterlang.com

SCHRIFTEN
zum internationalen und zum öffentlichen
RECHT

Herausgegeben von Gilbert Gornig

Band 116

Zu Qualitätssicherung und Peer Review der vorliegenden Publikation

Die Qualität der in dieser Reihe erscheinenden Arbeiten wird vor der Publikation durch den Herausgeber der Reihe geprüft.

Notes on the quality assurance and peer review of this publication

Prior to publication, the quality of the work published in this series is reviewed by the editor of the series.

Nation-Building als Aspekt des Völkerrechts

Vorwort und Danksagung

Für die Unterstützung, die ich in den letzten Jahren erfahren habe und die das Entstehen und die Fertigstellung dieser Arbeit ermöglicht hat, möchte ich herzlich danken.

Mein Dank gilt Herrn Staatsminister Professor Dr. Winfried Bausback, MdL, der mein Interesse am Völkerrecht geweckt hat. Meinem Doktorvater, Herrn Professor Dr. Dr. h.c. mult. Gilbert Gornig bin ich zu besonderem Dank für die umfassende und konstruktive Betreuung und die wohlwollende Begutachtung verpflichtet. Ich bedanke mich bei Herrn Professor Dr. Hans-Detlef Horn für die freundliche Übernahme des Zweitgutachtens.

Ohne Familie und Freunde wäre diese Arbeit nicht möglich gewesen. Besonders danke ich meinem Freund Joachim Schwing für seinen motivierenden Zuspruch, seine Verlässlichkeit und seine nicht endende Geduld.

Ich widme diese Arbeit meinen Eltern, Marianne und Hans Schuierer. Sie haben mir Studium und Promotion möglich gemacht. Ihrer Unterstützung, Aufmerksamkeit und Geduld konnte und kann ich mir stets sicher sein.

München, im Juli 2016 Franziska Schuierer

Inhaltsverzeichnis

Abkürzungsverzeichnis

Abs.	Absatz
AdV	Archiv des Völkerrechts
AEMR	Allgemeine Erklärung der Menschenrechte
AEUV	Vertrag über die Arbeitsweise der Europäischen Union
AJIL	American Journal of International Law
AKP-Staaten	Staaten Afrikas, der Karibik und des Pazifiks
AMRK	Amerikanische Menschenrechtskonvention
Am. U. Int'l L. Rev.	American University International Law Review
Art.	Artikel
AU	Afrikanische Union
BayVBl.	Bayerische Verwaltungsblätter
Bd.	Band
BDGV	Berichte der Deutschen Gesellschaft für Völkerrecht
BGBl.	Bundesgesetzblatt
BYIL	The British Yearbook of International Law
CIA	Central Intelligence Agency
Doc. / Dok.	Document / Dokument
ebd.	ebenda
EGMR	Europäischer Gerichtshof für Menschenrechte
EJIL	European Journal of International Law
EMRK	Europäische Menschenrechtskonvention
EPIL	Encyclopedia of Public International Law
EU	Europäische Union
EULEX	European Union Rule of Law Mission
EUV	Vertrag über die Europäische Union
f. / ff.	folgende(r)
Fn.	Fußnote
GYIL	German Yearbook of International Law
HLKO	Haager Landkriegsordnung
Hrsg.	Herausgeber
Hs.	Halbsatz
HSFK	Hessische Stiftung Friedens- und Konfliktforschung
ICISS	International Commission on Intervention and State Sovereignty
ICLQ	International and Comparative Law Quarterly
ICO	International Civilian Office
ICTY	International Criminal Tribunal for the former Yugoslavia
IGH	Internationaler Gerichtshof
ILC	International Law Commission
ILM	International Legal Materials

INTERFET	International Force East Timor
IPbpR	Internationaler Pakt über bürgerliche und politische Rechte
IPwskR	Internationaler Pakt über wirtschaftliche, soziale und kulturelle Rechte
IRRC	International Review of the Red Cross
ISAF	International Security Assistance Force
IStGH	Internationaler Strafgerichtshof
Kap.	Kapitel
KFOR	Kosovo Force
KSZE	Konferenz über Sicherheit und Zusammenarbeit in Europa
lit.	littera
LJIL	Leiden Journal of International Law
Loy.L.A.Int'l & Comp.L.Rev.	Loyola of Los Angeles International and Comparative Law Review
MPEPIL	Max Planck Encyclopedia of Public International Law
NATO	North Atlantic Treaty Organization
m.w.N.	mit weiteren Nachweisen
NGO	Non-governmental Organization
NILR	Netherlands International Law Review
NJIL	Nordic Journal of International Law
NJW	Neue Juristische Wochenschrift
OAS	Organisation Amerikanischer Staaten
OHCHR	Office of the High Commissioner for Human Rights
OSZE	Organisation für Sicherheit und Zusammenarbeit in Europa
Phil. & Publ. Affairs	Philosophy & Public Affairs
Rn.	Randnummer
S.	Seite / Satz
SOFA	Status of forces agreement
SOMA	Status of mission agreement
Stan. J. Int. L.	Stanford Journal of International Law
UÇK	Ushtria Çlirimtare e Kosovës
UN	United Nations
UNAMA	United Nations Assistance Mission in Afghanistan
UNAMET	United Nations Mission in East Timor
UNAMIR	United Nations Assistance Mission for Rwanda
UNDEF	United Nations Democracy Fund
UNDP	United Nations Development Programme
UNHCR	United Nations High Commissioner for Refugees
UNMIK	United Nations Interim Administration Mission in Kosovo
UNMISET	United Nations Mission of Support in East Timor
UNMIT	United Nations Integrated Mission in Timor-Leste
UNO	United Nations Organization
UNOTIL	United Nations Office in Timor-Leste
UNPROFOR	United Nations Protection Force

UNTAC	United Nations Transitional Authority in Cambodia
UNTAET	United Nations Transitional Administration in East Timor
USA	United States of America
vgl.	vergleiche
Vol.	Volume
YHRDLJ	Yale Human Rights & Development Law Journal
YJIL	The Yale Journal of International Law
ZaöRV	Zeitschrift für ausländisches öffentliches Recht und Völkerrecht
ZfP	Zeitschrift für Politik
ZIF	Zentrum für Internationale Friedenseinsätze
Ziff.	Ziffer
zit.	zitiert
ZP	Zusatzprotokoll

Einführung

Frieden aufrechtzuerhalten ist Ziel des Völkerrechts. Konflikte in aus Sicht der westlichen Welt mehr oder weniger beachteten Regionen der Erde bedrohen den Frieden – in Zeiten von Flüchtlingsströmen und Terrorismus durchaus in globaler Hinsicht. Konflikte, die zu massiven und systematischen Verletzungen der Menschenrechte führen, die verursachen, dass Staaten in umkämpfte Hoheitsfragmente zerfallen, die Gesellschaften verfeinden und zerbrechen, verlangen der Staatengemeinschaft eine Reaktion ab. Unerträgliche Gewaltanwendung, zerfallene Staaten und entwurzelte Gesellschaften entstehen aus Kriegen, deren Ursachen sich oft ähneln, für die es aber maßgefertigter Lösungen bedarf.

Nation-Building wird dort relevant, wo Nachkonfliktsituationen durch Einfluss von außen zu meistern sind. Es soll Lösungen für Fragen der Staatsorganisation ebenso finden wie die wirtschaftlichen und sozialen Herausforderungen angehen. Es soll alle Gruppen der Bevölkerung einbeziehen und die Möglichkeit zur Versöhnung innerhalb der Gesellschaft bereiten. Der Problemkreis des Nation-Building ist umfassend. Aus Sicht der externen, aus dem Ausland in das Krisenland kommenden Akteure entsteht Nation-Building aus der Notwendigkeit heraus, nach dem Krieg auch den Frieden zu gewinnen. Ziel ist langfristiger Frieden und Stabilität – im Interesse der Zielstaaten ebenso wie der internationalen Gemeinschaft.

Die rechtliche Einordnung von Nation-Building ist Gegenstand dieser Arbeit. Die Probleme und Herausforderungen von Nation-Building sollen sowohl hinsichtlich der einem Nation-Building Projekt vorangegangenen Intervention von außen als auch hinsichtlich der von Friedenssicherung und Aufbau geprägten Nachkonfliktphase untersucht werden.

Hierfür ist zunächst zu klären, wie Friedenssicherung auf internationaler Ebene heute funktioniert, welche Begriffe von Staat und Nation zugrunde zu legen sind, welche Elemente Nation-Building enthält und wie es sich von State-Building unterscheidet (1. Kapitel). Erläutert wird das Spannungsverhältnis zwischen den von Nation-Building berührten Rechtsgütern der staatlichen Souveränität, der Menschenrechte und des Selbstbestimmungsrechts der Völker, die Entwicklung und der Inhalt dieser Rechtsgüter und die durch sie aufgeworfenen Probleme in schwachen Staaten und Gesellschaften. Es wird diskutiert, unter welchen Voraussetzungen eine militärische Intervention in einem Land erfolgen darf, und welche Rechtsnormen die Vorgehensweise und das Verhalten im Konflikt regeln (2. Kapitel). Untersucht werden das in der Nachkonfliktphase relevante Rechtssystem und die Zielsetzungen dieser Phase sowie die Rechtmäßigkeit der Umgestaltung der inneren Ordnung von Staaten. Schließlich wird gefragt, welchen Herausforderungen die Umsetzung von Nation-Building in eher politischer als rechtlicher Hinsicht begegnet (3. Kapitel).

1. Kapitel: Nation-Building zur Friedenssicherung

A. Friedenssicherung auf internationaler Ebene

I. Friedenssicherung als Ziel der internationalen Gemeinschaft

Nicht erst seit dem Bestehen der Vereinten Nationen versucht sich die internationale Gemeinschaft darin, Methoden zu finden, die den Frieden aufrecht erhalten und den Rückgriff auf Krieg eindämmen und in geordnete Bahnen lenken. Noch im 18. Jahrhundert war militärische Gewalt eine Methode des Konfliktmanagement; Krieg war, nach dem berühmten Wort von Clausewitz, als Fortsetzung der Politik mit anderen Mitteln akzeptiert.[1]

Nach dem Ersten Weltkrieg veränderte sich diese Sichtweise. Mit dem Völkerbund wurde eine Staatengemeinschaft geschaffen, die Aggressionskriege verhindern und die friedliche Streitbeilegung fördern sollte; es entstand eine Kooperation, die nicht nur die Natur einer politischen Machtstruktur hatte, sondern sich dem Völkerrecht und der Rule of Law unterwarf.[2] Der Völkerbund schränkte in seiner Satzung das Recht der Staaten, aufgrund einseitigen Entschlusses Krieg zu führen, ein, und sah vor, dass militärische Zwangsgewalt aufgrund einer Entscheidung des Rates des Völkerbundes durchgeführt und militärische Einheiten auch zur einverständlichen Konfliktregelung eingesetzt werden konnten; dieses Konzept wird als Vorläufer des modernen Peacekeeping angesehen.[3] Die Völkerbundsatzung enthielt auch eine Aufforderung zur friedlichen Streitbeilegung, gestaltete dies jedoch als Vorstufe zur legalen Kriegsführung.[4] Der Briand-Kellogg-Pakt aus dem Jahr 1928 entwickelte das Kriegsverbot der Völkerbundsatzung fort; die mehr als 60 Mitgliedstaaten erklärten

---

1 Bothe, in: v. Schorlemer (Hrsg.), Praxis-Handbuch UNO, S. 13.

2 Vgl. Delbrück, Peacekeeping by the United Nations and the Rule of Law, in: Die Konstitution des Friedens als Rechtsordnung, S. 294, 296; Delbrück definiert die Rule of Law als das Prinzip, dass keine Maßnahme eines Trägers öffentlicher Gewalt ohne Rechtsgrundlage vorgenommen werden darf; allgemein kann die Rule of Law als Pendant des anglo-amerikanischen Rechtskreises zum kontinental-europäischen Rechtsstaatsprinzip angesehen werden, wenngleich sich die beiden Prinzipien nicht entsprechen, vgl. zur Entwicklung der Rule of Law: Schöbener, Allgemeine Staatslehre, § 5 Rn. 159 ff.

3 Art. 16 Völkerbundsatzung enthält Regelungen zum Abbruch der Handelsbeziehungen zu einem völkerrechtswidrig kriegführenden Mitgliedstaat und sieht vor, dass der Rat des Völkerbunds den Mitgliedstaaten die Ausübung militärischer Gewalt gegen einen solchen Staat vorschlägt. Vgl. Bothe, in: v. Schorlemer (Hrsg.), Praxis-Handbuch UNO, S. 13.

4 So wird in der Völkerbundsatzung die Inanspruchnahme einer Schiedsgerichtsbarkeit oder die Prüfung durch den Rat des Völkerbunds erforderlich gemacht, bevor

den Verzicht auf Krieg als Instrument zwischenstaatlicher Politik und verurteilten Krieg als Lösung internationaler Konflikte.[5]

Der Zweite Weltkrieg konnte so jedoch nicht verhindert werden. Mit dem Ziel der friedlichen Neuordnung der internationalen Beziehungen wurden 1945 mit dem Abschluss der UN-Charta die Vereinten Nationen gegründet, deren zentrale Aufgabe die Wahrung des Weltfriedens und der internationalen Sicherheit ist. Bereits die Präambel setzt das Ziel, „künftige Geschlechter vor der Geißel des Krieges zu bewahren". Dies soll mit einem auf dem Gewaltverbot aufbauenden System kollektiver Sicherheit erreicht werden.[6] Zu den 51 Gründungsmitgliedern kamen fast alle bestehenden oder vor allem durch den Dekolonisierungsprozess entstehenden Staaten hinzu; derzeit sind mit 193 Mitgliedstaaten fast alle Länder der Erde in der UNO organisiert.[7]

Ob die UN-Charta im Wesentlichen politische Instrumente zur Friedenssicherung schaffen oder ob die UN-Organe durch rechtliche Vorgaben eingeschränkt sein sollten, war während der Verhandlungen der Gründungsstaaten umstritten; es entstand eine Kompromisslösung, die beide Prinzipien zum Teil verwirklichte.[8] Der Sicherheitsrat entscheidet als Exekutivorgan auf der Grundlage von hauptsächlich politischen Überlegungen, während die friedliche Beilegung von Streitigkeiten „nach den Grundsätzen der Gerechtigkeit und des Völkerrechts" geschehen soll.[9] Die UN-Charta definiert die Handlungsbefugnisse ihrer Organe, deren Maßnahmen sich stets an den Zielen und Grundsätzen der Charta messen lassen müssen; sie setzt somit das Prinzip der Rule of Law um.[10]

Das System kollektiver Sicherheit der Vereinten Nationen zeichnet sich durch das Prinzip aus, dass die Mitglieder auf die Androhung oder Anwendung von Gewalt verzichten, und sieht für den Fall eines Verstoßes einen kollektiven Zwangsmechanismus vor.[11] Die Ziele und Grundsätze der UN aus Art. 1 und 2 UN-Charta stellen heraus, mit welcher Deutlichkeit die Organisation der Wahrung und Wiederherstellung von Weltfrieden und internationaler Sicherheit gewidmet ist. Nach Art. 2 Ziff. 3

---

die Mitgliedstaaten gegeneinander „zum Krieg schreiten" dürfen (vgl. Art. 12, 13, 15 Völkerbundsatzung). Vgl. Ruffert/Walter, Rn. 390.

5 Vgl. Sohn, Peace, Means to safeguard, EPIL III, S. 921; Bothe, in: v. Schorlemer (Hrsg.), Praxis-Handbuch UNO, S. 13.

6 Vgl. Stein/v. Buttlar, Rn. 389, 393.

7 Vgl. Stein/v. Buttlar, Rn. 389, 394; vgl. zu den Mitgliedstaaten http://www.un.org/en/members/index.shtml, recherchiert am 11.3.2014.

8 Delbrück, Peacekeeping by the United Nations and the Rule of Law, in: Die Konstitution des Friedens als Rechtsordnung, S. 297 f.

9 Vgl. Art. 1 Ziff. 1, Art. 2 Ziff. 3 UN-Charta; Delbrück, Peacekeeping by the United Nations and the Rule of Law, in: Die Konstitution des Friedens als Rechtsordnung, S. 298 f.

10 Vgl. Delbrück, Peacekeeping by the United Nations and the Rule of Law, in: Die Konstitution des Friedens als Rechtsordnung, S. 299 f.

11 Vgl. Ruffert/Walter, Rn. 390.

UN-Charta ist es ein Grundsatz der Vereinten Nationen, dass ihre Mitglieder internationale Streitigkeiten durch friedliche Mittel beilegen. Diese Pflicht zur friedlichen Streitbeilegung enthält nicht nur den Ausschluss unfriedlicher Mittel, sondern die Verpflichtung zu einem bestimmten Verhalten.[12] Kapitel VI der UN-Charta enthält Regelungen zur friedlichen Streitbeilegung, deren Instrumente Art. 33 UN-Charta aufzählt.[13] Art. 2 Ziff. 4 UN-Charta regelt ein umfassendes Gewaltverbot, wonach alle Mitglieder jede mit den Zielen der Vereinten Nationen unvereinbare Androhung oder Anwendung von Gewalt unterlassen. Die Ächtung des Angriffskrieges als illegalem „act of aggression" kann Krieg jedoch nicht immer verhindern, da ein Krieg mit dem Ziel der Selbstverteidigung stets gestattet wurde und auch in Art. 51 UN-Charta als „naturgegebenes Recht" anerkannt ist; schon die Bezeichnung als Selbstverteidigung verhilft zu einem rechtlichen Rahmen.[14] Kapitel VII der UN-Charta ermächtigt den UN-Sicherheitsrat, das Vorliegen einer Bedrohung oder eines Bruchs des Friedens oder einer Angriffshandlung festzustellen und Maßnahmen dagegen zu ergreifen.

II. Friedenssicherung durch die Vereinten Nationen

Den Vereinten Nationen kommt eine herausragende Rolle bei der Friedenssicherung zu. Für eigene friedenssichernde Aktivitäten sind in der UN-Charta Maßnahmen nach den Kapiteln VI und VII sowie regionale Abmachungen nach Kapitel VIII vorgesehen. Auch die Befugnis zum Einsatz von Friedenstruppen wird aus der UN-Charta hergeleitet. Zusätzlich besteht eine Bandbreite von an friedenskonsolidierenden Projekten beteiligten Akteuren, die von globalen und regionalen zwischenstaatlichen Organisationen über einzelne Staaten bis hin zu Nichtregierungsorganisationen und transnationalen Unternehmen reicht.[15] Die UN üben hier eine Koordinierungsfunktion aus und unterstützen das Ineinandergreifen von Aktivitäten verschiedener Akteure.[16]

Obwohl die UN-Charta klare Handlungsbefugnisse für ihre Organe vorsieht, werden – durch die Schaffung von Friedensmissionen – weitere, nicht benannte Befugnisse auf sie gestützt. Sie wurde als lebende Verfassung der Weltorganisation konzipiert und beweist im Rahmen ihrer Ziele und Grundsätze einige Flexibilität.[17] Nachdem man daran gescheitert war, die in Art. 43 UN-Charta vorgesehenen Sonderabkommen zur Bereitstellung von Streitkräften abzuschließen und einen

---

12 Ruffert/Walter, Rn. 392.

13 Diese sind nach Art. 33 Abs. 1 UN-Charta: Verhandlung, Untersuchung, Vermittlung, Vergleich, Schiedsspruch, gerichtliche Entscheidung, Inanspruchnahme regionaler Einrichtungen oder Abmachungen oder andere friedliche Mittel eigener Wahl.

14 Vgl. Sohn, Peace, Means to safeguard, EPIL III, S. 921.

15 Schaller, S. 10.

16 Vgl. Schneckener, Frieden machen: Peacebuilding und peacebuilder, in: Die Friedens-Warte 80 (2005), S. 35.

17 Delbrück, Peacekeeping by the United Nations and the Rule of Law, in: Die Konstitution des Friedens als Rechtsordnung, S. 308.

Generalstabsausschuss nach Art. 47 UN-Charta zu schaffen, erdachten die UN-Organe ein Instrument „extra constitutionem“: die Einrichtung von Notfalleinsatzkräften der Vereinten Nationen.[18] Die daraus entstandenen Peacekeeping-Truppen sind in der Charta nicht vorgesehen, spielen aber eine wichtige Rolle in der Praxis.[19]

UN-Generalsekretär Boutros Boutros-Ghali nutzte im Jahr 1992 seine Agenda für den Frieden (Agenda for Peace), um erstmals ausführlich zu den Konzepten Peacekeeping und Peacebuilding Stellung zu nehmen.[20] Er systematisiert die vorhandenen Mittel des Konfliktmanagement: *Preventive diplomacy* soll das Entstehen oder Eskalieren von Auseinandersetzungen verhindern; *Peacemaking* soll verfeindete Parteien durch friedliche Mittel, wie denen aus Kapitel VI der UN-Charta, dazu bringen, Friedensabkommen zu schließen; *Peacekeeping* soll mittels Truppenpräsenz im jeweiligen Staat mit Einverständnis dieses Staates einen Konflikt verhindern oder Frieden erhalten; *Post-conflict Peacebuilding* schließlich soll durch Unterstützung vorhandener Strukturen den Frieden stärken und festigen, um ein Wiederaufleben der Gewalt zu verhindern.[21] Seit der Agenda for Peace wurden die darin enthaltenen Konzepte von verschiedenen Organen der Vereinten Nationen immer wieder aufgegriffen und weiterentwickelt.[22] Der Bericht des *Panel on United Nations Peace Operations* (sogenannter Brahimi-Bericht) aus dem Jahr 2000 macht deutlich, dass die Herangehensweisen an die Friedenssicherung zu verändern sind, um den neuen Herausforderungen gerecht zu werden, und empfiehlt umfassendere Missionen und robustere Einsätze als Strategien hierfür.[23]

Unmittelbar und mittelbar stellt das UN-System einige Möglichkeiten zur Konfliktlösung zur Verfügung. Jedenfalls aus UN-Sicht liegt das Scheitern einer friedlichen Konfliktlösung regelmäßig nicht an fehlenden Mechanismen, sondern an einem Mangel an politischem Willen, am fehlenden Einfluss einer dritten Partei oder an der Gleichgültigkeit der internationalen Gemeinschaft.[24]

III. Friedenssichernde Maßnahmen

Im Rahmen von friedenssichernden Maßnahmen werden je nach Art des Einsatzes verschiedene Aufgabenbereiche durch die Einsatzkräfte übernommen. In

---

18 Delbrück, Peacekeeping by the United Nations and the Rule of Law, in: Die Konstitution des Friedens als Rechtsordnung, S. 310 f.

19 Vgl. Ruffert/Walter, Rn. 397.

20 Bericht des UN-Generalsekretärs vom 17.6.1992, UN Doc. A/47/277-S/24111, An Agenda for Peace: Preventive diplomacy, peacemaking and peace-keeping (im Folgenden: Boutros-Ghali, An Agenda for Peace); vgl. Schaller, S. 10.

21 Boutros-Ghali, An Agenda for Peace, Ziff. 20.

22 Vgl. Schaller, S. 10.

23 Bericht des zur Bewertung der UN-Friedenssicherungsaktivitäten geschaffenen *Panel on United Nations Peace Operations*, unter dem Vorsitz von Lakhdar Brahimi, enthalten in UN Doc. A/55/305–S/2000/809 vom 21.8.2000 (im Folgenden: Brahimi-Bericht).

24 Vgl. Boutros-Ghali, An Agenda for Peace, Ziff. 34.

unterschiedlicher Art und Weise werden auch hoheitliche Aufgaben wahrgenommen, die deshalb von den jeweiligen innerstaatlichen Kräften nicht oder nicht allein erfüllt werden. Im Laufe der geschichtlichen Entwicklung friedenssichernder Maßnahmen lässt sich eine Vermehrung der von der Mission zu erfüllenden Aufgaben beobachten. Grob kann man die Missionen in die Kategorien Peacekeeping, Übergangsverwaltung und Peacebuilding einteilen. Allen Missionen ist gemeinsam, dass sie auf der Grundlage eines Mandats der Vereinten Nationen stattfinden. Anhand der von ihnen zu bewältigenden Aufgaben sollen diese Kategorien nun unterschieden werden.

1. *Peacekeeping*

Peacekeeping lässt sich als Einsatz militärischer Einheiten für eine einverständliche Konfliktregelung umschreiben.[25] Das Konzept von Peacekeeping besteht im Krisenmanagement – nach einem bewaffneten Konflikt ist es das Ziel, die Beziehungen zwischen den Kriegsparteien zu stabilisieren, ein Waffenstillstandsabkommen umzusetzen und das Wiederaufleben des Konflikts zu verhindern.[26] Grundsätzlich ist Voraussetzung für den Einsatz von Peacekeeping-Truppen, dass die Kampfhandlungen ganz oder weitgehend beendet wurden.[27] Der Umfang und die Aufgaben jeder Peacekeeping-Mission werden durch das UN-Mandat, das die Mission schafft, festgelegt.

a) Klassisches Peacekeeping

Im klassischen Peacekeeping haben die eingesetzten Truppen die Funktionen der Beobachtung (zur Überwachung eines Waffenstillstandes), der Schaffung eines militärischen Puffers (zur Verhinderung des Wiederaufflammens der Kampfhandlungen an gefährdeten Stellen) und der Absicherung der inneren Ordnung des Staates.[28] Indem sie die Einhaltung von Waffenstillstandsabkommen und demilitarisierten Zonen überwachen, halten die Truppen die Parteien von weiterer Gewalt ab; so soll der politische Status quo aufrecht erhalten werden, bis eine friedliche Lösung gefunden ist.[29]

Das klassische Peacekeeping-Konzept baut auf den Prinzipien des Einverständnisses zwischen den Parteien, der Unparteilichkeit und der Nichtanwendung von Gewalt außer zur Selbstverteidigung auf.[30]

---

25 Vgl. Bothe, in: v. Schorlemer (Hrsg.), Praxis-Handbuch UNO, S. 15.

26 Vgl. Ruffert/Walter, Rn. 398; Jeong, Sicherheit und Frieden 22 (2004), S. 19.

27 Jeong, Sicherheit und Frieden 22 (2004), S. 22.

28 Vgl. Bothe, in: v. Schorlemer (Hrsg.), Praxis-Handbuch UNO, S. 15 f.; Ruffert/Walter, Rn. 398.

29 Delbrück, Peacekeeping by the United Nations and the Rule of Law, in: Die Konstitution des Friedens als Rechtsordnung, S. 310 f.

30 Bericht des UN-Generalsekretärs vom 3.1.1995, UN Doc. A/50/60-S/1995/1, Supplement to an Agenda for Peace: Position paper of the Secretary-General on the Occasion of the Fiftieth Anniversary of the United Nations (im Folgenden: Boutros-Ghali,

Peacekeeping-Maßnahmen sollen demnach grundsätzlich auf einem Konsens zwischen den Konfliktakteuren beruhen. Das Einverständnis der Konfliktparteien kann durch ein Übereinkommen zwischen den Parteien, durch die Zustimmung zu einer entsprechenden Resolution durch jede der Parteien oder durch ein Übereinkommen zwischen den Vereinten Nationen und dem Staat, auf dessen Territorium die Mission stattfinden soll, zum Ausdruck gebracht werden.[31] Ein Konsens kann zustande kommen, wenn der Konflikt bereits beendet und Einigkeit darüber zu erzielen ist, dass der Status quo erhalten werden soll.

Die unparteiliche[32] Stellung der Einsatzkräfte betont deren Rolle als Puffer und Vermittler. Der einverständliche Charakter einer Operation trägt dazu bei, dass sie als unparteilich anerkannt wird.[33] Die Mitwirkung internationaler Beobachter als neutraler Partei im Versöhnungsprozess soll dazu beitragen, ein Klima des Misstrauens und der gegenseitigen Verdächtigung zu überwinden.[34] Die Unparteilichkeit fördert die Akzeptanz am Einsatzort und die Kooperation der Parteien, wodurch die Effektivität der Operation und ihre Erfolgschancen steigen.[35]

Das dritte Prinzip des klassischen Peacekeeping enthält die Vorgabe, ohne Zwangselemente auszukommen.[36] Die Truppen verzichten auf gewaltsame Maßnahmen außer zur Selbstverteidigung. Dieser Grundsatz unterstreicht die Rolle der Peacekeeper als unparteiliche Schlichter, die einen bereits erreichten, wenn auch fragilen Frieden sichern sollen.

Eine Peacekeeping-Operation, die sich auf Beobachtung und auf die Einhaltung des Waffenstillstandes im Status quo beschränkt und die Grundpfeiler des Konsenses, der Neutralität und der Gewalt nur zur Selbstverteidigung umsetzt, gehört zur sogenannten ersten Generation des Peacekeeping, zum klassischen oder traditionellen Peacekeeping.[37] Die Vorgaben für dieses Peacekeeping waren auch den Umständen des Kalten Krieges geschuldet: Die Supermächte hatten nur das Interesse gemeinsam, Konflikte einzufrieren und eine Eskalation zu verhindern; der statische Charakter der Einsätze verhinderte die Konfliktlösung.[38] Die in der UN-Charta in Kapitel VII vorgesehene Möglichkeit zur Konfliktregelung durch militärischen Zwang wurde nicht genutzt, vielmehr galt der Grundsatz der Anwendung

---

Supplement to an Agenda for Peace), Ziff. 33; Brahimi-Bericht, Ziff. 17, 48; Bothe, in: Simma (Hrsg.), The Charter of the United Nations, Vol. I, Peace-keeping, Rn. 76.

31 Bothe, in: Simma (Hrsg.), The Charter of the United Nations, Vol. I, Peace-keeping, Rn. 72; vgl. Suy, United Nations Peacekeeping System, EPIL IV, S. 1145 f.

32 Zu den Vorzügen von Unparteilichkeit vor Neutralität vgl. Slim, in: Gordon/Toase (Hrsg.), Aspects of Peacekeeping, S. 131 ff.

33 Vgl. Bothe, in: v. Schorlemer (Hrsg.), Praxis-Handbuch UNO, S. 18.

34 Vgl. Jeong, Sicherheit und Frieden 22 (2004), S. 22.

35 Vgl. Bothe, in: v. Schorlemer (Hrsg.), Praxis-Handbuch UNO, S. 18; Jeong, Sicherheit und Frieden 22 (2004), S. 23.

36 Ruffert/Walter, Rn. 398.

37 Vgl. Kühne, in: v. Schorlemer (Hrsg.), Praxis-Handbuch UNO, S. 716.

38 Ebd.

von Gewalt nur zur Selbstverteidigung. Weil für einen UN-mandatierten Einsatz militärischer Gewalt nach Kapitel VII die Einigkeit der fünf ständigen Mitglieder des Sicherheitsrats erforderlich ist und diese bis 1990 fehlte, konnte es bis dahin keinen solchen Einsatz geben – schließlich zeigte jeder Konflikt die Tendenz, sich in den Großkonflikt zwischen den Supermächten einzufügen, und es folgte das „automatische Veto" der jeweils in der Minderheit befindlichen Supermacht.[39] Die Vereinten Nationen sahen sich seit 1945 aufgrund dieser Blockade einer großen Zahl von Krisen und Konflikten machtlos gegenüber.[40]

b) Peacekeeping der zweiten Generation

Aufgrund der neuen politischen Ausgangslage entsteht mit Ende des Kalten Krieges Raum zur Veränderung für die Mandate der Peacekeeping-Missionen. Der Sicherheitsrat wird nicht mehr regelmäßig durch Vetos blockiert; gleichzeitig steigen die Erwartungen an die Vereinten Nationen.[41]

Da für die Vorgabe der Befugnisse von Peacekeeping-Truppen Spielräume möglich werden, erhalten die Einsätze eine Dynamik, die die Konfliktlösung, eher als die Erhaltung des Status quo, in den Mittelpunkt rückt.[42] Sie werden zunächst auf verschiedene nicht-militärische Bereiche ausgedehnt, die für die Konfliktlösung von Bedeutung sind; es entsteht eine neue Art des Peacekeeping, das als *multifunktionale Friedensoperationen*[43] oder als *Peacekeeping der zweiten Generation*[44] bezeichnet wird.

Zusätzlich zur Überwachung von Waffenstillständen übernehmen Peacekeeping-Kräfte nun auch Wiederaufbauaufgaben: Sie leisten humanitäre Hilfe, ermöglichen die Rückkehr von Flüchtlingen, entwaffnen Kombattanten und fördern den Schutz der Menschenrechte.[45] Der Aufbau und Erhalt staatlicher Strukturen wird in den Fokus genommen: Die Truppen stellen die öffentliche Ordnung wieder her, übernehmen Polizeiaufgaben und unterstützen die Stärkung von Verwaltung und Justiz.[46] Überdies erstrecken sich nun die Befugnisse teils auch auf Elemente der Demokratieförderung, wie der Unterstützung bei Wahlen.[47]

Das Peacekeeping der zweiten Generation wird damit durch das Hinzutreten von die Überwachung des Waffenstillstandes ergänzenden Zielen geprägt – der

39 Bothe, in: v. Schorlemer (Hrsg.), Praxis-Handbuch UNO, S. 15.
40 Vgl. Boutros-Ghali, An Agenda for Peace, Ziff. 14.
41 Vgl. Boutros-Ghali, An Agenda for Peace, Ziff. 15.
42 Vgl. Kühne, in: v. Schorlemer (Hrsg.), Praxis-Handbuch UNO, S. 716 f.
43 Jeong, Sicherheit und Frieden 22 (2004), S. 20; Boutros-Ghali, Supplement to an Agenda for Peace, Ziff. 49, 53.
44 Kühne, in: v. Schorlemer (Hrsg.), Praxis-Handbuch UNO, S. 717.
45 Ebd.; Jeong, Sicherheit und Frieden 22 (2004), S. 20.
46 Vgl. Kühne, in: v. Schorlemer (Hrsg.), Praxis-Handbuch UNO, S. 717; Jeong, Sicherheit und Frieden 22 (2004), S. 20.
47 Ebd.

Überwindung der Konfliktursachen und des Aufbaus eines politischen und wirtschaftlichen Systems, das den künftigen friedlichen Umgang mit Konflikten ermöglicht.[48] Der Fokus des klassischen Peacekeeping auf der Herstellung der innerstaatlichen Sicherheit reicht zum Schutz der Menschen eines Landes nicht aus; zur Verbesserung der *Human Security* bedarf es der Förderung von Entwicklung und Menschenrechten.[49] Durch die Aspekte des Staatsaufbaus und der Förderung demokratischer Elemente gewinnen solche Befugnisse an Bedeutung, die die Souveränität des Zielstaats betreffen.

aa) Grenzen des Peacekeeping

Mit der verbesserten Beschlussfähigkeit des Sicherheitsrats wuchsen auch die Anforderungen, denen die Vereinten Nationen gerecht werden mussten. Die Zahl der UN-geführten Maßnahmen mit dem Ziel des Erhalts von Frieden und Sicherheit stieg erheblich.[50] Die Beschlüsse des Sicherheitsrats wurden zu den zentralen Instrumenten für Friedenssicherung, Prävention und Lösung von Konflikten.[51]

Im Laufe der 1990er Jahre sahen sich die Vereinten Nationen einer Vielzahl von Konflikten gegenüber, die mehr Komplexität und Risiken mit sich brachten, als dies bisher der Fall gewesen war, und denen die eingesetzten Kräfte nicht immer gewachsen waren. Die gestiegene Komplexität lag an vielen Faktoren. Die Ursachen der Konflikte konnten in ethnischen oder religiösen Spannungen, in schwersten Menschenrechtsverletzungen, in Armut oder fehlender Verteilungsgerechtigkeit liegen; beteiligt war häufig eine Vielzahl von Parteien, die divergierende Ziele verfolgen.[52] Beim Einsatz der Friedenstruppen stellten sich viele Konflikte als nicht beendet heraus – eine zu erhaltende Nachkonfliktsituation war erst herbeizuführen, Friedensabkommen wurden von einzelnen Teilnehmern nicht eingehalten.[53] Die Mehrzahl der Konflikte fand nicht zwischen Staaten, sondern innerhalb von Staaten statt; an den Kämpfen nahmen nicht nur Soldaten, sondern auch Milizen und

---

48 Vgl. Kühne, in: v. Schorlemer (Hrsg.), Praxis-Handbuch UNO, S. 717.

49 Das Konzept der Human Security dehnt das Erfordernis der Sicherheit der Menschen auf verschiedene nicht-militärische Aspekte aus. Es beinhaltet die Sicherheit im Hinblick auf Ernährung, Wirtschaft und medizinischer Versorgung, den Schutz vor Umweltgefahren und der Bedrohung der persönlichen Sicherheit, sowie den Schutz des Bestandes von Gemeinschaften und Gruppen und die Möglichkeit der Ausübung politischer Rechte.
Vgl. United Nations Development Programme, Human Development Report 1994, S. 24ff., verfügbar unter http://hdr.undp.org/sites/default/files/reports/255/hdr_1994_en_complete_nostats.pdf, recherchiert am 29.7.2014; Paris, Human Security, International Security 26 (2001), S. 89 f.; Jeong, Sicherheit und Frieden 22 (2004), S. 20.

50 So befanden sich Ende 1988 fünf Peacekeeping-Missionen im Einsatz, Ende 1994 waren es 17. Die Zahl der im Einsatz befindlichen Militärs stieg von 9.570 Ende 1988 auf 73.393 Ende 1994. Vgl. Boutros-Ghali, Supplement to an Agenda for Peace, Ziff. 8, 11.

51 Boutros-Ghali, An Agenda for Peace, Ziff. 15.

52 Brahimi-Bericht, Ziff. 24.

53 Brahimi-Bericht, Ziff. 20 f.

bewaffnete Zivilisten teil – es entstanden Guerilla-Kriege ohne klare Frontlinien mit der Folge des Zusammenbruchs der staatlichen Institutionen und der öffentlichen Ordnung.[54] Auch innerstaatliche Konflikte entbehren nicht eines transnationalen Charakters, der durch Flüchtlingsströme oder grenzüberschreitenden Waffen- oder Drogenhandel definiert wird.[55] Konfliktsituationen werden von bestimmten Gruppen bewusst aufrechterhalten, auch um Einkommensquellen aus illegalem Handel zu bewahren.[56] Mit der Komplexität der Konfliktzusammenhänge nehmen sowohl die Unbeständigkeit der Lage vor Ort als auch die Schwierigkeiten zu, die Sicherheitslage zu beherrschen und die Bevölkerung sowie die Mission zu schützen.[57]

Nicht nur bergen unsichere politische Umstände im Einsatzland stets die Gefahr, dass Peacekeeping-Einsatzkräfte unvorbereitet in unkontrollierbare Konfliktsituationen geraten.[58] Die Mittel des klassischen Peacekeeping reichen auch nicht aus, um den Wiederaufbau nach einem Bürgerkrieg zu gewährleisten und dabei oft zusätzlich zusammengebrochene staatliche Institutionen zu ersetzen.[59] Die in solchen Situationen notwendigen positiven Bedingungen sind nicht allein durch einen Waffenstillstand zu erreichen.[60]

Diese vermehrten Schwierigkeiten, Nachkonfliktsituationen zu beherrschen, führen die Grenzen des bisherigen Konzeptes für Friedensoperationen vor Augen. Weil die Missionen nur über unzureichende Befugnisse verfügten, werden dem Sicherheitsrat in einigen Fällen Fehler vorgeworfen. In Somalia und Ruanda konnten die Ziele der Peacekeeping-Operationen nicht erreicht und Gewalt nicht verhindert werden.

(1) Somalia

In Somalia setzte der UN-Sicherheitsrat im April 1992 eine Operation zur humanitären Unterstützung ein, da die Zivilbevölkerung nach jahrelangem Bürgerkrieg kaum Zugang zu Nahrung oder Medikamenten hatte; die Sicherheit der Mission sollte durch Militäreinheiten im Rahmen der *United Nations Operation in Somalia* (UNOSOM) gewährleistet werden.[61] Als sich die Lage im Land noch weiter verschlechterte und eine vollständige Anarchie ausbrach, gelang es UNOSOM nicht, der Hilfsoperation Sicherheit zu garantieren.[62] Auf der Grundlage einer Ermächtigung

---

54 Boutros-Ghali, Supplement to an Agenda for Peace, Ziff. 10, 12 f.
55 Brahimi-Bericht, Ziff. 18.
56 Brahimi-Bericht, Ziff. 22.
57 Vgl. Brahimi-Bericht, Ziff. 19.
58 Jeong, Sicherheit und Frieden 22 (2004), S. 21.
59 Jeong, Sicherheit und Frieden 22 (2004), S. 20.
60 Ebd.
61 Vgl. UN-Sicherheitsratsresolution 751 (1992) vom 24.4.1992)verfügbar unter http://www.un.org/en/sc/documents/resolutions/1992.shtml, recherchiert am 13.8.2014); Bericht des UN-Generalsekretärs vom 21.4.1992, UN Doc. S/23829, v.a. bei Ziff. 27, (verfügbar unter http://www.securitycouncilreport.org, recherchiert am 18.2.2014).
62 Vgl. Bothe in: Simma (Hrsg.), The Charter of the United Nations, Vol. I, Peacekeeping, Rn. 49.

des Sicherheitsrats, die Befugnisse nach Kapitel VII UN-Charta einschloss, griff die *Unified Task Force* (UNITAF), auch als *Operation Restore Hope* bezeichnet, unter US-amerikanischer Führung ein und konnte zum Teil Kontrolle über das Land herstellen.[63] Daraufhin setzte der Sicherheitsrat eine weitere Peacekeeping-Mission (UNOSOM II) ein und stattete sie beschränkt mit Befugnissen nach Kapitel VII UN-Charta aus.[64] Die Mission wurde jedoch in schwere Kämpfe verwickelt, die auch mehreren US-amerikanischen Soldaten das Leben kosteten.[65] Die Operation erreichte auch in den folgenden Jahren keine Normalisierung der Verhältnisse und verfehlte damit ihre Ziele; sie wurde nach März 1995 nicht mehr verlängert.[66]

(2) Ruanda

Im Oktober 1993 wurde die *United Nations Assistance Mission for Rwanda* (UNAMIR) geschaffen, die nach dem vorangegangenen Bürgerkrieg sicherstellen sollte, dass die Bedingungen des Waffenstillstandsabkommens eingehalten würden.[67] Der Konflikt zwischen den verfeindeten Volksgruppen der Tutsi und der Hutu war jedoch lange nicht gelöst. Im April 1994 wurde ein Flugzeug mit den Präsidenten Ruandas und Burundis an Bord abgeschossen und alle Insassen getötet.[68] Von Seiten der Hutu wurde eine politische Organisation der Tutsi für den Anschlag verantwortlich gemacht. Es begann ein systematischer und lange vorbereiteter Völkermord an den Tutsi. Führende Tutsi-Politiker und moderate Hutu wurden gezielt ermordet. Tutsi wurden an Straßensperren ausgesondert und getötet oder in ihren Dörfern massakriert. Zwischen April und Juni 1994 fielen dem Genozid etwa 800.000 Menschen zum Opfer.[69]

Die UN-Truppen verhinderten den Völkermord nicht. Die Gründe hierfür lagen, so eine später durchgeführte Untersuchung, unter anderem darin, dass das Mandat von UNAMIR eine traditionelle Peacekeeping-Mission mit neutraler Rolle vorsah, und dass UNAMIR nicht über die nötigen Kapazitäten und Ressourcen verfügte, um

---

63 Vgl. UN-Sicherheitsratsresolution S/RES/794 (1992) vom 3.12.1992, verfügbar unter http://www.un.org/en/sc/documents/resolutions/1992.shtml, recherchiert am 13.8.2014; Bothe in: Simma (Hrsg.), The Charter of the United Nations, Vol. I, Peacekeeping, Rn. 49.

64 UN-Sicherheitsratsresolution S/RES/814 (1993) vom 26.3.1993, verfügbar unter http://www.un.org/docs/scres/1993/scres93.htm, recherchiert am 13.8.2014.

65 Vgl. zu den Eingriffen in Somalia: http://amisom-au.org/about-somalia/brief-history/, recherchiert am 18.2.2014.

66 Bothe, in: v. Schorlemer (Hrsg.), Praxis-Handbuch UNO, S. 18.

67 UN-Sicherheitsratsresolution S/RES/872 (1993) vom 5.10.1993, verfügbar unter http://www.un.org/docs/scres/1993/scres93.htm, recherchiert am 13.8.2014.

68 Vgl. zu Auslösern und Fortgang des Genozids: Bericht des *Independent Inquiry into the actions of the United Nations during the 1994 genocide in Rwanda*, unter dem Vorsitz von Ingvar Carlsson, enthalten in UN Doc. S/1999/1257, vom 16.12.1999 (im Folgenden: Carlsson-Bericht), S. 15 ff., verfügbar unter http://www.securitycouncilreport.org, recherchiert am 18.2.2014.

69 Vgl. Kreuter-Kirchhof, AdV 48 (2010), S. 338; Carlsson-Bericht (Fn. 68), S. 3.

der Gewalt Herr zu werden.[70] Obwohl Hinweise auf einen bevorstehenden Genozid vorhanden waren, reagierte man nicht durch Veränderung des UNAMIR-Mandats. Trotz der begonnenen Gewalt beschloss der Sicherheitsrat, vor dem Hintergrund der Tötung von Peacekeeping-Soldaten, die Reduzierung der Truppenstärke von UNAMIR.[71] Die Aufstellung einer mit Befugnissen nach Kapitel VII der UN-Charta ausgestatteten UNAMIR II Mission erfolgte nicht rechtzeitig, um die Gewalt zu verhindern. Den Mitgliedstaaten wird nun ein Mangel an politischem Willen vorgeworfen, die Schwere der Situation anzuerkennen und zeitnah die notwendigen personellen und materiellen Ressourcen bereit zu stellen.[72]

bb) Schlussfolgerung

Aus diesen Vorfällen waren die Schlüsse zu ziehen, dass die Truppen mehr Befugnisse, mehr Flexibilität und mehr Ressourcen brauchten und das Peacekeeping-Konzept einer Weiterentwicklung bedurfte.

c) Peacekeeping der dritten Generation

In einer vermeintlichen Nachkonfliktsituation wieder aufflammende Gewalt lässt einer Friedenstruppe nur die Möglichkeiten des Rückzugs oder des Eingriffs.[73] In ersterem Fall entsteht der Vorwurf der Tatenlosigkeit, einen Eingriff lässt ein den drei klassischen Peacekeeping-Prinzipien unterworfenes Mandat nicht zu.

Der Bericht des *Panel on United Nations Peace Operations* (Brahimi-Bericht) aus dem Jahr 2000 zeigt die Schwierigkeiten des traditionellen Peacekeeping auf und schlussfolgert, dass es einmal eingesetzten Peacekeepern erlaubt sein sollte, ihr Mandat auch gegen Widerstand und mit „robusten" Einsatzregeln durchzuführen; das traditionelle Peacekeeping sei nicht mehr geeignet, den neuen Herausforderungen gerecht zu werden.[74]

Wenn jedoch mit Zwangsmaßnahmen aktiv in einen Konflikt eingegriffen wird, können die Komponenten des klassischen Peacekeeping nicht mehr umgesetzt werden: Die durchgängige Einhaltung des Konsenserfordernisses ist kaum möglich, da keine Einvernehmlichkeit erreicht werden kann, wenn gewaltbereite lokale Gruppen (wie zum Beispiel die Roten Khmer in Kambodscha) nicht hinter dem Friedensprozess stehen.[75] Eine einmal erteilte Zustimmung kann wegbrechen, sei es weil einzelne Gruppen aus dem zunächst erreichten Konsens ausscheren, aufgrund eines internen Politikwechsels oder weil die Zustimmung von vornherein nur aus taktischen Gründen gegeben wurde, sei es weil sich eine Gruppe in Untergruppen

---

70 Vgl. Carlsson-Bericht (Fn. 68), S. 31 ff.
71 Carlsson-Bericht (Fn. 68), S. 37 ff.
72 ICISS, The Responsiblity to Protect, Ziff. 1.1; Carlsson-Bericht (Fn. 68), S. 43 f.
73 Vgl. Kühne, in: v. Schorlemer (Hrsg.), Praxis-Handbuch UNO, S. 717.
74 Brahimi-Bericht, Ziff. 17 ff., 55.
75 Jeong, Sicherheit und Frieden 22 (2004), S. 23.

aufspaltet, deren negative Haltung zum Friedensprozess nicht vorauszusehen war.[76] Eine strenge Auslegung des Konsenserfordernisses würde Peacekeeping-Truppen hier zum Rückzug zwingen und zum schnellen Scheitern vieler Missionen führen. Friedenstruppen müssen daher dazu befugt sein, sich gegen solche Gruppen durchzusetzen, die den Friedensprozess zu untergraben versuchen oder bereits eingegangene Zugeständnisse brechen.[77]

Ferner kann die unparteiliche Stellung nicht durchgehalten werden, wenn die Parteien offensichtlich Angreifer- bzw. Opferrollen haben.[78] So sucht der Brahimi-Bericht die Verantwortung für das Ausmaß des Völkermords in Ruanda teilweise darin, dass die bereits eingesetzte Mission nicht gegen die offensichtlichen Angreifer vorging und die internationale Gemeinschaft sie hierfür nicht verstärkte.[79] Unparteilichkeit bedeute nicht Neutralität unter allen Umständen, da dies zu einer reinen Beschwichtigungspolitik („appeasement") führen könne, sondern das Festhalten an den Grundsätzen der UN-Charta und den Zielen des Mandats.[80]

Ferner hat das Prinzip der Gewalt nur zur Selbstverteidigung im Fortgang der Entwicklung von Peacekeeping keinen Bestand. Sobald die Befugnisse der Einsatzkräfte über eine reine Pufferfunktion hinausgehen, können Ziele des Mandats nicht umgesetzt werden, wenn nicht die Möglichkeit der aktiven zwangsweisen Durchsetzung besteht. So wird es für die Aufgabe der Aufrechterhaltung der öffentlichen Sicherheit notwendig sein, Zwangsmaßnahmen gegen Personen anwenden zu dürfen, was den Truppen auch im die Mission begründenden Übereinkommen erlaubt sein muss.[81] Der Brahimi-Bericht fordert, dass Peacekeeping-Truppen in der Lage sein müssen, die Ziele der Mission aktiv umzusetzen: Das aktive Vorgehen gegen Gruppen mit Angreiferrolle soll möglich sein; auf Angriffe gegen UN-Truppen oder gegen Personen, die unter ihrem Schutz stehen, soll erwidert werden dürfen; in gefährlichen Situationen sollen die Einsatzkräfte nicht ihren Gegnern die Initiative überlassen müssen.[82]

Dementsprechend wurde zunächst ein Konzept der „aktiven Selbstverteidigung" entwickelt, bei dem jede gegnerische Aktion, die die Einsatzkräfte in ihrer Bewegungsfreiheit behindert, Selbstverteidigung auslösen kann.[83] Schließlich wurden

---

76 Vgl. Brahimi-Bericht, Ziff. 48; Jeong, Sicherheit und Frieden 22 (2004), S. 23.

77 Vgl. die Empfehlung des Brahimi-Berichts: „*once deployed, United Nations peacekeepers must be able to carry out their mandates professionally and successfully [...] with robust rules of engagement, against those who renege on their commitments to a peace accord or otherwise seek to undermine it by violence*", Brahimi-Bericht, Ziff. 55.

78 Vgl. Brahimi-Bericht, Ziff. 50.

79 Brahimi-Bericht, Ziff. 50.

80 Ebd.

81 Vgl. Bothe, in: Simma (Hrsg.), The Charter of the United Nations, Vol. I, Peacekeeping, Rn. 80.

82 Vgl. Brahimi-Bericht, Ziff. 49 f.

83 Bereits das Mandat für die UN-Mission im Kongo 1960–1964 (Opérations des Nations Unies au Congo – ONUC) enthielt die Befugnis, zum Erreichen bestimmter Ziele

Zwangsmaßnahmen auf der Grundlage des Kapitel VII UN-Charta autorisiert.[84] Die Anreicherung mit Zwangselementen, die dazu dient, Gewalt aktiv unter Kontrolle zu bringen und ein sicheres Umfeld für die Friedensoperationen zu schaffen, lässt das sogenannte *robuste Peacekeeping*, die dritte Generation des Peacekeeping, entstehen.[85]

Daneben wird der Begriff *Peace Enforcement* gebraucht für die militärischen Durchsetzungsfunktionen (*enforcement function*), mit denen Peacekeeping-Operationen ergänzt werden; die Durchsetzungsfunktion ist von der Peacekeeping Funktion zu trennen.[86] Wenn das klassische Peacekeeping-Modell versagt und militärischer Zwang notwendig wird, bestehen die Möglichkeiten, die vorhandene Mission mit Zwangselementen anzureichern („Hochzonung“) oder neben der bestehenden Mission eine zusätzliche Enforcement Operation zu starten.[87] Die „Hochzonung“, die zu einer Operation robusten Peacekeepings führt, hat den Nachteil, dass der Mission die Vorzüge des klassischen Peacekeeping – Akzeptanz und Vermittlerrolle – verloren gehen; andererseits kann sich die Arbeitsteilung und Koordination beim Nebeneinander verschiedener Militäraktionen als problematisch erweisen.[88]

Die Vereinten Nationen betrachten es deshalb als wesentlich, die Unterscheidung zwischen den Operationen verschiedenen Charakters nicht zu verwischen. Die Erfahrungen in Somalia und Bosnien-Herzegowina hätten gelehrt, wie gefährlich es ist, einer Peacekeeping-Operation, deren Mandat eigentlich auf Konsens, Unparteilichkeit und Gewaltlosigkeit beruht, die zusätzliche Befugnis zur Ausübung militärischer Gewaltanwendung zu geben, für die sie nicht die notwendigen Kapazitäten hat.[89] Peacekeeping und Enforcement gingen von unterschiedlichen Voraussetzungen aus; die Folgen von Enforcement seien nicht vereinbar mit dem politischen Prozess, den Peacekeeping erleichtern soll.[90]

---

aktiv zu werden; vgl. Bothe, in: Simma (Hrsg.), The Charter of the United Nations, Vol. I, Peace-keeping, Rn. 21, 80.

84 So waren bereits die UN-Truppen im Rahmen der zweiten Mission der United Nations Operation in Somalia (UNOSOM II, 1993–1995) in begrenztem Maß zu Zwangsmaßnahmen befugt. Vgl. Bothe, in: Simma (Hrsg.), The Charter of the United Nations, Vol. I, Peace-keeping, Rn. 49, 80.

85 Vgl. Kühne, in: v. Schorlemer (Hrsg.), Praxis-Handbuch UNO, S. 717.

86 Vgl. Jeong, Sicherheit und Frieden 22 (2004), S. 20.

87 So wurde das Mandat der im ehemaligen Jugoslawien eingesetzten *United Nations Protection Force* (UNPROFOR) mit Zwangsbefugnissen zu darin definierten Zwecken angereichert. Daneben wurden Staatengruppen gesonderte Mandate zum Einsatz militärischer Gewalt zu weiteren Zwecken (Überwachung des Flugverbots, Verteidigung von Schutzzonen) erteilt.
Vgl. Bothe, in: v. Schorlemer (Hrsg.), Praxis-Handbuch UNO, S. 18 f.

88 Vgl. Bothe, in: v. Schorlemer (Hrsg.), Praxis-Handbuch UNO, S. 18 f.

89 Boutros-Ghali, Supplement to an Agenda for Peace, Ziff. 35.

90 Ebd.

d) *Peacekeeping der vierten Generation*

Die Stärkung der staatlichen Institutionen des Ziellandes zählt zu den Aufgaben von Peacekeeping seit dessen zweiter Generation. Dies folgt aus der Überzeugung, dass vor allem ohne die stabile Aufrechterhaltung der öffentlichen Ordnung kein dauerhafter Frieden möglich ist. Mit zunehmender Labilität der staatlichen Einrichtungen steigt die Intensität der Unterstützung, die sie von der Friedensmission erhalten, bis hin zur Übernahme einzelner staatlicher Aufgaben.

Die bisherige, weitgehende Beschränkung auf Unterstützungsleistungen kann jedoch nicht ausreichen, wo staatliche Institutionen nicht mehr existent oder nicht funktionsfähig sind. Als sich nach dem Kalten Krieg das Phänomen der gescheiterten Staaten (*failed states*[91]) verstärkte, in denen die staatlichen Institutionen nicht mehr bestehen oder faktisch keine Herrschaftsgewalt über das Land oder überwiegende Teile davon ausüben können, wurde ersichtlich, dass die bisher üblichen Maßnahmen mit Ad-hoc-Charakter für die Friedenssicherung nicht genügen können.[92] Exekutive Funktionen, die auch im Rahmen von Peacekeeping angetastet werden, müssen nun vollends übernommen werden, um funktionsunfähige Institutionen zu ersetzen.

Diese sogenannten Peacekeeping-Einsätze der vierten Generation gehen weiter als multidimensionale und robuste Einsätze, indem sie politische und administrative Verantwortung – Regierungsgewalt – übernehmen.[93] Die exekutiven Befugnisse kommen zum umfassenden Format der Peacekeeping-Einsätze der zweiten Generation hinzu und entwickeln diese zu sogenannten *peace support and governance*-Operationen fort.[94] Die Missionen, die neben exekutiven schließlich oft auch legislative und judikative Funktionen ausüben, bekommen den Charakter von Übergangsverwaltungen.[95] Ihre Befugnisse erlauben es, zur Durchsetzung des Mandats Maßnahmen direkt gegenüber lokalen Akteuren und Institutionen anzuordnen, zum Beispiel indem sie Wahlen anberaumen, lokale Machthaber entlassen oder Verhaftungen anordnen.[96] Wenn Regierungs- und Verwaltungseinrichtungen hergestellt oder wiederhergestellt werden, die zur Aufrechterhaltung der Sicherheit in der Lage sind, auf politischer, sozialer und wirtschaftlicher Ebene stabile Verhältnisse geschaffen und dabei die zuvor verfeindeten Parteien einbezogen und zur Zusammenarbeit bewegt werden, kann schließlich die Übergabe der Macht an eine neue, staatliche Regierung vollzogen werden.[97] Mit einer Übergangsverwaltung verbunden ist ein erheblicher Eingriff in die inneren Angelegenheiten und die Souveränität des Zielstaates.

---

91 Vgl. zu den Herausforderungen durch *failed states* unten bei B.I.3.
92 Vgl. McAuliffe, NILR 58 (2011), S. 106.
93 Kühne, in: v. Schorlemer (Hrsg.), Praxis-Handbuch UNO, S. 718.
94 Auch der Brahimi-Bericht erkennt die Übernahme exekutiver Befugnisse an, vgl. Brahimi-Bericht, Ziff. 19; Marauhn, AdV 40 (2002), S. 484 f.
95 Vgl. McAuliffe, NILR 58 (2011), S. 106.
96 Kühne, in: v. Schorlemer (Hrsg.), Praxis-Handbuch UNO, S. 718.
97 Vgl. McAuliffe, NILR 58 (2011), S. 106 f.

Als erster Fall einer Friedensoperation mit einem exekutive Aufgaben einschließenden Mandat kann die Mission der *United Nations Transitional Authority in Cambodia* (UNTAC) gelten.[98] Die Missionen der Vereinten Nationen im Kosovo und in Timor-Leste haben den Charakter von Übergangsverwaltungen und werden unten näher beschrieben.

2. *Peacebuilding*

In der Agenda für den Frieden des UN-Generalsekretärs Boutros-Ghali wird erstmals zum Konzept des *Post-conflict Peacebuilding* Stellung genommen.[99] Danach liegt dessen Aufgabe in der Festigung des Friedens in einer Nachkonfliktsituation. Die dafür notwendigen Strukturen sollen unter anderem durch die Wiederherstellung der öffentlichen Ordnung, Entwaffnung und Entfernung von Landminen, Wiedereingliederung von Flüchtlingen, Training von Sicherheitskräften, Beobachtung von Wahlen, Förderung des Menschenrechtsschutzes und Reform oder Stärkung der Regierungsinstitutionen und Förderung der politischen Teilhabe geschaffen werden.[100] Peacebuilding soll als Gegenstück zur Krisen vermeidenden präventiven Diplomatie die Rückkehr von Konflikten verhindern.[101] Boutros-Ghali sieht die Aufgabe der Vereinten Nationen darin, Unterstützung zu leisten bei der Umformung defizitärer nationaler Strukturen und der Stärkung demokratischer Institutionen; die Befugnis hierfür müsse auf dem Konsens darüber beruhen, dass sozialer Frieden denselben Stellenwert hat wie politischer Frieden.[102] Hierbei verknüpft er demokratische Abläufe, wie Rechtsstaatlichkeit und Transparenz bei der Entscheidungsfindung, mit dem Erreichen von Frieden und Stabilität und folgert daraus die Notwendigkeit der Förderung dieser Elemente von *good governance*.[103]

Im Supplement zur Agenda für den Frieden von 1995 wird festgestellt, dass Peacebuilding sowohl eigenständig als auch gleichzeitig mit Peacekeeping stattfinden kann – in letzterem Fall als Teil einer multifunktionalen Peacekeeping-Operation.[104]

---

98 Die Aufgaben von UNTAC im bürgerkriegszerrütteten Kambodscha waren u.a., die Einhaltung eines Friedensabkommens sicherzustellen und Wahlen zu organisieren. Vgl. die UNTAC mandatierende Sicherheitsratsresolution 745 (1992) vom 28.2.1992, verfügbar unter http://www.un.org/en/sc/documents/resolutions/1992.shtml, recherchiert am 13.8.2014. Vgl. Marauhn, AdV 40 (2002), S. 486.

99 Vgl. Schaller, S. 10; Daglish/Nasu, NILR 76 (2007), S. 82.

100 Boutros-Ghali, An Agenda for Peace, Ziff. 55, 58. Ähnliche Aufgaben werden im Supplement zur Agenda für den Frieden genannt, vgl. Boutros-Ghali, Supplement to an Agenda for Peace, Ziff. 47.

101 Boutros-Ghali, An Agenda for Peace, Ziff. 57. Im Supplement zur Agenda für den Frieden wird hingegen auch präventives, friedenssicherndes Tätigwerden als Peacebuilding bezeichnet, vgl. Boutros-Ghali, Supplement to an Agenda for Peace, Ziff. 49.

102 Boutros-Ghali, An Agenda for Peace, Ziff. 59.

103 Ebd.

104 Boutros-Ghali, Supplement to an Agenda for Peace, Ziff. 49.

Das wesentliche Ziel beider Situationen ist die Schaffung von Strukturen für die Institutionalisierung des Friedens.[105] Eigenständig durchgeführtes Peacebuilding wird als die schwierigere Situation identifiziert, weil vor allem bei Sicherheits- oder Menschenrechtsthemen, die politische Funktionen voraussetzen, die Gefahr der Überschreitung des Mandats besteht.[106] Auch wenn die Aktivitäten, die zusammen Peacebuilding darstellen, in die Zuständigkeiten verschiedener Programme, Fonds oder Büros des UN-Systems fallen, sollen sie in einer Nachkonfliktsituation zunächst im Rahmen einer multifunktionalen Friedensoperation gebündelt werden.[107]

Der Brahimi-Bericht erkennt den Schwerpunkt von Peacebuilding-Aktivitäten auf der dem Konflikt abgewandten Seite; es sollen die Grundlagen des Friedens identifiziert und Wege gefunden werden, darauf etwas aufzubauen, das über die bloße Abwesenheit des Krieges hinausgeht.[108] Herausgestellt wird die Bedeutung der Unterstützung für eine demokratische Entwicklung, vor allem der Sicherstellung freier Wahlen, der Stärkung rechtsstaatlicher Institutionen, der nationalen Versöhnung und der Demobilisierung und Wiedereingliederung früherer Kombattanten in die Zivilgesellschaft.[109] Peacekeeper und Peacebuilder werden nun als untrennbare Partner mit sich ergänzenden Funktionen angesehen: Die Peacebuilder sind auf das von den Peacekeepern aufrecht erhaltene sichere Umfeld angewiesen, um die für nachhaltige Sicherheit notwendigen politischen, sozialen und wirtschaftlichen Veränderungen anzustoßen; nur ein Peacebuilding-Erfolg erlaubt den Abzug der Peacekeeping-Truppen.[110]

Das in der Agenda für den Frieden erstmals vorgestellte Konzept des Peacebuilding wurde also weiterentwickelt.[111] Der Schwerpunkt der Aktivitäten auf der Stärkung demokratischer Abläufe und rechtstaatlicher Institutionen hat an Bedeutung gewonnen. Die zunächst getrennt betrachteten Peacekeeping und Peacebuilding Missionen stellen sich zunehmend als miteinander verflochten dar. Schließlich wird

105 Ebd.
106 Boutros-Ghali, Supplement to an Agenda for Peace, Ziff. 55.
107 Vgl. Boutros-Ghali, Supplement to an Agenda for Peace, Ziff. 53.
108 Brahimi-Bericht, Ziff. 13.
109 Brahimi-Bericht, Ziff. 13, 35 ff., 47.
110 Brahimi-Bericht, Ziff. 28.
111 Um den steigenden Anforderungen an die Peacebuilding-Fähigkeiten der Vereinten Nationen beizukommen, wurde 2005 die sog. *Peacebuilding Commission* geschaffen. Sie verfolgt die Ziele, allgemeine sowie auf Ländersituationen zugeschnittene, umfassende Strategien für Peacebuilding zu erarbeiten und hierfür den Sicherheitsrat in Fragen der Konfliktnachsorge zu beraten, den Wiederaufbau in einem Krisengebiet zu koordinieren und Ressourcen und Strategien dafür zu mobilisieren.
Vgl. Bericht des UN-Generalsekretärs, In larger freedom: towards development, security and human rights for all, UN Doc. A/59/2005/Add.2 vom 23.5.2005, verfügbar unter http://daccess-dds-ny.un.org/doc/UNDOC/GEN/N05/356/07/PDF/N0535607.pdf, recherchiert am 29.7.2014, Ziff. 1, 6 ff.; Ruffert/Walter, Rn. 407.

ihre wechselseitige Abhängigkeit, keine Sicherheit ohne nachhaltigen Wandel in der Gesellschaft, festgestellt.[112] Die Trennung zwischen militärischen und nichtmilitärischen Komponenten gelingt nicht mehr, weil die einzelnen Bestandteile ineinander greifen und die Strategien zur Konfliktbewältigung oft erst in der Folge von Zwangsmaßnahmen verwirklicht werden können.[113]

Im allgemeinen Verständnis bezeichnet Peacebuilding damit Aktivitäten, die den Ausbruch, das Wiederaufleben oder die Fortsetzung eines bewaffneten Konflikts verhindern sollen, und die den Konflikt auf multidisziplinäre Weise zu lösen versuchen, indem sie neben militärischen auch politische, rechtliche, humanitäre, wirtschaftliche oder soziale Faktoren behandeln.[114] Dies beruht auf der Erkenntnis, dass stabile Verhältnisse nur durch den Wiederaufbau der politischen und sozialen Infrastruktur hergestellt werden können.[115] Die Aufgaben der Friedensmissionen in Nachkonfliktsituationen wurden vom Fokus auf physische Sicherheit hin zum Aufbau einer Gemeinschaft (*community building*), langfristiger politischer Stabilität und Demokratisierung ausgeweitet.[116] Peacebuilding wird dementsprechend auch als Überbegriff für alle Arten von Friedensoperationen der UN ohne Unterscheidung nach militärischen und zivilen Komponenten gebraucht.[117]

IV. Schwierigkeiten der Praxis

Weil die Zahl der Friedensmissionen sowie der Anspruch an das, was sie leisten sollen, seit Ende des Kalten Krieges gestiegen ist, wurden die Missionen personell und finanziell umfangreicher und inhaltlich komplexer.[118] Zwar führte das Scheitern von Missionen in den 1990er Jahren zur Reduzierung von Anzahl und Umfang der Friedensoperationen, dies änderte sich jedoch mit den Übergangsverwaltungen in Kosovo und Osttimor 1999.[119] Ende des Jahres 1999 standen ca. 18.000 Soldaten, Polizisten und Beobachter im Dienst von 19 UN-Friedensmissionen, ein Jahr später bereits ca. 38.000 in 16 Missionen, Ende 2013 waren es in 15 Missionen rund 98.000.[120] Die für Friedensmissionen vorgesehenen Haushaltsmittel der UN stiegen

---

112 Vgl. Anderson, Sicherheit und Frieden 22 (2004), S. 2.

113 Marauhn, AdV 40 (2002), S. 484.

114 Daglish/Nasu, NILR 2007, S. 82.

115 Jeong, Sicherheit und Frieden 22 (2004), S. 22.

116 Ebd.

117 Vgl. Schaller, S. 11, der auch territoriale Übergangsverwaltungen unter Peacebuilding fasst.

118 Vgl. Trettin/Winckler, Vereinte Nationen 2012, S. 116; Kurzbach, Vereinte Nationen 2012, S. 121.

119 Trettin/Winckler, Vereinte Nationen 2012, S. 116.

120 So die nach Jahren und Monaten aufgeschlüsselte Zusammenfassung der Vereinten Nationen, für die Jahre 1995–2004: http://www.un.org/en/peacekeeping/contributors/documents/Yearly_Summary.pdf, für 2005–2013: http://www.un.org/en/peacekeeping/contributors/documents/Yearly.pdf, recherchiert am 30.7.2014.

von 2,7 Milliarden US-Dollar für das Haushaltsjahr 2001/2002 auf 7,8 Milliarden für 2013/2014.[121]

Dementsprechend musste das UN-Sekretariat in seiner Organisations- und Verwaltungsstruktur den Friedensmissionen die notwendigen Kapazitäten widmen. Wo bis Ende der 1980er Jahre nur wenige UN-Verwaltungsbeamte für die laufenden Missionen zuständig waren, wurden in der Folge die Einrichtung eigener Abteilungen und mehrere Umstrukturierungen nötig.[122] So wurden unter Generalsekretär Boutros-Ghali zu diesem Zweck das *Department of Political Affairs* und das *Department of Peacekeeping Operations*, die dem Sekretariat unterstellt sind, eingerichtet, deren Strukturen seither an neue Entwicklungen angepasst werden.[123] Auf Initiative von Generalsekretär Ban Ki-moon wurde 2007 zusätzlich das *Department of Field Support* für logistische, administrative und Management-Aufgaben geschaffen.[124]

Die Kehrseite des größeren Umfangs und der zunehmenden Arbeitsteilung und Spezialisierung bei Friedenseinsätzen zeigt sich daran, dass die starke Zergliederung in den Verwaltungsstrukturen mit internen Koordinierungs- und Kommunikationsproblemen, sowohl am UN-Amtssitz als auch bei den Missionen im Feld, einhergehen kann.[125] Wegen der Verflechtung von militärischen und nicht-militärischen Aspekten des Nachkonfliktaufbaus ist der Erfolg von Operationen auch abhängig von der Qualität der Zusammenarbeit zwischen den Einsatzkräften, den UN-Aufbauprogrammen und den internationalen Hilfsorganisationen.[126] Informelle Kontakte scheinen bei der Kommunikation eine zu große Rolle zu spielen.[127] Ferner sind die Einsätze immer noch von temporären Strukturen geprägt, da Mandate und

---

121 Vgl. für das Haushaltsjahr 2000/2001: UN Doc. A/57/723 vom 6.2.2003, *Overview of the financing of the United Nations peacekeeping operations: budget performance for the period from 1 July 2001 to 30 June 2002 and budget for the period from 1 July 2003 to 30 June 2004*, verfügbar unter http://www.un.org/ga/search/view_doc.asp?symbol=A/57/723, recherchiert am 30.7.2014;
für das Haushaltsjahr 2013/2014: UN Doc. A/C.5/68/21 vom 23.1.2014, *Approved resources for peacekeeping operations for the period from 1 July 2013 to 30 June 2014*, verfügbar unter http://www.un.org/en/peacekeeping/documents/AC56821.pdf, recherchiert am 30.7.2014.

122 Vgl. Trettin/Winckler, Vereinte Nationen 2012, S. 116 f.

123 Vgl. das UN-Organigramm unter http://www.un.org/en/aboutun/structure/org_chart.shtml, recherchiert am 30.7.2014; vgl. Trettin/Winckler, Vereinte Nationen 2012, S. 117;

124 Vgl. den Bericht des UN-Generalsekretärs, *Comprehensive report on strengthening the capacity of the United Nations to manage and sustain peace operations*, UN Doc. A/61/858 vom 13.4.2007, Ziff. 81 ff., verfügbar unter http://www.un.org/Docs/journal/asp/ws.asp?m=A/61/858, recherchiert am 13.8.2014.

125 Vgl am Beispiel der UN-Mission in Liberia: Trettin/Winckler, Vereinte Nationen 2012, S. 118 ff.

126 Jeong, Sicherheit und Frieden 22 (2004), S. 24.

127 Vgl. Trettin/Winckler, Vereinte Nationen 2012, S. 119; Kurzbach, Vereinte Nationen 2012, S. 121.

Budgets nur für ein Jahr bewilligt und Arbeitsverträge nur befristet eingegangen werden.[128] Kritisiert wird auch eine zu wenig professionalisierte Karriereförderung im UN-System, die zu wenig Anreize zur beruflichen Weiterentwicklung schaffe.[129] Diese Schwierigkeiten gehen zu Lasten von Effektivität und langfristiger Planung.

Der Erfolg von Peacekeeping-Einsätzen ist ferner abhängig von den politischen Weichenstellungen, den zur Verfügung stehenden Ressourcen und der Ausbildung der Truppe. Das Fehlen einer politischen Führungslinie oder vom Sicherheitsrat mehrdeutig formulierte politische Ziele führen zu Unsicherheit.[130] Kritisiert wird unter anderem, dass Projekte zu wenig präzise definiert werden, UN-Kommandeure nicht die vollständige Befehlsgewalt über von Mitgliedstaaten zur Verfügung gestellte Truppen erhalten und die UN auf den Verwaltungsebenen unterhalb der des Sicherheitsrates unter institutionellen Schwächen leidet – zu viele Management-Schichten zwischen Sicherheitsrat und Einsätzen und eine andauernde Dezentralisierung von Befugnissen führten zu einem sich zerstreuenden System.[131] Zu wenig Finanzmittel können Umfang und Reichweite einer Operation einschränken – es befinden sich verschiedene Friedensoperationen im Wettstreit um begrenzte finanzielle Unterstützung und zur Verfügung gestellte Truppen.[132] Eine aktive Rolle im politischen und sozialen Wiederaufbau können Peacekeeper nur übernehmen, wenn sie mit den kulturellen, politischen und sozialen Gegebenheiten vertraut sind.[133] Die Mitglieder der Friedenstruppen haben im Einsatzland eine Vorbildfunktion. Nicht nur kann ihr Auftreten die Einstellung der Bevölkerung zu Sicherheitskräften prägen, eine in sich multinational und multiethnisch aufgestellte Peacekeeping-Einheit kann auch demonstrieren, dass pluralistische Gesellschaften funktionieren können.[134] Umso problematischer ist es, wenn die UN-geführte Verwaltung im Zielland nicht demokratischen Standards genügt.[135] Im Zusammenleben mit der Zivilbevölkerung können Schwierigkeiten daraus entstehen, dass mit den UN-Mitarbeitern Menschen aus anderen Kulturkreisen ins Land kommen, die materiell deutlich besser gestellt sind als die lokale Bevölkerung.[136] Die erheblichen Unterschiede im Lebensstandard können bei der Bevölkerung zu Unmut führen; im schlimmsten Fall kommt es zu Anschlägen auf die UN.[137]

128 Trettin/Winckler, Vereinte Nationen 2012, S. 115.
129 Vgl. Kurzbach, Vereinte Nationen 2012, S. 123.
130 Vgl. Jeong, Sicherheit und Frieden 22 (2004), S. 23.
131 Vgl. Gordon, in: Gordon/Toase (Hrsg.), Aspects of Peacekeeping, S. 19, 22, 25.
132 Jeong, Sicherheit und Frieden 22 (2004), S. 23.
133 Jeong, Sicherheit und Frieden 22 (2004), S. 22.
134 Vgl. Anderson, Sicherheit und Frieden 22 (2004), S. 4 f.
135 Vgl. die Kritik an der UN-Übergangsverwaltung in Osttimor, der das Fehlen von Gewaltenteilung und Rechenschaftspflicht vorgeworfen wird: Chopra, Survival 42 (2000), S. 27 ff.
136 Vgl. Kurzbach, Vereinte Nationen 2012, S. 124.
137 Vgl. Kurzbach, Vereinte Nationen 2012, S. 124 f.

B. Staatenbildung

I. Staatsbegriff

1. Bedeutung des Staatsbegriffs

Da internationale Beziehungen zu einem großen Teil von Staaten gestaltet werden, ist der Staatsbegriff für das Völkerrecht wesentlich. Vor allem Staaten sind Völkerrechtssubjekte.[138] Zwar werden neben Staaten und den traditionellen Völkerrechtssubjekten[139] auch Internationale Organisationen und in zunehmendem Umfang Individuen als Subjekte des Völkerrechts anerkannt; auch gewinnen Internationale Organisationen an Bedeutung und Einfluss, von den sie tragenden Staaten hängen sie jedoch weitgehend ab.[140] Staaten sind diejenigen Einheiten, die das Völkerrecht überwiegend gestalten.[141] Im von ihnen selbst geschaffenen Völkerrecht sind sie eine vorgegebene Größe; so enthält die UN-Charta keine Definition des Staates, sie setzt den Begriff voraus.[142]

Die Frage, unter welchen Voraussetzungen ein politisches Gebilde als Staat anzusehen ist, hat auch deshalb Bedeutung, weil das Völkerrecht Rechte und Pflichten an die Staatsqualität bindet. Wesentliche Rechtssätze des Völkerrechts knüpfen an den Staatsbegriff an.[143] So hat die Qualifizierung als Staat die politischen und juristischen Folgen von zum Beispiel der Aufnahme in die Staatengemeinschaft und in die Vereinten Nationen, der Gleichberechtigung mit anderen Staaten und des Schutzes durch das völkerrechtliche Gewalt- und Interventionsverbot.[144]

Der Staatsbegriff hat sowohl nach innen als auch nach außen eine friedenssichernde Funktion. Der innere Friede, der Schutz vor Bürgerkrieg, wird durch die Monopolisierung der Gewalt in den Institutionen des Staates gewährleistet; der Friede nach außen hängt wesentlich davon ab, dass die Staaten die Regeln des Völkerrechts als verbindlich anerkennen und befolgen.[145] Vor allem die Grundsätze der Gleichheit der Staaten und der Reziprozität sind Voraussetzungen dafür, dass die Staaten das Völkerrecht respektieren, und damit Geltungsbedingungen des Völkerrechts.[146] Die universale Geltung des Völkerrechts ist eine Voraussetzung für den Weltfrieden.[147] Durch die Verbindung der Regeln des Völkerrechts mit dem Staatsbegriff ist es mit von diesem abhängig, inwieweit die Einhaltung des Völkerrechts und

---

138 Dahm/Delbrück/Wolfrum, Bd. I/1, S. 125.

139 Der Heilige Stuhl, das Internationale Komitee vom Roten Kreuz, der Malteser Ritterorden (vgl. Epping, in: Ipsen (Hrsg.), Völkerrecht, § 8 Rn. 1 ff.).

140 Vgl. Epping, in: Ipsen (Hrsg.), Völkerrecht, § 5 Rn. 1, § 6, § 7.

141 Dahm/Delbrück/Wolfrum, Bd. I/1, S. 125.

142 Epping, in: Ipsen (Hrsg.), Völkerrecht, § 5 Rn. 1.

143 Bleckmann, S. 116; Möllers, Staat (J), in: Evangelisches Staatslexikon, Sp. 2281.

144 Kriele, S. 52.

145 Kriele, S. 50 f.

146 Kriele, S. 52.

147 Kriele, S. 54.

damit der Frieden zwischen den Staaten gesichert wird. Um eine möglichst universelle Geltung des Völkerrechts zu bewirken, wird im Völkerrecht ein eher abstrakter, mit nicht zu vielen Inhalten aufgeladener Staatsbegriff gewählt, um sicherzustellen, dass die meisten politischen Gebilde seine Voraussetzungen erfüllen.[148]

2. *Völkerrechtlicher Staatsbegriff*

Der völkerrechtliche Staatsbegriff hat die größte Bedeutung in der Staatspraxis.[149] Die gängige Definition im Völkerrecht beruht auf der sogenannten Drei-Elemente-Lehre von Georg Jellinek.[150] Danach besteht ein Staat, wenn die drei Merkmale Staatsgebiet, Staatsvolk und Staatsgewalt vorliegen; ein Staatsvolk lebt auf einem abgegrenzten Gebiet unter der Herrschaft einer organisierten Staatsgewalt.[151] Die in Art. 1 der *Montevideo-Konvention über die Rechte und Pflichten der Staaten* aus dem Jahr 1933 neben den Kriterien Staatsgebiet, Staatsvolk und Staatsgewalt für die Staatsqualität geforderte Fähigkeit, in Beziehungen mit anderen Staaten zu treten, wird nicht als konstitutives Merkmal für den Staatsbegriff angesehen.[152]

Das Staatsgebiet ist ein durch Grenzen gekennzeichneter geographischer Raum. Es erfasst einen abgegrenzten Teil der Erdoberfläche mit dem darunter liegenden Erdreich und dem darüber befindlichen Luftraum.[153] Die die Gebiete der Staaten trennenden Grenzen gehen auf die geschichtliche Entwicklung, auf Völkergewohnheitsrecht oder auf vertragliche Vereinbarung zurück.[154] Eine exakte Grenzziehung ist nicht Voraussetzung für die Entstehung eines Staates, ein unbestrittenes Kerngebiet muss jedoch vorliegen.[155] Das Staatsgebiet ist der räumliche Bereich, der einer

148 Kriele, S. 53.

149 Neben dem völkerrechtlichen Staatsbegriff zu erwähnen sind der von Max Weber definierte soziologische Staatsbegriff, die auf Georg Jellinek zurückgehende Zwei-Seiten-Theorie, der von Hans Kelsen erdachte rein juristische Staatsbegriff und die von Rudolf Smend entwickelte Integrationslehre. Vgl. Schöbener, Allgemeine Staatslehre, § 3 Rn. 7 ff.

150 Jellinek, S. 381 ff.; Doehring, State, EPIL IV, S. 601; Kriele, S. 60; Schöbener, Allgemeine Staatslehre, § 3 Rn. 17.

151 Stein/v. Buttlar, Rn. 250; Doehring, State, EPIL IV, S. 601.

152 Das Kriterium wird auch weniger als Beschränkung als als Präzisierung der Staatsgewalt verstanden, da es deutlich macht, dass der Staat durch die Einbindung in die internationale Gemeinschaft besteht. Herdegen, Völkerrecht, § 8 Rn. 4; Stein/v. Buttlar, Rn. 251; Crawford, The British Yearbook of International Law 48 (1976–77), S. 119.

153 Von der Küste auf das offene Meer kann das Staatsgebiet auf früher drei Seemeilen, heute nach h.M. zwölf Seemeilen ausgedehnt werden; der Festlandsockel darf bis zu einer Entfernung von 200 Seemeilen wirtschaftlich genutzt werden. Maurer, § 1 Rn. 7; Hailbronner, in: Vitzthum (Hrsg.), Völkerrecht, S. 188.

154 Hailbronner, in: Vitzthum (Hrsg.), Völkerrecht, S. 188.

155 Epping, in: Ipsen (Hrsg.), Völkerrecht, § 5 Rn. 4; vgl. IGH, *North Sea Continental Shelf Cases – Nordsee-Festlandsockel* (BRD ./. Dänemark, BRD ./. Niederlande),

Hoheitsgewalt untersteht.[156] Es fasst geographische Räume unter eine gemeinsame Rechtsordnung zusammen, daher sind Grenzen die Trennlinien zwischen verschiedenen Rechtsordnungen.[157] Gebiete, in denen ein Staat auf fremdem Territorium Hoheitsakte ausüben kann, Treuhandgebiete oder Protektorate zählen nicht zum eigenen Staatsgebiet.[158]

Das Staatsvolk wird im Rahmen der Drei-Elemente-Lehre mit Hilfe formaler Gesichtspunkte definiert – als auf Dauer angelegter und sesshafter Personenverband oder als die Zusammenfassung von Menschen unter einer gemeinsamen Rechtsordnung.[159] Sein formales Bindeglied liegt in der Staatsangehörigkeit, die vom jeweiligen Staat durch sein Recht bestimmt wird.[160] Das Staatsvolk ist die Gesamtheit der Staatsangehörigen.[161] Die Staatsangehörigkeit wird entweder durch Abstammung (ius sanguinis) oder durch Geburt auf dem Staatsgebiet (ius soli) sowie durch Einbürgerung begründet.[162] Auf die zahlenmäßige Größe des Personenverbandes kommt es nicht an.[163] Ethnische, sprachliche oder religiöse Faktoren sind für die Bestimmung des Staatsvolks nicht konstitutiv; es muss in solcher Hinsicht nicht homogen sein.[164] Solche Elemente können bei der Bestimmung einer Nation hilfreich sein. Staatsvolk und Nation bezeichnen aber nicht dasselbe – die Mitglieder eines Staatsvolks können auch unterschiedlichen Nationen angehören.[165] Zwar existieren „Nationalstaaten", deren Bevölkerung ethnographisch geschlossen ist, auch wurde die Idee der Einheit von Staat und Nation ab dem 19. Jahrhundert zum Ideal, dennoch ist das Bestehen einer solchen Einheit kein notwendiges Element für einen Staat.[166]

Das Kriterium der Staatsgewalt lässt sich als originäre, also unabgeleitete, dauerhafte und effektive Herrschaftsmacht über Staatsgebiet und Staatsvolk definieren.[167] Diese Gewalt muss über die Personen und über das Territorium bestehen; sie erstreckt sich auf Staatsgebiet und Staatsvolk und schafft aus beidem den Staat.[168] Der Begriff der Staatsgewalt ist nicht identisch mit dem Souveränitätsbegriff, wird

Urteil vom 20.2.1969, Ziff. 46, verfügbar unter http://www.icj-cij.org/docket/files/52/5561.pdf, recherchiert am 30.7.2014.

156 Dahm/Delbrück/Wolfrum, Bd. I/1, S. 127.

157 Epping, in: Ipsen (Hrsg.), Völkerrecht, § 5 Rn. 4.

158 Stein/v. Buttlar, Rn. 268.

159 Schöbener, Allgemeine Staatslehre, § 3 Rn. 19; Epping, in: Ipsen (Hrsg.), Völkerrecht, § 5 Rn. 5.

160 Maurer, § 1 Rn. 7.

161 Grawert, in: Isensee/Kirchhof (Hrsg.), Handbuch des Staatsrechts II, § 16 Rn. 20.

162 Maurer, § 1 Rn. 7.

163 Schöbener, Allgemeine Staatslehre, § 3 Rn. 19.

164 Hailbronner, in: Vitzthum (Hrsg.), Völkerrecht, S. 187; Aust, S. 16.

165 Vgl. Hailbronner, in: Vitzthum (Hrsg.), Völkerrecht, S. 187.

166 Dahm/Delbrück/Wolfrum, Bd. I/1, S. 127.

167 Schöbener, Allgemeine Staatslehre, § 3 Rn. 23; Dahm/Delbrück/Wolfrum, Bd. I/1, S. 129.

168 Epping, in: Ipsen (Hrsg.), Völkerrecht, § 5 Rn. 7; Schöbener, Allgemeine Staatslehre, § 3 Rn. 20.

durch diesen aber näher bestimmt.[169] Es muss die Souveränität des Staats insofern bestehen, als der Staat in der Lage sein muss, sowohl nach innen eine Ordnung durchzusetzen, als auch nach außen unabhängig zu handeln und seine völkerrechtlichen Verpflichtungen zu erfüllen.[170] Hinsichtlich innerer und äußerer Souveränität muss Effektivität vorliegen, das heißt die Staatsgewalt muss in beiderlei Hinsicht tatsächlich wirksam sein.[171]

Für die Effektivität der Staatsgewalt ist zusätzlich erforderlich, dass die staatliche Ordnung von einer gewissen Dauer und Stabilität ist.[172] Das Völkerrecht erkennt in der Regel keine Provisorien an, da die Erfüllung völkerrechtlicher Pflichten nur in einer dauerhaften Ordnung gewährleistet ist.[173]

Grundsätzlich kann auch ein Krieg einen neuen Staat hervorbringen, wenn sich die neu errichtete Hoheitsgewalt nach dem Maßstab der Effektivität hinreichend durchgesetzt hat.[174] Die Legalität der Staatsgewalt, das heißt ihre Rechtmäßigkeit nach der eigenen Verfassung, und ihre Legitimität, das heißt die Ausrichtung an außerrechtlichen Grundwerten, sind grundsätzlich nicht ausschlaggebend.[175] Die Qualifikation als Staatsgewalt hängt nicht von einer Bewertung des Regierungssystems des Landes ab; dies ergibt sich bereits aus dem in Art. 2 Nr. 7 UN-Charta niedergelegten Prinzip der Nichteinmischung in innere Angelegenheiten.[176] Zwar kann man einwenden, dass ein Zustand, der durch Verletzungen des Gewaltverbots und des Selbstbestimmungsrechts der Völker als völkerrechtswidrig einzuordnen ist, schon wegen des Grundsatzes „ex iniuria ius non oritur", aus Unrecht könne kein Recht entstehen, nicht in Übereinstimmung mit dem Völkerrecht gebracht werden kann.[177] Hiergegen kann man vorbringen, dass es im Völkerrecht wenig Raum für Normativismus gibt.[178] Würde der „ex iniuria ius non oritur"-Grundsatz konsequent befolgt, könnte das Völkerrecht nicht mehr seine Ordnungsfunktion erfüllen; würde jede völkerrechtswidrig entstandene Staatsgewalt für nichtig gehalten, wären große Teile des internationalen Lebens nicht regelbar.[179] Dennoch können im Falle einer

---

169 Schöbener, Allgemeine Staatslehre, § 3 Rn. 20.

170 Vgl. zum Souveränitätsbegriff unten, bei 2. Kapitel, A I. Hailbronner, in: Vitzthum (Hrsg.), Völkerrecht, S. 188; Dahm/Delbrück/Wolfrum, Bd. I/1, S. 129.

171 Stein/v. Buttlar, Rn. 285; Doehring, State, EPIL IV, S. 603.

172 Dies ist aus einer ex ante-Perspektive durch die Beurteilung der bestehenden politischen Verhältnisse zu bestimmen. Vgl. Dahm/Delbrück/Wolfrum, Bd. I/1, S. 129; Heintschel von Heinegg, 1. Kap. Rn. 63; Epping, in: Ipsen (Hrsg.), Völkerrecht, § 5 Rn. 10.

173 Dahm/Delbrück/Wolfrum, Bd. I/1, S. 129.

174 Ebd.

175 Epping, in: Ipsen (Hrsg.), Völkerrecht, § 5 Rn. 10.

176 Doehring, State, EPIL IV, S. 603.

177 Vgl. Epping, in: Ipsen (Hrsg.), Völkerrecht, § 5 Rn. 10.

178 Dahm/Delbrück/Wolfrum, Bd. I/1, S. 133.

179 Ebd.

völkerrechtswidrig begründeten Staatsgewalt an das Erfordernis der Effektivität besonders hohe Anforderungen gestellt werden.[180]

Die für die Souveränität eines Staats auch geforderte Legitimation der Herrschaftsmacht wird daher im Rahmen des völkerrechtlichen Staatsbegriffs grundsätzlich nicht als notwendiges Kriterium angesehen.[181] Die Zugrundelegung eines solchen, sich nicht oder kaum auf die Legitimität der Regierung beziehenden, abstrakten Staatsbegriffes, hat zum Vorteil, dass er der Kontinuität der Rechtsbeziehungen zwischen den Staaten dient.[182] Verfassungs- oder Regierungsänderungen oder -umstürze haben nicht den Verlust der Staatsqualität zur Folge, von deren Einfluss auf die Einhaltung des Völkerrechts und damit friedenssichernder Wirkung das internationale Rechtssystem profitiert.[183]

3. *Herausforderungen durch* failed states

Innere Unruhen, bürgerkriegsähnliche Zustände oder innerstaatliche bewaffnete Konflikte können dazu führen, dass in einem Staat die effektive Staatsgewalt erschüttert wird oder vollkommen einstürzt. Politisch tragende Macht- und Ordnungsgefüge brechen zusammen und weichen einer Art Anarchie, die mit massiver innerer Gewaltanwendung einhergeht.[184] Es entsteht die Problematik der sogenannten *failed states*. Da keine staatlichen Organe mehr vorhanden sind, die Entscheidungen nach innen und nach außen treffen und durchsetzen können, kommt einem *failed state* die Fähigkeit zur Durchsetzung des Gewaltmonopols und zur Erfüllung wesentlicher Staatsfunktionen abhanden.[185] UN-Generalsekretär Boutros Boutros-Ghali beschreibt den Zerfall eines Staats als Kollaps der staatlichen Institutionen, Lähmung der Regierungsgewalt, Zusammenbruch von Recht und Ordnung und um sich greifendes Banditentum und Chaos, was zur Plünderung des öffentlichen Vermögens und zur Vertreibung oder Ermordung der Regierungsbeamten führt.[186] Entscheidende Merkmale sind (intern) das Fehlen effektiver staatlicher Institutionen

---

180 Vgl. Dahm/Delbrück/Wolfrum, Bd. I/1, S. 133.

181 Vgl. Schöbener, Allgemeine Staatslehre, § 3 Rn. 26; Dahm/Delbrück/Wolfrum, Bd. I/1, S. 132.

182 Bleckmann, S. 116; Möllers, Staat (J), in: Evangelisches Staatslexikon, Sp. 2281.

183 Vgl. Kriele, S. 54; Bleckmann, S. 116.

184 Thürer, Der „zerfallene Staat", Die Friedens-Warte 74 (1999), S. 276; Warbrick, in: Evans (Hrsg.), International Law, S. 235.

185 Liebach, S. 26; Epping, in: Ipsen (Hrsg.), Völkerrecht, § 5 Rn. 11.

186 *"A feature of such conflicts is the collapse of State institutions, especially the police and judiciary, with resulting paralysis of governance, a breakdown of law and order, and general banditry and chaos. Not only are functions of government suspended, its assets destroyed or looted and experienced officials are killed or flee the country."* Boutros-Ghali, Concluding Statement by the Secretary-General of the United Nations at the United Nations Congress on Public International Law, New York 13–17.3.1995, zitiert nach Thürer, Der „zerfallene Staat", Die Friedens-Warte 74 (1999), S. 276.

und (extern) die damit verbundene Unfähigkeit zur Teilnahme am völkerrechtlichen Verkehr.[187] Diesen Staaten fehlt das Merkmal der effektiven Staatsgewalt im Sinne der Drei-Elemente-Lehre.[188]

Der Zusammenbruch der Staatsgewalt in Somalia und das Einschreiten der Vereinten Nationen sind zum Kernpunkt der völkerrechtlichen Diskussion über die *failed state*-Problematik geworden.[189] Weitere Beispiele für *failed states* sind Liberia, Sierra Leone, Kambodscha zur Zeit der Roten Khmer, Bosnien-Herzegowina in der ersten Zeit der staatlichen Unabhängigkeit oder Ruanda in der Zeit des Genozid.[190] Auch die Übergangsverwaltungen in Kosovo und Osttimor dienten der Wiederherstellung einer effektiven Staatsgewalt.[191]

Wegen des Staatenkollaps, des Scheiterns der Staatlichkeit, hat sich für dieses Phänomen der Begriff des *failed state* eingebürgert.[192] Ein Staat, der vom Kollaps bedroht ist, in dem aber noch ein Minimum an politischer Ordnung existiert, ist danach ein *failing state*.[193] Von einigen wird jedoch anstatt von *failed state* der normativ neutralere Ausdruck des *zerfallenen Staates* bevorzugt, weil er die Auflösung der inneren Ordnungsstrukturen präziser beschreibt.[194] Die Bezeichnung als *failed state* kann als zu weitgreifend verstanden werden, da man von „gescheiterter" Staatlichkeit auch bei willkürlichen oder totalitären Machtstaaten sprechen könnte.[195] Der französische Begriff *Etats sans gouvernement* (Staaten ohne Regierungsgewalt) hingegen ist zu eng, da der Zusammenbruch des Staates ja nicht nur die Regierungsgewalt, sondern sämtliche Staatsfunktionen betrifft.[196] Obwohl *zerfallener Staat* neutraler ist, wird hier wegen seiner Geläufigkeit auch der Begriff des *failed state* mit den beschriebenen Inhalten weiter benutzt.

Betrachtet man die *failed state*-Problematik aus einer politisch-rechtlichen Perspektive, stehen zum einen die innerstaatlichen, endogenen Probleme im Vordergrund, die auch grenzüberschreitende Auswirkungen haben können, zum anderen der staatspolitische Aspekt des Zusammenbruchs der staatlichen Rechtsmacht sowie der funktionale Aspekt der fehlenden Repräsentation nach außen.[197] Aus soziologischer Sicht sind die mit dem Zusammenbruch des Gewaltmonopols einhergehende

---

187 Liebach, S. 28; Epping, in: Ipsen (Hrsg.), Völkerrecht, § 5 Rn. 11.

188 Vgl. Heintschel von Heinegg, 1. Kap. Rn. 65.

189 Herdegen, Der Wegfall effektiver Staatsgewalt, BDGV 34 (1996), S. 50.

190 Thürer, Der „zerfallene Staat", Die Friedens-Warte 74 (1999), S. 275; Epping, in: Ipsen (Hrsg.), Völkerrecht, § 5 Rn. 11; Heintschel von Heinegg, Rn. 65.

191 Stein/v. Buttlar, Rn. 316.

192 Vgl. Liebach, S. 20.

193 Epping, in: Ipsen (Hrsg.), Völkerrecht, § 5 Rn. 11.

194 So Epping, in: Ipsen (Hrsg.), Völkerrecht, § 5 Rn. 11; Thürer, Der „zerfallene Staat", Die Friedens-Warte 74 (1999), S. 276; Liebach, S. 24.

195 Thürer, Der „zerfallene Staat", Die Friedens-Warte 74 (1999), S. 276.

196 Ebd.

197 Thürer, Der „zerfallene Staat", Die Friedens-Warte 74 (1999), S. 276 f.; vgl. Liebach, S. 37.

Privatisierung oder Kriminalisierung des Staates entscheidend, die den Rückfall in den von Hobbes definierten Urzustand des *bellum omnium contra omnes* auslösen, was auch dadurch zum Ausdruck kommt, dass Gewalt besonders brutal und intensiv angewendet wird und eine unvorhersehbare Eigendynamik entwickelt.[198] Wesentlich ist zudem der entwicklungsgeschichtliche Kontext, in dem sich *failed states* befinden, die häufig der Dritten Welt angehören. Mit dem Ende des Kalten Krieges endete das ideologische Fundament solcher Regime, die von den Kontrahenten künstlich an der Macht gehalten wurden; die Kolonialmächte hinterließen nach dem Ende ihrer Herrschaft oft Staaten, die keine überlieferten Gesellschaftsstrukturen mehr nutzten, aber noch keine identitätsbildenden Verfassungsstrukturen herausgebildet hatten.[199]

Weil der Zerfall der inneren Ordnung eines Staats zum Wegfall dessen führt, was man unter effektive Staatsgewalt fasst, müsste man konsequenterweise dem *failed state* nun auch die Staatsqualität und damit die Rechtspersönlichkeit absprechen. Trotzdem werden in der völkerrechtlichen Praxis Staatlichkeit und Rechtspersönlichkeit solcher Staaten als weiterhin vorhanden betrachtet.[200] Dies geht auf den völkerrechtlichen Grundsatz der größtmöglichen Kontinuität des Staates zurück, der im Zweifel den Ausschlag für das Fortbestehen des Staates als Völkerrechtssubjekt gibt und die Staatsqualität über den zwischenzeitlichen Ausfall der effektiven Herrschaft und Handlungsfähigkeit hinausreichen lässt.[201]

Der Grund hierfür findet sich auch im Pragmatismus der Staatenpraxis, in der auf die Stabilität und Berechenbarkeit internationaler Beziehungen Wert gelegt und daher das Bestands- und Integritätsinteresse der Einheit Staat anderen Belangen übergeordnet wird.[202] Um die internationale Rechtssicherheit zu wahren und das Entstehen staats- und rechtsfreier Räume zu vermeiden, die dem Zugriff anderer Staaten ausgesetzt wären, soll die Existenz als Staat unangetastet bleiben.[203] Eine Rolle spielt zudem die Achtung des Selbstbestimmungsrechts der Völker. So wird in der Regel kein definitives Erlöschen der Staatsgewalt angenommen, solange sich auf dem Territorium

---

198 Thürer, Der „zerfallene Staat", Die Friedens-Warte 74 (1999), S. 279 f.

199 Thürer, Der „zerfallene Staat", Die Friedens-Warte 74 (1999), S. 278.

200 Stein/v. Buttlar, Rn. 316; Heintschel von Heinegg, Rn. 65; Epping, in: Ipsen (Hrsg.), Völkerrecht, § 5 Rn. 11; Hailbronner, in: Vitzthum (Hrsg.), Völkerrecht, 3. Abschnitt, Rn. 86.

201 So waren die baltischen Staaten Estland, Lettland und Litauen zwar 1940 durch Annexion in die Sowjetunion eingegliedert worden, ihre unabhängige Staatsgewalt entfiel. Ihre Staatsvölker und Staatsgebiete blieben jedoch bestehen. Entsprechend der Kontinuitätsthese wurden die drei Staaten nach dem Zerfall der Sowjetunion als fortbestehend angesehen, obwohl sie 50 Jahre lang nicht selbstständig handlungsfähig waren. Vgl. Stein/v. Buttlar, Rn. 290; Schöbener, Allgemeine Staatslehre, § 3 Rn. 89; Epping, in: Ipsen (Hrsg.), Völkerrecht, § 5 Rn. 17; Möllers, Staat (J), in: Evangelisches Staatslexikon, Sp. 2281.

202 Herdegen, Der Wegfall effektiver Staatsgewalt, BDGV 34 (1996), S. 51; Epping, in: Ipsen (Hrsg.), Völkerrecht, § 5 Rn. 17.

203 Schöbener, Allgemeine Staatslehre, § 3 Rn. 89.

des Staates kein neuer Staat auf der Grundlage des Selbstbestimmungsrechts des jeweiligen Volkes gebildet hat.[204] Auch können so völkerrechtliche Verträge und die Mitgliedschaft in internationalen Organisationen weiterhin bestehen.[205]

Für die Staatengemeinschaft ist also die Schwelle, ab der ein Staat als endgültig gescheitert und erloschen angesehen wird, sehr hoch. Zudem sind die Aushöhlung der Staatsgewalt und der Übergang vom *failing* zum *failed state* nicht klar voneinander zu trennende Stationen.[206] Der Untergang eines Staates ist ein Prozess und bietet so den Staaten einen gewissen Einschätzungsspielraum, wie lange die Fortexistenz der Staatsgewalt angenommen wird.[207] So wird um der Rechtssicherheit willen die Erosion effektiver Staatsgewalt oft bis an die Grenze der Fiktion hingenommen.[208] Wenn aber jedwede Aussicht auf Wiederherstellung der Staatsgewalt verloren gegangen ist, wenn als bewiesen gilt, dass die Effektivität nicht noch einmal aufgerichtet werden kann, dann geht der Staat als Völkerrechtssubjekt unter.[209]

II. State-Building

Vor allem innerstaatliche Konflikte schwächen die Staatsgewalt oder lassen sie entfallen. Auch wenn *failing* oder *failed states* aufgrund des Kontinuitätsprinzips nach außen hin weiter als Staaten gelten, bedroht ihre Instabilität die eigene Bevölkerung ebenso wie den internationalen Frieden. *Failed states* bieten Terroristen ein Rückzugsgebiet, Kriminalität breitet sich – zum Beispiel in Form von Piraterie oder Kidnapping – nach außen aus, Flüchtlinge strömen in die Nachbarstaaten. Die Staatengemeinschaft oder einzelne Staaten machen es sich bisweilen zur Aufgabe, die Staatsgewalt von *failing* oder *failed states* durch Einfluss von außen zu stabilisieren oder wiederherzustellen. Hierauf ist State-Building gerichtet.

In der Literatur wird State-Building überwiegend als Einrichtung bzw. Stärkung der staatlichen Institutionen definiert.[210] Zusätzlich werden verschiedene Aspekte betont, die sich als Folge des Funktionierens staatlicher Institutionen ergeben oder ergeben sollen. Diese sind zum Beispiel das Gewaltmonopol und die Kontrolle

---

204 Epping, in: Ipsen (Hrsg.), Völkerrecht, § 5 Rn. 11.
205 Ebd.
206 Herdegen, Der Wegfall effektiver Staatsgewalt, BDGV 34 (1996), S. 52.
207 Herdegen, Der Wegfall effektiver Staatsgewalt, BDGV 34 (1996), S. 61.
208 Herdegen, Der Wegfall effektiver Staatsgewalt, BDGV 34 (1996), S. 50.
209 Doehring, Effectiveness, EPIL II, S. 43, 45; Herdegen, Der Wegfall effektiver Staatsgewalt, BDGV 34 (1996), S. 50.
210 Vgl. Call/Cousens, International Studies Perspectives 9 (2008), S. 4; Chesterman, You, The People, S. 5; Quénivet, in: Fischer/Quénivet, Post-Conflict Reconstruction, S. 14; Talentino, The Two Faces, Cambridge Review of International Affairs 17 (2004), S. 565; Fukuyama, Nation-Building, in: Fukuyama (Hrsg.), Nation-Building, S. 3; Paris/Sisk, Introduction, in: Paris/Sisk (Hrsg.), The Dilemmas of Statebuilding, S. 14; Stütz, S. 21.

über das Staatsgebiet durch einen funktionsfähigen Staatsapparat[211], die durch die Einrichtungen des Staates gewährleistete innere Sicherheit[212], der Fortgang des Friedensprozesses und Stabilität[213]. Die Legitimität der staatlichen Institutionen wird in der Literatur fast durchgehend explizit oder implizit als Voraussetzung für State-Building betrachtet.[214] Viele Autoren fassen den State-Building Begriff weiter und schließen auch die Wiederherstellung der physischen Infrastruktur, wie Straßen, Brücken oder Schulen[215], Maßnahmen zur Unterstützung von Wahlen, zur Förderung von Menschenrechten und des Rechtsstaatsprinzips[216], die Herstellung von Kernfunktionen des Staates einschließlich grundlegender Daseinsvorsorge und grundlegendem Steuersystem[217], die Verbesserung von politischen und verwaltungsrechtlichen Prozessen und Demokratisierung[218] oder allgemein die Unterstützung der politischen, wirtschaftlichen und sozialen Ordnung ein[219]. Zum Teil wird der Begriff State-Building auch synonym zu Nation-Building gebraucht.[220]

---

211 Hippler, in: Hippler (Hrsg.), Nation-Building, S. 22 f.

212 Vgl. Call/Cousens, International Studies Perspectives 9 (2008), S. 9; Chesterman, You, The People, S. 5; Paris/Sisk, Introduction, in: Paris/Sisk (Hrsg.), The Dilemmas of Statebuilding, S. 14.

213 Vgl. Talentino, The Two Faces, Cambridge Review of International Affairs 17 (2004), S. 565; Call/Cousens, International Studies Perspectives 9 (2008), S. 9.

214 Explizit wird Legitimität z.B. gefordert bei Talentino, The Two Faces, Cambridge Review of International Affairs 17 (2004), S. 566; Call/Cousens, International Studies Perspectives 9 (2008), S. 9 f.; Paris/Sisk, Introduction, in: Paris/Sisk (Hrsg.), The Dilemmas of Statebuilding, S. 14. Barnett (International Security 30.4 (2006), S. 91 ff.) unterscheidet zwischen "state capacity", den Kapazitäten des Staates, zu regulieren und zu kontrollieren, und "kind of state", den (zunächst politisch neutral gehaltenen) Prinzipien, die die Herrschaft des Staates über die Gesellschaft regeln. State-Building solle dem Staat aber zu Legitimität verhelfen.

215 Quénivet, in: Fischer/Quénivet, Post-Conflict Reconstruction, S. 14.

216 Chesterman, You, The People, S. 5.

217 Die Kernfunktionen des Staates beinhalten danach die Herstellung innerer Sicherheit, das Rechtsstaatsprinzip, grundlegende Daseinsvorsorge (wie Notfallhilfe, grundlegende medizinische Versorgung) und ein grundlegendes Steuer- und Finanzsystem. Paris/Sisk, Introduction, in: Paris/Sisk (Hrsg.), The Dilemmas of Statebuilding, S. 15.

218 Stütz, S. 24 f.

219 So Lakhdar Brahimi in seiner Rede "State building in Crisis and post-conflict countries" 2007, vor dem *Global Forum on Reinventing Government,* S. 5, verfügbar unter http://unpan1.un.org/intradoc/groups/public/documents/un/unpan026896.pdf, recherchiert am 13.5.2014.

220 Vgl. Dobbins (Europe's Role, Survival 50.3 (2008), S. 85), der State-Building als Begriff des europäischen Sprachgebrauchs, Nation-Building als Begriff des amerikanischen Sprachgebrauchs ansieht. Berger, From Nation-Building to State-Building (in Berger (Hrsg.), From Nation-Building to State-Building, S. 2, 10, 16) verwendet beide Begriffe zunächst als Synonyme, stellt aber heraus, dass bei State-Building (im Gegensatz zum den Nationalstaat in den Fokus nehmenden Nation-Building)

In Abgrenzung zum oben beschriebenen Peacekeeping lässt sich festhalten, dass die vier Generationen des Peacekeeping eine auch kurzfristige und teils erzwungene Erhaltung des Friedens beinhalten, während State-Building zwar dasselbe Ziel verfolgt, dies durch die Förderung staatlicher Institutionen jedoch längerfristig anlegt und nicht unbedingt eine ausländische Truppenpräsenz dafür erforderlich ist. Das Peacekeeping der zweiten Generation enthält mit dem Ziel des Aufbaus eines politischen Systems jedoch auch State-Building Komponenten. Gleiches gilt für das Peacekeeping der vierten Generation, in dem durch die Übernahme der politischen und administrativen Verantwortung die Regierungsgewalt zwar zunächst von externen Akteuren ausgeübt wird, dies aber in den Aufbau eines ohne äußeren Einfluss funktionsfähigen Staatsapparats münden soll.

Deutliche Überschneidungen gibt es auch zwischen Peacebuilding und State-Building, da die Stärkung von Regierungsinstitutionen Teil des multidisziplinären Peacebuilding-Ansatzes ist.[221] Eine eindeutige Grenze zwischen beidem ist nicht ersichtlich. Die Begriffe werden teilweise auch synonym verwendet.[222] Anhand der hier beschriebenen Definitionsansätze kann man jedoch den größeren Fokus von State-Building auf die Stärkung der institutionellen Seite von Staaten im Unterschied zum breit angelegten Peacebuilding sehen.

Der State-Building Begriff wird also in der Literatur nicht einheitlich, jedoch weitgehend ähnlich definiert. Der hier verwendete State-Building Begriff orientiert sich am Kerngehalt des Aufbaus und der Stärkung der staatlichen Institutionen. Das State-Building Ziel der dauerhaften Friedenssicherung gibt vor, dass ein funktionierender Staatsapparat die Voraussetzungen für eine stabile Wirtschaft und eine grundlegende Daseinsvorsorge für die Bürger schaffen muss. Es gehört zur geforderten Legitimität der Einrichtungen des Staates, dass das Rechtsstaatsprinzip umgesetzt wird und Wahlen abgehalten werden. Staatliche Institutionen und Ansätze zu darüber hinausgehenden Komponenten für Friedenssicherung und Stabilität sind daher die Elemente von State-Building.

C. Nationenbildung

I. Begriffskomponenten

„Nation" als Bestandteil von Nation-Building ist der Ausgangspunkt für die Definition des Nation-Building Begriffs. Das englische Wort „nation" kann auf Deutsch „Nation" sowohl im Sinne von „Volk", als auch von „Staat" heißen.[223] Diese Bedeutungen sind voneinander abzugrenzen, um die mit Nation-Building gemeinte Begriffskomponente zu identifizieren.

---

die Verbindung zwischen Sicherheit und Entwicklungshilfe in den Vordergrund rückt, da Armut und Unterentwicklung Sicherheitsrisiken darstellten.

221 Vgl. bei Peacebuilding (1. Kapitel, A III 3).

222 Dobbins (Europe's Role, Survival 50 3 (2008), S. 85) betrachtet Peacebuilding als Begriff der Vereinten Nationen für State- bzw. Nation-Building.

223 Willmann, in: Langenscheidt, Standard German Dictionary.

1. Volk

Das „Staatsvolk“ im Sinne der Drei-Elemente-Lehre wird anhand des formalen Merkmals der Staatsangehörigkeit definiert. Es muss keine kulturelle, geschichtliche, sprachliche oder religiöse Einheit darstellen, da gerade auch Minderheiten zum Staatsvolk gehören.[224] Für „Volk“ hingegen sind gerade solche Kriterien wesentlich.

Ein Volk kann beschrieben werden als eine aus Individuen zusammengesetzte Körperschaft, die selbstbestimmungsfähig ist und ihre Mitglieder integriert.[225] Dabei sind unterschiedliche Umstände für die Integration eines solchen Volkes im soziologischen Sinn tauglich.[226] Solche Umstände können in einer Kulturgemeinschaft liegen, die sich zum Beispiel in einer gemeinsamen Sprache, Religion, Geschichte, Sozialmoral oder in gemeinsamem Bildungsgut zeigt, in einer politischen Schicksalsgemeinschaft, in einem völkischen Zusammengehörigkeitsgefühl oder in einer Abstammungsgemeinschaft, auch wenn letzterer allein kaum große Bedeutung zukommen kann.[227] Eine politische Schicksalsgemeinschaft kann wie ein Schmelztiegel wirken – wo gemeinsame Abstammung oder kulturelle Gemeinsamkeiten zunächst fehlen, kann sie ein Volk im soziologischen Sinne zum Entstehen bringen; das Zusammengehörigkeitsgefühl stellt eine subjektive Komponente dar, die sich stets auf objektive Merkmale beziehen muss.[228] Es lässt sich daher nach einem objektiven und einem subjektiven Ansatz differenzieren. Ersterer stützt die Volkseigenschaft auf gemeinsame kulturelle oder ethnische Merkmale und auf Gemeinsamkeiten bei Sprache, Religion oder Geschichte, letzterer hält das subjektive Element des Selbstverständnisses der Gruppe als Volk, den kollektiven Willen, sich als Volk zu verstehen, für maßgeblich.[229] Die Kombination beider Ansätze, des Vorhandenseins äußerer Gemeinsamkeiten und eines Zusammengehörigkeitsgefühls, beschreibt das Volk im soziologischen Sinn am besten, wobei keiner der objektiven Faktoren allein ausschlaggebend ist.[230] Eine faktische Einheit von Volk und Staatsvolk besteht nicht immer. Einige Völker leben in keinem eigenen Staat (zum Beispiel Tibeter, Kurden oder Palästinenser), andere sind nur teilweise in einem Staat vereint (zum Beispiel Albaner); die Bevölkerung mancher (Einwanderungs-)Länder setzt sich aus Angehörigen einer Vielzahl von Völkern zusammen.[231]

---

224 Vgl. Dahm/Delbrück/Wolfrum, Bd. I/1, S. 127; Stein/v. Buttlar, Rn. 252.
225 Grawert, in: Isensee/Kirchhof (Hrsg.), Handbuch des Staatsrechts II, § 16 Rn. 12.
226 Zippelius, S. 62; Grawert, in: Isensee/Kirchhof (Hrsg.), Handbuch des Staatsrechts II, § 16 Rn. 13.
227 Zippelius, S. 62 ff.; Fleiner/Basta Fleiner, S. 295 f.; Grawert, in: Isensee/Kirchhof (Hrsg.), Handbuch des Staatsrechts II, § 16 Rn. 14.
228 Zippelius, S. 63 ff.
229 Murswiek, Offensives und defensives Selbstbestimmungsrecht, Der Staat 23 (1984), S. 529; Stein/v. Buttlar, Rn. 671; Heintze, in: Ipsen (Hrsg.), Völkerrecht, § 28 Rn. 5.
230 Stein/v. Buttlar, Rn. 671; Zippelius, S. 65.
231 Fleiner/Basta Fleiner, S. 292.

Im Völkerrecht existiert keine verbindliche Definition von Volk.[232] Die Präambel der UN-Charta spricht von den „Völkern der Vereinten Nationen“, auch wenn Art. 3 der Charta selbst nur Staaten als Mitglieder der Vereinten Nationen zulässt. In Art. 73 und 76 UN-Charta werden die Einwohner bzw. die Bevölkerung eines Hoheitsgebietes ohne Selbstregierung und eines Treuhandgebietes als Völker bezeichnet. Volk beschreibt so die Bevölkerung auf einem bestimmten Gebiet, nicht jedoch das Gebiet als solches.[233] Sehr häufig wird der Begriff Volk im Völkerrecht aber im Zusammenhang mit dem Selbstbestimmungsrecht der Völker gebraucht.[234] Völker sind die Träger dieses Rechts, dessen innere Dimension sich vor allem auf die politische, wirtschaftliche und kulturelle Teilhabe von Minderheiten in Staaten richtet, deren Bevölkerung mehrheitlich einem anderen Volk zugehörig ist.[235]

2. *Nation*

Das Begriffsverständnis von „Nation“ hat sich in der Geschichte gewandelt.[236] Das Bewusstsein einer modernen Nation hat seinen Ursprung in der Französischen Revolution. Das durch die Aufklärung gestärkte bürgerliche Selbstbewusstsein machte die Entstehung eines National- und Verfassungsstaates möglich.[237] Nach Jean-Jacques Rousseau bildet das Volk aufgrund des Gesellschaftsvertrags und der *volonté générale* eine geeinte Nation.[238] Emmanuel Joseph Sieyès macht die Nation zum politischen Körper und stellt sie dem Volk gleich, indem er den Dritten Stand mit der Nation gleichsetzt, die die Gesamtheit der „Individuen, die unter einem gemeinsamen Gesetz stehen und durch dieselbe gesetzgebende Versammlung vertreten sind“, umfasse.[239] Das Verständnis von „Nation“ konzentriert sich auf politische Gesichtspunkte, anstatt auf völkische oder biologische.[240] Ernest Renan geht noch weiter und macht die Nation durch seine Beschreibung „Die Existenz einer Nation ist ein tägliches Plebiszit“ von der dauerhaften und willentlichen Unterstützung ihrer Mitglieder abhängig.[241] Nach der in der Französischen Revolution begründeten Staatslehre ist die Nation damit das Produkt des Kampfes des Volkes gegen

232 Heintze, in: Ipsen (Hrsg.), Völkerrecht, § 28 Rn. 5.
233 Partsch, Nations, Peoples, EPIL III, S. 512.
234 Vgl. Partsch, Nations, Peoples, EPIL III, S. 511 ff.; Alfredsson, Peoples, in: Wolfrum (Hrsg.), MPEPIL, Ziff. 3 ff.
235 Vgl. zum Selbstbestimmungsrecht unten (2. Kapitel, A III); Stein/v. Buttlar, Rn. 670; Alfredsson, Peoples, in: Wolfrum (Hrsg.), MPEPIL, Ziff. 16, 18.
236 Bußmann, Nation, in: Staatslexikon, Sp. 1265.
237 Bußmann, Nation, in: Staatslexikon, Sp. 1266.
238 Ermacora, S. 61.
239 Zitiert nach Ermacora, S. 61; vgl. v. Bogdandy/Häußler, Nations, in: Wolfrum (Hrsg.), MPEPIL, Ziff. 6.
240 Vgl. Ermacora, S. 61.
241 „L'existence d'une nation est un plébiscite de tous les jours.“, vgl. v. Bogdandy/Häußler, Nations, in: Wolfrum (Hrsg.), MPEPIL, Ziff. 6; Bußmann, Nation, in: Staatslexikon, Sp. 1266.

die aristokratische Feudalherrschaft, das in seinem revolutionären Bewusstsein geeinigte Volk; es besteht eine Einheit von Nation und Staat.[242] Nation ist hier ein politischer Begriff.

Im deutschen Sprachraum unterschied man bis zum Beginn des 19. Jahrhunderts verschiedene Schichten des Volkes als Nation und Volk, wobei Nation den Adel bezeichnete.[243] Während des 19. Jahrhunderts entwickelt sich auch im deutschen Bereich ein ethnischer und politischer Volksbegriff, nach dem Abstammung, Sprache und staatliche Ordnung die Verbindungen zwischen den Bewohnern eines Landes schafften.[244] Friedrich Meinecke prägte die Unterscheidung zwischen Staatsnation und Kulturnation; erstere bezeichnet die gemeinsame politische Geschichte und die Verfassung, letztere den Kulturbesitz wie Sprache und Abstammung.[245] Im Nationalsozialismus wollte man, mit furchtbaren Folgen, eine rassenreine Nation schaffen – die Vorstellung der Staatsnation kann so eine Dynamik zu völkischer Überheblichkeit und Nationalismus verursachen, die in Intoleranz und Rassenhass mündet.[246]

Anders als im von der Französischen Revolution begründeten, politischen Verständnis wird im deutschen Raum Nation mitunter soziologisch definiert.[247] So beschreibt Jellinek sie als „geschichtlich-soziale Bildung", die sich weniger aus objektiv feststehenden Elementen zusammensetzt, sondern durch das subjektive Merkmal des Bewusstseinsinhaltes vieler Menschen geprägt wird, die sich durch gemeinsame Kultur und Vergangenheit vereint und so von anderen unterschieden sehen.[248] Nationen werden nach dieser Auffassung in erster Linie als Gruppen mit gemeinsamer kultureller Identität gesehen, die sich nicht im selben politischen System befinden müssen.[249] Danach kann es Staaten mit mehreren Nationen geben, ebenso wie Nationen, die auf mehrere Staaten verteilt sind.[250]

Im deutschen Sprachgebrauch ist es letztlich vom Zusammenhang abhängig, ob Nation politisch als Einheit mit dem Staat oder soziologisch als Volk verstanden wird. Nation ist hier ein offener Begriff mit verschiedenen Bedeutungsschattierungen.[251]

Im Englischen wird *nation* oft fast gleichbedeutend mit Staat verwendet, kann aber auch ein Synonym für Volk sein.[252] Die Präambel der UN-Charta nimmt auf die Völker (*peoples*) Bezug. Art. 1 Nr. 2 UN-Charta spricht im Zusammenhang mit

---

242 Fleiner/Basta Fleiner, S. 301; Partsch, Nations, Peoples, EPIL III, S. 511.
243 Ermacora, S. 63.
244 Ermacora, S. 64.
245 Bußmann, Nation, in: Staatslexikon, Sp. 1266; Ermacora, S. 65 f.; v. Bogdandy/Häußler, Nations, in: Wolfrum (Hrsg.), MPEPIL, Ziff. 5.
246 Vgl. Ermacora, S. 65 f.
247 Vgl. Fleiner/Basta Fleiner, S. 301.
248 Jellinek, S. 112 ff.
249 Partsch, Nations, Peoples, EPIL III, S. 511.
250 Fleiner/Basta Fleiner, S. 301.
251 Grawert, in: Isensee/Kirchhof (Hrsg.), Handbuch des Staatsrechts II, § 16 Rn. 17.
252 Vgl. Partsch, Nations, Peoples, EPIL III, S. 512; v. Bogdandy/Häußler, Nations, in: Wolfrum (Hrsg.), MPEPIL, Ziff. 2, 8.

dem Grundsatz der Gleichberechtigung und Selbstbestimmung sowohl von Völkern (*peoples*) als auch von Nationen (*nations*). In den Verhandlungen zu letzterer Bestimmung blieb das Verhältnis zwischen den Begriffen Nation, Volk und Staat ungeklärt.[253]

Es lassen sich folglich zwei Nationsbegriffe unterscheiden – ein politischer, der Nation eher dem Staat, und ein soziologischer, der Nation eher dem Volk gleichsetzt. Außerhalb der Kategorien Staat und Volk kann man Nation bezeichnen als eine Solidargemeinschaft gleichberechtigter und freier Bürger – als freiwilligen Zusammenhalt einer Gruppe, der von dem Willen geleitet wird, in staatlicher Form füreinander einzustehen.[254]

3. Nationalstaat

Im Begriff „Nationalstaat" kommt eine (gewünschte) Einheit von Staat, Nation und Volk zum Ausdruck. Dafür erforderlich ist die „Einheit des Volkes": In einer Demokratie muss das Volk, von dem die Staatsgewalt ausgeht, in seiner Zusammengehörigkeit so stabil sein, dass es politische Konflikte überdauert und die jeweilige Minderheit in einem Entscheidungsverfahren das Mehrheitsprinzip und den Mehrheitsentscheid akzeptiert.[255] Es ist Aufgabe des Staates, die Einheit des Volkes herbeizuführen, durch einen funktionierenden innerstaatlichen Willensbildungsprozess und durch ein Staatsverständnis, dem ein Einheitsbegriff zugrunde liegt, der die ganze Bevölkerung umfasst.[256] Nation ist die Grundlage der Einheit des Volkes.[257] Sie bezeichnet die politische Gemeinsamkeit, an die die Staatsbildung anknüpft, und findet im Nationalstaat ihre institutionelle Form.[258] Das Wesen des demokratischen Nationalstaates geht auf die Lehre des Gesellschafts- oder Staatsvertrages zurück, nach der sich der staatliche Wille aus dem Willen der Einzelnen ableitet.[259] Im (demokratischen) Nationalstaat kommt das politische Verständnis von Nation als Plebiszit oder Willensbekundung, das seinen Ursprung in der Französischen Revolution hat, zum Tragen.

Ein zu enger Nationsbegriff bringt die Gefahr der Ausgrenzung von Minderheiten mit sich. Durch Schaffung einer auf einheitlichen Werten beruhenden, neuen und umfassenden Einheit kann die Problematik von Ausgrenzung und Unterdrückung gelöst und die Tendenz von Minderheiten, unter Berufung auf das

---

253 Partsch, Nations, Peoples, EPIL III, S. 512.

254 Vgl. Grawert, in: Isensee/Kirchhof (Hrsg.), Handbuch des Staatsrechts II, § 16 Rn. 17; Isensee, in: Isensee/Kirchhof (Hrsg.), Handbuch des Staatsrechts II, § 15 Rn. 122.

255 Isensee, in: Isensee/Kirchhof (Hrsg.), Handbuch des Staatsrechts II, § 15 Rn. 122.

256 Vgl. Bleckmann, S. 153.

257 Isensee, in: Isensee/Kirchhof (Hrsg.), Handbuch des Staatsrechts II, § 15 Rn. 122.

258 Grawert, in: Isensee/Kirchhof (Hrsg.), Handbuch des Staatsrechts II, § 16 Rn. 17 f.

259 Isensee, in: Isensee/Kirchhof (Hrsg.), Handbuch des Staatsrechts II, § 15 Rn. 122.

Selbstbestimmungsrecht einen eigenen Staat zu bilden, gemindert werden.[260] Es ist ein Nationenverständnis zu suchen, das allen auf einem Staatsgebiet lebenden Menschen zugänglich ist.[261]

Die Staatsangehörigkeit, das formale Merkmal des Staatsvolkes oder auch der Nation, reicht jedenfalls nicht aus, um die Einheit des Volkes herbeizuführen.[262] Auch wenn die Einheit von Volk, Nation und Staat als politisch erstrebenswert betrachtet wird, gehört sie aber nicht zu den Voraussetzungen für das Bestehen eines Staates.[263]

II. Nation-Building

Nation-Building, Nationenbildung, ist ein politikwissenschaftlicher und soziologischer Begriff, der zunehmend auch in der Rechtswissenschaft Anwendung findet. Der Begriff wird nicht einheitlich verwendet – weder über die Begriffskomponenten selbst, noch über Aufgaben, Ziele und Prioritäten von Nation-Building besteht Einigkeit.[264]

1. *Begriffsentwicklung*

Es kann zunächst die Entwicklung des Nation-Building Begriffes Aufschluss über seinen gegenwärtigen Inhalt geben. Von Nation-Building könnte man bereits im kolonialen Kontext sprechen, da es manchen Kolonialmächten gelang, aus Kolonien Nationen zu machen; so wurde der indische Nationalstaat durch die britische Kolonialherrschaft ins Leben gerufen.[265] (West)Deutschland und Japan nach dem Zweiten Weltkrieg werden als Nation-Building Projekte genannt, weil den Besatzungsmächten in beiden Staaten der Übergang zur Demokratie gelang.[266] Das Konzept des Nation-Building hat seinen Ursprung jedoch im postkolonialen Zusammenhang, in dem die Entwicklung und Modernisierung von Staaten und die Prozesse, durch die Nationalstaaten entstanden, analysiert wurden.[267] In den 50er und 60er Jahren war Nation-Building ein Konzept der Außen- und Sicherheitspolitik, mit dem die Gesellschaften der Dritten Welt so „modernisiert" werden sollten,

260 So wurden in den USA Bevölkerungsgruppen verschiedener Nationalitäten durch schnelle Einbürgerung zu einer neuen Einheit zusammengefasst, die auf den gemeinsamen Werten aus der Verfassung beruht. Vgl. Bleckmann, S. 153.

261 Fleiner/Basta Fleiner, Allgemeine Staatslehre, S. 294.

262 Vgl. Isensee, in: Isensee/Kirchhof (Hrsg.), Handbuch des Staatsrechts II, § 15 Rn. 122.

263 Vgl. Dahm/Delbrück/Wolfrum, Bd. I/1, S. 127.

264 Vgl. Hippler, in: Hippler (Hrsg.), Nation-Building, S. 18; Talentino, The Two Faces, Cambridge Review of International Affairs 17 (2004), S. 557, 565.

265 Fukuyama, Nation-Building, in: Fukuyama (Hrsg.), Nation-Building, S. 3.

266 Vgl. Fukuyama, Nation-Building, in: Fukuyama (Hrsg.), Nation-Building, S. 4; Dobbins, Learning the Lessons, in: Fukuyama (Hrsg.), Nation-Building, S. 218.

267 Brownlee, World Politics 59 (2007), S. 315.

dass sie zu Nationalstaaten westlichen Zuschnitts würden.[268] War ein Staat einmal entstanden, bezeichnete der Begriff die Versuche der neuen politischen Führer, die Bevölkerung innerhalb manchmal willkürlich gezogener Grenzen unter einheitlichen staatlichen Institutionen zu versammeln.[269] Der Übergang zum Nationalstaat wurde als Grundvoraussetzung für wirtschaftliche und politische Entwicklung betrachtet; Nation-Building beschrieb die Durchsetzung von Marktmechanismus und Nationalstaat, die Modernisierung Dritter Welt-Staaten mit Hilfe der Übertragung westlicher Erfahrungen.[270]

Während des Kalten Krieges standen aus westlicher Sicht weniger die Demokratisierung als die Erhaltung des Status quo und die Verhinderung der Ausbreitung kommunistischer Systeme im Vordergrund.[271] In den 1990er Jahren entstand, auch wegen des Wegfalls der Unterstützung durch die Supermächte, zunehmend das Problem der scheiternden und gescheiterten Staaten.[272] Aufgrund der Beendigung der Blockadesituation im UN-Sicherheitsrat konnten die UN zahlreiche Friedenseinsätze autorisieren.[273]

Eine Verschiebung der Prioritäten bei den Zielen von Nation-Building Missionen wurde nach Ende des Kalten Krieges sichtbar. Auch wenn Nation-Building Einsätze häufig mit der kolonialen Vergangenheit der tätig werdenden Staaten verbunden sind, steht keine wirtschaftliche oder ideologische Motivation mehr im Vordergrund; die Einsätze sollen der Friedenssicherung im Land dienen und so auch eine Friedensbedrohung nach außen verhindern.[274] Ganz im Gegensatz zur Kolonialzeit ist Nation-Building, mangels wirtschaftlicher Interessen, jetzt vom Wunsch nach Exit-Strategien und Abzugsterminen geprägt.[275] Die Haltung, dass schwache Staaten den Frieden bedrohen, verschärfte sich, als die Anschläge vom 11. September 2001 demonstrierten, dass unregierte Länder Brutstätten für Terrorismus werden können.[276] Gewaltherrschaft und Terrorismus, aber auch Armut und Unterentwicklung wurden als grundlegende Gefahren für die Weltordnung definiert, Interventionen von außen, Wiederaufbau und Entwicklungshilfe als langfristige Lösungen.[277]

Das Erkennen der Bedrohung durch *failed states* führte zum Bedeutungsgewinn der Demokratisierung als Nation-Building Ziel. Die Schaffung demokratischer

268 Hippler, in: Hippler (Hrsg.), Nation-Building, S. 16.
269 Chesterman, You, The People, S. 4.
270 Hippler, in: Hippler (Hrsg.), Nation-Building, S. 16 f.
271 Vgl. Dobbins, Learning the Lessons, in: Fukuyama (Hrsg.), Nation-Building, S. 218 f.
272 Vgl. Dobbins, Learning the Lessons, in: Fukuyama (Hrsg.), Nation-Building, S. 219.
273 Vgl. oben bei Peacekeeping der zweiten Generation (1. Kapitel, A III 1 b).
274 Dobbins, Europe's Role, Survival 50.3 (2008), S. 85.
275 Vgl. Dobbins, Europe's Role, Survival 50.3 (2008), S. 84 f.
276 Vgl. Dobbins, Learning the Lessons, in: Fukuyama (Hrsg.), Nation-Building, S. 220.
277 Vgl. Berger, Third World Quarterly 27 (2006), S. 20; Brownlee, World Politics 59 (2007), S. 318.

Systeme wird zum Mittel der Wahl, globale Sicherheit herzustellen.[278] Demokratie ist damit nicht mehr nur ein Nebenprodukt, sondern ein wesentliches Ziel der Interventionen von außen.[279]

Ferner musste erkannt werden, dass sich die Nation-Building Herangehensweisen in existierenden Staaten von denen in gescheiterten Staaten unterscheiden müssen. Die erfolgreiche Demokratisierung (West)Deutschlands und Japans wurde zur Zielvorstellung für Nation-Building Projekte; dieser Erfolg beruhte jedoch nicht unwesentlich darauf, dass beide Länder bereits über staatliche Institutionen und Personal verfügten, dass also an die staatlichen und administrativen Systeme vor dem Krieg angeknüpft und insofern Kontinuität hergestellt werden konnte.[280] Diese Anknüpfungspunkte fehlen in schwachen Staaten, weshalb sich die Erfahrungen aus Deutschland und Japan nur bedingt auf diese Missionen übertragen lassen.

2. *Gegenwärtige Begriffsverwendung*

Nation-Building wird gegenwärtig in verschiedener Weise verstanden. Im Folgenden werden einige derzeit verwendete Definitionen aufgegriffen.

Hippler stellt zwei mögliche Verwendungen von Nation-Building heraus: Deskriptiv oder analytisch verwendet bezeichne es einen Prozess sozio-politischer Entwicklung, infolge dessen idealerweise auch in zunächst locker verbundenen Gemeinschaften eine gemeinsame Gesellschaft entsteht, die einem Nationalstaat entspricht. Politische, ökonomische, soziale oder kulturelle Dynamiken bringen diesen Prozess in Gang, der friedlich oder gewaltsam verlaufen kann und nicht notwendigerweise zum Erfolg führt.[281] Normativ-strategisch verstanden stelle Nation-Building eine politische Zielvorstellung oder eine Strategie zur Erreichung bestimmter Politikziele dar. Danach arbeiten interne und externe Akteure auf die Schaffung eines nationalstaatlich verfassten politischen Systems hin, wenn dieses ihren Interessen nützt oder wichtige Funktionen besser wahrnehmen kann als das vorhergehende Arrangement.[282] Damit Nation-Building Erfolg hat, bedarf es nach *Hippler* dreier Elemente: Es muss eine gemeinschaftsbildende Ideologie vorhanden sein, deren wesentliche Auswirkung es ist, dass sich die Menschen primär der nationalen Identitätsebene zugeordnet fühlen, sich also nicht zuerst mit ihrem Stamm, Clan oder ihrer ethnischen Gruppe identifizieren.[283] Weiterhin verlangt *Hippler* die Integration der Gesellschaft aus den zuvor nur lose verbundenen Gruppen. Diese müssen nicht nur gedanklich, sondern auch tatsächlich zu einer Nation gehören,

278 Vgl. D'Aspremont, RGDIP 2005, S. 889 ff.; Brownlee, World Politics 59 (2007), S. 318.
279 Brownlee, World Politics 59 (2007), S. 315 f.
280 Brownlee, World Politics 59 (2007), S. 323 ff.; Fukuyama, Nation-Building, in: Fukuyama (Hrsg.), Nation-Building, S. 4.
281 Hippler, in: Hippler (Hrsg.), Nation-Building, S. 18 ff.
282 Hippler, in: Hippler (Hrsg.), Nation-Building, S. 19 f.
283 Hippler, in: Hippler (Hrsg.), Nation-Building, S. 20 f.

was sich an einem Mindestmaß an Kommunikation zwischen den Gruppen zeigt.[284] Das dritte Element ist die Herausbildung eines funktionsfähigen Staatsapparats, der sein Staatsgebiet tatsächlich kontrolliert und über das Gewaltmonopol verfügt. Diesen Aspekt bezeichnet *Hippler* als „State-Building" und hält ihn für ein wesentliches Element des Nation-Building.[285]

Fukuyama definiert – auch ausgehend von den Aufgaben – Nation-Building als Kombination aus Wiederaufbau und Entwicklung und nimmt dabei Bezug auf die auch als Weltbank bezeichnete Internationale Bank für Wiederaufbau und Entwicklung.[286] Mit Wiederaufbau meint er die Wiederherstellung der Situation wie sie vor einem Konflikt bestanden hat; Entwicklung bezeichnet die Schaffung neuer Institutionen und die Förderung des wirtschaftlichen Wachstums, also Maßnahmen, die einen vorher nicht dagewesenen Zustand befördern.[287] Wiederaufbau ist jedoch nur möglich, wenn der zugrundeliegende politische und soziale Unterbau den Konflikt überlebt hat. Er besteht dann hauptsächlich im Bereitstellen von Ressourcen und in praktischer Hilfe beim Aufbau der Infrastruktur.[288] Entwicklung dagegen ist komplexer und multidimensional; sie lässt sich nicht allein mit Ressourcen bewerkstelligen. Es existiert eine Vielfalt von Entwicklungsaspekten, wie der Aufbau von Institutionen, Regierungsführung, Bildungswesen, Kontrolle des Bevölkerungswachstums oder Schuldenerlass. Nicht jeder Aspekt kann gleichrangig berücksichtigt werden; es gibt jedoch keine allgemeingültige Regel dafür, auf welchen Aspekt man sich vorrangig konzentrieren sollte.[289] Institutionen und Regierungsführung werden oft in den Vordergrund gestellt, sind jedoch die schwierigsten Aufgaben und nur als Teile einer umfassenden Strategie zu bewältigen.[290] Wiederaufbau ist in *Fukuyamas* Terminologie also der einfachere Teil des Nation-Building, weil er allein durch Kapital und sonstige Ressourcen in Gang kommt. Die schwierigsten Aufgaben entstehen in der Entwicklungsphase. Dies führt zu der Überlegung, ob eine Form von Nation-Building denkbar ist, die nur aus Wiederaufbau besteht. *Fukuyama* verneint dies. Zum einen sei in den Fällen, in denen die grundlegenden staatlichen Strukturen zerstört wurden, ein Wiederaufbau ohne Entwicklung gar nicht möglich. Weiterhin sei die Entwicklungskomponente notwendig für die Formulierung einer Exit-Strategie; der Übergang zur Unabhängigkeit des Landes von Hilfe von außen sei nur möglich, wenn man sich von Anfang an über die Vorgehensweise bei der institutionellen Entwicklung im Klaren sei, weil andernfalls die Konflikte nach dem Rückzug wiederaufflammen würden.[291] Innerhalb der Entwicklungsphase müsse eine Entwöhnung der lokalen Institutionen von der Abhängigkeit von außen

284 Hippler, in: Hippler (Hrsg.), Nation-Building, S. 22.
285 Hippler, in: Hippler (Hrsg.), Nation-Building, S. 22 f.
286 Fukuyama, Nation-Building, in: Fukuyama (Hrsg.), Nation-Building, S. 4.
287 Fukuyama, Nation-Building, in: Fukuyama (Hrsg.), Nation-Building, S. 4 f.
288 Vgl. Fukuyama, Nation-Building, in: Fukuyama (Hrsg.), Nation-Building, S. 5.
289 Vgl. Fukuyama, Nation-Building, in: Fukuyama (Hrsg.), Nation-Building, S. 6.
290 Vgl. ebd.
291 Fukuyama, Nation-Building, in: Fukuyama (Hrsg.), Nation-Building, S. 6 f.

stattfinden, obwohl man in der Übergangszeit mit Fehlern in der Regierungsarbeit rechnen müsse.[292] Zum anderen könne Wiederaufbau allein langfristig kontraproduktiv wirken und der Stabilisierung gegensteuern: Wiederaufbau gehe mit einer massiven Präsenz von ausländischem Militär, Hilfsorganisationen und Nichtregierungsorganisationen einher, deren Aktivitäten starke Eingriffe bedeuten. Dies führe dazu, dass auch die Kapazitäten, die im Land selbst noch vorhanden wären, nicht zum Einsatz kommen, weil sie von den reichhaltigeren Ressourcen von außen überlagert werden.[293] Ansatzpunkte für Entwicklung würden so im Keim erstickt.

Dobbins beschreibt Nation-Building als den Gebrauch bewaffneter Gewalt in der Folge eines Konfliktes mit dem Ziel, den Übergang zur Demokratie zu unterstützen.[294] Nach seiner Ansicht sind folgende, nach Wichtigkeit geordnete Aufgaben für Nation-Building entscheidend:[295] An erster Stelle steht die Gewährleistung der öffentlichen Sicherheit durch Peacekeeping, Durchsetzung des Rechts und die Reform des Sicherheitssektors. Es folgt die humanitäre Hilfe durch die Erfüllung der Grundbedürfnisse der Bevölkerung und die Rückführung von Flüchtlingen. Die Wiederherstellung von Regierungsgewalt und öffentlicher Verwaltung sowie die wirtschaftliche Stabilisierung, vor allem durch eine stabile Währung und die Ermöglichung von Handel, sind weitere Funktionen. Schließlich folgen die Aufgaben der Demokratisierung durch den Aufbau politischer Parteien, einer freien Presse und der Rechtsgrundlagen für Wahlen sowie der Verbesserung der Infrastruktur und der Entwicklung durch wirtschaftliche Unterstützung und Armutsbekämpfung. Das grundlegende Ziel von Nation-Building sieht *Dobbins* darin, in gewaltbeherrschten Gesellschaften Frieden herzustellen und zu sichern.[296] Faktisch seien Nation-Building Missionen meist von Exit-Strategien und dem Wunsch nach möglichst schnellem Rückzug gekennzeichnet – auch vor dem Hintergrund, dass die in Nation-Building engagierten Staaten selten direkt von den Missionen profitierten.[297]

Berger definiert Nation-Building (ebenso wie State-Building) als einen von extern betriebenen Versuch, eine stabile, in manchen Fällen demokratische Regierung zu bilden oder zu festigen, die über ein international anerkanntes nationales Territorium regiert.[298] Nation-Building könne eine militärische Besatzung, die Bekämpfung von Aufständischen, Peacekeeping, nationalen Wiederaufbau, Entwicklungshilfe oder Stabilisierungstruppen unter der Leitung einzelner Staaten, der UN, der NATO oder einer anderen internationalen oder regionalen Organisation beinhalten. Der Begriff werde aber auch umfassender benutzt, um innerstaatliche Bemühungen zu

292 Fukuyama, Nation-Building, in: Fukuyama (Hrsg.), Nation-Building, S. 7.
293 Ebd.
294 Dobbins, Learning the Lessons, in: Fukuyama (Hrsg.), Nation-Building, S. 218.
295 Zu diesen Aufgaben: Dobbins, Preparing, Survival 48.3 (2006), S. 37 f.; Dobbins, Towards, International Peacekeeping 15 (2008), S. 73.
296 Dobbins, Europe's Role, Survival 50.3 (2008), S. 85.
297 Dobbins, Europe's Role, Survival 50.3 (2008), S. 84 f.
298 Berger, Third World Quarterly 27 (2006), S. 6.

umschreiben, die bei der Bevölkerung eine nationale Identität herstellen sollen.[299] Nach *Berger* besteht eine wesentliche Verbindung zwischen Sicherheit und Entwicklung, da Armut und Unterentwicklung die globale Ordnung und Sicherheit bedrohten; er stellt deshalb die Notwendigkeit heraus, Konfliktbewältigung mit sozialem Wiederaufbau und Entwicklungshilfe zu verknüpfen.[300] Eine solche Herangehensweise, die nach *Berger* eher State- als Nation-Building entspricht, sei mehr erfolgsversprechend als die Förderung des Nationalstaates als ursprüngliche Kernaufgabe von Nation-Building. Nationalstaaten hätten nicht immer das Potenzial, Sicherheit und Entwicklung herbeizuführen, sondern könnten auch politische Kämpfe und Migration, oft ethnisch oder religiös geprägt, verursachen.[301]

Nach *Etzioni* beinhaltet Nation-Building drei miteinander verbundene Aufgaben:[302] Das Vereinigen verschiedener ethnischer Gruppen soll eine Gemeinschaft hervorbringen, die die unterschiedlichen Elemente der Bevölkerung durch das Formen einer nationalen Identität zu einem zusammengehörigen Ganzen verbindet. Durch Umsetzung des Rechtsstaatsprinzips, Bekämpfung von Korruption und Herbeiführung von Demokratie wird eine effektive Regierungsführung geschaffen. Durch wirtschaftlichen Wiederaufbau werden Stabilität und Demokratisierung gesichert.

Oft wird die Definition von Nation-Building auch anhand einer Abgrenzung von den Begriffen des State-Building und des Peacebuilding vorgenommen. So bezieht sich bei *Paris* und *Sisk* Nation-Building auf die Stärkung der kollektiven Identität einer Bevölkerung und ihrer Wahrnehmung nationaler Besonderheit und Einheit – im Gegensatz zu State-Building, das auf öffentliche Institutionen fokussiert ist.[303]

Quénivet betrachtet Nation-Building als Weiterentwicklung von State-Building, die aufgrund ihrer kulturellen Aspekte deutlich komplexer ist: Nation-Building soll danach die Menschen in die Lage versetzen, sich mit einem zentralen politischen System eher zu identifizieren als mit lokalen, ethnischen oder religiösen Gruppen; es soll gesellschaftliche Rivalitäten lösen und eine politisch gefestigte, in sich geschlossene Nation herstellen.[304]

Für *Talentino* beinhaltet Nation-Building die Anstrengungen in der Nachkonfliktphase, umfassende und nachhaltige Strukturen durch einen legitimen und rechenschaftspflichtigen Staatsapparat zu schaffen.[305] Es ist eine Art von Peacebuilding, die auftritt, wenn es darum geht, neue Handlungsprozesse und Organisationen zu

---

299 Berger, Third World Quarterly 27 (2006), S. 6, Fn. 6.

300 Berger, Third World Quarterly 27 (2006), S. 20; Berger, From Nation-Building to State-Building, in: Berger (Hrsg.), From Nation-Building to State-Building, S. 16.

301 Berger, From Nation-Building to State-Building, in: Berger (Hrsg.), From Nation-Building to State-Building, S. 10, 16 f.

302 Zum Folgenden: Etzioni, International Affairs 80 (2004), S. 2.

303 Paris/Sisk, Introduction, in: Paris/Sisk (Hrsg.), The Dilemmas of Statebuilding, S. 15.

304 Quénivet, in: Fischer/Quénivet, Post-Conflict Reconstruction, S. 17 f.

305 Talentino, The Two Faces, Cambridge Review of International Affairs 17 (2004), S. 561.

formen, nicht mehr nur vorhandene Strukturen zu reformieren.[306] Der Vorgang des Nation-Building ruht auf zwei Säulen:[307] der externen Staatenbildung (State-Building) und der internen Identitätsbildung. Nation-Building ist danach auf Staatenformation gerichtet, wobei einem stabilen und legitimierten Staat eine effektive Staatsgewalt vorangehen muss. Legitimität hängt mit dem Aufbau einer gemeinsamen Identität zusammen und rückt die interne Ausdrucksform von Nation-Building in den Mittelpunkt. Diese beinhaltet die Identitätsbildung als Prozess, der Bürger und Gruppen an den Staat binden soll. Allein die Identität kann aber weder einen effektiven Staat schaffen, noch einen Gemeinschaftssinn entwickeln. Staatenformation und Identitätsbildung hängen voneinander ab. Zunächst muss ein Staat vorhanden sein; wenn sich keine Identität herausbildet, kann er jedoch nicht bestehen bleiben.[308] Als Ziel von Nation-Building hat nach *Talentino* die Bildung einer anerkannten Regierung, die die Sicherheitsproblematik lösen kann, oberste Priorität.[309] Zu früh abgehaltene Wahlen würden die Gefahr beinhalten, dass sich radikale Eliten Legitimität verschaffen. Die politische Weiterentwicklung müsse durch Wirtschaftsreformen begleitet werden.[310]

Call und *Cousens,* die Maßnahmen zur Einrichtung staatlicher Institutionen als State-Building bezeichnen, verstehen unter Nation-Building Maßnahmen nationaler Akteure, die eine Wahrnehmung von nationaler Identität hervorbringen sollen, in der Regel um ethnische oder religiöse Differenzen zu überwinden und die Bevölkerung für das laufende State-Building-Projekt zu mobilisieren.[311] State- und Nation-Building sind geeignet, zum Peacebuilding beizutragen, worunter Maßnahmen internationaler oder nationaler Akteure für die Institutionalisierung von Frieden verstanden werden, wobei Frieden einerseits das Nichtvorhandensein eines bewaffneten Konflikts (negativer Frieden), andererseits ein Minimum an politischer Teilhabe (als Bestandteil des positiven Friedens) bedeuten kann.[312]

Anhand dieser Definitionen lässt sich eine, bei einigen Autoren anklingende, Hierarchie der drei Begriffe Peacebuilding, State-Building und Nation-Building entwerfen. Peacebuilding sorgt dafür, dass ein bewaffneter Konflikt endet und nicht wieder ausbricht und bildet so als Voraussetzung für alle weiteren Maßnahmen die Basis. State-Building ist die zweite Stufe und meint den Aufbau staatlicher Institutionen, während

---

306 Talentino bezeichnet dies als “wholesale building rather than rebuilding”, Talentino, Intervention as Nation-Building, Security Dialogue 33 (2002), S. 28.

307 Zum Folgenden: Talentino, The Two Faces, Cambridge Review of International Affairs 17 (2004), S. 572 f.

308 Talentino, The Two Faces, Cambridge Review of International Affairs 17 (2004), S. 572 f.

309 Talentino, The Two Faces, Cambridge Review of International Affairs 17 (2004), S. 565 f.

310 Talentino, The Two Faces, Cambridge Review of International Affairs 17 (2004), S. 566.

311 Call/Cousens, International Studies Perspectives 9 (2008), S. 4.

312 Ebd.

sich Nation-Building auf die Schaffung einer nationalen Identität konzentriert und für die anderen beiden Maßnahmenkomplexe nicht unbedingt notwendig ist.

Manchmal werden State- und Nation-Building jedoch synonym verwendet.[313] Auch Peacebuilding wird bisweilen mit beidem inhaltlich gleichgesetzt. So ist nach *Dobbins* Nation-Building ein Begriff des amerikanischen Sprachgebrauchs; in Europa bezeichne man dieselben Maßnahmen als State-Building, bei den Vereinten Nationen hießen sie Peacebuilding.[314]

3. *Elemente des Nation-Building*

Aus einigen immer wiederkehrenden Elementen der Begriffsbestimmungen im Schrifttum lässt sich eine Definition von Nation-Building stricken, die aufgrund der Unterschiedlichkeit der Sichtweisen zwar nicht als allgemeingültig gelten kann, aber weitgehend dem gegenwärtigen Meinungsstand entspricht. Diese Definition erklärt die folgenden Elemente zu Zielen und Zwecken von Nation-Building: Friedenssicherung, Gewährleistung der öffentlichen Sicherheit, humanitäre Hilfe, Aufbau und Stärkung staatlicher Institutionen, Wiederaufbau und Förderung der wirtschaftlichen und sozialen Entwicklung, Rechtsstaatlichkeit und Demokratisierung sowie Förderung einer nationalen Identität. Letztere soll friedenssichernd wirken und ist ein wesentliches Unterscheidungsmerkmal von Nation-Building im Gegensatz zu State-Building. *Nation* in Nation-Building bezeichnet weniger ein Volk im soziologischen Sinn als eine Nation im politischen Sinn – eine in einem Nationalstaat zusammengefasste politische Gemeinschaft, in der ein innerstaatlicher Willensbildungsprozess nach demokratischen Prinzipien möglich ist.

Inwieweit diese Ziele in die Praxis umgesetzt werden, lässt sich anhand der nun folgenden Fallbeispiele untersuchen.

D. Fallbeispiele

I. Kosovo

1. *Hintergrund*

Die Sozialistische Föderative Republik Jugoslawien war von jeher von wirtschaftlichen und kulturellen Unterschieden geprägt.[315] Ethnische Spannungen waren auf dem Balkan lange präsent.[316] Die vor allem nach Titos Tod im Jahr 1980 spürbar

313 v. Hippel, The Washington Quarterly 23.1 (2000), S. 96; Berger, Third World Quarterly 27 (2006), S. 6.

314 Dobbins, Europe's Role, Survival 50.3 (2008), S. 85; vgl. Chesterman, You, The People, S. 4.

315 Handrick, S. 7.

316 Zu deren Ursachen zählt das Problem der „erfundenen Nationen" (imagined communities) ebenso wie die im gesellschaftlichen Leben präsenten historischen

gewordenen Tendenzen zur Desintegration mündeten in den Unabhängigkeitserklärungen Sloweniens und Kroatiens im Juni 1991, in deren Folge der jugoslawische Bürgerkrieg begann.[317] Während der Krieg in Slowenien und Kroatien 1991 und Anfang 1992 beendet werden konnte, setzte er sich ab März 1992 in Bosnien-Herzegowina fort.[318] Radikal-nationalistische serbische Milizen verübten im Zusammenwirken mit Einheiten der jugoslawischen Bundesarmee Massaker an den anderen Volksgruppen; durch Vertreibung und Ermordung unliebsamer Bevölkerungsteile wurde gezielt eine Politik der „ethnischen Säuberung" verfolgt.[319] Durch die UN wurde die Truppe *United Nations Protection Force* (UNPROFOR) eingesetzt, der es jedoch kaum gelang, sich gegen die Kriegsherren durchzusetzen.[320] Nach gescheiterten Friedensverhandlungen und dem militärischen Eingreifen der NATO gelang im Dezember 1995 der Abschluss des Dayton-Abkommens, das den Krieg in Bosnien-Herzegowina beendete und die Absicherung des Friedensregimes durch NATO-Truppen regelte.[321]

Auch der Konflikt im von einer albanischen Mehrheit und einer serbischen Minderheit bewohnten Kosovo findet seine Ursprünge in den den Balkan prägenden ethnischen Spannungen.[322] Wesentlich ausgelöst wurde er durch den Konflikt um den verfassungsrechtlichen Status der damaligen serbischen Provinz Kosovo im jugoslawischen Staatsverband und durch den jugoslawischen Zerfallsprozess.[323]

Der Kosovo hatte im Rahmen der jugoslawischen Verfassung zuerst den Status eines „autonomen Gebiets", ab 1974 den einer „autonomen Provinz" innerhalb Serbiens – als Kompromiss zwischen den nationalen Bestrebungen der albanischen Volksgruppe und dem Verlangen Serbiens nach Schutz seiner territorialen Integrität innerhalb des jugoslawischen Staatsverbandes.[324] Der Status als autonome Provinz

---

Mythen, die das Verlangen nach gegenseitiger Aufrechnung von weit in die Vergangenheit zurückreichender Schuld provozieren. Vgl. Anderson, Imagined Communities, S. 6 ff.; Hilpold, Das Kosovo-Problem, ZaöRV 68 (2008), S. 779 f.

317 Vgl. Handrick, S. 8 f.

318 Handrick, S. 9.

319 Oeter, Die internationalen ‚Protektorate', in: Fischer/Froissart/Heintschel v. Heinegg/Raap (Hrsg.), Festschrift für Fleck, S. 431.

320 Die Gründe hierfür lagen nicht in der fehlenden Mandatierung, da die Mandate der UNPROFOR von Beginn an weit reichten und auf Kapitel VII UN-Charta gestützt wurden; bemängelt wurde jedoch die nicht ausreichende personelle und waffentechnische Ausstattung der Truppe. Oeter, Die internationalen ‚Protektorate', in: Fischer/Froissart/Heintschel v. Heinegg/Raap (Hrsg.), Festschrift für Fleck, S. 432. Auch wird UNPROFOR vorgeworfen, das Massaker von Srebrenica nicht verhindert zu haben. Vgl. Weller, Peace-Keeping, ZaöRV 56 (1996), S. 140 ff.

321 Oeter, Die internationalen ‚Protektorate', in: Fischer/Froissart/Heintschel v. Heinegg/Raap (Hrsg.), Festschrift für Fleck, S. 433 ff.; Handrick, S. 9.

322 Vgl. Heraclices, Security Dialogue 28 (1997), S. 318.

323 Vgl. Hilpold, Das Kosovo-Problem, ZaöRV 68 (2008), S. 780.

324 Vgl. Malcolm, S. 314 ff., 327 f.; Hilpold, Das Kosovo-Problem, ZaöRV 68 (2008), S. 780.

gab dem Kosovo informell eine republikähnliche Stellung, ausgeprägt unter anderem durch eine eigene Verfassung und Regierung, einen Obersten Gerichtshof und das Recht zur Verleihung der Staatsangehörigkeit, ohne jedoch am in der jugoslawischen Verfassung vorgesehenen Sezessionsrecht teilhaben zu dürfen; dieser Status war eine Basis für eine überwiegend eigenständige Entwicklung des Kosovo.[325]

Ende der 1980er Jahre wurden die Sonderrechte des Kosovo jedoch durch die serbischen Behörden systematisch abgeschafft.[326] Der serbische Präsident Slobodan Milošević initiierte maßgeblich eine Serbisierungspolitik im Kosovo; durch Änderungen der serbischen Verfassung wurden Rechte der Provinz Kosovo so eingeschränkt, dass nur der Name der autonomen Provinz, nicht aber der Autonomiestatus verblieb.[327] Das kosovarische Parlament akzeptierte die Änderungen unter massivem Druck von Polizei und Militär Serbiens.[328] Der jugoslawische Auflösungsprozess mit der Unabhängigkeit Sloweniens und Kroatiens und der Beendigung des Bosnienkriegs durch das Abkommen von Dayton enthielt für Serbien politische und militärische Niederlagen, so dass die Verteidigung der serbischen Hoheit über den Kosovo einen umso größeren Stellenwert einnahm und mit umso größerer Härte umgesetzt wurde.[329]

Die Proteste gegen die Beschränkung der Rechte des Kosovo wurden unterdrückt und eine Politik der Benachteiligung und Unterdrückung der Kosovoalbaner umgesetzt.[330] Der Widerstand dagegen scheiterte; mit dem Auftreten der kosovarischen „Befreiungsarmee“ UÇK in der zweiten Hälfte der 1990er Jahre eskalierte der Konflikt zu offener Gewaltanwendung.[331] Alle diplomatischen Bemühungen zur Lösung des Konflikts durch Friedenspläne scheiterten an der Weigerung Miloševićs; dieser nahm das Erstarken der UÇK vielmehr zum Anlass, die Unterdrückung mit militärischen Mitteln zu verstärken und die aus Bosnien bekannte Strategie der „ethnischen Säuberung“ zu wiederholen.[332] Ab 1998 eskalierten die Gewalttätigkeiten zwischen der UÇK und den serbischen Sicherheitskräften.[333] Das Ziel Miloševićs Politik war die Vertreibung aller Albaner aus dem Kosovo: Gezielte Gewalt gegen die Zivilbevölkerung wurde zu ihrer Terrorisierung und Vertreibung eingesetzt; es

325 Stahn, Constitution, LJIL 2001, S. 532 f.; Hilpold, Das Kosovo-Problem, ZaöRV 68 (2008), S. 780.

326 Stahn, Constitution, LJIL 2001, S. 533.

327 Hilpold, Das Kosovo-Problem, ZaöRV 68 (2008), S. 781; Malcolm, S. 341 ff.

328 Bei der Abstimmung waren serbische Funktionäre anwesend und das Parlamentsgebäude war von serbischen Panzern umgeben. Stahn, Constitution, LJIL 2001, S. 534; Malcolm, S. 344.

329 Hilpold, Das Kosovo-Problem, ZaöRV 68 (2008), S. 781.

330 Vgl. Malcolm, S. 344 ff.

331 Vgl. Oeter, Die internationalen ‚Protektorate‘, in: Fischer/Froissart/Heintschel v. Heinegg/Raap (Hrsg.), Festschrift für Fleck, S. 443 f.

332 Oeter, Die internationalen ‚Protektorate‘, in: Fischer/Froissart/Heintschel v. Heinegg/Raap (Hrsg.), Festschrift für Fleck, S. 444.

333 Thürer, Der Kosovo-Konflikt, AdV 38 (2000), S. 1

wurden Massaker an Familien und Dorfbewohnern verübt, nach denen die überlebenden Einwohner flohen – Hunderttausende von Menschen ergriffen die Flucht aus ihren angestammten Siedlungsgebieten.[334] Auch wenn umstritten ist, ob die Geschehnisse im Kosovo als Völkermord bezeichnet werden sollen, ist eindeutig, dass die serbischen Gewalttaten weit mehr waren als eine Nebenfolge der polizeilichen Bekämpfung bewaffneter Banden, sondern gezielt die Politik einer Bevölkerungsverschiebung umsetzen sollten.[335]

Verschiedene Verhandlungsbemühungen scheiterten.[336] Im Februar 1999 fanden auf Schloss Rambouillet Gespräche statt, die in einem Abkommensentwurf mündeten, nach dem der Bundesrepublik Jugoslawien die territoriale Souveränität verbleiben, der Kosovo aber einen sehr weitgehenden Autonomiestatus mit einer sich kaum von der eines souveränen Staats unterscheidenden Verfassung erhalten sollte.[337] Zur Umsetzung der Bestimmungen des Abkommens sollte die von der NATO entsandte Schutztruppe KFOR beitragen.[338] Aufgrund von Vorbehalten gegen die Zulassung dieser internationalen militärischen Truppe mit weitreichenden Vorrechten und gegen den Autonomiestatus lehnte die jugoslawische Delegation den Entwurf ab.[339] Das Scheitern dieses von den NATO-Staaten als ultimativ betrachteten Vermittlungsversuches führte zur militärischen Intervention.[340]

2. *Eingriff*

Ziel der Intervention war die Beendigung der Gewalt und der humanitären Katastrophe, die durch die von jugoslawischen Militär- und Sicherheitskräften gegen die

---

334 Tomuschat, Völkerrechtliche Aspekte, Die Friedens-Warte 74 (1999), S. 35.

335 Oeter, Die internationalen ‚Protektorate', in: Fischer/Froissart/Heintschel v. Heinegg/Raap (Hrsg.), Festschrift für Fleck, S. 444 f.

336 V.a. die UN, die OSZE und die EU, sowie die aus Vertretern der USA, Russlands, Frankreichs, Großbritanniens, Deutschlands und Italiens bestehende Kontaktgruppe engagierten sich in Verhandlungen; vgl. Hilpold, Das Kosovo-Problem, ZaöRV 68 (2008), S. 784.

337 So sollten nach der im Abkommensentwurf enthaltenen Interimsverfassung für den Kosovo v.a. Kompetenzen in der Wirtschafts-, Geld-, Verteidigungs-, Steuer- und Außenpolitik bei der Bundesrepublik Jugoslawien verbleiben, während der Kosovo über ein eigenes Parlament mit Gesetzgebungskompetenz, einen eigenen Präsidenten, eine eigene Regierung und Verwaltung sowie eine eigene Justiz verfügen sollte; auch Menschen- und Minderheitenrechte waren in der Verfassung vorgesehen (vgl. Kapitel I des Abkommensentwurfs). Der Abkommensentwurf (S/1999/648) ist verfügbar unter http://www.undemocracy.com/S-1999-648.pdf, recherchiert am 9.9.2013.

338 Vgl. Kapitel 7, Art. I des Abkommensentwurfs.

339 Vgl. Thürer, Der Kosovo-Konflikt, AdV 38 (2000), S. 2; Hilpold, Das Kosovo-Problem, ZaöRV 68 (2008), S. 785.

340 Thürer, Der Kosovo-Konflikt, AdV 38 (2000), S. 2; Hilpold, Das Kosovo-Problem, ZaöRV 68 (2008), S. 785.

Bevölkerung verübten Angriffe verursacht wurde.[341] Die NATO-Luftangriffe, die am 24. März 1999 begannen und nach Unterzeichnung eines militärischen Abkommens am 9. Juni 1999 und dem Rückzug der unterlegenen serbischen Truppen aus dem Kosovo am darauffolgenden Tag endeten, waren von erheblicher Anzahl.[342] Die Ziele der Luftoperationen wurden im Verlauf des Krieges verändert: Die zunächst nur gegen militärische Ziele gerichteten Angriffe führten nicht zur erhofften Lähmung der serbischen Streitkräfte; da die Gewalttaten gegen die Kosovo-Albaner nicht endeten, wurden bald auch Objekte angegriffen, die zur Unterstützung militärischer Operationen geeignet waren, schließlich auch solche (zivilen) Ziele in Serbien, deren Zerstörung die serbische Bevölkerung zum Sturz Miloševićs bewegen sollte.[343] Während des Krieges wurde von serbischer Seite massive Gewalt gegen die albanische Bevölkerung verübt. Erst die intensiven Bombardierungen serbischer Infrastruktureinrichtungen brachten Milošević zum Einlenken; zwischen Jugoslawien und der NATO wurde ein militärisches Abkommen geschlossen, das die Stationierung von KFOR-Truppen im Kosovo vorsah.[344]

Von Seiten der NATO wurde der Krieg als reiner Luftkrieg ohne Bodentruppen mit dem Ziel geführt, unter den eigenen Streitkräften jegliche Opfer zu vermeiden, was auch gelang.[345] Nach dem Rückzug der serbischen Truppen kam es zu Repressionen gegen den serbischen Bevölkerungsteil und zu dessen Vertreibung.[346]

Die NATO-Intervention im Kosovo ist völkerrechtlich höchst problematisch, weil umstritten ist, ob eine Rechtsgrundlage dafür existiert.

Die Intervention fand ohne UN-Mandat statt. Zwar stellt der UN-Sicherheitsrat in seiner Resolution 1199 vom 23. September 1998 fest, dass die Situation im Kosovo eine Bedrohung für Frieden und Sicherheit der Region darstellt, und fordert ein Ende der Feindseligkeiten, bekräftigt aber gleichzeitig die Souveränität und territoriale

---

341 Thürer, Der Kosovo-Konflikt, AdV 38 (2000), S. 2.

342 Es wurden 36 000 Einsätze geflogen, von denen 10 000 Bombeneinsätze waren; vgl. Thürer, Der Kosovo-Konflikt, AdV 38 (2000), S. 13; Hilpold, Das Kosovo-Problem, ZaöRV 68 (2008), S. 785;
am 9.6.1999 wurde das *Military Technical Agreement between the International Security Force ("KFOR") and the Governments of the Federal Republic of Yugoslavia and the Republic of Serbia* unterzeichnet. Jugoslawien und Serbien stimmen darin einer internationalen Zivil- und Sicherheitspräsenz im Kosovo zu. Das Abkommen ist verfügbar unter http://www.nato.int/kosovo/docu/a990609a.htm, recherchiert am 7.8.2014.

343 Zu letzteren gehörten u.a. ein Radio- und Fernsehsender, Kraftwerke und Brücken, deren Zerstörung auch z.T. zur Unterbrechung der Trinkwasserversorgung führte; vgl. Thürer, Der Kosovo-Konflikt, AdV 38 (2000), S. 2, 13, 16 f.

344 Thürer, Der Kosovo-Konflikt, AdV 38 (2000), S. 2.

345 Es galt die „zero casualty"-Devise, vgl. Thürer, Der Kosovo-Konflikt, AdV 38 (2000), S. 14.

346 Hilpold, Das Kosovo-Problem, ZaöRV 68 (2008), S. 785.

Integrität der Bundesrepublik Jugoslawien.[347] Die Resolution fordert die jugoslawische Unterstützung einer internationalen zivilen Beobachtermission, enthält aber keine Anordnung von Zwangsmaßnahmen nach Kapitel VII der UN-Charta; für eine solche Anordnung gab es, schon wegen des zu erwartenden Vetos durch Russland, im Sicherheitsrat keine Mehrheit.[348] Obwohl schwerste Menschenrechtsverletzungen geschehen waren und sich fortzusetzen drohten, waren alle zur Verfügung stehenden Verhandlungsmöglichkeiten ausgeschöpft.[349] Die NATO hatte sich im Kosovo zum Einschreiten entschlossen, weil sich eine „menschliche Katastrophe" abzeichnete – der Schutz der Zivilbevölkerung wurde zum Ziel dieses als humanitäre Intervention bezeichneten Eingriffs.[350] Die Zulässigkeit einer humanitären Intervention im Allgemeinen und der so gerechtfertigten Intervention im Fall des Kosovo war und ist Gegenstand heftiger Kontroversen.[351] Für die Gegner verstießen die NATO-Angriffe gegen das Gewaltverbot, weil der Sicherheitsrat Zwangsmaßnahmen nicht autorisiert hatte[352], für die Befürworter ist der Entschluss zum Eingriff zur Durchsetzung fundamentaler Werte gerechtfertigt und kann vor dem Hintergrund des Ausmaßes der Menschenrechtsverletzungen nicht in ein Licht der Illegalität gerückt werden.[353] Generalsekretär Kofi Annan bezeichnete die Unfähigkeit der Staatengemeinschaft, die beiden gleichermaßen zwingenden Interessen an der Legitimität des Handelns und an der Effektivität des Schutzes der Menschenrechte miteinander zu vereinbaren, als Tragödie.[354] Auch wenn das Vorliegen einer Extremsituation als gegeben angesehen wird, steht wohl eine Mehrheit im Schrifttum den Angriffen, auch vor Hintergrund der Kritik an der militärischen Strategie, kritisch gegenüber.[355] Etliche dritte Staaten gaben kritische Stellungnahmen ab.[356]

Nicht nur die Tatsache der Intervention, auch deren Art und Weise wurde zum Gegenstand erheblicher Kritik. Den NATO-Staaten wird wegen der Angriffe auf zivile Ziele und einer zu geringen Zielgenauigkeit die Nichteinhaltung von Regeln des

---

347 Präambel und Ziff. 1 der Resolution des UN-Sicherheitsrats S/RES/1199 (1998), vom 23.9.1998, verfügbar unter http://www.un.org/en/ga/search/view_doc.asp?symbol=S/RES/1199(1998), recherchiert am 9.9.2013.

348 Ziff. 4 der Resolution S/RES/1199 (1998), Fn. 347; vgl. Hilpold, Das Kosovo-Problem, ZaöRV 68 (2008), S. 784.

349 Vgl. Tomuschat, Völkerrechtliche Aspekte, Die Friedens-Warte 74 (1999), S. 35.

350 Vgl. Thürer, Der Kosovo-Konflikt, AdV 38 (2000), S. 4.

351 Vgl. zur humanitären Intervention unten bei 2. Kapitel, B III.

352 Ipsen, Der Kosovo-Einsatz, Die Friedens-Warte 74 (1999), S. 19.

353 Vgl. Tomuschat, Völkerrechtliche Aspekte, Die Friedens-Warte 74 (1999), S. 35; Thürer, Der Kosovo-Konflikt, AdV 38 (2000), S. 4 ff.

354 Press Release SG/SM/7136, GA/9596, verfügbar unter http://www.un.org/en/unpress/, recherchiert am 7.10.2013.

355 Vgl. Oeter, Die internationalen ‚Protektorate', in: Fischer/Froissart/Heintschel v. Heinegg/Raap (Hrsg.), Festschrift für Fleck, S. 445 ff.; Thürer, Der Kosovo-Konflikt, AdV 38 (2000), S. 9; Hilpold, Das Kosovo-Problem, ZaöRV 68 (2008), S. 785; Ipsen, Der Kosovo-Einsatz, Die Friedens-Warte 74 (1999), S. 19.

356 Nolte, ZaöRV 59 (1999), S. 946 f.

humanitären Völkerrechts vorgeworfen. Der Eingriff durch einen Luftkrieg allein habe nicht zu einem schnellen Erfolg führen können.[357] Es wird vertreten, dass die Grundsätze der Beschränkung der Angriffe auf militärische Ziele und des Schutzes der Zivilbevölkerung verletzt wurden, indem Infrastruktureinrichtungen in Serbien bombardiert wurden, deren Zerstörung ohne direkten militärischen Nutzen und fern vom eigentlichen Kriegsgebiet innenpolitischen Druck auf das Regime in Belgrad erzeugen und so zum Kriegsziel der Zermürbung des Regimes beitragen sollte.[358] Nur im Rahmen der Verhältnismäßigkeit dürften Angriffe auch nicht-militärische Ziele erfassen, hierfür sei die äußerste Grenze jedoch überschritten worden.[359] Aufgrund teils mangelhafter Zielabklärung, fehlgeleiteter Geschosse, des Abwurfs von Streubomben, deren Blindgänger sich wie Personenminen auswirkten, der Anordnung, Kampfflugzeuge nicht niedriger als in 5000 Metern Höhe fliegen zu lassen und der damit verbundenen Zielungenauigkeit werden den NATO-Staaten Verstöße gegen das in Art. 57 Abs. 2 des Ersten Zusatzprotokolls zu den Genfer Abkommen (ZP I) normierten Vorsichtsgebot und gegen das Verbot unterschiedsloser Angriffe aus Art. 51 Abs. 4 ZP I vorgeworfen.[360]

Die NATO-Intervention wurde vom UN-Sicherheitsrat nicht nachträglich gutgeheißen und auch sonst nicht endgültig völkerrechtlich beurteilt. Der Staat Serbien und Montenegro reichte zwar im April 1999 vor dem IGH Klage gegen zehn NATO-Mitgliedstaaten wegen unter anderem Verletzung des Gewalt- und Interventionsverbots und des humanitären Völkerrechts ein, der Gerichtshof entschied jedoch nicht in der Sache, weil er seine Zuständigkeit als nicht eröffnet ansah. Der klagende Staat Serbien und Montenegro sei zum Zeitpunkt des Einreichens der Klage nicht Mitglied der Vereinten Nationen und damit nicht Mitglied des IGH-Statuts gewesen, weil er nicht als Rechtsnachfolger der Sozialistischen Bundesrepublik Jugoslawien gelten könne.[361]

357 Tomuschat, Völkerrechtliche Aspekte, Die Friedens-Warte 74 (1999), S. 36.

358 Der Grundsatz des Schutzes der Zivilbevölkerung findet sich in Art. 51 des I. Zusatzprotokolls zu den Genfer Konventionen (ZP I), die Beschränkung auf militärische Ziele in Art. 52 ZP I; vgl. Thürer, Der Kosovo-Konflikt, AdV 38 (2000), S. 16 f. Tomuschat, Völkerrechtliche Aspekte, Die Friedens-Warte 74 (1999), S. 36 f.

359 Art. 51 Abs. 5 lit. b ZP I normiert, dass ein Angriff, bei dem mit negativen Folgen für die Zivilbevölkerung zu rechnen ist, im Verhältnis zum unmittelbaren militärischen Vorteil stehen muss; vgl. Thürer, Der Kosovo-Konflikt, AdV 38 (2000), S. 17 f.

360 Ausgangspunkt ist die Grundregel aus Art. 35 Abs. 1 ZP I, dass es kein unbeschränktes Recht in der Wahl der Methoden und Mittel der Kriegführung gibt; vgl. Thürer, Der Kosovo-Konflikt, AdV 38 (2000), S. 18 f.

361 IGH, Case concerning Legality of Use of Force (Serbia and Montenegro v. Belgium), Urteil vom 15.12.2004 (verfügbar unter http://www.icj-cij.org/docket/files/105/8440.pdf, recherchiert am 9.9.2013), Ziff. 45 ff., 91.

3. *Friedenssicherung*

Ohne die Frage nach der Rechtsgrundlage für die NATO-Intervention aufzugreifen hat der UN-Sicherheitsrat mit der Resolution 1244 für die durch die Intervention geschaffene Situation einen Neuanfang ermöglicht; die Resolution enthält eine umfassende Statusregelung für den Kosovo und stellt ihn unter UN-Verwaltung.[362] Resolution 1244 autorisiert die Einrichtung einer internationalen Sicherheitspräsenz unter Führung der NATO sowie einer internationalen Zivilpräsenz, die eine Übergangsverwaltung bilden soll.[363] Das kosovarische Volk soll substanzielle Autonomie innerhalb der Bundesrepublik Jugoslawien genießen können, deren Souveränität und territoriale Integrität unangetastet bleibt – ein politischer Prozess hierfür soll angestoßen werden.[364] Die Zivil- und die Sicherheitspräsenz sollen nach anfänglichen zwölf Monaten so lange fortgeführt werden, bis der Sicherheitsrat eine andere Entscheidung trifft.[365]

Die Sicherheitspräsenz wurde von der NATO-geführten „Kosovo Force" (KFOR) übernommen. Zu ihren Aufgaben gehören das Verhindern erneuter Feindseligkeiten, die Sicherstellung des fast vollständigen Rückzugs der jugoslawischen Armee aus dem Kosovo, die Demilitarisierung der kosovarischen bewaffneten Gruppen und die Sicherstellung der öffentlichen Sicherheit, bis dies von der Zivilpräsenz geleistet werden kann.[366]

Die als *United Nations Interim Administration Mission in Kosovo* (UNMIK) errichtete Zivilpräsenz stellt eine Zivilverwaltung dar, zu deren Einrichtung der UN-Generalsekretär ermächtigt wurde, und soll unter der Leitung eines Sondergesandten (Special Representative) des Generalssekretärs die Autonomie des Kosovo garantieren und die Entwicklung einer provisorischen demokratischen Selbstverwaltung mit eigenen Institutionen überwachen.[367] Hinter der Resolution stand nicht die Intention, die langfristige Entwicklung für den Kosovo vorzugeben – es sollte ein Provisorium geschaffen werden.[368] Die Zivilverwaltung beruhte zunächst auf vier Säulen, für die jeweils unterschiedliche internationale Organisationen verantwortlich waren – der UNHCR für humanitäre Angelegenheiten, die UN für allgemeine Verwaltung, die OSZE für Demokratisierung, den Aufbau von Selbstverwaltungseinrichtungen und die Überwachung der Menschenrechtssituation sowie die EU für den wirtschaftlichen Wiederaufbau und Entwicklung.[369]

---

362 Hilpold, Das Kosovo-Problem, ZaöRV 68 (2008), S. 787.

363 Resolution des UN-Sicherheitsrats S/RES/1244 (1999) vom 10.6.1999 (verfügbar unter http://www.un.org/docs/scres/1999/sc99.htm, recherchiert am 13.8.2014), Ziff. 7, 10, Annex 2 Ziff. 4.

364 S/RES/1244 (1999), Fn. 363, Ziff. 10, Annex 1, Annex 2 Ziff. 8.

365 S/RES/1244 (1999), Fn. 363, Ziff. 19.

366 S/RES/1244 (1999), Fn. 363, Ziff. 9.

367 S/RES/1244 (1999), Fn. 363, Ziff. 6, 10.

368 Vgl. Hilpold, Das Kosovo-Problem, ZaöRV 68 (2008), S. 787.

369 Vgl. die Aufzählung der Aufgaben in S/RES/1244 (1999), Fn. 363, Ziff. 11; „UNMIK Background" unter http://www.un.org/en/peacekeeping/missions/unmik/back

UNMIK war damit vor die Aufgabe gestellt, ein Territorium ohne funktionsfähige staatliche Einrichtung, Polizei oder Justiz zu verwalten – die Funktionen der Mission erstreckten sich auf Exekutive, Judikative und Legislative (durch sogenannte UNMIK Regulations konnte UNMIK selbst Recht setzen) ebenso wie auf Dienstleistungen wie Müllentsorgung und auf den Wiederaufbau von Häusern.[370] Dem Sondervertreter des UN-Generalsekretärs kam als herausragender Figur der Zivilverwaltung eine enorme Aufgabenfülle zu: Er leitete die Errichtung der Übergangsverwaltung und gestaltete dafür die Entwicklung der vorläufigen Regierungsinstitutionen einschließlich der Abhaltung der Wahlen, organisierte den Wiederaufbau der Infrastruktur, die humanitäre Hilfe und die Rückkehr der Flüchtlinge und koordinierte den Aufbau einer lokalen Polizei sowie die Reorganisation der Justiz.[371] Durch seine Position unterstanden dem Sondervertreter zunächst faktisch alle drei Gewalten.[372]

UNMIK widmete sich gleich zu Beginn dem Aufbau einer lokalen Selbstverwaltung, deren Personal sich zunächst aus ernannten internationalen und kosovarischen Vertretern zusammensetzte, nach Gemeindewahlen im Jahr 2000 aber von demokratisch legitimierten Vertretern abgelöst wurde.[373] Für den Aufbau gesamtkosovarischer Institutionen wurde ein verfassungsrechtlicher Rahmen geschaffen, der die Struktur der provisorischen Selbstverwaltungsinstitutionen (Parlament, Regierung, Ministerien, Präsident) festlegte, an die UNMIK nach den Wahlen 2002 einen Teil ihrer Kompetenzen übergab.[374] UNMIK behielt aber wichtige Funktionen, wie die Leitung des Polizei- und Justizwesens und die Sicherstellung der Gesetzmäßigkeit der Entscheidungen der provisorischen Selbstverwaltung und der Konformität mit Resolution 1244.[375] Der Sondervertreter behielt damit als nachprüfende Letztinstanzfunktion die Kontrolle über die Gesetzgebung.[376]

Den Weg vom Provisorium zur endgültigen Regelung zu gehen, wurde durch den Grundsatz „Standards vor Status" versucht: Von UNMIK wurden Ende 2003 in einem Dokument Standards für den Kosovo vorgelegt, die die Grundlagen für die multiethnische Gesellschaft anhand einiger Vorgaben zur Errichtung demokratischer Institutionen, gleicher Rechte für alle Bürger und dialogbasierter Problemlösung schaffen sollten.[377] Zunächst sollte der Hauptfokus darauf liegen, diese Standards

---

ground.shtml (recherchiert am 30.5.2014); Hilpold, Das Kosovo-Problem, ZaöRV 68 (2008), S. 788.

370 Rossbacher, in: Chiari/Keßelring (Hrsg.), Wegweiser zur Geschichte, Kosovo, S. 97.

371 Oeter, Die internationalen ‚Protektorate', in: Fischer/Froissart/Heintschel v. Heinegg/Raap (Hrsg.), Festschrift für Fleck, S. 447 f.

372 Hilpold, Das Kosovo-Problem, ZaöRV 68 (2008), S. 789.

373 Rossbacher, in: Chiari/Keßelring (Hrsg.), Wegweiser zur Geschichte, Kosovo, S. 97 f.

374 Rossbacher, in: Chiari/Keßelring (Hrsg.), Wegweiser zur Geschichte, Kosovo, S. 98 f.

375 Ebd.

376 Hilpold, Das Kosovo-Problem, ZaöRV 68 (2008), S. 789; Rossbacher, in: Chiari/Keßelring (Hrsg.), Wegweiser zur Geschichte, Kosovo, S. 99.

377 Es wurden acht Standards gesetzt: Errichtung demokratischer Institutionen durch freie Wahlen, Rechtsstaatlichkeit, Freizügigkeit für alle Bürger, Ermöglichung von

zu erfüllen, um einen Vertrauensbildungsprozess einzuleiten, der die momentan keinem Kompromiss zuführbare Statusfrage zweitrangig und schließlich lösbar machen sollte.[378]

Hierbei kam ein Konzept, das als *earned sovereignty* bezeichnet wird, zum Tragen: Das Setzen von Maßstäben (*benchmarking*) wurde als politisches Instrument eingesetzt, indem man das Führen von Gesprächen über den endgültigen politischen Status des Kosovo unter die Bedingung des Erfüllens der gesetzten Standards stellte.[379] Hinzu kam die Konditionalitätspolitik der Weltbank, des Internationalen Währungsfonds und der EU, die Wirtschaftshilfen nur unter der Bedingung des Durchführens bestimmter wirtschaftlicher und politischer Reformen gewährten.[380]

Auf Veranlassung des UN-Generalsekretärs wurde die Vorgehensweise im Kosovo Mitte 2004 durch den norwegischen Diplomaten Kai Eide überprüft und bewertet. Dieser kam zu dem Schluss, dass trotz einiger positiver Trends Unzufriedenheit und Frustration vorherrsche, was vor allem auf dem Mangel an wirtschaftlichen Möglichkeiten und an einer politischen Perspektive beruhe.[381] Die „Standards vor Status"-Politik sei unglaubwürdig, weil ihre Ziele als unerreichbar angesehen würden; empfehlenswert sei stattdessen ein dynamischerer Ansatz, der die Standards als Teil einer über die Statusverhandlungen hinausgehenden Politik behandelt und Prioritäten setzt, die zu erreichbaren Ergebnissen führen, so dass ein besseres Zusammenleben der Bevölkerungsgruppen realisierbar und eine höhere Glaubwürdigkeit der internationalen Gemeinschaft erreicht werden.[382] „Standards vor Status" wurde damit von „Standards und Status" abgelöst.[383]

Die Empfehlungen Kai Eides wurden vom UN-Generalsekretär und vom UN-Sicherheitsrat aufgegriffen und die Bereitschaft dargelegt, einen politischen Prozess zur Klärung des zukünftigen Status des Kosovo zu beginnen.[384] Die Evaluierung

---

Rückkehr und Wiedereingliederung der Flüchtlinge, rechtlicher Rahmen für ein marktwirtschaftliches System, Schutz von Grundeigentum, Dialog mit Belgrad und Förderung des für öffentliche Sicherheit zuständigen „Kosovo Protection Corps"; vgl. Security Council Report, Standards for Kosovo, vom 10.12.2003, verfügbar unter http://www.securitycouncilreport.org, recherchiert am 10.9.2013.

378 Vgl. Bericht des UN-Generalsekretärs, S/2004/71, vom 26.1.2004, http://www.unmikonline.org/SGReports/S-2004-71.pdf, recherchiert am 10.9.2013, Ziff. 2; Hilpold, Das Kosovo-Problem, ZaöRV 68 (2008), S. 791.

379 Knoll, EJIL 16 (2005), S. 640 f.

380 Hilpold, Das Kosovo-Problem, ZaöRV 68 (2008), S. 791; Knoll, EJIL 16 (2005), S. 640.

381 UN Doc. S/2004/932 vom 30.11.2004 (verfügbar unter http://www.securitycouncilreport.org, recherchiert am 16.9.2013; fortan: Eide Report), S. 3 (Annex I).

382 Eide Report (Fn. 381), S. 4 ff. (Annex I).

383 Vgl. Hilpold, Das Kosovo-Problem, ZaöRV 68 (2008), S. 791.

384 Eide Report (Fn. 381), S. 27 (Annex II, Ziff. 5); UN Doc. S/PRST/2005/51 vom 24.10.2005, verfügbar unter http://www.securitycouncilreport.org/un-documents/kosovo, recherchiert am 13.8.2014.

der Bemühungen zur Verwirklichung der acht Standards und des Statusprozesses wurden Aufgaben eines UN-Sonderbotschafters.[385]

Im November 2005 wurde Martti Ahtisaari zum UN-Sonderbotschafter für den zukünftigen Statusprozess für den Kosovo ernannt; nach Gesprächen mit allen beteiligten Parteien legte er im März 2007 seinen abschließenden Bericht sowie einen Entwurf für eine umfassende Statusregelung vor.[386] In seinem Bericht legte er dar, dass wegen der diametral entgegengesetzten Positionen der Parteien keine einvernehmliche Lösung der Statusfrage zu erreichen sei – die serbische Seite verlange eine Autonomieregelung für den Kosovo innerhalb Serbiens, während die kosovarische Seite nichts anderes als die eigene Unabhängigkeit akzeptiere.[387] Dennoch sei es dringend notwendig, die Statusfrage zu lösen, da die Unsicherheit darüber den Kosovo an einer demokratischen Entwicklung, an der wirtschaftlichen Erholung und an der Versöhnung der Volksgruppen hindere.[388] Vor allem die schwache Wirtschaft sei eine Quelle sozialer und politischer Instabilität; eine Besserung sei unter dem Status quo der internationalen Verwaltung nicht zu erwarten, da die unsichere politische Lage ein wirtschaftliches Hemmnis darstelle.[389] Die acht Jahre andauernde politische Trennung des Kosovo und Serbiens habe eine dahingehend irreversible Situation geschaffen, dass Serbien in dieser Zeit keinerlei Regierungsgewalt über den Kosovo ausgeübt habe und wegen der Opposition des überwiegenden Teils der kosovarischen Bevölkerung nun keinerlei Führungsanspruch mehr im Kosovo verwirklichen könne.[390] Zudem gefährde das Fortdauern der politisch unsicheren Lage Frieden und Stabilität in der Region.[391] Der einzig gangbare Weg sei deshalb die Unabhängigkeit des Kosovo, die zu Anfang von der internationalen Gemeinschaft durch eine Zivil- und eine Militärpräsenz überwacht werden müsse.[392] Zwar vermeidet Ahtisaari es, den Begriff Staat für den Kosovo zu verwenden, er schlägt im Entwurf für eine Statusregelung aber vor, dass der Kosovo seine eigenen nationalen Symbole erhalten, sein souveränes Handeln jedoch dahingehend eingeschränkt

385 Vgl. Bericht des UN-Generalsekretärs, UN Doc. S/2005/335 vom 23.5.2005, verfügbar unter http://www.un.org/en/ga/search/view_doc.asp?symbol=S/2005/335, recherchiert am 16.9.2013, Ziff. 21.

386 Vgl. Weller, Kosovo's final status, International Affairs 84 (2008), S. 1223; Hilpold, Das Kosovo-Problem, ZaöRV 68 (2008), S. 792; der Bericht (UN Doc. S/2007/168 vom 26.3.2007) ist verfügbar unter http://www.unosek.org/docref/report-english.pdf (recherchiert am 13.8.2014); der Entwurf für eine Statusregelung (Comprehensive Proposal for the Kosovo Status Settlement, UN Doc. S/2007/168/Add.1 vom 26.3.2007) ist verfügbar unter http://www.un.org/Docs/journal/asp/ws.asp?m=S/2007/168/Add.1 (recherchiert am 13.8.2014).

387 UN Doc. S/2007/168 (Fn. 386), Ziff. 1 f.

388 UN Doc. S/2007/168 (Fn. 386), Ziff. 4.

389 UN Doc. S/2007/168 (Fn. 386), Ziff. 9.

390 UN Doc. S/2007/168 (Fn. 386), Ziff. 7.

391 UN Doc. S/2007/168 (Fn. 386), Ziff. 10.

392 UN Doc. S/2007/168 (Fn. 386), Ziff. 5, 10, 13.

sein soll, als er keine Territorialansprüche gegen andere Staaten haben und keine Union mit anderen Staaten suchen darf.[393] Der Entwurf für eine Statusregelung enthält einen rechtlichen Rahmen für die zukünftige Regierungsführung im Kosovo, der zu einer multi-ethnischen, demokratischen und rechtsstaatlichen Gesellschaft werden soll.[394] Zwar gibt die Statusregelung keine Verfassung für den Kosovo vor, sie definiert jedoch deren Schlüsselelemente.[395]

Serbien lehnte diesen Plan ab und verlangte weitere Verhandlungen.[396] Da die Zivil- und Sicherheitspräsenzen nach Resolution 1244 nicht zeitlich befristet sind, blieb die Entscheidung über das weitere Vorgehen letztlich dem Sicherheitsrat vorbehalten.[397] Im Sicherheitsrat war jedoch mangels Zustimmung Russlands kein Ergebnis zu erzielen.[398] Eine Kontaktgruppe unter der Leitung einer Troika, bestehend aus Vertretern der EU, Russlands und der USA, engagierte sich in weiteren Verhandlungen zwischen Serbien und Kosovo, im Rahmen derer die ganze Bandbreite denkbarer Rechtsbeziehungen und Autonomielösungen diskutiert wurde, die aber ohne Erfolg blieben.[399]

Das Scheitern der Verhandlungen führte zu unilateralem Handeln: Am 17. Februar 2008 erklärte das kosovarische Parlament unter Fernbleiben der Abgeordneten der serbischen Minderheit die Unabhängigkeit des Kosovo.[400] Bis Februar 2014 erkannten 108 Staaten den Kosovo als unabhängig an.[401] Der IGH kam in seinem von der UN-Generalversammlung eingeholten Gutachten zu dem Ergebnis, dass die Unabhängigkeitserklärung des Kosovo weder eine Verletzung des allgemeinen Völkerrechts noch der Resolution 1244 darstelle.[402]

---

393 Art. 1.1 des Entwurfs für eine Statusregelung, den Ahtisaari zusammen mit seinem Bericht vorlegte, spricht von Selbstregieren anstatt von Staat: „*Kosovo shall be a multi-ethnic society, which shall govern itself democratically [...].*“; vgl. auch Art. 1.7 und 1.8 zu nationalen Symbolen und der Einschränkung des souveränen Handelns (UN Doc. S/2007/168/Add.1, Fn. 386); vgl. Hilpold, Das Kosovo-Problem, ZaöRV 68 (2008), S. 793.

394 UN Doc. S/2007/168 (Fn. 386), Annex Ziff. 2.

395 Ebd.

396 Weller, Kosovo’s final status, International Affairs 84 (2008), S. 1223.

397 Vgl. S/RES/1244 (1999), Fn. 363, Ziff. 19.

398 Weller, Kosovo’s final status, International Affairs 84 (2008), S. 1224 ff.; Breitwieser, in: Chiari/Keßelring (Hrsg.), Wegweiser zur Geschichte, Kosovo, S. 138.

399 Vgl. Hilpold, Das Kosovo-Problem, ZaöRV 68 (2008), S. 795; Weller, Kosovo’s final status, International Affairs 84 (2008), S. 1226 ff., 1229.

400 Hilpold, Das Kosovo-Problem, ZaöRV 68 (2008), S. 795.

401 Vgl. die Länderinformation des Auswärtigen Amts unter http://www.auswaertiges-amt.de/DE/Aussenpolitik/Laender/Laenderinfos/Kosovo/Aussenpolitik_node.html, recherchiert am 1.8.2014.

402 IGH, Gutachten vom 22.7.2010, Accordance with international law of the unilateral declaration of independence in respect of Kosovo, Ziff. 122, verfügbar unter http://www.icj-cij.org/docket/files/141/15987.pdf, recherchiert am 23.9.2013.

Am 15. Juli 2008 trat die Verfassung der Republik Kosovo in Kraft, die die provisorischen Selbstverwaltungsinstitutionen übernimmt und die Vorgaben des Ahtisaari-Planes enthält.[403] Die Verfassung will das Ziel einer multi-ethnischen und stabilen Demokratie verwirklichen und sieht weitgehende Maßnahmen zum Schutz von Minderheiten vor.[404]

Noch kurz vor der Unabhängigkeitserklärung beschloss der Rat der Europäischen Union die Einrichtung der Rechtsstaatlichkeitsmission EULEX Kosovo. Zu ihren Aufgaben gehören die Beobachtung und Beratung aller kosovarischen Institutionen mit Bezug zum Bereich der Rechtsstaatlichkeit, die Aufrechterhaltung und Förderung von Rechtsstaatlichkeit, öffentlicher Ordnung und Sicherheit, gegebenenfalls auch durch Aufhebung operativer Entscheidungen kosovarischer Behörden (in Absprache mit den internationalen Zivilbehörden) und die Gewährleistung, dass Fälle von Kriegsverbrechen, Terrorismus, organisierter Kriminalität, Korruption oder anderen schweren Verbrechen nach geltendem Recht verfolgt und sanktioniert werden.[405] Das Rechtsstaatlichkeitsengagement der EU-Mission EULEX hat einen Schwerpunkt im Bereich der Judikative.[406] Internationale und kosovarische Staatsanwälte und Richter werden gemeinsam tätig.[407] Zusätzlich wurde eine Internationale Verwaltungsbehörde, *International Civilian Office* (ICO), geschaffen, dessen Leiter, der *International Civilian Representative*, nach den Vorgaben des Ahtisaari-Plans dessen Umsetzung überwacht.[408]

---

403 Art. 143 der kosovarischen Verfassung legt den von Ahtisaari erarbeiteten Entwurf für eine Statusregelung dem kosovarischen Rechtssystem zugrunde, da er bestimmt, dass die kosovarischen Behörden an die Verpflichtungen aus der Statusregelung gebunden sind und diese Geltungs- und Interpretationsvorrang vor allen kosovarischen Gesetzen hat. Die Verfassung des Kosovo ist in englischer Sprache verfügbar unter http://www.kryeministri-ks.net/repository/docs/Constitution1Kosovo.pdf, recherchiert am 1.6.2014; vgl. Schoch, S. 24.

404 Schoch, S. 24.

405 Gemeinsame Aktion 2008/124/GASP des Rates vom 4. Februar 2008 über die Rechtsstaatlichkeitsmission der Europäischen Union im Kosovo, EULEX KOSOVO, Art. 3, 5 (verfügbar unter http://eur-lex.europa.eu/LexUriServ/LexUriServ.do?uri=OJ:L:2008:042:0092:0098:DE:PDF, recherchiert am 23.9.2013; im Folgenden: Gemeinsame Aktion 2008/124/GASP).

406 Vgl. die Beschreibung der Mission als Teil des Europäischen Auswärtigen Dienstes unter http://eeas.europa.eu/csdp/missions-and-operations/eulex-kosovo/mission-description/index_en.htm, recherchiert am 30.5.2014.

407 Vgl. Art. 3 lit. d der Gemeinsamen Aktion 2008/124/GASP (Fn. 405); die in Zusammenarbeit mit EULEX ergangene kosovarische Rechtssprechung ist verfügbar unter http://www.eulex-kosovo.eu/en/judgments/, recherchiert am 30.5.2014.

408 Die ICO-Mission stand unter internationaler, nicht allein europäischer Regie. Der International Civil Representative nahm aber zugleich die Aufgabe des EU-Sondergesandten im Kosovo wahr. Diese Personalunion ist auch im Ahtisaari-Plan so vorgesehen. Vgl. UN Doc. S/2007/168/Add.1 (Fn. 386), Annex IX, Ziff. 2.3; Martens, in: Chiari/Keßelring (Hrsg.), Wegweiser zur Geschichte, Kosovo, S. 131.

Bei der Einrichtung von EULEX stützte sich der Rat auf Teile der Resolution 1244.[409] Auch der UN-Generalsekretär sieht EULEX in diesem Rahmen sowie unter der Gesamtautorität der Vereinten Nationen.[410] Das Bestehen einer völkerrechtlichen Grundlage für die Tätigkeit von EULEX ist jedoch nicht vollständig geklärt.[411]

Aufgrund der Unabhängigkeitserklärung und der Verabschiedung einer Verfassung für den Kosovo entschied der UN-Generalsekretär, dass die Befugnisse von UNMIK als Übergangsverwaltung nicht in gleicher Weise fortbestehen könnten.[412] Die UNMIK-Operation sei anzupassen, mangels anderer Entscheidung des Sicherheitsrates bliebe Resolution 1244 aber ihr rechtlicher Rahmen.[413] Der Generalsekretär entschied, dass, während die Europäische Union im Bereich der Rechtsstaatlichkeit tätig wird, sich die UN-Mission auf politische Funktionen wie Beobachtung, Berichte und Vermittlung zur Verbesserung des Dialogs zwischen Serbien und Kosovo beschränken würde.[414]

UNMIK besteht daher neben EULEX weiterhin fort.[415] Auch die KFOR-Mission wird bis zum gegenwärtigen Zeitpunkt auf der Grundlage der Resolution 1244 fortgesetzt.[416] Die Mission des International Civilian Office wurde im September 2012 beendet.[417]

Zur strafrechtlichen Verfolgung von im Krieg begangenem Unrecht (*Transitional Justice*) werden die von EULEX geleitete und unterstützte kosovarische Justiz sowie, im Rahmen seiner Zuständigkeit, der Internationale Strafgerichtshof für das ehemalige Jugoslawien in Den Haag tätig.[418] Im Februar 2014 beschloss das kosovarische Parlament die Errichtung eines Kriegsverbrechertribunals in Pristina, das die mutmaßlichen Verbrechen der kosovarischen Befreiungsarmee UÇK während des Kosovokrieges beurteilen soll.[419]

---

409 Vgl. die Präambel der Gemeinsamen Aktion 2008/124/GASP (Fn. 405).

410 Vgl. den Bericht des UN-Generalsekretärs UN Doc. S/2008/354 vom 12.6.2008, Ziff. 16, (verfügbar unter http://www.un.org/Docs/journal/asp/ws.asp?m=S/2008/354, recherchiert am 13.8.2014).

411 Vgl. Breitwieser, in: Chiari/Keßelring (Hrsg.), Wegweiser zur Geschichte Kosovo, S. 150, der bemängelt, dass keine völkerrechtliche Grundlage für EULEX existiere.

412 Bericht des UN-Generalsekretärs, UN Doc. S/2008/354 (Fn. 410), Ziff. 7.

413 Bericht des UN-Generalsekretärs, UN Doc. S/2008/354 (Fn. 410), Ziff. 14.

414 Vgl. den Bericht des UN-Generalsekretärs, UN Doc. S/2008/354 (Fn. 410), Ziff. 16.

415 Vgl. zum gegenwärtigen Einsatz von UNMIK und EULEX auch deren Internetauftritte unter http://www.unmikonline.org/Pages/about.aspx und http://www.eulex-kosovo.eu/en/front/, recherchiert am 1.8.2014.

416 Vgl. zur gegenwärtigen Rolle der NATO im Kosovo: http://www.nato.int/cps/en/natolive/topics_48818.htm, recherchiert am 13.8.2014.

417 Vgl. Medienberichte unter http://www.nzz.ch/aktuell/international/uebersicht/kosovo-wird-etwas-unabhaengiger-1.17584985, recherchiert am 1.6.2014.

418 Der Internationale Strafgerichtshof für das ehemalige Jugoslawien ist zuständig für Kriegsverbrechen, die seit 1991 auf dem Gebiet der ehemaligen Sozialistischen Föderativen Republik Jugoslawien begangen wurden; vgl. Art. 8 des Statuts für den Internationalen Strafgerichtshof für das ehemalige Jugoslawien.

419 Vgl Presseberichte unter http://www.zeit.de/news/2014-04/23/kosovo-parlament-im-kosovo-beschliesst-kriegsverbrechertribunal-23160804, http://www.stern.

Trotz des andauernden internationalen Engagements im Kosovo prägen noch immer Korruption und organisiertes Verbrechen das Land; es wurde bereits kritisiert, dass EULEX zu ineffizient und zu teuer sei und im Norden des Landes, wo sich mit Serbien verbundene Parallelstrukturen gebildet haben, kaum Einfluss habe.[420] Die Bemühungen der kosovarischen Institutionen bei der Bekämpfung von Korruption und schwerer Kriminalität, wie Menschenhandel, Drogenhandel oder Geldwäsche, vor allem im Zusammenhang mit dem organisierten Verbrechen, werden von der EU anerkannt; es bestünde jedoch immer noch einiger Handlungsbedarf, insbesondere bei der Umsetzung der geschaffenen Gesetze.[421]

II. Osttimor / Timor-Leste

1. Hintergrund

Der Osten der Insel Timor, heute Territorium der Demokratischen Republik Timor-Leste, war seit dem 16. Jahrhundert eine portugiesische Kolonie.[422] Im Jahr 1960 wurde die Kolonie im Einklang mit der Resolution 1514 (XV) der UN-Generalversammlung von 1960 der Liste der sich nicht selbst regierenden Gebiete (*non-self-governing territories*) hinzugefügt, blieb in der Folge aber eine portugiesische Provinz.[423] Nach innenpolitischem Wandel in Portugal sollte ab 1974 der Bevölkerung der Kolonie die Umsetzung ihres Rechts auf Selbstbestimmung ermöglicht werden; die Gründung politischer Parteien wurde erlaubt.[424] Jedoch brach ein Bürgerkrieg aus zwischen den Befürwortern der Integration in den Staatsverband des benachbarten Indonesien und deren Gegnern, die nach der Unabhängigkeit Ost-

de/news2/aktuell/parlament-im-kosovo-beschliesst-kriegsverbrechertribunal-2105447.html, recherchiert am 30.5.2014.

420 Vgl. Wittkowsky/Kasch, S. 2 f.; Roser, Kosovo ist als Staat noch Stückwerk, Artikel in Zeit Online vom 14.2.2013, verfügbar unter http://www.zeit.de/politik/ausland/2013-02/kosovo-5-jahre-unabhaengigkeit, recherchiert am 30.5.2014.

421 Europäische Kommission, Kosovo 2013 Progress Report, vom 16.10.2013, S. 12 f., 50 f. (verfügbar unter http://ec.europa.eu/enlargement/pdf/key_documents/2013/package/ks_rapport_2013.pdf, recherchiert am 13.8.2013).

422 Vgl. zur Geschichte Timor-Lestes den Internetauftritt der Regierung der Demokratischen Republik Timor-Leste: http://timor-leste.gov.tl/?p=29&lang=en, recherchiert am 15.10.2013; vgl. auch Franz, S. 10 ff.

423 Resolution 1514 (XV) vom 14.12.1960 ist verfügbar unter http://www.un.org/ga/search/view_doc.asp?symbol=A/RES/1514(XV), recherchiert am 15.10.2013; vgl. auch die Rubriken „Background" und „Chronology" des Internetauftritts der UNTAET-Mission unter http://www.un.org/en/peacekeeping/missions/past/etimor/UntaetBC.htm, recherchiert am 15.10.2013.

424 Vgl. bei „Background" und „Chronology" im Internetauftritt der UNTAET-Mission; bei „History" im Internetauftritt der Regierung der Demokratischen Republik Timor-Leste (Fn. 422, 423).

timors verlangten.[425] Portugal zog sich schließlich zurück, jedoch griff Indonesien militärisch ein und machte Osttimor 1976 zur 27. Provinz Indonesiens; diese Integration in Indonesien wurde von den Vereinten Nationen nicht anerkannt.[426]

Von 1982 an fanden unter der Leitung des UN-Generalsekretariats Gespräche mit Portugal und Indonesien zur Klärung des Status Osttimors statt, bis 1998 von indonesischer Seite ein konstitutioneller Rahmen vorgeschlagen wurde, der Osttimor eine spezielle, autonome Stellung innerhalb des indonesischen Staatsverbands zuerkannte.[427] Im Fortgang der Gespräche einigte man sich darauf, dass das osttimoresische Volk in einer Volksabstimmung über diese Autonomielösung entscheiden sollte. Indonesien erklärte seine Bereitschaft, Osttimor im Falle der Entscheidung gegen die Autonomielösung aus dem Staatsverband zu entlassen.[428] Im Mai 1999 schlossen Portugal und Indonesien hierüber ein Übereinkommen, in dem sie die UN baten, das Referendum abzuhalten.[429] Zwei weitere Übereinkommen beider Staaten und der Vereinten Nationen regelten die Modalitäten für das Referendum.[430] Die Übereinkommen sahen vor, dass Indonesien dafür verantwortlich sein würde, Frieden und Sicherheit im Rahmen der Abstimmung aufrecht zu erhalten.[431] Für die Organisation und Durchführung des Referendums wurde im Juni die *United Nations Mission in East Timor* (UNAMET) ins Leben gerufen.[432] Der Sicherheitsrat betonte dabei nochmals die Verantwortung Indonesiens, für die öffentliche Sicherheit zu sorgen; UNAMET kam diesbezüglich nur eine unterstützende Funktion zu.[433] Nachdem bekannt war, dass die Unabhängigkeit Osttimors ermöglicht würde, kam es immer wieder zu gegen Befürworter der Unabhängigkeit gerichteter Gewalt und Einschüchterung von Seiten von Milizengruppen, die gegen die Unabhängigkeit kämpften und so den Ausgang der Abstimmung zu beeinflussen versuchten. Die Bedrohungen und Gewalt sollten jede Form der Zustimmung zur Unabhängigkeit unterdrücken und hatten zur Folge, dass

---

425 Eine politische Gruppe hatte Osttimors Unabhängigkeit erklärt, vgl. Quellen bei Fn. 422, 423.

426 vgl. Quellen bei Fn. 422, 423.

427 Vgl. bei „Background“ und „Chronology“ im Internetauftritt der UNTAET-Mission (Fn. 423); Drew, EJIL 12 (2001), S. 672.

428 Drew, EJIL 12 (2001), S. 671 f.

429 Vgl. den Bericht des UN-Generalsekretärs vom 5.5.1999 (UN Doc. A/53/951-S/1999/513), der als Annex I das Übereinkommen zwischen Portugal und Indonesien mit dem Auftrag zur Durchführung des Referendums durch die UN und mit dem von Indonesien vorgeschlagenen konstitutionellen Rahmen für eine Autonomielösung enthält; verfügbar unter http://www.un.org/en/peacekeeping/missions/past/etimor/docs/a53951.pdf, recherchiert am 13.8.2014.

430 Diese sind abgedruckt als Annex II und III des Berichts des UN-Generalsekretärs vom 5.5.1999 (UN Doc. A/53/951-S/1999/513, Fn. 429).

431 Vgl. die Übereinkommen vom 5.5.1999 in UN Doc. A/53/951-S/1999/513 (Fn. 429), bei Annex I Art. 3, Annex II Abschnitt G, Annex III Ziff. 1.

432 Vgl. die Sicherheitsrats-Resolution S/RES/1246 (1999) vom 11.6.1999, verfügbar unter http://www.un.org/docs/scres/1999/sc99.htm, recherchiert am 28.10.2013.

433 S/RES/1246 (1999), Fn. 432, Ziff. 9.

zahlreiche Menschen getötet und Zehntausende binnenvertrieben wurden; die Gewalt richtete sich schließlich auch gegen Mitarbeiter und Einrichtungen von UNAMET.[434]

In dem Referendum, das am 30. August 1999 stattfand, wurde den Wahlberechtigten die Frage gestellt, ob sie den Vorschlag der speziellen Autonomie für Osttimor innerhalb des indonesischen Staatsverbandes akzeptierten oder ablehnten.[435] Nur 21,5 % der Wähler akzeptierten die Autonomielösung, 78,5 % lehnten sie ab.[436] Osttimors Bevölkerung hatte sich damit für die Unabhängigkeit entschieden.

Nach Bekanntwerden des Wahlausgangs brachen erhebliche Unruhen aus. Die gegen die Unabhängigkeit gerichteten Milizen organisierten Gewaltakte und Plünderungen, was ca. 250.000 Menschen in die Flucht ins Landesinnere oder nach Westtimor trieb.[437] Die indonesischen Militär- und Sicherheitskräfte waren jedenfalls durch Unterstützung der gewalttätigen Milizen direkt an den Unruhen beteiligt; bisweilen werden sie als Hauptverantwortliche für die Verbrechen gesehen.[438] Die Unruhen verursachten, dass die öffentliche Verwaltung funktionsunfähig wurde, dass Justiz und Gerichte nicht mehr existierten und dass wesentliche öffentliche Dienste vor dem Zusammenbruch standen.[439] Die (indonesisch geführten) Behörden kamen der Verpflichtung aus den Übereinkommen vom 5. Mai 1999, Frieden und Sicherheit im Rahmen der Abstimmung aufrecht zu erhalten, nicht nach.[440] Dieser Zusammenbruch der öffentlichen Sicherheit und Ordnung rief ein Machtvakuum hervor.

---

434 Vgl. den Bericht des UN-Generalsekretärs vom 13.12.1999, UN Doc. A/54/654, verfügbar unter http://www.un.org/Docs/journal/asp/ws.asp?m=A/54/654, recherchiert am 13.8.2014, Ziff. 18 ff.

435 Die Organisation des Referendums mit Registrierung der wahlberechtigten Bürger durch die UNAMET musste sehr kurzfristig zwischen Juni und August 1999 stattfinden. Das Referendum war ursprünglich für den 8.8.1999 vorgesehen, wurde aber wegen anhaltender Gewalttätigkeiten und logistischer Probleme verschoben. Vgl. Annex II (Übereinkommen zwischen Indonesien, Portugal und den UN über die Modalitäten des Referendums) des Berichts des UN-Generalsekretärs vom 5.5.1999 (UN Doc. A/53/951-S/1999/513, Fn. 429); vgl. den Bericht des UN-Generalsekretärs vom 13.12.1999 (UN Doc. A/54/654, Fn. 434) Ziff. 21 ff.

436 Von den ca. 451 000 registrierten Wahlberechtigten (bei einer Bevölkerung von rund 800 000) hatten über 98 % an der Volksabstimmung teilgenommen; vgl. Bericht des UN-Generalsekretärs vom 13.12.1999, UN Doc. A/54/654 (Fn. 434), Ziff. 30 f.; vgl. bei „Background" und „Chronology" im Internetauftritt der UNTAET-Mission (Fn. 423).

437 Vgl. den Bericht des UN-Generalsekretärs vom 13.12.1999, UN Doc. A/54/654 (Fn. 434), Ziff. 32; Drew, EJIL 12 (2001), S. 679 f.

438 Vgl. Strohmeyer, AJIL 95 (2001), S. 46; McAuliffe, NILR 58 (2011), S. 114; Drew, EJIL 12 (2001), S. 678.

439 Vgl. den Bericht des UN-Generalsekretärs vom 13.12.1999, UN Doc. A/54/654 (Fn. 434), Ziff. 37.

440 Der Bericht des UN-Generalsekretärs vom 13.12.1999 (UN Doc. A/54/654, Fn. 434) lässt offen, ob die Behörden nicht in der Lage oder nicht willens waren, geeignete Sicherheitsmaßnahmen zu treffen.

2. *Eingriff*

Auf Druck der Vereinten Nationen lud die indonesische Regierung eine internationale Friedenstruppe zur Unterstützung bei der Wiederherstellung der öffentlichen Sicherheit ein.[441] Diese von Australien geführte multinationale Truppe *International Force East Timor* (INTERFET) wurde vom UN-Sicherheitsrat mit der Befugnis nach Kapitel VII UN-Charta ausgestattet, alle notwendigen Mittel zur Schaffung von Frieden und Sicherheit einzusetzen.[442] INTERFET konnte die Sicherheitslage schrittweise verbessern und stellte mit Hilfe anderer Organisationen humanitäre Hilfe, vor allem für die Flüchtlinge, bereit.[443] Im Oktober 1999 hob das indonesische Parlament das Gesetz, durch das Osttimor in Indonesien integriert wurde, auf und erkannte damit den Ausgang des Referendums an. Der indonesische Präsident übermittelte diese Entscheidung an den UN-Generalsekretär und vollzog so die Übertragung der Hoheitsgewalt über Osttimor auf die Vereinten Nationen.[444] Die Verantwortung für die Verwaltung Osttimors in der Übergangsphase hin zur vollständigen Unabhängigkeit wurde damit in die Hände der UN gelegt. Die hierfür eingerichtete *United Nations Transitional Administration in East Timor* (UNTAET) erhielt diese Verantwortung und dafür die Befugnisse, die Hoheitsgewalt in den Bereichen von Legislative und Exekutive sowie die Leitung der Justiz auszuüben.[445]

3. *Friedenssicherung*

Durch die vielfältigen Aufgaben und angesichts der Ausgangsposition wurde UNTAET vor enorme Herausforderungen gestellt. Die UNTAET autorisierende Resolution 1272 (1999) schuf Anforderungen einerseits hinsichtlich des Aufbaus staatlicher Institutionen und einer nachhaltigen Entwicklung, andererseits hinsichtlich

---

441 Vgl. den Bericht des UN-Generalsekretärs vom 13.12.1999, UN Doc. A/54/654 (Fn. 434), Ziff. 32 ff.

442 INTERFET wurde durch die Sicherheitsratsresolution S/RES/1264 (1999) vom 15.9.1999 (verfügbar unter http://www.un.org/docs/scres/1999/sc99.htm, recherchiert am 30.10.2013) autorisiert.

443 Vgl. den Bericht des UN-Generalsekretärs vom 13.12.1999, UN Doc. A/54/654 (Fn. 434), Ziff. 36.

444 Dies geschah im Einklang mit Art. 6 des Übereinkommens zwischen Indonesien und Portugal vom 5.5.1999 (Annex I des Berichts des UN-Generalsekretärs vom 5.5.1999, UN Doc. A/53/951-S/1999/513, Fn. 429), der Indonesien verpflichtet, bei entsprechendem Ausgang des Referendums die rechtlichen Voraussetzungen für Osttimors Status außerhalb Indonesiens zu schaffen, und vorsieht, dass der UN-Generalsekretär den Übergangsprozess hin zur Unabhängigkeit einleiten wird; vgl. den Bericht des UN-Generalsekretärs vom 13.12.1999, UN Doc. A/54/654 (Fn. 434), Ziff. 39.

445 Ziff. 1 der UN-Sicherheitsratsresolution S/RES/1272 vom 25.10.1999, verfügbar unter http://www.un.org/docs/scres/1999/sc99.htm, recherchiert am 30.10.2013.

der Verbesserung des Schutzes der Menschenrechte und der strafrechtlichen Aufarbeitung vorangegangenen Unrechts.[446]

Neben der Herstellung der öffentlichen Sicherheit stellt die Resolution den Aufbau von Kapazitäten (*capacity-building*) in den Vordergrund. Es sollten eine effektive Verwaltung, öffentliche Dienste, die Voraussetzungen für eine nachhaltige Entwicklung und die Kapazitäten für die Selbstregierung geschaffen werden.[447] Der Ausgangspunkt dafür war auf denkbar niedrigem Niveau. Während der schweren Unruhen war die Mehrheit der öffentlichen und privaten Gebäude in den Städten und Dörfern verlassen, geplündert und zerstört worden; Siedlungen waren von Infrastruktur und Kommunikation abgeschnitten.[448] Die indonesischen Inhaber öffentlicher Gewalt hatten nach ihrem Rückzug ein Machtvakuum hinterlassen.[449] Der komplette öffentliche Sektor war wiederaufzubauen – öffentliche Dienstleistungen wie ein Gesundheits- und Bildungssystem ebenso wie jegliche Infrastruktureinrichtungen und ein Finanz- und Steuersystem.[450] Im Land befanden sich fast keine Personen mehr, die über notwendige Kenntnisse und Erfahrungen für den Aufbau von Verwaltung und Institutionen verfügten; dieser Mangel an personellen Ressourcen wurde als zentrales Problem angesehen.[451]

Den rechtlichen Rahmen für den Wiederaufbau konnte die Mission selbst schaffen, indem sogenannte *UN Regulations* erlassen wurden, denen Gesetzeskraft und der Vorrang vor bestehenden Gesetzen zukamen.[452] Der Leiter der Mission verfügte über die weitreichende Befugnis, solche Gesetze zu erlassen.[453]

Justiz und Gerichtssystem waren faktisch inexistent, wurden aber wegen der von INTERFET in der Folge der Unruhen durchgeführten Festnahmen, die nun juristisch bewertet werden mussten, und angesichts der steigenden Kriminalität dringend benötigt.[454] Die Gebäude und Arbeitsmittel waren zerstört und die vormaligen

446 Vgl. Klabbers, LJIL 16 (2003), S. 369.
447 UN Doc. S/RES/1272 (Fn. 445), Ziff. 2.
448 Strohmeyer, AJIL 95 (2001), S. 50, 57.
449 Vgl. McAuliffe, NILR 58 (2011), S. 114.
450 Vgl. Strohmeyer, AJIL 95 (2001), S. 47.
451 Vgl. McAuliffe, NILR 58 (2011), S. 114 f.
452 Vgl. Strohmeyer, AJIL 95 (2001), S. 47; die von UNTAET erlassenen "Regulations" sind abrufbar unter http://www.eastimorlawjournal.org/UNTAETLaw/Regulations/, recherchiert am 4.11.2013.
453 Vgl. UN Doc. S/RES/1272 (Fn. 445), Ziff. 6.
454 Die durch INTERFET durchgeführten Festnahmen geschahen auf der Grundlage einer durch den INTERFET-Kommandeur erlassenen Verfügung. Das Sicherheitsratsmandat (Resolution 1264 (1999) vom 15.9.1999, Fn. 442) für INTERFET ließ die Befugnis zur Vornahme von Festnahmen offen, diese wurde jedoch zur Vermeidung von Selbstjustiz und hinsichtlich schwerer Verbrechen aus der Präambel der Resolution, die die individuelle Verantwortlichkeit für Menschenrechtsverletzungen betont, hergeleitet. Vgl. Chesterman, Justice Under International Administration, International Peace Academy Report, S. 7; Strohmeyer, AJIL 95 (2001), S. 50 f.

Berufsträger von Justiz und Rechtspflege hatten fast vollständig das Land verlassen.[455] Jene waren meist indonesischer Herkunft, als Sympathisanten des indonesischen Regimes wahrgenommen worden und nach dem Ende des Referendums geflohen; osttimoresische Juristen waren während der indonesischen Herrschaft nicht in Ämter der Justiz gelangt.[456] Die Justiz sollte jedoch von Beginn an von Osttimoresen geführt werden – dies hatte neben der symbolischen Bedeutung gegenüber dem übergangsweisen Einsatz internationaler Richter den praktischen Vorteil, dass so sogleich eine dauerhafte Lösung begonnen und Juristen mit Kenntnissen des lokalen Rechts eingesetzt würden.[457] Nach intensiver Suche fand man osttimoresische Juristen, die die Aufgabe des Aufbaus von Gerichtssystem und Justiz übernahmen.[458]

Der zweite Aufgabenstrang der Resolution 1272 (1999) hat menschenrechtliche Themen zum Gegenstand: Humanitäre Hilfe für die Bevölkerung, vor allem die Flüchtlinge; Schutz der Menschenrechte, auch durch eine zu gründende osttimoresische Menschenrechtsinstitution; strafrechtliche Verfolgung der für die Gewalttaten Verantwortlichen.[459] Auch unter dem Eindruck der Ermordung dreier UN-Mitarbeiter gewannen in der folgenden Zeit der Menschenrechtsschutz und der Kampf gegen die auch bezüglich schwerer Verbrechen verbreitete Straflosigkeit an Bedeutung.[460]

In der ersten Hälfte des Jahres 2000 konnte UNTAET bewirken, dass ein Teil der Flüchtlinge, vor allem aus Westtimor, in ihre Heimat zurückkehrten. Die Sicherheitslage in den westtimoresischen Flüchtlingslagern und im Grenzgebiet verschlechterte sich im weiteren Verlauf des Jahres aufgrund von gegen UN-Mitarbeiter und Osttimoresen gerichteten Angriffen jedoch erheblich.[461] Der UN-Sicherheitsrat verlangte von Indonesien in einer Resolution, seiner Verantwortung zur Herstellung der öffentlichen Sicherheit in Westtimor nachzukommen.[462]

Ein schon kurz nach dem Einsatz von UNTAET gebildeter, zunächst zum Teil aus UNTAET-Mitarbeitern, zum Teil aus Osttimoresen zusammengesetzter, ab Mitte 2000 ausschließlich osttimoresisch besetzter Nationaler Rat sollte auf die politischen

455 Vgl. McAuliffe, NILR 58 (2011), S. 115.

456 Vgl. Strohmeyer, AJIL 95 (2001), S. 50, 53.

457 Chesterman, Justice Under International Administration, International Peace Academy Report, S. 7.

458 Da sich die Suche nach ausgebildeten Juristen mangels eines Kommunikationsnetzes schwierig gestaltete, wurden dafür sogar Flugblätter aus Flugzeugen abgeworfen. Die von einer eigens eingerichteten Kommission für die Richterämter ausgewählten Juristen nahmen an einem Weiterbildungsprogramm teil und bekamen internationale Richter als Mentoren zur Seite gestellt. Vgl. Chesterman, Justice Under International Administration, International Peace Academy Report, S. 7; Strohmeyer, AJIL 95 (2001), S. 54.

459 UN Doc. S/RES/1272 (Fn. 445), Ziff. 8, 10, 16.

460 Vgl. Klabbers, LJIL 16 (2003), S. 370.

461 Vgl. bei „Background" im Internetauftritt der UNTAET-Mission, Fn. 423.

462 UN Doc. S/RES/1319 vom 8./20.9.2000, verfügbar unter http://www.un.org/docs/scres/2000/sc2000.htm, recherchiert am 1.11.2013.

Entscheidungen der Übergangsperiode Einfluss nehmen. Dieser Rat richtete im Juli 2000 eine Übergangsregierung ein, die zunächst gemischt, ab September 2001 ausschließlich osttimoresisch besetzt war. Ende August 2001 wählte die osttimoresische Bevölkerung eine verfassunggebende Versammlung. Im März 2002 trat die neu ausgearbeitete Verfassung in Kraft. Kurz darauf wurde der künftige Präsident Osttimors vom Volk gewählt. Am 20. Mai 2002 endete die Übergangsperiode und UNTAET übertrug die Hoheitsgewalt auf die neue osttimoresische Regierung; die verfassunggebende Versammlung wurde zum Parlament des nun unabhängigen Staates.[463] Offiziell wird seither auch auf internationaler Ebene der portugiesische Name Timor-Leste gebraucht.[464]

Auch im unabhängigen Timor-Leste bestand eine UN-Präsenz. Mit dem Tag der Unabhängigkeit begann das Mandat der *United Nations Mission of Support in East Timor* (UNMISET), deren Aufgaben sich auf die Aufrechterhaltung der inneren und äußeren Sicherheit, die Unterstützung der öffentlichen Verwaltung und die Unterstützung bei Strafverfolgung und dem Aufbau einer Polizei konzentrierten.[465] Die UNMISET autorisierende Resolution rückte damit die Aspekte Sicherheit und Polizei in den Vordergrund, während die Verantwortung für Nation-Building nun – laut Präambel – der Bevölkerung Timor-Lestes überlassen werden sollte.[466]

Nach Ablauf des UNMISET-Mandats im Mai 2005 wurde immer noch ein Bedarf an Unterstützung bei der Entwicklung staatlicher Institutionen, vor allem in den Bereichen Justiz, Menschenrechtsschutz und Demokratieförderung, und bei der polizeilichen Arbeit gesehen; mit entsprechendem Mandat wurde die – gegenüber UNMISET personell deutlich reduzierte – Mission des *United Nations Office in Timor-Leste* (UNOTIL) eingesetzt.[467]

Kurz vor dem geplanten Ende der UNOTIL-Mission kam es zu schweren Unruhen im Land. Auseinandersetzungen innerhalb des Militärs und Unruhen in der Folge einer Demonstration verschärften sich zu Konflikten zwischen dem Militär, sich vom Militär abspaltenden paramilitärischen Gruppen und der Polizei; es entstand eine massive Sicherheitskrise mit politischen und humanitären Auswirkungen.[468]

---

463 Vgl. zu den Ereignissen der Jahre 1999–2002 bei „Chronology" im Internetauftritt der UNTAET-Mission, Fn. 423.

464 Auch im Deutschen lautet die offizielle Bezeichnung „Demokratische Republik Timor-Leste"; vgl. im Internetauftritt des Auswärtigen Amtes http://www.auswaertiges-amt.de/DE/Aussenpolitik/Laender/Laenderinfos/01-Nodes_Uebersichtsseiten/TimorLeste_node.html, recherchiert am 3.11.2013.

465 Sicherheitsratsresolution S/RES/1410 (2002) vom 17.5.2002, Ziff. 2, verfügbar unter http://www.un.org/docs/scres/2002/sc2002.htm, recherchiert am 3.11.2013.

466 Vgl. Klabbers, LJIL 16 (2003), S. 370.

467 Sicherheitsratsresolution S/RES/1599 (2005) vom 28.4.2005, Präambel, Ziff. 2, verfügbar unter http://www.un.org/docs/sc/unsc_resolutions05.htm, recherchiert am 3.11.2013.

468 Bericht des Generalsekretärs, UN Doc. S/2006/628, vom 8.8.2006, Ziff. 2 f.; verfügbar unter http://www.un.org/ga/search/view_doc.asp?symbol=S/2006/628, recherchiert am 4.11.2013; McAuliffe, NILR 58 (2011), S. 127.

Aufgrund des Zusammenbruchs der öffentlichen Ordnung in der Hauptstadt Dili gewannen dort gewalttätige, kriminelle Gruppen die Oberhand; der Premierminister und weitere Minister traten zurück.[469] Die zur Hilfe gerufenen australischen, neuseeländischen und portugiesischen Sicherheitskräfte halfen, die öffentliche Sicherheit wiederherzustellen; es fand ein Regierungswechsel statt.[470]

Nach Ansicht des UN-Generalsekretärs war die Krise allein dadurch nicht gelöst, da die dahinter stehenden Faktoren, wie die fehlende Nähe der Regierung zur Bevölkerung, die fehlende Aufarbeitung von in der Vergangenheit geschehenem Unrecht und die hohe Arbeitslosigkeit, einer langfristigen Lösung bedürften.[471] Die zunächst verlängerte UNOTIL-Mission wurde Ende August 2006 durch die *United Nations Integrated Mission in Timor-Leste* (UNMIT) ersetzt, die über ein deutlich weiterreichendes Mandat verfügte.[472] Ein zentraler Teil der Aufgaben von UNMIT war die Herstellung und Aufrechterhaltung der Sicherheit und Unterstützung beim Aufbau des Sicherheitssektors, das Mandat erstreckte sich zudem auf den Aufbau staatlicher Institutionen, gesellschaftlicher Kapazitäten und von Mechanismen zum Menschenrechtsschutz und zur Versöhnung.[473] Das UNMIT-Mandat wurde zweimal verlängert und mit Ende des Jahres 2012 beendet. Die Präsidentschafts- und Parlamentswahlen 2007 und 2012 sowie die Umsetzung ihrer Ergebnisse liefen trotz teilweise angespannter Sicherheitslage friedlich ab. Ein politisch motivierter Anschlag auf den Präsidenten 2008 führte nicht zur Krise.[474] Aus Sicht der UN wurden viele Aspekte des Mandats erfolgreich umgesetzt, auch wenn Herausforderungen bleiben und die weitere Unterstützung Timor-Lestes durch die UN für notwendig erachtet wird.[475]

---

469 Die Unruhen führten zu etlichen Toten und Verletzten, Brandstiftungen, Plünderungen und einer hohen Anzahl an Binnenflüchtlingen; vgl. den Bericht des Generalsekretärs, UN Doc. S/2006/628 (Fn. 468).

470 Vgl. den Bericht des Generalsekretärs, UN Doc. S/2006/628 (Fn. 468), Ziff. 10 ff.

471 Vgl. den Bericht des Generalsekretärs, UN Doc. S/2006/628 (Fn. 468), Ziff. 29.

472 Sicherheitsratsresolution S/RES/1704 (2006) vom 25.8.2006, verfügbar unter http://www.un.org/docs/sc/unsc_resolutions06.htm, recherchiert am 4.11.2013.

473 Vgl. Sicherheitsratsresolution S/RES/1704 (2006), Fn. 472, Ziff. 4.

474 Vgl. zum Ablauf der UNMIT-Mission den UNMIT-Internetauftritt unter http://www.un.org/en/peacekeeping/missions/past/unmit/background.shtml, recherchiert am 4.11.2013.

475 Die Stellungnahme des Präsidenten des UN-Sicherheitsrats, UN Doc. S/PRST/2012/27 vom 19.12.2012 (verfügbar unter http://www.un.org/ga/search/view_doc.asp?symbol=S/PRST/2012/27, recherchiert am 4.11.2013), hebt die erzielten Fortschritte beim Aufbau staatlicher Institutionen, bei der Herstellung von Stabilität und der Stärkung der Polizei hervor.

In wirtschaftlicher Hinsicht bleibt Timor-Leste, auch wenn sich Fortschritte zeigen, ein wenig entwickeltes Land, erkennbar an verbreiteter Unterernährung[476] und einer hohen Analphabetenquote[477].

Die Notwendigkeit der strafrechtlichen Aufarbeitung des während der Unruhen 1999 begangenen Unrechts wird in den UN-Resolutionen zu Timor-Leste immer wieder aufgegriffen. Die Strafverfolgung der Schuldigen solle der Schaffung von Gerechtigkeit und so der Versöhnung und der Friedenssicherung dienen.[478] Da in Timor-Leste kein internationales Tribunal zur Verfolgung der schwersten Verbrechen eingerichtet wurde, wurde die strafrechtliche Aufarbeitung zur Aufgabe der innerstaatlichen Gerichte.[479] Eine von UNTAET erlassene *Regulation* bestimmte die ausschließliche Zuständigkeit für einige aufgezählte schwere Kriegsverbrechen, die zwischen Januar und Oktober 1999 begangen wurden, beim Gericht der Hauptstadt Dili und sah dort die Möglichkeit des Einsatzes von Kammern vor, die aus timoresischen und internationalen Richtern zusammengesetzt sind.[480] Diese gemischten Kammern (*Special Panels*) wurden auf der Grundlage einer weiteren *Regulation* eingerichtet; als Rechtsgrundlagen wurden darin osttimoresisches Recht und internationale Rechtsgrundsätze definiert sowie die zu beurteilenden Verbrechen beschrieben.[481] Ebenso von UNTAET ins Leben gerufen wurde das der Staatsanwaltschaft unterstehende und aus internationalen Mitgliedern bestehende *Serious Crimes Unit*, das die Fälle schwerer Verbrechen untersuchte und vor den *Special Panels* zur Anklage brachte.[482] Die Arbeit

---

476 Nach dem System des *Global Hunger Index* wurde die Ernährungssituation in Timor-Leste mit einem Wert von 29,6 für 2013 (auf einer Skala von 0 bis 40) als alarmierend eingestuft. 2010–2012 waren 38,2 % der Bevölkerung unterernährt. Vgl. den von den Organisationen Welthungerhilfe, International Food Policy Research Institute und Concern Worldwide erstellten Bericht „2013 Global Hunger Index“, S. 8 f., 52, verfügbar unter, http://www.ifpri.org/sites/default/files/publications/ghi13.pdf, recherchiert am 1.8.2014.

477 Vgl. die von UNICEF erstellte Statistik, nach der nur 58,3 % der erwachsenen Osttimoresen im Zeitraum 2008–2012 lesen und schreiben konnten: http://www.unicef.org/infobycountry/Timorleste_statistics.html (recherchiert am 1.8.2014).

478 Vgl. z.B. UN Doc. S/RES/1272 (UNTAET, Fn. 445), Ziff. 16; UN Doc. S/RES/1704 (2006), (UNMIT, Fn. 472) Ziff. 4 i.

479 Vgl. Chesterman, Justice Under International Administration, International Peace Academy Report, S. 8.

480 UNTAET Regulation No. 2000/11 on the organization of courts in East Timor, UNTAET/REG/2000/11 vom 6.3.2000, Section 10, verfügbar unter http://www.un.org/en/peacekeeping/missions/past/etimor/untaetR/Reg11.pdf, recherchiert am 13.8.2014.

481 UNTAET Regulation No. 2000/15 on the establishment of panels with exclusive jurisdiction over serious criminal offences, UNTAET/REG/2000/15 vom 6.6.2000, Section 1, 3 ff.; verfügbar unter http://www.un.org/en/peacekeeping/missions/past/etimor/untaetR/Reg0015E.pdf, recherchiert am 13.8.2014.

482 Vgl. Report to the Secretary-General of the Commission of Experts to Review the Prosecution of Serious Violations of Human Rights in Timor-Leste (then East Timor)

der *Special Panels* endete mit dem Ende der UNTAET-Mission im Mai 2005. Bis dahin waren seit der Einrichtung im Jahr 2000 84 Personen vor den *Special Panels* verurteilt worden – teilweise zu hohen Haftstrafen.[483]

Die Strafverfolgung der indonesischen Soldaten und Sicherheitskräfte, die erheblichen Anteil an den 1999 geschehenen Verbrechen hatten, verlief aufgrund politischer Hindernisse im Sande. Indonesien verhinderte, dass eigene Staatsangehörige vor timoresischen oder international besetzten Gerichten angeklagt wurden, und richtete ein eigenes ad hoc-Menschenrechtsgericht ein, vor dem die in Osttimor begangenen Verbrechen angeklagt werden sollten.[484] Von insgesamt 18 Angeklagten wurde jedoch nur einer verurteilt. Die Strafverfolgung und die Verfahren vor dem ad hoc-Gericht werden von den UN als völlig unzureichend angesehen. Es werden erhebliche Mängel bei den Ermittlungen, der Beweisaufnahme und der Logik der Gerichtsentscheidungen festgestellt, die auf den fehlenden politischen Willen zur Strafverfolgung zurückgeführt werden; das Gericht habe die Verursacher schwerer Verbrechen nicht zur Verantwortung gezogen.[485]

Die Prozessführung vor den *Special Panels* wird hingegen als den internationalen Standards entsprechend angesehen; die Glaubwürdigkeit der Prozesse habe Racheakte verhindern können.[486] Nach Beendigung von UNTAET und damit der *Special Panels* wurde die noch nicht abgeschlossene strafrechtliche Aufarbeitung durch die timoresischen Gerichte jedoch nicht in gleicher Weise fortgeführt.[487] Um die Normalisierung der Beziehungen zu Indonesien, auch auf wirtschaftlicher Ebene, herbeizuführen, verhielt sich die timoresische Regierung zögerlich hinsichtlich der Strafverfolgung indonesischer Beschuldigter; die Beziehungen zum Nachbarland wurden für das ökonomisch unterentwickelte Timor-Leste als zu wichtig erachtet, um sie durch Gerechtigkeitsverlangen zu gefährden.[488]

Die von der timoresischen und der indonesischen Regierung im Jahr 2005 gemeinsam eingerichtete *Commission of Truth and Friendship* hatte schon laut ihrer Satzung zum Ziel, der Suche nach Wahrheit und der Förderung der Freundschaft eher zu dienen, als der Strafverfolgung.[489] Die Ziele und die Arbeit dieser Kommission wurden deutlich kritisiert. Der Verzicht auf die Instrumente des Strafrechts und die Befugnis, Amnestien für diejenigen zu empfehlen, die der Verletzung von Menschenrechten beschuldigt werden, könnten keine Gerechtigkeit herstellen.[490]

---

in 1999, UN Doc. S/2005/458 vom 15.7.2005, Annex II, Ziff. 38, verfügbar unter http://www.un.org/en/sc/documents/letters/2005.shtml, recherchiert am 13.8.2014.

483 Vgl. UN Doc. S/2005/458 (Fn. 482), Annex II, Ziff. 120 f.

484 "Ad Hoc Human Rights Court for Timor-Leste", vgl. UN Doc. S/2005/458 (Fn. 482), Annex I, Ziff. 14; McAuliffe, NILR 58 (2011), S. 117.

485 UN Doc. S/2005/458 (Fn. 482), Annex I, Ziff. 16 ff.

486 UN Doc. S/2005/458 (Fn. 482), Annex I, Ziff. 8; McAuliffe, NILR 58 (2011), S. 119.

487 Vgl. McAuliffe, NILR 58 (2011), S. 120 ff.

488 Vgl. McAuliffe, NILR 58 (2011), S. 120.

489 Vgl. UN Doc. S/2005/458 (Fn. 482), Annex II, Ziff. 329.

490 Vgl. UN Doc. S/2005/458 (Fn. 482), Annex II, Ziff. 342, 353 ff.

Die meist in Indonesien stattfindenden öffentlichen Anhörungen hätten den Zeugen, vor allem den Opfern, keine ausreichende Rolle und keinen Schutz zuerkannt, hätten den Beschuldigten eine Plattform geboten, ihre Version der Geschehnisse öffentlich zu machen und so kaum zur Wahrheitsfindung beigetragen.[491]

III. Afghanistan

1. Hintergrund

Als der Ursprung Afghanistans gilt eine 1747 begründete Dynastie, die zunächst den Charakter eines lockeren Verbundes von Fürstentümern und Stämmen ohne organisiertes Staatswesen hatte.[492] Ende des 19. Jahrhunderts bekam das Land feste territoriale Grenzen, innerhalb derer der König staatliche Strukturen aufbauen konnte.[493] Die Großmächte Russland und das Vereinigte Königreich versuchten beide, ihren Einflussbereich in der Region und damit in Richtung Afghanistan auszudehnen; Afghanistan geriet dabei in die Position eines Pufferstaates, der beide Mächte daran hinderte, sich nach Süden bzw. Norden auszubreiten.[494] In der Folge des „Zweiten Anglo-Afghanischen Krieges" wurde Afghanistan 1879 zu einem halbautonomen Protektorat Britisch-Indiens.[495] 1907 gelang ein Abkommen zwischen dem afghanischen Herrscher, Russland und dem Vereinigten Königreich, in dem die Grenzen Afghanistans und deren Unverletzlichkeit festgelegt wurden.[496] 1919 wurde in der Folge des „Dritten Anglo-Afghanischen Krieges" die Unabhängigkeit Afghanistans vertraglich geregelt.[497]

Obwohl nach der Unabhängigkeit[498] einige wenige gesellschaftliche und politische Reformen gelangen, blieb Afghanistan ein wenig entwickeltes und armes Land. Auf der Grundlage ausländischer Entwicklungshilfe verbesserte sich die wirtschaftliche Situation in den 1950er Jahren. Trotz des Parteienverbots entstanden politische Gruppierungen, wobei die Kommunisten durch die sowjetische Botschaft gefördert wurden und die Islamisten in Kontakt mit Pakistan und Saudi-Arabien

491 Vgl. Hirst, S. 2 f.

492 Das 1747 begründete sog. Durrani-Reich wird als der Ursprung Afghanistans angesehen; Schetter, Die Anfänge Afghanistans, in: Chiari (Hrsg.), Wegweiser zur Geschichte, Afghanistan, S. 19, 23.

493 Schetter, Die Anfänge Afghanistans, in: Chiari (Hrsg.), Wegweiser zur Geschichte, Afghanistan, S. 21.

494 Baberowski, in: Chiari (Hrsg.), Wegweiser zur Geschichte, Afghanistan, S. 27 ff., 34.

495 Im „Ersten Anglo-Afghanischen Krieg" (1838–1842) wurden die britischen und indischen Truppen zurückgeschlagen; im Rahmen des Protektorats nach 1879 erreichte die britische Regierung die Neutralität des afghanischen Herrschers; vgl. Baberowski, in: Chiari (Hrsg.), Wegweiser zur Geschichte, Afghanistan, S. 30, 32, 34.

496 Baberowski, in: Chiari (Hrsg.), Wegweiser zur Geschichte, Afghanistan, S. 30, 34.

497 Baberowski, in: Chiari (Hrsg.), Wegweiser zur Geschichte, Afghanistan, S. 30.

498 Vgl. zu den Jahren nach der Unabhängigkeit bis zur Besetzung durch die Sowjetunion: Schlagintweit, in: Chiari (Hrsg.), Wegweiser zur Geschichte, Afghanistan, S. 38 ff.

standen. Der wirtschaftliche Aufschwung war nicht nachhaltig. In wirtschaftlicher und politischer Destabilität gelang 1973 ein Putsch, der zur Abschaffung der Monarchie führte. Durch einen weiteren Putsch fünf Jahre später kam zunächst eine kommunistische Regierung an die Macht; in der darauffolgenden Revolution kam es zu Kämpfen zwischen Islamisten und Kommunisten. Nach der Schwächung der Kommunisten plante der neue Präsident einen politischen Kurswechsel.

Die Sowjetunion nahm dies zum Anlass, militärisch zu intervenieren, und besetzte das Land.[499] Die Besatzungsmacht[500] setzte eine afghanische Zentralregierung und eigene Militärkommandos ein. Es begann ein mehr als neun Jahre dauernder Krieg zwischen den sowjetischen Truppen und der Armee der installierten kommunistischen Regierung auf der einen, und Stammeskriegern und islamischen Gruppen, bezeichnet als Mudschaheddin, auf der anderen Seite. Die Mudschaheddin wurden dabei teilweise vom pakistanischen Geheimdienst, später durch US-amerikanische Waffenlieferungen unterstützt. Auch wenn die sowjetischen Truppen die Städte beherrschten, kontrollierten die Mudschaheddin mitunter große Teile der ländlichen Gebiete und abgelegene Regionen. Vor allem die Zivilbevölkerung, gegen die Gewalt ausgeübt und deren Dörfer zerstört wurden, wurde zum Opfer der Kämpfe. Der Krieg endete mit dem Abzug der sowjetischen Truppen im Jahr 1989 auf der Grundlage des Genfer Afghanistan-Abkommens und hinterließ ein zerstörtes und fragmentiertes Land.[501]

Die kommunistische Regierung konnte sich im Anschluss noch drei Jahre lang an der Macht halten.[502] Das Regime endete mit dem Ende der Unterstützung Afghanistans durch die USA und die Sowjetunion und die Macht fiel den Widerstandsparteien zu, zwischen denen erhebliche Differenzen herrschten. Diese ehemaligen Widerstandsparteien schlossen Übereinkünfte zur Bildung einer Übergangsregierung bis Wahlen stattfinden konnten. Der so eingesetzten Übergangsregierung fehlte es jedoch an Legitimität und Akzeptanz, weil nicht alle wichtigen politischen Akteure in die Verhandlungen einbezogen worden waren. Der Konflikt zwischen den Koalitionsparteien der Regierung und den von der Regierungsbildung ausgeschlossenen Fraktionen wurde zum Bürgerkrieg. Die Kampfhandlungen begannen 1992 in Kabul und breiteten sich in den Folgejahren auf die Provinzen aus. Die amtierende Regierung konnte kein Gewaltmonopol durchsetzen. Das Land zerfiel

---

499 Mit der Besetzung verfolgte die Sowjetunion wohl auch die Absicht, zu verhindern, dass Afghanistan islamistisch regiert und so eine islamische Revolution in den benachbarten zentralasiatischen sowjetischen Provinzen auslösen würde. Vgl. Schlagintweit, in: Chiari (Hrsg.), Wegweiser zur Geschichte, Afghanistan, S. 45 f.

500 Vgl. zur Zeit der sowjetischen Besatzung: Chiari, in: Chiari (Hrsg.), Wegweiser zur Geschichte, Afghanistan, S. 61 ff.

501 Der Krieg forderte ca. 1,3 Millionen Todesopfer auf afghanischer Seite; ca. 5 Millionen Menschen flohen ins Ausland, weitere 2 Millionen wurden zu Binnenflüchtlingen; vgl. Chiari, in: Chiari (Hrsg.), Wegweiser zur Geschichte, Afghanistan, S. 71.

502 Vgl. zum afghanischen Bürgerkrieg nach der sowjetischen Besatzung: Mielke, in: Chiari (Hrsg.), Wegweiser zur Geschichte, Afghanistan, S. 75 ff.

in regionale Herrschaftsbereiche, die jeweils dem Einfluss verschiedener Konfliktparteien unterstanden.

Diese Situation ermöglichte ab 1994 das Vordringen der Taliban, die zwei Jahre später Kabul einnahmen.[503] Dass die Taliban in der Bevölkerung anfänglich akzeptiert wurden, lässt sich auch darauf zurückführen, dass sie die öffentliche Sicherheit wiederherstellten, indem sie Milizen entwaffneten und Kriminelle hart bestraften. Ziel der Taliban war die Errichtung eines „Gottesstaates"; die Gesetze der Scharia wurden mit abschreckenden Strafen angewandt, zahlreiche Verbote umgesetzt, die Frauen zum Tragen der Burka verpflichtet und ihnen der Weg in Bildung, Arbeit und Beruf versperrt. Die vormals verfeindeten anderen politischen Kräfte schlossen sich gegen die Taliban zur sogenannten Nordallianz zusammen. Unter den Taliban wurde Afghanistan zum Zentrum eines Netzwerks militanter Islamisten. Es entstand das Terrornetzwerk Al-Qaida unter der Führung Osama Bin Ladens. Etliche in den 1990er Jahren verübte Terroranschläge werden Al-Qaida zugeschrieben. Die Anschläge auf New York und Washington vom 11. September 2001 machten deutlich, wie sehr Afghanistan militanten Islamisten Rückzug gewährte, und lösten eine gegen die Taliban gerichtete internationale Reaktion aus.

2. *Eingriff*

Als nach den Angriffen des 11. September die afghanische Regierung der Forderung der USA nach der Auslieferung Osama Bin Ladens nicht nachkam, begann im Oktober 2001 die Bombardierung von Stellungen der Taliban durch ein US-geführtes Staatenbündnis im Rahmen der *Operation Enduring Freedom*.[504] Gleichzeitig bekämpfte die Nordallianz, von den USA und dem Vereinigten Königreich unterstützt, die Taliban; diese verloren im November Kabul und zogen sich bis Dezember 2001 aus allen wichtigen Städten in die unzugängliche Grenzregion zu Pakistan zurück.[505]

Die Operation geschah in Reaktion auf die Terroranschläge, die auch als Angriff gegen die mit den USA Verbündeten verstanden wurden. Die in der Folge des 11. September ergangenen Resolutionen des UN-Sicherheitsrats verurteilen die Terrorakte als Bedrohungen des Weltfriedens und der internationalen Sicherheit und betonen das in Art. 51 UN-Charta verankerte Recht auf Selbstverteidigung.[506] Nach dem in Art. 5 des Nordatlantikpaktes geregelten sogenannten Bündnisfall wird ein

503 Vgl. zum Vordringen und zur Herrschaft der Taliban und zu den von Al-Qaida verübten Anschlägen: Schetter, Die Taliban, in: Chiari (Hrsg.), Wegweiser zur Geschichte, Afghanistan, S. 83–86.

504 Schetter, Die Taliban, in: Chiari (Hrsg.), Wegweiser zur Geschichte, Afghanistan, S. 86; Geiß/Siegrist, IRRC 93 (2011), S. 14.

505 Schetter, Die Taliban, in: Chiari (Hrsg.), Wegweiser zur Geschichte, Afghanistan, S. 86.

506 Vgl. die Präambeln der Sicherheitsratsresolutionen S/RES/1368 (2001) vom 12.9.2001 und S/RES/1373 (2001) vom 28.9.2001, verfügbar unter http://www.un.org/docs/scres/2001/sc2001.htm, recherchiert am 2.12.2013.

Angriff gegen einen Vertragsstaat als ein Angriff gegen alle betrachtet, so dass sich jeder auf Art. 51 UN-Charta berufen kann, um den angegriffenen Vertragsstaat zu unterstützen und die Sicherheit wiederherzustellen.

In der Folge der Anschläge beriefen sich die NATO-Vertragsstaaten zum ersten Mal auf den Bündnisfall; die rechtliche Grundlage der *Operation Enduring Freedom* ist im vom Sicherheitsrat im Zusammenhang mit den Anschlägen herangezogenen Art. 51 UN-Charta und in Art. 5 Nordatlantikpakt zu sehen.[507] Der Sicherheitsrat hat das Recht aus Art. 51 UN-Charta anerkannt, er hat die Mitgliedstaaten jedoch nicht zu Sanktionen auf der Grundlage von Art. 42 UN-Charta ermächtigt; die Operation war damit keine militärische Zwangsmaßnahme des Sicherheitsrats und kann nicht den Vereinten Nationen zugeordnet werden.[508]

3. *Friedenssicherung*

Bereits im November 2001 brachte der UN-Sicherheitsrat in einer Resolution die Grundlagen einer künftigen Regelung für Afghanistan zum Ausdruck: Eine Übergangsverwaltung sowie die künftige Regierung sollten alle Teile des afghanischen Volkes repräsentieren, Menschenrechte achten und humanitäre Hilfe erleichtern.[509] Nach dem Fall der Taliban kamen Vertreter verschiedener afghanischer Gruppen im Dezember 2001 auf dem Petersberg bei Bonn zusammen, um unter der Leitung der UN, besonders deren Sonderbeauftragten für Afghanistan Lakhdar Brahimi, über die politische Zukunft des Landes zu verhandeln.[510] Es waren erhebliche Schwierigkeiten zu überwinden, weil verschiedene teilnehmende Parteien in Frage stellten, inwieweit andere Teilnehmer das afghanische Volk repräsentierten.[511]

Das Bonner Abkommen[512], auf das sich die teilnehmenden afghanischen Vertreter einigten, sieht die Einrichtung einer Interimsverwaltung vor, auf die die Souveränität vorübergehend übergehen soll; diese soll aus einer Interimsregierung, einer Kommission zur Einrichtung einer außerordentlichen Loya Jirga (Großen Ratsversammlung) und einem Obersten Gerichtshof bestehen.[513] Die Interimsregierung

---

507 Morgan Edwards, IRRC 92 (2010), S. 975.

508 Marauhn, AdV 40 (2002), S. 490, 498 f.

509 UN-Sicherheitsratsresolution S/RES/1378 (2001) vom 14.11.2001, Ziff. 1, verfügbar unter http://www.un.org/docs/scres/2001/sc2001.htm, recherchiert am 9.12.2013.

510 Marauhn, AdV 40 (2002), S. 490 f.

511 Vgl. den Bericht des UN-Generalsekretärs, UN Doc. A/56/875 – S/2002/278 vom 18.3.2002, verfügbar unter http://www.afghanistan-un.org/wp-content/uploads/2010/11/S20022781.pdf, recherchiert am 10.12.2013, Ziff. 9.

512 Das Bonner Abkommen findet sich in UN Doc. S/2001/1154 vom 5.12.2001 (im Folgenden: Bonner Abkommen), verfügbar unter http://www.un.org/Docs/journal/asp/ws.asp?m=S/2001/1154, recherchiert am 13.8.2014.

513 Als Loya Jirga wird eine traditionelle Zusammenkunft von Vertretern der verschiedenen Volksgruppen in Afghanistan bezeichnet; vgl. Marauhn, AdV 40 (2002), S. 494; Bonner Abkommen (Fn. 512), Ziff. I.2.

erhält unter anderem die Befugnis, Verordnungen für den Erhalt von Frieden und Ordnung zu erlassen.[514] Die außerordentliche Loya Jirga setzt innerhalb von sechs Monaten eine Übergangsverwaltung ein, die die Leitung Afghanistans übernehmen soll, bis die Macht auf eine vom Volk gewählte, repräsentative Regierung übergeht.[515] Innerhalb von weiteren 18 Monaten wird eine verfassunggebende Loya Jirga einberufen, um eine neue Verfassung für Afghanistan zu verabschieden.[516] Für die Übergangszeit werden eine früher gültige Verfassung und die bestehenden Gesetze als rechtlicher Rahmen benannt, jedoch nur soweit sie mit dem Bonner Abkommen und internationalen Verpflichtungen vereinbar sind.[517] Der UN-Sicherheitsrat wird ersucht, den Einsatz einer Truppe zur Gewährleistung der Sicherheit zu autorisieren.[518]

Die Rolle der UN bei der Umsetzung des Bonner Abkommens liegt hauptsächlich in einer vom Sondergesandten des Generalsekretärs wahrzunehmenden Aufsichts-, Unterstützungs- und Vermittlungsfunktion.[519] In einer Resolution befürwortet der Sicherheitsrat das Bonner Abkommen ausdrücklich[520], schafft dabei aber keine eigene institutionelle Struktur, so dass das Engagement der UN dadurch nicht die Qualität einer UN-Friedensoperation bekommt.[521]

In einer weiteren Resolution genehmigt der Sicherheitsrat – entsprechend der im Bonner Abkommen geäußerten Bitte – die Entsendung der *International Security Assistance Force* (ISAF) mit dem Auftrag, die afghanische Interimsverwaltung bei der Aufrechterhaltung der Sicherheit in Kabul und Umgebung zu unterstützen.[522] Er handelt hierbei auf Grundlage des Kapitel VII der UN-Charta – erkennbar an der Formulierung *„Authorizes the Member States [...] to take all necessary measures [...]"*.[523] Dabei autorisiert der Sicherheitsrat die Mitgliedstaaten, im Rahmen des Abkommens eine militärische Komponente zu schaffen, er richtet die Sicherheitsbeistandstruppe nicht selbst ein.[524]

Die Bezugnahme der Präambel der einschlägigen Resolution auf zwei weitere Schriftstücke gibt weiteren Aufschluss über die Verteilung der Kompetenzen. In seinem Schreiben an den UN-Generalsekretär übermittelt der afghanische Interims-Außenminister das grundsätzliche afghanische Einverständnis mit dem Einsatz

514 Bonner Abkommen (Fn. 512), Ziff. III.C.1.
515 Bonner Abkommen (Fn. 512), Ziff. I.4.
516 Bonner Abkommen (Fn. 512), Ziff. I.6.
517 Bonner Abkommen (Fn. 512), Ziff. II.1.
518 Bonner Abkommen (Fn. 512), Annex I, Ziff. 3.
519 Bonner Abkommen (Fn. 512), Annex II.
520 UN-Sicherheitsratsresolution S/RES/1383 (2001) vom 6.12.2001, Ziff. 1, verfügbar unter http://www.un.org/docs/scres/2001/sc2001.htm, recherchiert am 9.12.2013.
521 Marauhn, AdV 40 (2002), S. 501.
522 UN-Sicherheitsratsresolution S/RES/1386 (2001) vom 20.12.2001, Ziff. 1, verfügbar unter http://www.un.org/docs/scres/2001/sc2001.htm, recherchiert am 9.12.2013.
523 Ziff. 3 der Resolution S/RES/1386 (2001), Fn. 522; vgl. Marauhn, AdV 40 (2002), S. 497.
524 Marauhn, AdV 40 (2002), S. 499.

einer internationalen Sicherheitstruppe sowie den afghanischen Wunsch, die Modalitäten des Einsatzes mitzubestimmen.[525] Dieser Brief und die Anlage des Bonner Abkommens, in dem die Teilnehmer um den Einsatz einer UN-mandatierten Truppe bitten, lassen sich als neben die Grundlage aus Kapitel VII UN-Charta tretende, vertragliche Legitimierung des ISAF-Mandats verstehen.[526] Der britische Außenminister betont in seinem Schreiben an den UN-Generalsekretär, dass das Vereinigte Königreich die Rolle der *Lead Nation* von ISAF übernehmen werde, und dass dem US-Kommando der *Operation Enduring Freedom* die Aufgabe zukäme, Kollisionen zwischen den Aktivitäten von ISAF und der *Operation Enduring Freedom* zu vermeiden und es insoweit auch Anordnungsbefugnisse über ISAF habe.[527] Hierin kann eine Kompetenzverschiebung zu Lasten der kollektiven und zu Gunsten der unilateralen Maßnahmen gesehen werden.[528]

Die multinationale ISAF nahm ihr Mandat unter britischer Führung im Januar 2002 auf.[529] Die daneben fortbestehende *Operation Enduring Freedom* sollte die Taliban und Al Qaida bekämpfen, während ISAF die für den Wiederaufbau notwendige Sicherheit schaffen und aufrechterhalten sollte.[530]

Das Bonner Abkommen wurde sogleich in die Realität umgesetzt. Noch im Dezember 2001 wurde die Interimsverwaltung eingerichtet und Hamid Karzai als Vorsitzender der Interimsregierung vereidigt.[531] Diese war konfrontiert mit einer faktisch dezentralisierten und fragmentierten Machtverteilung, die von der Militärherrschaft verschiedener Kommandeure geprägt war, die in das von den Taliban hinterlassene Machtvakuum eingetreten waren.[532] Diese Kommandeure verhielten sich zwar teilweise loyal gegenüber der Interimsregierung, hielten sich aber gleichzeitig Möglichkeiten offen, die von ihnen erlangte politische und wirtschaftliche Macht nicht auf die zentralen Behörden zu übertragen.[533] Auch die Sicherheitslage blieb weiter sehr instabil, vor allem außerhalb der Städte; in verschiedenen Landesteilen

---

525 UN Doc. S/2001/1223 vom 19.12.2001, Annex, verfügbar unter http://www.un.org/Docs/journal/asp/ws.asp?m=S/2001/1223, recherchiert am 16.12.2013.

526 Vgl. Marauhn, AdV 40 (2002), S. 500.

527 UN Doc. S/2001/1217 vom 19.12.2001, Annex, verfügbar unter http://www.un.org/Docs/journal/asp/ws.asp?m=S/2001/1217, recherchiert am 16.12.2013.

528 Vgl. Marauhn, AdV 40 (2002), S. 501.

529 Bericht des UN-Generalsekretärs, UN Doc. A/56/875 – S/2002/278 vom 18.3.2002 (Fn. 511), Ziff. 56.

530 Schetter, Die Taliban, in: Chiari (Hrsg.), Wegweiser zur Geschichte, Afghanistan, S. 93.

531 Vgl. den Bericht des UN-Generalsekretärs, UN Doc. A/56/875 – S/2002/278 vom 18.3.2002 (Fn. 511), Ziff. 11.

532 Bericht des UN-Generalsekretärs, UN Doc. A/56/1000-S/2002/737, vom 11.7.2002, verfügbar unter http://unama.unmissions.org/Portals/UNAMA/SG%20Reports/11%20July%202002.pdf, recherchiert am 31.12.2013, Ziff. 3.

533 Bericht des UN-Generalsekretärs, UN Doc. A/56/1000-S/2002/737 (Fn. 532), Ziff. 3.

flammten immer wieder Kämpfe zwischen Taliban und ISAF sowie innerhalb und zwischen verschiedenen ethnischen Gruppen auf.[534]

Im März 2002 richtete der Sicherheitsrat schließlich eine eigene Mission der Vereinten Nationen ein, die *United Nations Assistance Mission in Afghanistan* (UNAMA), die bei der Umsetzung des durch das Bonner Abkommen angestoßenen Prozesses unterstützen und dabei vor allem Menschenrechte und Rechtstaatlichkeit voranbringen, die nationale Versöhnung fördern sowie die humanitäre Hilfe und den Wiederaufbau lenken soll.[535] Das der UNAMA übertragene Mandat beruht auf politischen Aufgaben, vor allem der Beobachtung der Fortschritte bei der Umsetzung des Bonner Abkommens, der Durchsetzung der Menschenrechte sowie der Unterstützung von Behörden, politischen Parteien und gesellschaftlichen Gruppen, und auf Aufgaben der humanitären Hilfe und des Wiederaufbaus.[536] Damit nehmen die Vereinten Nationen in Afghanistan zivile Aufgaben wahr; sie sind mangels Bezugs auf Kapitel VII UN-Charta nicht zu Zwangsmaßnahmen befugt – die militärische Sicherheit ist von den Mitgliedstaaten im Rahmen von ISAF und der *Operation Enduring Freedom* zu gewährleisten.[537]

Nach sechs Monaten Interimsregierung wurde im Juni 2002, nach den Vorgaben des Bonner Abkommens, eine außerordentliche Loya Jirga abgehalten, die die Übergangsregierung zu bestimmen hatte.[538] Aufgrund von logistischen Schwierigkeiten und einer wegen ständiger Spannungen zwischen Stämmen und lokalen Kommandeuren labilen Sicherheitslage gestaltete sich die Zusammenstellung der außerordentlichen Loya Jirga schwierig. Teams der dafür eingerichteten Kommission bereisten das Land und führten Volksversammlungen durch, im Rahmen derer die Delegierten ausgewählt wurden. Einige lokale Kommandeure erkannten die Möglichkeit, durch die Loya Jirga politische Legitimität zu erreichen, versuchten aber, den Auswahlprozess durch Geld oder Einschüchterung zu beeinflussen. Um die Machtstruktur des Landes widerzuspiegeln, wurde es als notwendig angesehen, die lokalen Kommandeure in den Loya Jirga Prozess einzubeziehen. Die politische Einbindung der verschiedenen Gruppen, Kommandeure und Anführer sollte zum Mittel werden, politische Lösungen für die vorhandenen vielfältigen inneren Spannungen zu finden.

---

534 Bericht des UN-Generalsekretärs, UN Doc. A/56/875 – S/2002/278 vom 18.3.2002 (Fn. 511), Ziff. 45 ff.

535 UN-Sicherheitsratsresolution S/RES/1401 (2002) vom 28.3.2002, Ziff. 1, verfügbar unter http://www.un.org/docs/scres/2002/sc2002.htm, recherchiert am 10.12.2013; Bericht des UN-Generalsekretärs, UN Doc. A/56/875 – S/2002/278 vom 18.3.2002 (Fn. 511), Ziff. 97.

536 Bericht des UN-Generalsekretärs, UN Doc. A/56/875 – S/2002/278, vom 18.3.2002 (Fn. 511), Ziff. 104 ff.

537 Vgl. Marauhn, AdV 40 (2002), S. 503.

538 Zur Zusammenstellung der außerordentlichen Loya Jirga vgl. den Bericht des UN-Generalsekretärs, UN Doc. A/56/1000-S/2002/737 (Fn. 532), Ziff. 2, 29 ff.

In den während der Loya Jirga gehaltenen Reden von Delegierten spiegelten sich politische Kernfragen des Landes wider – das Bedürfnis nach nationaler Einheit trotz politischer und ethnischer Differenzen, die Verbesserung der Sicherheitslage, der Kampf gegen Korruption.[539] Die mehr als 1500 Delegierten wählten Hamid Karzai mit deutlicher Mehrheit zum Präsidenten der Übergangsregierung.[540]

Im Januar 2004 verabschiedete die dafür einberufene verfassunggebende Loya Jirga eine neue Verfassung für Afghanistan.[541] Nach dieser ist Afghanistan eine Islamische Republik, die auf demokratischen Prinzipien beruht.[542]

Auch bei den im Oktober 2004 stattfindenden Präsidentschaftswahlen setzte sich Hamid Karzai durch.[543] Mit den im September 2005 abgehaltenen Parlamentswahlen war der im Bonner Abkommen vorgesehene Übergangsprozess abgeschlossen.[544] Beide Abstimmungen waren jedoch von Gewaltandrohungen und Wahlfälschungen geprägt.[545]

Die ISAF-Mission wurde 2003 unter das Kommando der NATO gestellt und ihr Verantwortungsbereich in den folgenden Jahren ausgeweitet.[546] Ihr Mandat wurde vom UN-Sicherheitsrat immer wieder verlängert.[547] Durch Resolution vom Oktober 2003 erhielt ISAF die Befugnis, auch außerhalb von Kabul und Umgebung tätig zu

539 Bericht des UN-Generalsekretärs, UN Doc. A/56/1000-S/2002/737 (Fn. 532), Ziff. 35.

540 Bericht des UN-Generalsekretärs, UN Doc. A/56/1000-S/2002/737 (Fn. 532), Ziff. 36.

541 Bericht des UN-Generalsekretärs, UN Doc. A/58/742-S/2004/230, vom 19.3.2004, verfügbar unter http://www.securitycouncilreport.org, recherchiert am 3.6.2014, Ziff. 2.

542 Die Verfassung Afghanistans ist in deutscher Übersetzung verfügbar unter http://www.botschaft-afghanistan.de/index.php?id=46 (recherchiert am 3.6.2014). Nach Art. 3 der Verfassung darf kein Gesetz den Bestimmungen des Islam widersprechen. Nach Art. 4 geht die Macht vom Volk aus, die afghanische Nation ist multiethnisch. Art. 22 ff. legen Freiheits- und Gleichheitsrechte fest.

543 Bericht des UN-Generalsekretärs, UN Doc. A/60/224-S/2005/525, vom 12.8.2005, verfügbar unter http://www.securitycouncilreport.org, recherchiert am 3.6.2014, Ziff. 7.

544 Bericht des UN-Generalsekretärs, UN Doc. A/60/712-S/2006/145, verfügbar unter http://www.securitycouncilreport.org, recherchiert am 3.6.2014; Ziff. 2 f.

545 Vgl. Bericht des UN-Generalsekretärs, UN Doc. A/60/712-S/2006/145 (Fn. 544), Ziff. 3 f.; Schetter, Die Taliban, in: Chiari (Hrsg.), Wegweiser zur Geschichte, Afghanistan, S. 89.

546 Schetter, Die Taliban, in: Chiari (Hrsg.), Wegweiser zur Geschichte, Afghanistan, S. 93.

547 Das Mandat wurde beginnend mit UN-Sicherheitsratsresolution S/RES/1413 (2002) vom 23.5.2002 regelmäßig, ab UN-Sicherheitsratsresolution S/RES/1444 (2002) vom 27.11.2002 im Jahresrythmus verlängert, zuletzt durch UN-Sicherheitsratsresolution S/RES/2120 (2013) vom 10.10.2013 (bis 31.12.2014). Die Resolutionen sind verfügbar unter http://www.securitycouncilreport.org/un-documents/afghanistan, recherchiert am 3.6.2014.

werden.[548] Daraufhin wurde die Mission schrittweise auf die anderen Landesteile ausgedehnt. Die Ausdehnung erfolgte in aufeinander folgenden Stadien, im Rahmen derer in den einzelnen Landesteilen sogenannte *Provincial Reconstruction Teams* errichtet wurden.[549] Die Zusammenarbeit mit der daneben bestehenden *Operation Enduring Freedom* wurde verstärkt.[550] Neben der Aufgabe, die Sicherheitslage im Land zu verbessern, wurde ein Schwerpunkt von ISAF auf die Ausbildung und Beratung der afghanischen nationalen Sicherheitskräfte gelegt, auf die die Verantwortung für die Sicherheit Schritt für Schritt übertragen wird.[551]

Auch die UNAMA-Mission wurde immer wieder durch den UN-Sicherheitsrat verlängert, ihre Aufgaben wurden konkretisiert.[552] Es entstand eine für Wahlen zuständige Einheit der Mission.[553] Als weitere Schwerpunkte identifiziert wurden die Förderung der internationalen Hilfe und die Koordinierung der verschiedenen Entwicklungs- und Hilfsprogramme, die Stärkung der Kooperation mit ISAF, die Koordinierung von humanitärer Hilfe und die Stärkung von Rechtsstaatlichkeit und Korruptionsbekämpfung,[554] ebenso wie die Hilfestellung beim Übergang der Regierungsgewalt auf die afghanischen Behörden und die Unterstützung der afghanischen Regierung bei Themen wie Sicherheit, Regierungsführung, sozialer und wirtschaftlicher Entwicklung, Justiz und Drogenkontrolle.[555]

548 UN-Sicherheitsratsresolution S/RES/1510 (2003) vom 13.10.2003, verfügbar unter http://www.securitycouncilreport.org/un-documents/afghanistan, recherchiert am 3.6.2014, Ziff. 1.

549 Vgl. den Internetauftritt der ISAF unter http://www.isaf.nato.int/history.html, recherchiert am 3.6.2014.

550 Vgl. UN-Sicherheitsratsresolution S/RES/1659 (2006) vom 15.2.2006, verfügbar unter http://www.securitycouncilreport.org/un-documents/afghanistan, recherchiert am 3.6.2014, Ziff. 6.

551 Vgl. UN-Sicherheitsratsresolution S/RES/1776 (2007) vom 19.9.2007, verfügbar unter http://www.securitycouncilreport.org/un-documents/afghanistan, recherchiert am 3.6.2014, Ziff. 4; UN-Sicherheitsratsresolution S/RES/1890 (2009) vom 8.10.2009, verfügbar unter http://www.securitycouncilreport.org/un-documents/afghanistan, recherchiert am 3.6.2014, Ziff. 4.

552 Zuletzt wurde die Mission bis zum 17.3.2015 verlängert durch UN-Sicherheitsratsresolution S/RES/2145 (2014) vom 17.3.2014, verfügbar unter http://www.securitycouncilreport.org/un-documents/afghanistan, recherchiert am 4.6.2014.

553 Vgl. UN-Sicherheitsratsresolution S/RES/1471 (2003) vom 28.3.2003, verfügbar unter http://www.securitycouncilreport.org/un-documents/afghanistan, recherchiert am 4.6.2014, Ziff. 2.

554 Vgl. UN-Sicherheitsratsresolutionen S/RES/1806 (2008) vom 20.3.2008, Ziff. 4, und S/RES/1868 (2009) vom 23.3.2009, Ziff. 4; verfügbar unter http://www.securitycouncilreport.org/un-documents/afghanistan, recherchiert am 4.6.2014.

555 Vgl. UN-Sicherheitsratsresolutionen S/RES/1917 (2010) vom 22.3.2010, Ziff. 4, und S/RES/2041 (2012) vom 22.3.2012, Ziff. 5; verfügbar unter http://www.securitycouncilreport.org/un-documents/afghanistan, recherchiert am 4.6.2014.

Trotz Umsetzung des Bonner Abkommens hatten und haben die Übergangsregierung und die gewählten Regierungen mit dem grundlegenden Problem der Durchsetzung des Gewaltmonopols im gesamten Land zu kämpfen. Über die Übergangsregierung wird gesagt, dass ihr Aktionsradius faktisch kaum über Kabul hinausgereicht habe – der Rest des Landes wurde durch regionale Machthaber und Warlords kontrolliert.[556] Der Kampf gegen und die Demobilisierung von illegalen bewaffneten Gruppen, die Kontrolle ausüben, obwohl sie nicht Teil des Staatsapparates sind, war und ist eine große Herausforderung.[557] Afghanische Truppen stehen bis zum gegenwärtigen Zeitpunkt in bewaffneten Konflikten um Territorium gegen regierungsfeindliche Gruppen.[558] Die Taliban waren nach ihrem einstweiligen Rückzug nach dem Eingreifen der ausländischen Streitkräfte nicht geschlagen. Sie fordern – aus kleinen Verbänden heraus agierend – die internationale Gemeinschaft militärisch immer wieder heraus und verhindern durch gezielte Anschläge den Wiederaufbau.[559] Auch üben sie territoriale Kontrolle aus – oft scheint die von der Regierung ausgeübte Kontrolle durch Kontrolle der Taliban durchsetzt.[560] Insgesamt ist die Lage des Landes und der Bevölkerung von Anschlägen, Kämpfen und allgegenwärtigen Landminen geprägt.[561] Diese Umstände machen die Sicherheitslage im Land, vor allem außerhalb der Städte, noch immer äußerst fragil.[562] Überdies verlieren Staat und Regierung aufgrund von Korruptionsvorwürfen an Legitimität.[563]

Auch der zivile Wiederaufbau gestaltete sich von Beginn an schwierig. Auf verschiedenen Geberkonferenzen wurden von der internationalen Gemeinschaft Milliardenbeträge dafür zugesagt; eine Vielzahl von internationalen Hilfs- und Entwicklungsorganisationen wurde in Afghanistan tätig, es fehlte jedoch zunächst an einem Gesamtkonzept und an Koordinierung.[564] Die Erwartungen konnten trotz der Fülle der Projekte nicht erfüllt werden.[565]

556 Schetter, Die Taliban, in: Chiari (Hrsg.), Wegweiser zur Geschichte, Afghanistan, S. 90.

557 Vgl. Bericht des UN-Generalsekretärs, UN Doc. A/60/712–S/2006/145 (Fn. 544), Ziff. 11 ff.

558 Vgl. Bericht des UN-Generalsekretärs, UN Doc. A/68/789–S/2014/163, vom 7.3.2014, verfügbar unter http://www.securitycouncilreport.org, recherchiert am 4.6.2014, Ziff. 14.

559 Schetter, Die Taliban, in: Chiari (Hrsg.), Wegweiser zur Geschichte, Afghanistan, S. 93, 95.

560 Vgl. Bellal/Giacca/Casey-Maslen, IRRC 93 (2011), S. 57.

561 Rahim, IRRC 92 (2010), S. 993.

562 Vgl. Bericht des UN-Generalsekretärs, UN Doc. A/68/78 –S/2014/163 (Fn. 558), Ziff. 14; Morgan Edwards, IRRC 92 (2010), S. 978.

563 Vgl. Morgan Edwards, IRRC 92 (2010), S. 978.

564 Schetter, Die Taliban, in: Chiari (Hrsg.), Wegweiser zur Geschichte, Afghanistan, S. 95 f.

565 Schetter, Die Taliban, in: Chiari (Hrsg.), Wegweiser zur Geschichte, Afghanistan, S. 96.

Wirtschaftliches Wachstum stellte sich dennoch ein, wird jedoch erheblich gebremst durch die politische Instabilität und Korruption, ebenso wie durch mangelnde Versorgung mit Elektrizität.[566]

Die Drogenwirtschaft hingegen floriert. Der Mohnanbau bietet Bauern ein deutlich höheres Einkommen als der Anbau von Getreide.[567] Die Produktion von Heroin und Opium stellt einen erheblichen Wirtschaftszweig dar und ist in der Bevölkerung etabliert; nicht nur Taliban, sondern auch Regierungsbeamte sind darin verstrickt.[568]

Die soziale Lage der Bevölkerung insgesamt ist auf einem im weltweiten Vergleich schlechten Niveau – erkennbar an einer niedrigen durchschnittlichen Lebenserwartung, einer hohen Kindersterblichkeit und einer sehr hohen Analphabetenquote.[569]

---

566 Vgl. den Bericht der Weltbank vom März 2014: Afghanistan: Country Snapshot, S. 1, verfügbar unter http://siteresources.worldbank.org/SOUTHASIAEXT/Resources/223546-1398285132254/Afghanistan-Country-Snapshot-Spring-Meetings-2014.pdf, recherchiert am 3.8.2014.

567 Vgl. Bericht des UN-Generalsekretärs, UN Doc. A/60/712–S/2006/145 (Fn. 544), Ziff. 22.

568 Die afghanische Polizei kann aber Erfolge im Kampf gegen die Drogenwirtschaft vorweisen: Bericht des UN-Generalsekretärs, UN Doc. A/68/789–S/2014/163 (Fn. 558), Ziff. 37; vgl. Schetter, Die Taliban, in: Chiari (Hrsg.), Wegweiser zur Geschichte, Afghanistan, S. 97; Morgan Edwards, IRRC 92 (2010), S. 978.

569 In 2012 lag die durchschnittliche Lebenserwartung bei 60,5 Jahren; es starben 99 von 1000 Kindern vor Erreichen des 5. Lebensjahres. Vgl. die UNICEF-Statistik unter http://www.unicef.org/infobycountry/afghanistan_statistics.html, recherchiert am 3.8.2014.
Es wird geschätzt, dass nur 34 % der Afghanen lesen und schreiben können (18 % der Frauen und 50 % der Männer), vgl. den *Afghanistan National Literacy Action Plan 2012–2015* des *Literacy Department* des afghanischen Bildungsministeriums, S. 8, verfügbar unter http://www.unesco.org/new/fileadmin/MULTIMEDIA/HQ/ED/pdf/Afghanistan.pdf, recherchiert am 3.8.2014.
Diese Faktoren haben sich aber in den letzten Jahren erheblich verbessert. Vgl. die noch deutlich schlechteren Zahlen bei Rahim, IRRC 92 (2010), S. 994.

2. Kapitel: Intervention und Nation-Building

A. Betroffene Rechtsgüter

Durch externe Akteure durchgeführtes Nation-Building stellt einen massiven Eingriff in die inneren Angelegenheiten des Zielstaats dar. Inwieweit Rechtsgüter, die diesen Staat und seine Bevölkerung betreffen, durch Nation-Building berührt werden, ist Gegenstand des nachfolgenden Unterkapitels. Nation-Building kann einerseits einen Eingriff in Rechte darstellen, soll aber andererseits auch den Schutz von Rechtsgütern umsetzen.

I. Staatliche Souveränität

Die staatliche Souveränität als staats- und völkerrechtliches Prinzip hat wesentliche Bedeutung für die Legitimation von Herrschaftsgewalt und die Stellung von Staaten im internationalen Gefüge. Ein allgemeines Verständnis von Souveränität ist das einer Herrschaftsgewalt, die an höchster Stelle steht, sich von nichts ableitet und keiner fremden Bindung oder Derogationsmöglichkeit unterliegt.[570] Das gegenwärtige Konzept der Souveränität wurzelt in der europäischen Geschichte. Mit der sich wandelnden Vorstellung von staatlicher Macht, der Quellen des Rechts und der Rolle der Kirche änderte sich das Verständnis von Souveränität.[571] Deshalb folgt vor der Untersuchung der heutigen Souveränitätsidee ein Abriss einiger historischer Leitlinien.

1. Historische Wurzeln

Zwar existierte der Begriff der Souveränität bereits in der Antike[572], dem von der Fragmentierung von Herrschaftsgewalt geprägten Mittelalter war die Vorstellung von Staatsomnipotenz und Souveränität jedoch zunächst fremd.[573] Der Zeitpunkt des Entstehens des heutigen Souveränitätsbegriffes ist nicht vollständig geklärt, wegen der Erwähnung in lehensrechtlichen Zusammenhängen im 13. Jahrhundert kann aber von einer Entwicklungsgeschichte im Hochmittelalter ausgegangen werden.[574]

570 Dreier, Souveränität, in: Staatslexikon, Sp. 1203.

571 Vgl. Steinberger, Sovereignty, EPIL IV, S. 501 ff.

572 Aristoteles beschrieb die höchste Autorität in einer Gemeinschaft als souverän. Vgl. Steinberger, Sovereignty, EPIL IV, S. 503.

573 Quaritsch, S. 83; Oeter, Souveränität, in: Cremer/Giegerich/Richter/Zimmermann (Hrsg.), Festschrift für Steinberger, S. 262.

574 Randelzhofer, in: Isensee/Kirchhof (Hrsg.), Handbuch des Staatsrechts II, § 17 Rn. 13; Schliesky, S. 59 f.

Für die Entfaltung der Souveränitätslehre wesentlich war die Auseinandersetzung zwischen Staat und Kirche bzw. zwischen Kaiser und Papst.[575] Die ursprünglich der göttlichen Ordnung unterstellte herrschaftliche Gewalt wurde im Konflikt zwischen den Kaisern des Heiligen Römischen Reiches und dem Papst von jeder Seite für sich beansprucht.[576] Wegen des Konflikts mit der Kirche wurde die göttliche Rechtfertigung der Herrschaft für das Kaisertum unmöglich, was zur Säkularisierung der Herrschaft führte, die Vorbedingung für den modernen Staat ist.[577]

Im 16. Jahrhundert zerbrach die ‚Einheit der Christenheit' in der konfessionellen Spaltung und wurde ersetzt durch das Konzept vieler unabhängiger und gleichrangiger christlicher Staaten.[578] Der souveräne Staat wurde so zum Mittel zur Überwindung der Konfessionskriege. Die im Augsburger Religionsfrieden von 1555 niedergelegte Homogenität der Konfession bezweckte nicht nur die Erhaltung des rechten Glaubens, sondern sollte die weltliche Herrschaft stabilisieren.[579]

Der französische Jurist Jean Bodin entwarf als Erster ein vollständiges Konzept von Souveränität.[580] In seinem Werk *Les six livres de la République* definiert er sie als „puissance absolue et perpetuelle d'une République".[581] Die von Bodin gezeichnete Ordnung entstand aus der von einem permanenten Bürgerkriegszustand genährten Erfahrung heraus, dass nur eine gestärkte Staatsgewalt Sicherheit und Ordnung garantieren kann.[582] Bodin hat die bestehenden politischen Erfahrungen in der Forderung nach Souveränität zusammengefasst, als absolut-staatlichen Herrschaftsanspruch mit Gewaltmonopol und der Zielsetzung des äußeren Friedens und der inneren Sicherheit.[583] Dabei betrachtet er das Volk als Quelle der Souveränität, das die Gewalt, wenn es sie einmal auf den Herrscher übertragen hat, jedoch verliert.[584] Dem Herrscher kommt – von innerstaatlichen Mächten unabhängig – das gesamte Legislativrecht zu; von äußeren Mächten unabhängig ist seine Regelungsbefugnis losgelöst von jeder Verantwortlichkeit gegenüber einer höheren säkularen Macht, nur beschränkt durch die göttlichen Gebote, die natürlichen Gesetze und allgemeine Rechtsgrundsätze.[585] Der Bruch mit der Rechtsauffassung des Mittelalters zeigt

575 Schliesky, S. 60; Fleiner/Basta Fleiner, S. 316.

576 Schliesky, S. 60 f.

577 Schliesky, S. 61.

578 Oeter, Souveränität, in: Cremer/Giegerich/Richter/Zimmermann (Hrsg.), Festschrift für Steinberger, S. 262; Steinberger, Sovereignty, EPIL IV, S. 503.

579 Vgl. Dreier, Souveränität, in: Staatslexikon, Sp. 1204.

580 Bodin lebte von 1529 oder 1530 bis 1596; vgl. Schliesky, Souveränität und Legitimität von Herrschaftsgewalt, S. 73 ff.; Steinberger, Sovereignty, EPIL IV, S. 505.

581 Vgl. Randelzhofer, in: Isensee/Kirchhof (Hrsg.), Handbuch des Staatsrechts II, § 17 Rn. 16.

582 Zippelius, § 9 II; Oeter, Souveränität, in: Cremer/Giegerich/Richter/Zimmermann (Hrsg.), Festschrift für Steinberger, S. 263.

583 Schliesky, S. 73, 75.

584 Di Fabio, S. 17 f.

585 Zippelius, § 9 III 1; Steinberger, Sovereignty, EPIL IV, S. 505.

sich darin, dass nun die Souveränität, nicht mehr die geschichtliche Überlieferung, Geltungsgrund für das Recht ist.[586]

Bodins Lehre fasst den Entstehungsprozess des modernen Staates zusammen und kennzeichnet diesen als souverän.[587] *Res publica* wird, da Bodin den Fürsten mit dem Staat gleichsetzt, untrennbar mit Souveränität verbunden und, als entscheidende Neuerung, gelöst von christlicher *universitas*, Religion oder Ideologie.[588]

Thomas Hobbes leitet schließlich einen radikalen Bruch mit dem mittelalterlichen Denken ein und verhilft der Souveränität zur höchstmöglichen Steigerung im Sinne einer unbeschränkten Gewalt.[589] Hobbes stellt sich einen Zustand ohne Staatsgewalt vor, den er „Naturzustand" nennt. Ohne ordnende oberste Gewalt herrsche Krieg, *bellum omnium contra omnes*, der nur durch eine reale Macht beendet werden könne.[590] Diese werde damit zur Grundlage des Rechts, der Rechtszustand könne nur durch eine oberste Herrschaftsgewalt, eine Übermacht, geschaffen werden.[591] Das Recht habe nicht zum Ziel, eine ideale, sondern eine reale Ordnung zu schaffen, die Frieden und Sicherheit garantiere.[592] Sicherheit erhalte man nur durch den Verzicht auf Freiheit.[593] Dies geschehe durch einen fiktiven Unterwerfungsvertrag, der ohne Einfluss des Machthabers von den Untertanen geschlossen werde; dennoch werde der Staat von oben her begründet und der Herrscher leite seine Befugnisse nicht von den Untertanen ab.[594] Leviathan sei der Staat, der alle Gewalten in sich vereine, und damit die höchste Macht sei; er sei der Schöpfer des Rechts und definiere, was Recht und was Unrecht ist. Zwar seien die Bürger diesem absoluten Staat ausgeliefert, den Bürgerkrieg verhindere er jedoch, verglichen mit dem Hobbes die absolute Staatsgewalt als geringeres Übel vorzieht.[595]

Durch den Westfälischen Frieden 1648 wird das Konzept der Souveränität wesentlich für die Neuordnung Europas, das nunmehr aus einer Gemeinschaft gleichberechtigter Territorialstaaten besteht.[596] Nun entsteht auch die zweifache Bedeutung von Souveränität – nach innen und nach außen. Sowohl die Einmischung von außen in innere Angelegenheiten des Staates als auch die Teilnahme an völkerrechtlichen Beziehungen durch ständische Machtinhaber in Konkurrenz zum

586 Fleiner/Basta Fleiner, S. 319 f.
587 Zippelius, § 9 II.
588 Steinberger, Sovereignty, EPIL IV, S. 505 f; Fleiner/Basta Fleiner, S. 322.
589 Thomas Hobbes lebte von 1588 bis 1679. Steinberger, Sovereignty, EPIL IV, S. 506; Randelzhofer, in: Isensee/Kirchhof (Hrsg.), Handbuch des Staatsrechts II, § 17 Rn. 22.
590 Braun, S. 191 ff.
591 Braun, S. 193 f.
592 Braun, S. 188.
593 Braun, S. 193.
594 Braun, S. 194 f.
595 Braun, S. 196 f.
596 Oeter, Souveränität, in: Cremer/Giegerich/Richter/Zimmermann (Hrsg.), Festschrift für Steinberger, S. 264.

Souverän sind ausgeschlossen; Staaten werden nach außen unabhängig und nach innen allzuständig.[597] Durch Jean Bodin war die Idee der Konzentration einheitlicher Gewalt bei einer Instanz als wesentlicher Bestandteil des modernen souveränen Staates gefördert worden, durch den Westfälischen Frieden erhielt dieser moderne Staat seine offizielle Anerkennung.[598] Damit begann gleichzeitig die klassische Periode des Völkerrechts.[599]

Die Absolutheit des Souveränitätskonzeptes von Hobbes wird in den Werken von Locke und Rousseau hinterfragt. John Locke begrenzt in seiner Gesellschaftsvertragstheorie als Erster die Macht des souveränen Herrschers und erdenkt eine Form der Gewaltenteilung.[600] Jean-Jaques Rousseau betrachtet den Gesellschaftsvertrag als Errichtung einer Staatsform, die von der souveränen *volonté générale* bestimmt wird und in der jeder die ihm ursprünglich eigene Freiheit in umgewandelter Form zurückerhält.[601] Die Ausübung der Souveränität in den politischen Institutionen ist dem Willen des Volkes unterworfen; die politische Souveränität wird so zur Reflexion der Souveränität des Volkes, wodurch eine klare Verbindung zwischen Souveränität und Demokratie geschaffen wird.[602]

Im Absolutismus war die von Hobbes gewollte Konzentration der Staatsgewalt verwirklicht worden und ihre Kehrseite hatte sich in der Verschwendung und Willkür der Fürsten im Gegensatz zur Armut und Rechtlosigkeit der Untertanen gezeigt.[603] Zur Zeit Rousseaus erlangten deshalb die Werte der Freiheit, Gleichheit und sozialen Gerechtigkeit Bedeutung.[604]

Die Theorien von Locke und Rousseau entwickeln aus dem Gedanken der vertraglichen Übertragung der Herrschaft das moderne Konzept der Volkssouveränität und bereiten so die Ablösung der Fürstensouveränität durch die Volkssouveränität staatstheoretisch vor.[605] Durch die Forderung nach der Entmachtung der Fürsten und Könige und nach Umsetzung der Volkssouveränität entstand in Europa eine Geschichte von Revolutionen und Gegenrevolutionen.[606] Durch die Etablierung der Republik als Staatsform europäischer Großmächte sowie durch die Entkolonialisierung

597 Ebd.
598 Hobe, S. 43 f.
599 Hobe, S. 44.
600 John Locke lebte von 1632 bis 1704. Vgl. Besson, Sovereignty, in: Wolfrum (Hrsg.), MPEPIL, Ziff. 21.
601 Jean-Jaques Rousseau lebte von 1712 bis 1778. Vgl. Dreier, Souveränität, in: Staatslexikon, Sp. 1206.
602 Besson, Sovereignty, in: Wolfrum (Hrsg.), MPEPIL, Ziff. 24.
603 Zippelius, § 17 III.
604 Ebd.
605 Schliesky, S. 101; Oeter, Souveränität, in: Cremer/Giegerich/Richter/Zimmermann (Hrsg.), Festschrift für Steinberger, S. 266.
606 Oeter, Souveränität, in: Cremer/Giegerich/Richter/Zimmermann (Hrsg.), Festschrift für Steinberger, S. 268.

und Ausübung des Selbstbestimmungsrechts setzt sich das Prinzip der Volkssouveränität durch.[607]

2. *Moderner Souveränitätsbegriff*

Die Souveränität betrifft nach heutigem Verständnis das Problem des Ausschaltens privater Gewalten und ihres Ersetzens durch eine oberste staatliche Gewalt, um nach innen Frieden und nach außen Sicherheit sowie auf zwischenstaatlicher Ebene Gleichberechtigung mit allen so strukturierten Verbänden, den Staaten, zu sichern.[608] Ein Staat ist souverän, wenn es keine andere Macht gibt, die seiner Staatsgewalt übergeordnet ist.[609] Er ist von anderen Staaten rechtlich unabhängig.[610] Die Staatsgewalt muss sich im Innen- und Außenverhältnis frei entfalten können, weshalb die staatliche Souveränität beide Komponenten enthält.[611]

Innere, also staatsrechtliche Souveränität ist staatsintern zu verstehen und bezeichnet die Existenz einer zentralen Letztentscheidungsgewalt.[612] Die innere Komponente kennzeichnet die höchste unabgeleitete Gewalt, die Verfassungsautonomie, also das Recht, die staatliche Ordnung auf dem Staatsgebiet frei zu gestalten.[613] Staatliche Herrschaftsmacht zeigt sich an der Fähigkeit des Staates, einseitig verbindliche Regeln zu erlassen und diese zwangsweise durchzusetzen.[614] Der Staat hat eine selbstständige und originäre, also nicht von anderen Instanzen abgeleitete, Hoheitsgewalt inne, mit Hilfe derer er die Bevölkerung auf dem ihm zugehörigen Gebiet organisiert.[615]

Äußere, also völkerrechtliche Souveränität heißt, dass Staaten als unmittelbare Völkerrechtssubjekte unabhängig und gleich sind.[616] Aufgrund der Völkerrechtsunmittelbarkeit untersteht ein Staat nur dem Völkerrecht, keiner anderen Rechtsordnung, und nimmt selbstbestimmt am Völkerrechtsverkehr teil.[617] Ein souveräner Staat muss in der Lage sein, am internationalen Rechtsverkehr teilzunehmen und seinen völkerrechtlichen Verpflichtungen nachzukommen.[618] Die Ausübung der eigenen Hoheitsgewalt muss im Grundsatz unabhängig von anderen Staaten möglich

607 Oeter, Souveränität, in: Cremer/Giegerich/Richter/Zimmermann (Hrsg.), Festschrift für Steinberger, S. 270.
608 Randelzhofer, in: Isensee/Kirchhof (Hrsg.), Handbuch des Staatsrechts II, § 17 Rn. 8.
609 Schweisfurth, 1. Kapitel Rn. 39.
610 Verdross/Simma, S. 225.
611 Schweisfurth, 1. Kapitel Rn. 39; Epping, in: Ipsen (Hrsg.), Völkerrecht, § 5 Rn. 8.
612 Dreier, Souveränität, in: Staatslexikon, Sp. 1203 f.
613 v. Arnauld, Die Friedens-Warte 84 (2009), S. 11; Epping, in: Ipsen (Hrsg.), Völkerrecht, § 5 Rn. 8.
614 Maurer, § 1 Rn. 7.
615 Ebd.; Dahm/Delbrück/Wolfrum, Bd. I/1, S. 128.
616 Dreier, Souveränität, in: Staatslexikon, Sp. 1203.
617 Epping, in: Ipsen (Hrsg.), Völkerrecht, § 5 Rn. 8; v. Arnauld, Die Friedens-Warte 84 (2009), S. 11; Hailbronner, in: Vitzthum (Hrsg.), Völkerrecht, S. 189.
618 Dahm/Delbrück/Wolfrum, Bd. I/1, S. 131.

sein; die teilweise Beschränkung der eigenen Hoheitsgewalt durch Unterwerfung unter völkerrechtliche Verträge ist aber unschädlich, solange die wesentlichen Teile der Souveränität beim Staat verbleiben.[619]

3. Bedeutung der Souveränität im Völkerrecht

Vor dem Hintergrund, dass das Völkerrecht Regeln für eine in erster Linie aus Staaten bestehende Gemeinschaft bereithält, stellt die Lehre von der Souveränität der Staaten eine wesentliche Doktrin im Völkerrecht dar und ist die Grundlage für die zwischenstaatlichen Beziehungen.[620] Die meisten Grundsätze des Völkerrechts und das System der Vereinten Nationen selbst beruhen direkt oder indirekt auf dem Konzept der staatlichen Souveränität.[621] Wird ein Staat als souverän angesehen, knüpft das Völkerrecht daran eine Reihe von Rechtsfolgen.[622] Dazu gehören die alleinige Herrschaftsgewalt der Staaten über Staatsgebiet und Staatsvolk, die Bindung an Völkergewohnheitsrecht und an eingegangene Verpflichtungen im Völkervertragsrecht und die Verpflichtung, sich nicht in Angelegenheiten der exklusiven Jurisdiktionsgewalt anderer Staaten einzumischen.[623] Das Recht gegen Einmischung von außen ist auch eine Folgerung des Prinzips der Rechtsgleichheit, das im Grundsatz der souveränen Gleichheit der Staaten aus Art. 2 Nr. 1 UN-Charta Ausdruck findet.[624] Zusätzlich stellt Art. 2 Nr. 7 UN-Charta klar, dass die Vereinten Nationen, außerhalb von Maßnahmen nach Kap. VII UN-Charta, nicht „zum Eingreifen in Angelegenheiten, die ihrem Wesen nach zur inneren Zuständigkeit eines Staates gehören", befugt sind.

Aus dem Grundsatz der souveränen Gleichheit folgt, dass trotz tatsächlicher politischer und wirtschaftlicher Unterschiede die Rechte und Pflichten aller Staaten grundsätzlich die gleichen sind. Der souveräne Staat übt seine Hoheitsgewalt zwar unabhängig von den anderen Staaten aus, muss deren Herrschaft über ihren eigenen Jurisdiktionsbereich jedoch berücksichtigen; insofern bringt das Gebot der Gleichheit eine Einschränkung der Souveränität des Einzelstaates mit sich.[625]

---

619 Doehring, State, EPIL IV, S. 603.

620 Brownlie, S. 289; Hailbronner, in: Vitzthum (Hrsg.), Völkerrecht, 3. Abschnitt Rn. 83; Hannum, S. 14.

621 Besson, Sovereignty, in: Wolfrum (Hrsg.), MPEPIL, Ziff. 2 f.

622 Vgl. dazu: Oeter, Souveränität, in: Cremer/Giegerich/Richter/Zimmermann (Hrsg.), Festschrift für Steinberger, S. 278 f.

623 Schweisfurth, 1. Kapitel Rn. 41; Brownlie, S. 289.

624 Dies wird auch in der Friendly-Relations-Deklaration (UN-Generalversammlungsresolution UN Doc. A/RES/2625 (XXV) vom 24.10.1970, Anlage Ziff. 1, in deutscher Übersetzung verfügbar unter http://www.un.org/depts/german/gv-early/ar2625.pdf, recherchiert am 5.6.2014; fortan: Friendly-Relations-Deklaration) näher dargelegt;
v. Arnauld, Die Friedens-Warte 84 (2009), S. 11.

625 Stein/v. Buttlar, Rn. 522 ff.

Weiterhin genießen souveräne Staaten den Schutz der territorialen Integrität. Nach dem Grundsatz der Gebietshoheit ist ein Staat auf dem eigenen Territorium zur exklusiven Wahrnehmung hoheitlicher Funktionen berechtigt.[626] Die aus dieser territorialen Souveränität folgende ausschließliche Hoheitsgewalt wird auch als *exclusive jurisdiction* bezeichnet.[627]

Auch Gewalt- und Interventionsverbot sind Folgen der staatlichen Souveränität. Ersteres schützt vor gewaltsamer Einwirkung auf das Territorium, letzteres vor unzulässigen Eingriffen in die *exclusive jurisdiction.*[628] Das Interventionsverbot enthält den völkerrechtlichen Grundsatz der Nichteinmischung in die internen und externen Angelegenheiten anderer Staaten.[629] Ein nunmehr vertretener erweiterter Interventionsbegriff trägt der zunehmenden Dichte der internationalen Beziehungen und der Erkenntnis Rechnung, dass auch andere als militärische Formen des Zwangs erhebliche Auswirkungen haben können, und stellt deshalb auch die Autonomie der Staaten in ihrer politischen, wirtschaftlichen, gesellschaftlichen und kulturellen Ordnung unter den Schutz des Interventionsverbots.[630] Das Interventionsverbot schützt damit den sogenannten *domaine réservé* jedes Staates, der alle diejenigen Angelegenheiten erfasst, die nicht durch Bestimmungen des Völkerrechts geregelt sind.[631]

4. Veränderte Ausübung von Souveränität

Trotz der großen Bedeutung des Konzepts der Souveränität wird eingewandt, dass heute keine wirklich souveränen Staaten mehr existierten.[632] Eine solche Entwicklung kann ihre Ursache darin haben, dass die Staaten so sehr wirtschaftlich, politisch oder militärisch miteinander verflochten sind, dass sie voneinander abhängig geworden sind. Sie gehen mit völkerrechtlichen Verträgen Verpflichtungen ein, die auch Regelungen für ihre inneren Angelegenheiten treffen.

Auf der einen Seite ist der souveräne Staat noch immer das wichtigste völkerrechtliche Rechtssubjekt und geht als solches völkervertragliche Bindungen ein, die seine souveräne Handlungsfreiheit nicht einschränken, sondern gerade zum Ausdruck bringen – auch wenn durch sie Hoheitsrechte übertragen oder Verpflichtungen gegenüber den eigenen Bürgern eingegangen werden.[633] Der souveräne Staat ist in die Völkerrechtsordnung eingebettet, durch die der Rechtsstatus von

626 Stein/v. Buttlar, Rn. 535.
627 Oeter, Souveränität, in: Cremer/Giegerich/Richter/Zimmermann (Hrsg.), Festschrift für Steinberger, S. 278 f.
628 Oeter, Souveränität, in: Cremer/Giegerich/Richter/Zimmermann (Hrsg.), Festschrift für Steinberger, S. 279.
629 Vgl. Brownlie, S. 292 f.
630 Stein/v. Buttlar, Rn. 633; Fischer, in: Ipsen (Hrsg.), Völkerrecht, § 59 Rn. 55.
631 Fischer, in: Ipsen (Hrsg.), Völkerrecht, § 59 Rn. 53.
632 Vgl. Oeter, Souveränität, in: Cremer/Giegerich/Richter/Zimmermann (Hrsg.), Festschrift für Steinberger, S. 259.
633 Vgl. Schweisfurth, 1. Kapitel Rn. 43.

Souveränität definiert und beschränkt wird, und die den Gehalt dieses Status auch ändern kann.[634] Der Status als souveräner Staat steht danach so lange nicht in Frage, wie die Einbettung in völkerrechtliche Regime freiwillig ist und die internationalen Organisationen nicht zu einem Machtfaktor werden, der völlig autonom über innere Angelegenheiten der Staaten bestimmt.[635] Auch IGH und Friendly-Relations-Deklaration bestätigen einen Kernbestand an innerstaatlichen Angelegenheiten.[636]

Auf der anderen Seite eröffnet der Prozess der Internationalisierung durchaus Möglichkeiten zur Vermischung internationaler und nationaler Angelegenheiten. Grenzüberschreitende Problemlagen verlangen mehr internationale Kooperation, so dass Entscheidungsgewalt in vielen Bereichen von der staatlichen auf die internationale Ebene verlagert wird.[637] Da sich manche aktuellen Probleme besser auf internationaler Ebene lösen lassen, ist der vorbehaltene Bereich vieler Staaten durch den Abschluss neuer Verträge, zum Beispiel im Friedenssicherungsrecht und bei den Menschenrechten, geschrumpft.[638] Gerade in der Europäischen Union bestehen derart enge Verflechtungen, dass das bisherige Konzept souveräner Staatlichkeit von manchen für nicht mehr zeitgemäß erklärt und eine Neukonzeption von Staatlichkeit gefordert wird.[639] Da andere souveräne Rechte auf staatlicher Ebene verbleiben und faktische Abhängigkeiten nicht den Fortbestand der rechtlichen Unabhängigkeit hindern, durch die sich die Souveränität auszeichnet, kann man aber nicht auf einen Funktionsverlust der Souveränität schließen.[640]

---

634 Oeter, Souveränität, in: Cremer/Giegerich/Richter/Zimmermann (Hrsg.), Festschrift für Steinberger, S. 259, 276.

635 Oeter, Souveränität, in: Cremer/Giegerich/Richter/Zimmermann (Hrsg.), Festschrift für Steinberger, S. 259, 276 f.; Vitzthum in: Vitzthum (Hrsg.), Völkerrecht, 1. Abschnitt Rn. 73.

636 Danach gehören zu den traditionell innerstaatlichen Angelegenheiten jedenfalls die Verfassungs- und Wirtschaftsordnung eines Landes und sein soziales und kulturelles System. Vgl. IGH, Case concerning military and paramilitary activities in and against Nicaragua, Nicaragua v. United States of America, Urteil vom 27.6.1986 (verfügbar unter http://www.icj-cij.org/docket/files/70/6503.pdf, recherchiert am 13.8.2014; fortan: IGH, Nicaragua), Ziff. 205: *"[...] the principle forbids all States or groups of States to intervene directly or indirectly in internal or external affairs of other States. A prohibited intervention must accordingly be one bearing on matters in which each State is permitted, by the principle of State sovereignty, to decide freely. One of these is the choice of a political, economic, social and cultural system, and the formulation of foreign policy."*;
Friendly-Relations-Deklaration (Fn. 624): *„Jeder Staat hat ein unveräußerliches Recht, sein politisches, wirtschaftliches, soziales und kulturelles System ohne irgendeine Form der Einmischung von Seiten eines anderen Staates zu wählen."*

637 v. Arnauld, Die Friedens-Warte 84 (2009), S. 13.

638 Fischer, in: Ipsen (Hrsg.), Völkerrecht, § 59 Rn. 53.

639 Vgl. v. Arnauld, Die Friedens-Warte 84 (2009), S. 12.

640 Schweisfurth, 1. Kapitel Rn. 38; Hailbronner, in: Vitzthum (Hrsg.), Völkerrecht, 3. Abschnitt Rn. 84.

Jedoch hat die internationale Zusammenarbeit durchaus rechtswirksame Folgen. Durch die Übertragung von Hoheitsrechten auf supranationale Organisationen werden Hoheitsakte in einem Staat verbindlich, die nicht allein durch die eigene Staatsgewalt ins Leben gerufen wurden; durch den Beitritt zu Menschenrechtsschutzabkommen bekommen internationale Instanzen Einfluss auf Maßnahmen des Staates gegenüber seinen eigenen Staatsbürgern.[641] Da sich Staaten immer weiter öffnen, wird ihr *domaine réservé*, der Bereich ausschließlicher Zuständigkeit, kleiner, und es können auch völkerrechtliche Pflichten entstehen, die keine direkte Folge freiwilliger Unterwerfung mehr sind.[642] Dies geschieht vor allem im Bereich des internationalen Menschenrechtsschutzes. Dadurch dass Staaten Verpflichtungen über den Umgang mit ihren eigenen Bürgern eingehen, gestatten sie – in gewissem Sinne pauschal – Einmischungen in hoheitliche Befugnisse, freilich nur im vom jeweiligen Vertrag vorgesehenen Rahmen.[643]

Hieraus lässt sich folgern, dass Staaten nicht mehr die gleiche souveräne Handlungsfreiheit haben wie zu der Zeit, als grenzüberschreitende Zusammenarbeit und Internationalisierung von Politik noch nicht so ausgeprägt waren wie heute. Die Anzahl rein interner Bereiche schrumpft. Trotzdem kann man, schon aufgrund der völkerrechtlichen Verankerung der Souveränität und des Freiwilligkeitsprinzips, von den faktischen und rechtlichen Verflechtungen der Staaten nicht auf eine generelle Bedrohung staatlicher Souveränität schließen. Die wachsende Bedeutung von inter- und supranationalen Organisationen modifiziert zwar das zwischenstaatliche System, verändert es aber nicht grundsätzlich; da keine für einen „Weltstaat" erforderliche Gemeinschaft existiert, wird das System zwischenstaatlich bleiben.[644]

Der Prozess der Internationalisierung hat damit zwar nicht zum Verlust von Souveränität, wohl aber zu einem Wandel im Souveränitätsverständnis geführt, der auch auf UN-Ebene sichtbar wird. UN-Generalsekretär Boutros Boutros-Ghali stellte in der Agenda für den Frieden 1992 fest, dass die Zeit absoluter und ausschließlicher Souveränität vorbei sei, und ruft die Staaten auf, die Erfordernisse guter interner Führung und der zunehmend verflochtenen Staatengemeinschaft miteinander in Einklang zu bringen.[645] Nach dem im Jahr 2004 vorgelegten Bericht des *High-level Panel on Threats, Challenges and Change* unter Generalsekretär Kofi Annan mit dem Titel „A more secure world: our shared responsibilities"[646] bringt Souveränität Verpflichtungen

641 Schweisfurth, 1. Kapitel Rn. 42.
642 v. Arnauld, Die Friedens-Warte 84 (2009), S. 13.
643 v. Arnauld, Die Friedens-Warte 84 (2009), S. 14.
644 Randelzhofer, in: Isensee/Kirchhof (Hrsg.), Handbuch des Staatsrechts II, § 17 Rn. 10 f.
645 Boutros-Ghali, An Agenda for Peace, Ziff. 17.
646 Report of the Secretary-General's High-level Panel on Threats, Challenges and Change, A more secure world: our shared responsibilities, UN Doc. A/59/565 vom 2.12.2004 (im Folgenden: High-level Panel Bericht *A more secure world*), verfügbar unter http://www.un.org/en/peacebuilding/pdf/historical/hlp_more_secure_world.pdf, recherchiert am 13.8.2014.

gegenüber dem eigenen Volk sowie gegenüber der internationalen Gemeinschaft mit sich. Wenn ein Staat diesen Verantwortlichkeiten nicht nachkomme, könne die internationale Gemeinschaft nach den Prinzipien der kollektiven Sicherheit einen Teil der Verantwortung übernehmen und Schutz gewährleisten.[647] Die UN-Charta schütze die Staaten nicht um ihrer selbst willen, sondern weil sie gebraucht würde, um Würde, Gerechtigkeit, Geltung und Sicherheit ihrer Bürger zu erreichen. Diese Werte werden in dem Bericht als Kernstück des Systems kollektiver Sicherheit und als geteilte Verantwortung aller Staaten gesehen.[648] Betont wird hier also ein nach außen gerichteter Zweck der Souveränitätsidee. Diese dient nicht dem Staat an sich, sondern der Erfüllung seiner Funktionen gegenüber Bürgern und Nachbarstaaten. Ein souveräner Staat kann besser in die Verantwortung genommen werden.

II. Menschenrechte

1. Inhalte und Reichweite

Menschenrechte bezeichnen Rechte von grundsätzlicher Bedeutung (Grundrechte), die ihrem Träger und Inhaber, dem menschlichen Individuum, garantiert werden.[649] Sie sind Maßstäbe für das Verhältnis der Bürger zum Staat.[650] Der (vorstaatliche) Geltungsgrund von Menschenrechten wird im Naturrecht gesehen, staatlich oder zwischenstaatlich verbürgte Menschenrechte gelten aufgrund eines Rechtsakts – einer Verfassung oder eines völkerrechtlichen Vertrags.[651] Durch die Verbürgung auf innerstaatlicher Ebene verpflichtet sich ein Staat zur Einhaltung und Umsetzung bestimmter Rechte seiner Staatsbürger oder der Personen in seinem Hoheitsgebiet, durch die Verbürgung auf zwischenstaatlicher Ebene verpflichtet er sich hierzu gegenüber den anderen Mitgliedstaaten des völkerrechtlichen Vertrags und der Staatengemeinschaft.[652]

Die historische Entwicklung der Menschenrechte setzt in den nationalen Rechtsordnungen im 18. Jahrhundert mit der Virginia Bill of Rights und im Zuge der

---

647 Vgl. High-level Panel Bericht *A more secure world* (Fn. 646), Ziff. 29.

648 Vgl. High-level Panel Bericht *A more secure world* (Fn. 646), Ziff. 30: *"What we seek to protect reflects what we value. The Charter of the United Nations seeks to protect all States, not because they are intrinsically good but because they are necessary to achieve the dignity, justice, worth and safety of their citizens. These are the values that should be at the heart of any collective security system for the twenty-first century, but too often States have failed to respect and promote them. The collective security we seek to build today asserts a shared responsibility on the part of all States and international institutions, and those who lead them, to do just that."*

649 Vgl. Schöbener, Allgemeine Staatslehre, § 5 Rn. 111.

650 Delbrück, Menschenrechte – Grundlage des Friedens?, in: Die Konstitution des Friedens als Rechtsordnung, S. 11.

651 Vgl. Gornig, Menschenrechte und Naturrecht, in: Gornig/Schöbener/Bausback/Irmscher (Hrsg.), Iustitia et Pax, S. 413 ff.; Schöbener, Allgemeine Staatslehre, § 5 Rn. 112 f.

652 Vgl. Dixon, S. 322.

Französischen Revolution ein.[653] Die Entwicklung eines Menschenrechtsschutzes auf zwischenstaatlicher Ebene und von internationalen Menschenrechtsstandards wurde erst durch die massive Verletzung fundamentaler Rechte während des Zweiten Weltkrieges ausgelöst; dieser Schutz wurde von den Vereinten Nationen initiiert und wird seither von ihnen angetrieben.[654]

Der Schutz des Individuums ist der zentrale Gedanke der Menschenrechte.[655] Ihr Kerngehalt besteht aus den Grundkategorien Freiheit, Gleichheit und Teilhabe bzw. Solidarität.[656] Hinsichtlich der materiellen Gewährleistungen ist eine Einteilung in verschiedene Kategorien oder „Generationen" üblich, anhand derer sich auch die Fortentwicklung der Menschenrechtsidee zeigt: Die erste Generation umfasst klassische Freiheitsrechte, wie das Recht auf Leben, auf körperliche Unversehrtheit und den Schutz vor Folter sowie grundlegende politische Rechte, wie Meinungsäußerungs- und Versammlungsfreiheit, die Gleichheit vor dem Gesetz und das Recht auf ein faires Verfahren.[657] Die zweite Generation enthält wirtschaftliche, soziale und kulturelle Rechte, wie zum Beispiel das Recht auf Arbeit, auf soziale Sicherheit und auf Bildung.[658] Diese meist Gleichheits- und Teilhaberechte sind weniger klar

---

653 Stein/v. Buttlar, Rn. 997; Doehring, Völkerrecht, Rn. 968.

654 So legen die Präambel und Art. 1 Nr. 3 der UN-Charta die Achtung der Menschenrechte als Ziel der Vereinten Nationen fest. Die Allgemeine Erklärung der Menschenrechte von 1948 stellt das erste universale Menschenrechtsdokument dar. Als Resolution der Generalversammlung hat sie jedoch (abgesehen von der gewohnheitsrechtlichen Geltung einiger Rechte) keinen rechtsverbindlichen Charakter. Vgl. Dixon, S. 322, 324; Stein/v. Buttlar, Rn. 999 f.; Herdegen, Völkerrecht, § 47 Rn. 3.

655 Daher kann bereits im humanitären Völkerrecht eine der Wurzeln des internationalen Menschenrechtsschutzes gesehen werden – dieses war das erste Gebiet des Völkerrechts, das die Einzelperson als Schutzobjekt betrachtet. Vgl. Doehring, Völkerrecht, Rn. 969f.; Herdegen, Völkerrecht, § 47 Rn. 1.

656 Delbrück, Menschenrechte und Souveränität, in: Die Konstitution des Friedens als Rechtsordnung, S. 24.

657 Beispiele für Menschenrechtsabkommen, die Rechte der ersten Generation verbürgen, sind auf internationaler Ebene die Genfer Flüchtlingskonvention (1951), das Internationale Übereinkommen zur Beseitigung jeder Form von Rassendiskriminierung (1966), der Internationale Pakt über bürgerliche und politische Rechte (IPbpR, 1966), das Übereinkommen zur Beseitigung jeder Form der Diskriminierung der Frau (1979), das Übereinkommen gegen Folter und andere grausame, unmenschliche und erniedrigende Behandlung oder Strafe (1984), und auf regionaler Ebene die Europäische Menschenrechtskonvention (EMRK, 1950) und die Amerikanische Menschenrechtskonvention (AMRK, 1969). Vgl. Herdegen, Völkerrecht, § 47 Rn. 6; Stein/v. Buttlar, Rn. 1002; Dixon, S. 324.

658 Solche Rechte werden z.B. im Internationalen Pakt über wirtschaftliche, soziale und kulturelle Rechte (IPwskR, 1966) und in der Europäischen Sozialcharta (1961) verbürgt. Vgl. Herdegen, Völkerrecht, § 47 Rn. 6; Stein/v. Buttlar, Rn. 1002; Dixon, S. 324.

umrissen als die Rechte der ersten Generation, sie haben nicht durchgehend den Charakter von Individualrechten, sondern teilweise nur von politischen Leitsätzen.[659] Die dritte Generation umfasst kollektive Rechte, zum Beispiel das Recht auf Entwicklung, Frieden oder eine gesunde Umwelt sowie das Recht auf Selbstbestimmung.[660] Die Charakteristik solcher Gruppenrechte ist, dass nicht ein Individuum, sondern eine Gruppe, also ein Volk oder ein Bevölkerungsteil, Rechteinhaber ist.[661] Gegen diese Rechte bestehen Vorbehalte aufgrund ihrer inhaltlichen Unbestimmtheit und der daraus folgenden Unklarheit über die rechtlichen Verpflichtungen.[662]

Die meisten Menschenrechtsabkommen verfügen zusätzlich zur Festsetzung positiver Rechte über Mechanismen, diese durchzusetzen. Viele Abkommen sehen hierfür eine periodische Berichtspflicht der Mitgliedstaaten[663] vor; manche enthalten auch die Möglichkeiten zu Staaten- oder Individualbeschwerden[664].[665]

Die räumliche Reichweite von Menschenrechten ergibt sich aus dem jeweiligen Abkommen. Grundsätzlich gilt ein Vertrag, der von einem Staat unterzeichnet und ratifiziert wurde, in dessen gesamtem Hoheitsgebiet, und ist auf alle dort befindlichen Personen ohne Rücksicht auf deren Staatsangehörigkeit anwendbar.[666] Im Falle der weiter reichenden Hoheitsgewalt kann der Geltungsbereich auch über das staatliche Hoheitsgebiet hinausgehen.[667]

---

659 Stein/v. Buttlar, Rn. 1002; Dixon, S. 324 f.

660 Die Afrikanische Charta der Menschenrechte und Rechte der Völker (Banjul-Charta, 1981) sieht solche Rechte vor. Vgl. Herdegen, Völkerrecht, § 47 Rn. 6; Wenzel, Group Rights, in: Wolfrum (Hrsg.), MPEPIL, Ziff. 5.

661 Vgl. Wenzel, Group Rights, in: Wolfrum (Hrsg.), MPEPIL, Ziff. 2.

662 Stein/v. Buttlar, Rn. 1002; Dixon, S. 325.

663 So enthalten Art. 40 Abs. 1 IPbpR bzw. Art. 16 Abs. 1 IPwskR die Verpflichtung, dass die Vertragsstaaten dem UN-Generalsekretär Berichte über die Verwirklichung der anerkannten Rechte und die dabei erzielten Fortschritte vorlegen, der diese dem Menschenrechtsausschuss bzw. dem Wirtschafts- und Sozialrat zur Prüfung zuleitet.

664 In Art. 41 IPbpR ist eine Staatenbeschwerde (Beschwerde eines Vertragsstaats über die Nichtbeachtung der Bestimmungen des Paktes durch einen anderen Vertragsstaat) vor dem Menschenrechtsausschuss vorgesehen. Das erste Fakultativprotokoll zum IPbpR schafft zusätzlich ein Individualbeschwerdeverfahren, im Rahmen dessen sich der Menschenrechtsausschuss mit den Beschwerden von Einzelpersonen befasst.
Die EMRK sieht in Art. 33 und Art. 34 Staaten- und Individualbeschwerden vor dem Europäischen Gerichtshof für Menschenrechte (EGMR) vor. Nach Art. 41 EMRK kann der Gerichtshof der verletzten Partei eine vom verurteilten Vertragsstaat zu leistende Entschädigung zusprechen.

665 Buergenthal, Human Rights, in: Wolfrum (Hrsg.), MPEPIL, Ziff. 21.

666 Herdegen, Völkerrecht, § 15 Rn. 17; Doehring, Völkerrecht, Rn. 982.

667 Vgl. zur durch Hoheitsgewalt vermittelten Anwendbarkeit von Menschenrechten unten (2. Kapitel, C I 4 c bb (3)).

Zeitlich kann die Geltung von Menschenrechtsabkommen insofern eingeschränkt sein, als sie sogenannte Notstandsklauseln (wie in Art. 4 IPbpR, Art. 15 EMRK) enthalten, die es ermöglichen, Rechtsgewährleistungen im Falle eines öffentlichen Notstands, zum Beispiel im Kriegsfall, außer Kraft zu setzen. Diese Vorschriften verknüpfen die Rechtsbereiche der Menschenrechte und des im Krieg geltenden humanitären Völkerrechts.[668] Notstandsklauseln schließen bestimmte Rechte jedoch von der Derogabilität aus. Sowohl im IPbpR als auch in der EMRK sind das Recht auf Leben, das Verbot von Folter und unmenschlicher Behandlung, von Sklaverei und das nulla poena sine lege Prinzip nicht-dispositiv, wobei in Art. 15 Abs. 2 EMRK Todesfälle infolge rechtmäßiger Kriegshandlungen ausgenommen sind. Art. 4 Abs. 2 IPbpR erklärt zusätzlich das Recht, als rechtsfähig anerkannt zu werden, das Verbot der Haft allein aufgrund Nichterfüllung einer vertraglichen Verpflichtung und die Gedanken-, Gewissens- und Religionsfreiheit für notstandsfest.

Menschenrechte gelten jedoch nicht allein aufgrund völkerrechtlicher Verträge. Es herrscht Einigkeit darüber, dass ein Kernbereich der Menschenrechte den Status von ius cogens, zwingendem Recht, erlangt hat.[669] Eine dem ius cogens angehörende Norm ist eine Norm, die von der gesamten Staatengemeinschaft als Norm anerkannt wird, von der nicht abgewichen werden darf und die nur durch eine spätere Norm derselben Rechtsnatur geändert werden kann.[670] So qualifizierte Vorschriften gelten also unabhängig von der räumlichen und zeitlichen Anwendbarkeit von Menschenrechtsabkommen. Zum ius cogens gehören das Verbot von Angriffshandlungen und Genozid, grundlegende Rechte für den Einzelnen, wie das Recht auf Leben, körperliche Unversehrtheit und der Schutz vor unmenschlicher Behandlung oder Sklaverei, ebenso wie das Recht, nicht wegen Rasse, Religion, Geschlecht und politischer Auffassung diskriminiert zu werden, und das Recht auf ein faires Verfahren.[671]

2. *Menschenrechte als Einschränkung der inneren Autonomie*

Das ius cogens gilt losgelöst von zwischenstaatlichen vertraglichen Verpflichtungen. Pflichten von Staaten, die gegenüber der ganzen Staatengemeinschaft wirken,

---

668 Vgl. zu den Gemeinsamkeiten von Menschenrechten und humanitärem Völkerrecht unten (2. Kapitel, C I 4 c bb).

669 Stein/v. Buttlar, Rn. 1000; Herdegen, Völkerrecht, § 16 Rn. 14; Hailbronner, in: Vitzthum (Hrsg.), Völkerrecht, 3. Abschnitt Rn. 49.

670 So wird ius cogens in Art. 53 der Wiener Vertragsrechtskonvention definiert.

671 Diese Definition ergibt sich teilweise aus dem vom IGH entschiedenen Fall Barcelona Traction (Ziff. 34), wo der erga omnes-Charakter der Rechtsverpflichtungen festgestellt wird, was auf ihren ius cogens-Charakter schließen lässt; IGH; Case concerning the Barcelona Traction, Light and Power Company, Limited; Urteil vom 5.2.1970; verfügbar unter http://www.icj-cij.org/docket/files/50/5387.pdf, recherchiert am 13.8.2014; fortan: IGH, Barcelona Traction.
Vgl. Frowein, Ius cogens, in: Wolfrum (Hrsg.), MPEPIL, Ziff. 6; Doehring, Völkerrecht, Rn. 986 f.; Herdegen, Völkerrecht, § 16 Rn. 14.

wurden erstmals vom IGH im *Barcelona Traction*-Fall dargelegt. Der Gerichtshof stellt fest, dass ein wesentlicher Unterschied besteht zwischen Verpflichtungen gegenüber einem anderen Staat und solchen gegenüber der internationalen Staatengemeinschaft. Letztere beträfen alle Staaten. Wegen der Bedeutung solcher Rechte hätten alle Staaten ein rechtliches Interesse an ihrem Schutz, weswegen diese Verpflichtungen erga omnes gälten.[672] Die erga omnes- und die ius cogens-Eigenschaften gehen meist miteinander einher.[673] Die Verpflichtung gegenüber der ganzen Staatengemeinschaft führt zur zwingenden Geltung einer Vorschrift. Ein Staat, der zwingende Menschenrechte missachtet, greift nicht nur in die Rechtssphäre der betroffenen Individuen ein, sondern verletzt seine völkerrechtlichen Verpflichtungen auf internationaler Ebene.[674] Aus der erga omnes-Idee folgt, dass alle Staaten ein rechtliches Interesse an der Einhaltung dieser Pflichten haben.[675] Solchen Verpflichtungen kommt eine gesteigerte Rechtskraft zu, die sie von dem vom Reziprozitätsprinzip geleiteten Pflichten auf bilateraler Ebene unterscheidet; anders als im Völkergewohnheitsrecht gibt es bei erga omnes-Pflichten für einzelne Staaten nicht die Möglichkeit, sich als *persistent objectors* ihrer Anwendbarkeit zu widersetzen.[676] Zu den erga omnes-Gewährleistungen gehören nicht nur Pflichten gegenüber Individuen, sondern auch solche gegenüber Staaten und Völkern, wie das Verbot von Angriffshandlungen und Genozid. Durch letztere Verbote schützen erga omnes-Pflichten neben den Menschenrechten auch den internationalen Frieden.[677]

Die Rechtsinstitute ius cogens und erga omnes haben zur Folge, dass Menschenrechte nicht als innere Angelegenheit gelten können; ein Staat kann seiner internationalen Verantwortung für Menschenrechtsverletzungen nicht mit dem Argument entgehen, es sei eine rein innerstaatliche Angelegenheit, sein *domaine réservé*, berührt.[678] Auch ist es gerade die Idee völkerrechtlich verbindlicher Menschenrechtsgarantien, sich auch nach außen zu deren Einhaltung zu verpflichten und Menschenrechtsfragen nicht nur zu internen Angelegenheiten zu erklären.[679] Menschenrechte stellen eine Ausnahme zur ausschließlichen Hoheitsgewalt dar, über die ein Staat ansonsten in Bezug auf sein Gebiet verfügt.[680] Sie tragen dazu bei, die Grenzen der inneren Autonomie eines staatlichen Regimes abzustecken.[681] Dadurch, dass ein Staat für Handlungen gegenüber seinen Bürgern auf seinem

---

672 IGH, Barcelona Traction, Ziff. 33.
673 Vgl. Frowein, Ius cogens, in: Wolfrum (Hrsg.), MPEPIL, Ziff. 6.
674 Stein/v. Buttlar, Rn. 1001.
675 Sicilianos, RGDIP 2012, S. 19.
676 Ebd.
677 Sicilianos, RGDIP 2012, S. 20.
678 Sicilianos, RGDIP 2012, S. 25.
679 v. Arnauld, Die Friedens-Warte 84 (2009), S. 14.
680 Dixon, S. 322.
681 Lister, Stan. J. Int. L. 48 (2012), S. 263.

Staatsgebiet auf internationaler Ebene zur Verantwortung gezogen werden kann, sind die Menschenrechte Teil der völkerrechtlichen Rechtshoheit geworden.[682]

Eingriffe von außen, die gravierende Menschenrechtsverletzungen im Inneren beenden sollen, werden unter den Begriff der humanitären Intervention gefasst, wobei sowohl die Verletzung von erga omnes-Pflichten als auch die Bedrohung der internationalen Sicherheit hier als Argumente für die Rechtmäßigkeit des Eingriffs vorgebracht werden.[683] Ein weiterer Ansatz für die Reaktion auf staatsinterne Menschenrechtsverletzungen geht von der Schutzverantwortung des Staates gegenüber seinen Bürgern aus; kommt ein Staat dieser responsibility to protect nicht nach, kann ein Eingriff von außen danach rechtens sein.[684] Es besteht insgesamt die Tendenz, dass das Völkerrecht, wenn es im Inneren eines Staates zu gravierenden und systematischen Menschenrechtsverletzungen kommt, der Staatengemeinschaft eine Reaktion abverlangt.

Aus diesem hohen Stellenwert der Menschenrechte ergibt sich ein Konflikt zwischen deren Umsetzung und der Ideologiefreiheit des Völkerrechts.

Das Völkerrecht verhält sich zu Staatsformen und Ideologien grundsätzlich neutral. Schon aus dem Grundsatz der Gleichheit der Staaten folgt das Recht zur freien Wahl des politischen Systems, da dieses Prinzip keine Differenzierung der Staaten nach der Staatsform mit negativen Folgen zulässt.[685] Das Völkerrecht ist für einen Pluralismus der Ideologien im Grundsatz offen.[686] Dies führt der IGH in seiner Nicaragua-Entscheidung aus, indem er erklärt, dass das Festhalten an einer bestimmten Ideologie durch einen Staat aufgrund von dessen Souveränität nicht gegen Völkergewohnheitsrecht verstoßen kann, und dass es kein Recht auf Intervention gibt, das sich darauf gründet, dass in einem Staat eine bestimmte Ideologie oder ein bestimmtes politisches System vorherrscht.[687] Der IGH sieht die Ideologiefreiheit des Völkerrechts damit als Teil des Prinzips der Souveränität der Einzelstaaten.[688]

Jedoch würde eine konsequente Umsetzung der Ideologiefreiheit des Völkerrechts die Staatengemeinschaft oft daran hindern, gegen die Missachtung zwingender

682 Dixon, S. 322.

683 Vgl. zur humanitären Intervention unten (2. Kapitel, B III); vgl. Stein/v. Buttlar, Rn. 641; Schöbener, Schutz der Menschenrechte, ZfP 47 (2000), S. 294 f.; Kimminich, AdV 33 (1995), S. 433.

684 Vgl. unten (2. Kapitel B III); ICISS, The Responsibility to Protect, S. 17; Stein/v. Buttlar, Rn. 641.

685 Epping, in: Ipsen (Hrsg.), Völkerrecht, § 26 Rn. 11.

686 Bausback, in: Klein (Hrsg.), Gewaltenteilung und Menschenrechte, S. 146.

687 *"[...] adherence by a State to any particular doctrine does not constitute a violation of customary international law ; to hold otherwise would make nonsense of the fundamental principle of State sovereignty, on which the whole of international law rests, and the freedom of choice of the political, social, economic and cultural system of a State. [...] The Court cannot contemplate the creation of a new rule opening up a right of intervention by one State against another on the ground that the latter has opted for some particular ideology or political system."* IGH, Nicaragua (Fn. 636), Ziff. 263.

688 Vgl. Bausback, in: Klein (Hrsg.), Gewaltenteilung und Menschenrechte, S. 146.

Menschenrechte durch einen Staat vorzugehen. Vor allem Eingriffe in Freiheits- und Gleichheitsrechte können durch eine Ideologie vorgegeben oder gerechtfertigt werden. Ideologiefreiheit und Souveränität werden daher durch das Beharren der Staatengemeinschaft auf der Umsetzung bestimmter Rechte eingeschränkt.

Das Völkerrecht sucht deshalb nach einem Kompromiss zwischen der absoluten Neutralität gegenüber der inneren Ordnung eines Staates und der Überdehnung der Schutzgarantien der Menschenrechte.[689] Das eine Extrem hätte zur Folge, dass schwere Menschenrechtsverletzungen hingenommen würden, das andere Extrem würde eine Form von Interventionalismus fördern oder dazu führen, dass die Menschenrechte ein Stück ihrer normativen Regelungskraft verlieren.[690]

III. Selbstbestimmungsrecht der Völker

1. Grundsätze

Das Selbstbestimmungsrecht entstammt dem Gedankengut der Amerikanischen und der Französischen Revolution und der Idee des Gesellschaftsvertrages zwischen den Regierten und den Regierenden.[691] Es greift das Bedürfnis von Völkern auf, die alleinige Entscheidungsgewalt über das eigene Schicksal zu haben.[692]

Die Friendly-Relations-Deklaration von 1970 enthält eine Umschreibung dieses Rechts. Danach *„haben alle Völker das Recht, frei und ohne Einmischung von außen über ihren politischen Status zu entscheiden und ihre wirtschaftliche, soziale und kulturelle Entwicklung zu gestalten, und jeder Staat ist verpflichtet, dieses Recht im Einklang mit den Bestimmungen der Charta zu achten"*.[693] Als die weitestreichende und grundlegendste Forderung, die sich auf das Selbstbestimmungsprinzip stützt, gilt die Forderung nach der freien Entscheidung über den Territorialstatus.[694] Dem Selbstbestimmungsgrundsatz, der in den UN-Menschenrechtspakten kodifiziert wurde und auf den die UN-Charta Bezug nimmt, kommt im Völkerrecht erhebliche Bedeutung zu.[695] Er gehört zu den rechtlichen Grundsätzen, die die Entwicklung des Völkerrechts in der zweiten Hälfte des 20. Jahrhunderts am meisten beeinflusst haben.[696]

---

689 Bausback, in: Klein (Hrsg.), Gewaltenteilung und Menschenrechte, S. 146, 149 f.

690 Ebd.

691 Vgl. Heintze, in: Ipsen (Hrsg.), Völkerrecht, § 27 Rn. 1; Thürer, Self-Determination, EPIL IV, S. 364; Neuhold/Hummer/Schreuer, Kap. VI/1, Rn. 2057.

692 *"[...] the need felt by every people to be the sole master of its fate"*; Cristescu, Ziff. 188; vgl. Heintze, in: Ipsen (Hrsg.), Völkerrecht, § 27 Rn. 10.

693 Friendly-Relations-Deklaration, Fn. 624.

694 Murswiek, Offensives und defensives Selbstbestimmungsrecht, Der Staat 23 (1984), S. 527.

695 Das Selbstbestimmungsrecht findet sich in den gleichlautenden Art. 1 Abs. 1 der UN-Menschenrechtspakte, Art. 1 Nr. 2 und Art. 55 der UN-Charta nehmen darauf Bezug.

696 Daglish/Nasu, NILR 2007, S. 83.

Das Selbstbestimmungsrecht wird – vor allem im UN-Kontext – als eines der Grundprinzipien des modernen Völkerrechts angesehen; gleichzeitig wird es als zu unbestimmt gefasst kritisiert, um normative Aussagen zu treffen.[697] Es enthält mehrere Aspekte so verschiedenen Inhalts, dass es auch als Oberbegriff für mehrere verschiedene Rechte oder Forderungen gelten könnte. Ausgangspunkt für die Unterscheidung dieser inhaltlichen Komponenten kann die Bestimmung der Träger bzw. der Subjekte des Selbstbestimmungsrechts sein.

2. Träger des Selbstbestimmungsrechts

Personell stellt das Selbstbestimmungsrecht ein Gruppenrecht dar, wobei Rechtsträger „alle Völker" sind.[698] Hier kommt die Unterscheidung zwischen Staatsvolk und Volk im soziologischen Sinn zum Tragen.[699] Subjekte des Selbstbestimmungsrechts können sowohl die Staatsvölker als auch die staatlich nicht organisierten Völker sein.[700] Wo die Staatsangehörigkeit die Zugehörigkeit zum Staatsvolk eindeutig festlegt, wird die Definition des Volksbegriffes – wie erwähnt – nach objektiven und subjektiven Kriterien vorgenommen.[701] So ist ein Volk einerseits eine Gruppe, die sich kulturell und ethnisch von anderen unterscheidet, andererseits ein Kollektiv, dem der Wille, sich als Volk zu verstehen, gemeinsam ist.[702] Weil auch das Siedlungsgebiet Schutzobjekt des Selbstbestimmungsrechts ist, es also gebietsbezogen gilt, ist ein enger Bezug des Volkes zu einem abgrenzbaren Territorium notwendig; Angehörige einer Minorität, die verstreut in einem von einer Mehrheitsbevölkerung beherrschten Staatsgebiet leben, können sich nicht darauf berufen.[703]

Ob und inwieweit Minderheiten Träger des Selbstbestimmungsrechts sein können, ist problematisch. Weil das Selbstbestimmungsrecht den Völkern zuerkannt wird, müsste eine Minderheit als Volk oder Volksgruppe gelten, um sich darauf berufen zu können. Eine Definition von „Minderheit" betrachtet diese als eine Personengruppe, die der restlichen Bevölkerung ihres Aufenthaltsstaates zahlenmäßig unterlegen ist, und deren Mitglieder sich durch ethnische, religiöse oder sprachliche Eigenschaften von der Mehrheit der Bevölkerung dieses Staates unterscheiden, ein

---

697 Vgl. Murswiek, Offensives und defensives Selbstbestimmungsrecht, Der Staat 23 (1984), S. 524 f.

698 Vgl. Stein/v. Buttlar, Rn. 670.

699 Vgl. oben bei Volk (1. Kapitel, C I 1).

700 Murswiek, Offensives und defensives Selbstbestimmungsrecht, Der Staat 23 (1984), S. 528; Cristescu, Ziff. 260 ff.

701 Vgl. oben bei Volk (1. Kapitel, C I 1).

702 Murswiek, Offensives und defensives Selbstbestimmungsrecht, Der Staat 23 (1984), S. 529.

703 Würde das Selbstbestimmungsrecht nicht als gebietsbezogen aufgefasst, würde die Umsiedlung ethnischer Gruppen nicht dagegen verstoßen. Vgl. Heintze, in: Ipsen (Hrsg.), Völkerrecht, § 27 Rn. 12; Murswiek, Offensives und defensives Selbstbestimmungsrecht, Der Staat 23 (1984), S. 529; Cristescu, Ziff. 279.

Zusammengehörigkeitsgefühl hinsichtlich des Erhalts ihrer Kultur, Traditionen, Religion oder Sprache zeigen und die Staatsbürgerschaft des Staates besitzen, in dem sie leben.[704] Auch hier bestehen also objektive und subjektive Merkmale: Objektiv kann sich eine Gruppe neben Eigenschaften der Rasse oder Ethnie, Religion und Sprache auch durch Merkmale historischer, kultureller, politischer oder sozialer Art von der Mehrheit absetzen.[705] Subjektives Merkmal ist der Wille der Gruppenmitglieder, ihre Identität als Minderheit und ihre Zusammengehörigkeit zu schützen.[706]

Eine einheitliche Definition des Begriffs der Minderheit fehlt jedoch.[707] So wird für die Bezeichnung als Minderheit mitunter auch gefordert, dass eine gewisse territoriale Zusammengehörigkeit erkennbar sein muss, da nur eine Minderheitengruppe, die auf einem abgrenzbaren Gebiet lebt, nicht Gruppenmitglieder, die verstreut unter der Mehrheit der Staatsangehörigen leben, eine gewisse Autonomie verlangen könnten.[708] Die objektiven und subjektiven Kriterien der zuvor beschriebenen Definition enthalten hingegen keinen territorialen Bezug, so dass hier auch Gruppen mit verstreut lebenden Mitgliedern einbezogen werden. Auch die Staatsangehörigkeit des Aufenthaltsstaates ist nicht Bestandteil jeder Sichtweise.[709] Durch den Verzicht auf dieses Merkmal könnten auch Immigranten mit fremder Staatsbürgerschaft Minderheitenschutz beanspruchen.[710] Bisweilen wird hinsichtlich des Maßes der Rechte oder Vorrechte, die der Aufenthaltsstaat einer Minderheit zuerkennt, differenziert, ob die Angehörigen der Minderheit eigene oder fremde Staatsangehörige sind.[711] Nach einer modernen, weitreichenden Sichtweise werden auch sogenannte neue Minderheiten in den Minderheitenbegriff integriert: Dazu gehören Zuwanderungsminderheiten mit fremder Staatsangehörigkeit, wie Wanderarbeiter, aber auch alle Gruppen, die gesellschaftliche Diskriminierung erfahren, wie Homosexuelle oder Menschen mit Behinderung.[712]

Es zeigt sich, dass die Definitionen von „Volk“ und „Minderheit“ zwar gemeinsame Bestandteile haben, sich aber wesentlich unterscheiden. Nur wo eine Minderheit auch die Merkmale des Volksbegriffes erfüllt, kann sie (zusätzlich) als Volksgruppe gelten.

---

704 Capotorti, Ziff. 568; vgl. Hilpold, Neue Minderheiten, AdV 42 (2004), S. 81.

705 Vgl. Hofmann, Menschenrechte, ZaöRV 2005, S. 587 f.; Doehring, in: Simma (Hrsg.), The Charter of the United Nations, Vol. I, Self-Determination, Rn. 29.

706 Doehring, Völkerrecht, § 15 Rn. 787; Henrard, Minorities, International Protection, in: Wolfrum (Hrsg.), MPEPIL, Ziff. 13.

707 Vgl. Henrard, Minorities, International Protection, in: Wolfrum (Hrsg.), MPEPIL, Ziff. 1.

708 Doehring, Völkerrecht, § 15 Rn. 786.

709 Vgl. Hilpold, Neue Minderheiten, AdV 42 (2004), S. 82 ff.

710 Vgl. Hilpold, Neue Minderheiten, AdV 42 (2004), S. 83 f.

711 So muss ein Staat fremden Staatsangehörigen zwar passive Rechte zugestehen und für ihren Schutz sorgen, aber keine positiven Fördermaßnahmen, zum Beispiel zum Erhalt der Sprache, leisten. Vgl. Eide, Protection of Minorities, Ziff. 42.

712 Hilpold, Neue Minderheiten, AdV 42 (2004), S. 81.

Unabhängig von der gewählten Minderheitendefinition bezeichnen „Minderheit“ und „Volk“ Unterschiedliches, weil die Folgen der Einordnung als Minderheit oder Volk andere sind. Einer Minderheit wird Minderheitenschutz gewährt, sie kann sich auf Minderheitenrechte berufen. Diese sind ein Teilbereich der internationalen Menschenrechte.[713] Die bedeutendste Minderheitenschutzbestimmung findet sich in Art. 27 IPbpR.[714] Diese Vorschrift enthält sowohl das Recht auf kulturellen Schutz als auch die Pflicht der Staaten, Maßnahmen zur Wahrung der Identität einer Minderheit zu ergreifen; es hat eher den Charakter eines Individualrechts zugunsten der Angehörigen der Minderheiten als den eines kollektiven Schutzrechts.[715] Das Selbstbestimmungsrecht muss trotz seiner Kodifizierung in den Menschenrechtspakten als Gruppenrecht und damit als kollektives Schutzrecht gelten, weil der Anspruch, über den Territorialstatus oder auch über politische Teilhabe zu bestimmen, nicht von Einzelnen, sondern stets von einer Gruppe ausgeübt werden muss. Wenn eine Minderheit gleichzeitig den Charakter einer Volksgruppe hat, kann sie sich sowohl auf die individuellen Minderheitenrechte als auch auf das kollektive Selbstbestimmungsrecht berufen.

3. *Verankerung und Stellung im Völkerrecht*

Die rechtliche Verankerung des Selbstbestimmungsrechts findet sich in Art. 1 Nr. 2 und Art. 55 UN-Charta, in den gleichlautenden Art. 1 Abs. 1 der UN-Menschenrechtspakte sowie in etlichen UN-Generalversammlungsresolutionen, von denen die wichtigsten die Resolution über die Dekolonisation[716] und die Friendly-Relations-Deklaration[717] darstellen.[718] Welchen Rechtscharakter diese Kodifizierungen dem Selbstbestimmungsrecht verleihen, hat Aussagekraft über dessen Bindungswirkung.

Die Bezugnahme auf die Selbstbestimmung als Ziel der Vereinten Nationen in Art. 1 UN-Charta kann einerseits als Kodifikation eines bindenden Prinzips des Völkerrechts, andererseits als bloße politische Zielvorgabe verstanden werden: Gegen die Rechtsverbindlichkeit spricht, dass es sich bei der Selbstbestimmung, wie sie in der UN-Charta erwähnt wird, nicht um ein geschlossenes Konzept, sondern eher um einen Ideenkomplex handelt, der als indirektes Mittel der Friedenserhaltung nicht

713 Hofmann, Menschenrechte, ZaöRV 2005, S. 587.
714 Hilpold, Neue Minderheiten, AdV 42 (2004), S. 83; Hofmann, Menschenrechte, ZaöRV 2005, S. 591; Art. 27 IPbpR sieht vor, dass in *„Staaten mit ethnischen, religiösen oder sprachlichen Minderheiten [...] Angehörigen solcher Minderheiten nicht das Recht vorenthalten werden [darf], gemeinsam mit anderen Angehörigen ihrer Gruppe ihr eigenes kulturelles Leben zu pflegen, ihre eigene Religion zu bekennen und auszuüben oder sich ihrer eigenen Sprache zu bedienen“.*
715 Vgl. Hofmann, Menschenrechte, ZaöRV 2005, S. 592.
716 UN-Generalversammlungsresolution 1514 (XV) vom 14.12.1960 (Fn. 423).
717 Friendly-Relations-Deklaration (Fn. 624).
718 Vgl. Doehring, in: Simma (Hrsg.), The Charter of the United Nations, Vol. I, Self-Determination, Rn. 14.

präzise genug ist, um rechtsverbindlich zu sein.[719] Es findet sich deshalb der Einwand, dass ein Prinzip, dessen innere Struktur nicht zur Verbindlichkeit geeignet ist, auch nicht durch die Aufnahme in einen rechtsverbindlichen Text hierzu gelangen könne.[720] Jedoch ist die UN-Charta nicht nur aus der Sichtweise zum Zeitpunkt ihrer Entstehung, sondern auch aus heutiger Sicht, mit Blick auf die seither geschehene Rechtsfortbildung, zu interpretieren.[721] Die Rechtssetzung seit der UN-Charta, die Praxis der UN-Organe und der Mitgliedstaaten und die Rechtsprechung des IGH geben deutliche Anhaltspunkte für einen rechtsverbindlichen Charakter des Selbstbestimmungsrechts.[722]

Diese Entwicklung wurde zunächst von der Kolonialfrage angestoßen. Der US-amerikanische Präsident Woodrow Wilson bringt in einer Ansprache vor dem Kongress im Jahr 1918 in einem seiner „Vierzehn Punkte" den Gedanken des Selbstbestimmungsrechts auf, indem er im Zusammenhang mit der Kolonialfrage fordert, dass bei Souveränitätsentscheidungen die Interessen der betroffenen Bevölkerung dasselbe Gewicht haben sollen wie die Ansprüche der Regierungen.[723] In den Pariser Friedensverträgen und der Satzung des Völkerbundes kommt dem Selbstbestimmungsrecht jedoch keine große Bedeutung zu.[724] Erst nach dem Zweiten Weltkrieg wird es auf universeller Ebene, in der UN-Charta, kodifiziert.[725]

Im Rahmen der Dekolonisation erhält das Selbstbestimmungsrecht einige praktische Bedeutung. In der Resolution über die Dekolonisation aus dem Jahr 1960 wird die Aufrechterhaltung kolonialer Regime als rechtswidrig und die Umsetzung der Selbstbestimmung als Rechtsanspruch angesehen.[726] Auf dieser Grundlage schuf die UN-Generalversammlung ein Entkolonialisierungsrecht mit dem Selbstbestimmungsanspruch als Kerngehalt und beeinflusste so in zuvor nicht dagewesener

719 Thürer, Das Selbstbestimmungsrecht, AdV 22 (1984), S. 119.

720 Ebd.

721 Diese Interpretation aus der Sicht des Rechtsanwenders, die die Entwicklungen nach Entstehen des Rechtstextes berücksichtigt, bezeichnet *Doehring* als objektive Interpretation. Doehring, in: Simma (Hrsg.), The Charter of the United Nations, Vol. I, Self-Determination, Rn. 1.

722 Doehring, in: Simma (Hrsg.), The Charter of the United Nations, Vol. I, Self-Determination, Rn. 1; vgl. Gornig, Der Inhalt, Politische Studien 6/1993, S. 12.

723 Vgl. Gornig, Der Inhalt, Politische Studien 6/1993, S. 12; Partsch, Self-Determination, in: Wolfrum/Philipp (Hrsg.), United Nations, Rn. 2.

724 Vgl. Gornig, Der Inhalt, Politische Studien 6/1993, S. 13; Thürer, Self-Determination, EPIL IV, S. 364.

725 Doehring, in: Simma (Hrsg.), The Charter of the United Nations, Vol. I, Self-Determination, Rn. 12.

726 UN-Generalversammlungsresolution 1514 (XV) vom 14.12.1960 (Fn. 423), Ziff. 1 f.; Partsch, Self-Determination, in: Wolfrum/Philipp (Hrsg.), United Nations, Rn. 16.

Weise die Entstehung neuer Staaten.[727] So führte die UN-Praxis während der Dekolonisation zum ersten Mal zur Sichtweise der Selbstbestimmung als Rechtsanspruch.[728]

Die Kodifizierung in Art. 1 Abs. 1 von IPbpR und IPwskR verhilft dem Selbstbestimmungsrecht zu weitergehender Bedeutung. Diese völkerrechtliche Vertragsform wird als eigene Rechtsgrundlage und als Rechtsgrund für die Verbindlichkeit dieses Rechts betrachtet.[729] Die Integration in die Menschenrechtspakte macht die Idee der (kollektiven) Selbstbestimmung zur Voraussetzung für die Umsetzbarkeit individueller Menschenrechte.[730] Auch in der oben erwähnten Friendly-Relations-Deklaration ist von Selbstbestimmung nicht nur als Prinzip, sondern als Recht die Rede.[731]

Der IGH geht zum Beispiel in den Gutachten zu Namibia und Westsahara von der Existenz des Selbstbestimmungsrechts aus.[732] Im Osttimor-Fall spricht er dem Selbstbestimmungsrecht, wie es sich aus der UN-Charta und UN-Praxis heraus entwickelt hat, einen erga omnes-Charakter zu.[733] Auch wenn seine Entscheidungen freilich nur inter partes bindend wirken und er kein Recht setzen, sondern es nur anwenden kann, dienen Entscheidungen und Gutachten des IGH dazu, die Existenz

727 Thürer, Das Selbstbestimmungsrecht, AdV 22 (1984), S. 121.

728 Doehring, in: Simma (Hrsg.), The Charter of the United Nations, Vol. I, Self-Determination, Rn. 18.

729 Heintze, in: Ipsen (Hrsg.), Völkerrecht, § 27 Rn. 7; Doehring, in: Simma (Hrsg.), The Charter of the United Nations, Vol. I, Self-Determination, Rn. 19. Partsch verneint dies aufgrund der Position des Selbstbestimmungsrechts in Teil I der Menschenrechtspakte, der als eine Art zusätzliche Präambel nicht-verbindlichen Charakter habe, und aufgrund der fehlenden Präzisierung der unbestimmten Rechtsbegriffe; Partsch, Self-Determination, in: Wolfrum/Philipp (Hrsg.), United Nations, Rn. 14.

730 Thürer, Self-Determination, EPIL IV, S. 366. Das Selbstbestimmungsrecht erhält durch die Kodifizierung in den Menschenrechtspakten jedoch nicht den Charakter eines klassischen Menschenrechts, weil Menschenrechte Individualrechte sind, während das Selbstbestimmungsrecht ein Gruppenrecht darstellt. Vgl. zu dieser Unterscheidung oben bei Träger des Selbstbestimmungsrechts (2. Kapitel, A III 2).

731 UN-Generalversammlungsresolution 1514 (XV) vom 14.12.1960 (Fn. 423), Ziff. 2; Friendly-Relations-Deklaration (Fn. 624); vgl. Doehring, in: Simma (Hrsg.), The Charter of the United Nations, Vol. I, Self-Determination, Rn. 14.

732 IGH, Legal consequences for states of the continued presence of South Africa in Namibia (South West Africa) notwithstanding Security Council Resolution 276 (1970), Gutachten vom 21.6.1971, Ziff. 52 (verfügbar unter http://www.icj-cij.org/docket/files/53/5595.pdf, recherchiert am 13.8.2014);
IGH, Western Sahara, Gutachten vom 16.10.1975, Ziff. 54 ff., 162 (verfügbar unter http://www.icj-cij.org/docket/files/61/6195.pdf, recherchiert am 13.8.2014; fortan: IGH, Westsahara-Gutachten);
Doehring, in: Simma (Hrsg.), The Charter of the United Nations, Vol. I, Self-Determination, Rn. 24 f.

733 IGH, Portugal ./. Australien, Urteil vom 30.6.1995, Ziff. 29.

bestehenden Rechts unter Beweis zu stellen.[734] Es gibt daher gewichtige Anhaltspunkte für die Annahme, dass sich die Selbstbestimmung von einer politischen Zielvorgabe durch UN- und Staatenpraxis zu einer verbindlichen Rechtsvorschrift entwickelt hat, die auch erga omnes wirkt.

Aufgrund dieser Entwicklung wird das Selbstbestimmungsrecht nun überwiegend als Teil des Völkergewohnheitsrechts[735] und des ius cogens betrachtet.[736]

Die Einordnung als Rechtsanspruch und als ius cogens ist jedoch insofern einzuschränken, als unklar bleibt, hinsichtlich welcher inhaltlicher Komponenten rechtliche Verbindlichkeit und zwingende Geltung bestehen.[737] Der anerkannte Rechtsanspruch erstreckt sich nicht auf alles, was man unter Selbstbestimmung fassen kann. Hier ist noch immer zwischen einem Rechtsanspruch einerseits und einem Aktionsprogramm für die internationale Gemeinschaft oder einem Legitimationsprinzip andererseits zu differenzieren.[738] Wo die inhaltliche Grenze hierfür zu ziehen ist, kann anhand der näheren Untersuchung des Inhalts deutlich werden.

4. Inhalte

Das Selbstbestimmungsrecht lässt sich in mehrere Komponenten aufteilen. Eine grundlegende Unterscheidung besteht zwischen seiner externen und seiner internen Dimension. Das externe Selbstbestimmungsrecht legt das Verhältnis eines Volkes zu anderen Völkern oder deren Staaten fest, während das interne Selbstbestimmungsrecht das Recht eines Volkes bezeichnet, sein politisches und wirtschaftliches

---

734 Doehring, in: Simma (Hrsg.), The Charter of the United Nations, Vol. I, Self-Determination, Rn. 22.

735 Thürer, Das Selbstbestimmungsrecht, AdV 22 (1984), S. 125; Murswiek, Die Problematik eines Rechts auf Sezession, AdV 31 (1993), S. 308.

736 Frowein, Jus Cogens, EPIL III, S. 67; Doehring, in: Simma (Hrsg.), The Charter of the United Nations, Vol. I, Self-Determination, Rn. 57; Gros Espiell, Ziff. 70 ff.

737 Auch wird kritisiert, dass auf das Selbstbestimmungsrecht in Zusammenhängen Bezug genommen wurde, die dafür nicht geeignet sind. So verurteilte der UN-Sicherheitsrat in seiner Resolution 556 aus dem Jahr 1984 die Apartheid-Politik Südafrikas und mahnte die Einhaltung des Rechts auf Selbstbestimmung des unterdrückten Teils der Bevölkerung Südafrikas an. Hiergegen wird eingewandt, dass der Kampf der Schwarzen Südafrikas gegen die Apartheid nichts mit Selbstbestimmung im Sinne des Wunsches nach einem eigenen Staat oder einer eigenen Regierung zu tun hatte. Er richtete sich vielmehr auf Umsetzung des Gleichheitsprinzips und Teilhabe an der existierenden Staatsmacht und der Regierung im eigenen Land (vgl. UN-Sicherheitsratsresolution 556 vom 23.10.1984, verfügbar unter http://www.un.org/en/ga/search/view_doc.asp?symbol=S/RES/556(1984), recherchiert am 9.6.2014, Ziff. 5 f.; Doehring, in: Simma (Hrsg.), The Charter of the United Nations, Vol. I, Self-Determination, Rn. 16). Andererseits könnte der Kampf gegen die Apartheid durchaus die innere Dimension des Selbstbestimmungsrechts berühren.

738 Thürer, Self-Determination, EPIL IV, S. 371 f.

System frei zu wählen.[739] Beide Dimensionen beziehen sich sowohl auf Staatsvölker als auch auf staatlich nicht organisierte Völker.[740]

a) *Externes Selbstbestimmungsrecht*

aa) Defensives und offensives Selbstbestimmungsrecht

Die externe Dimension des Selbstbestimmungsrechts ist anhand der Abgrenzung zwischen ihren Bezugseinheiten, Staatsvölkern und Völkern im ethnischen oder soziologischen Sinn zu definieren.[741] Weil beide Rechtsträger des (externen) Selbstbestimmungsrechts sein können, entsteht insofern ein Widerspruch, als sich diese beiden Selbstbestimmungssubjekte mit auseinandergehenden Forderungen in Bezug auf dasselbe Territorium gegenüberstehen.[742] Dieser Widerspruch lässt sich lösen, indem man unterschiedliche Funktionen oder Inhalte des Selbstbestimmungsrechts identifiziert und diese den Volksbegriffen zuordnet:[743]

Ausgehend von der Maximalforderung nach freier Entscheidung über den Territorialstatus kommt dem Selbstbestimmungsrecht zunächst die Funktion zu, Änderungen oder Eingriffe in den bestehenden Territorialstatus abzuwehren; Subjekt dieses „defensiven Selbstbestimmungsrechts" ist das Staatsvolk.[744] Nur ein Volk (im ethnischen oder soziologischen Sinn) kann das Recht geltend machen, den bestehenden Territorialstatus zu ändern. Die Funktion, gegen einen mit einer Selbstbestimmungsforderung nicht übereinstimmenden Territorialstatus vorzugehen, kommt als „offensives Selbstbestimmungsrecht" dem Volk im ethnischen oder soziologischen Sinn zu.[745] Die Friendly-Relations-Deklaration zählt für die Ausübung des offensiven Selbstbestimmungsrechts mehrere Möglichkeiten auf: die Gründung eines souveränen Staates, die Vereinigung mit oder Eingliederung in einen unabhängigen Staat und der Eintritt in einen anderen, frei gewählten politischen Status.[746]

Die offensive Komponente stand im Zentrum des Dekolonisierungsprozesses und wurde währenddessen am häufigsten geltend gemacht.[747] Dieses „koloniale Selbstbestimmungsrecht" ist seit der Entkolonialisierungsbewegung rechtlich

739 Gornig, Der Inhalt, Politische Studien 6/1993, S. 21.

740 Ebd.

741 Vgl. Hilpold, Das Selbstbestimmungsrecht, JuS 2013, S. 1082.

742 Vgl. Murswiek, Offensives und defensives Selbstbestimmungsrecht, Der Staat 23 (1984), S. 531.

743 Murswiek, Offensives und defensives Selbstbestimmungsrecht, Der Staat 23 (1984), S. 532.

744 Murswiek, Offensives und defensives Selbstbestimmungsrecht, Der Staat 23 (1984), S. 532 f.

745 Vgl. ebd.

746 Friendly-Relations-Deklaration (Fn. 624); Erläuterung zu „Der Grundsatz der Gleichberechtigung und Selbstbestimmung der Völker".

747 Vgl. Stein/v. Buttlar, Rn. 675; Heintze, in: Ipsen (Hrsg.), Völkerrecht, § 29 Rn. 1.

anerkannt.[748] Es hatte zur Folge, dass der Erwerbstitel, den sich die europäischen Mächte für die Landnahme der überseeischen Gebiete geschaffen hatten, im Namen der universellen Gleichheit beseitigt wurde.[749]

Die Ausübung des offensiven Selbstbestimmungsrechts wird regelmäßig einen Konflikt mit dem Grundsatz der Souveränität verursachen. Da es bei der Anwendung des defensiven Selbstbestimmungsrechts um die Wahrung des Status eines Volkes geht, kann es hier keinen Widerstreit mit staatlichen Souveränitätsansprüchen geben.[750] Die Veränderung des Territorialstatus durch das offensive Selbstbestimmungsrecht, vor allem wenn dies durch Abspaltung geschieht, wird hingegen mit den Souveränitäts- und Einheitsvorstellungen des betroffenen Staates kollidieren.[751] Dies führt jedoch nicht dazu, dass dem offensiven Selbstbestimmungsrecht der Rechtscharakter abzuerkennen wäre. Auch die offensive Komponente der Selbstbestimmung dient der Friedenssicherung: Während die defensive Komponente den Status quo erhält, fordert die offensive Komponente, dass dieser den Anforderungen materieller Gerechtigkeit entspricht, was zu einer gerechten Ordnung und so zu dauerhaftem Frieden führen soll.[752] Zudem ist bei der Abwägung zwischen Selbstbestimmungsrecht und Souveränität zu beachten, dass der *domaine réservé* der Staaten eingeschränkt und die Souveränität mit völkerrechtlichen Pflichten belastet ist – zu diesen gehört das Selbstbestimmungsrecht.[753] Dieser Widerstreit zeigt sich besonders an der Problematik der völkerrechtlichen Zulässigkeit einer Sezession.

bb) Sezession

Im Falle einer Sezession veranlasst ein Teilvolk eines bestehenden Staates die Abspaltung von diesem (gegen dessen Willen) und bildet einen eigenen Staat oder gliedert sich einem anderen an.[754] Der ursprüngliche Staat bleibt mit verkleinertem Territorium als Völkerrechtssubjekt bestehen.[755] Die Sezession verwirklicht damit die Maximalforderung bei der Ausübung des offensiven Selbstbestimmungsrechts und stellt den höchstmöglichen Eingriff in die Souveränität des bisherigen Staates dar.

Die Absicht zur Abspaltung entsteht, wenn eine Volksgruppe, oft mit einer Geschichte von Verfolgung und Unterdrückung, sich nun das Recht nehmen will, über

---

748 Hilpold, Das Selbstbestimmungsrecht, JuS 2013, S. 1083.

749 Murswiek, Offensives und defensives Selbstbestimmungsrecht, Der Staat 23 (1984), S. 542.

750 Gornig, Der Inhalt, Politische Studien 6/1993, S. 21 f.

751 Vgl. Gornig, Der Inhalt, Politische Studien 6/1993, S. 21.

752 Murswiek, Offensives und defensives Selbstbestimmungsrecht, Der Staat 23 (1984), S. 537.

753 Murswiek, Offensives und defensives Selbstbestimmungsrecht, Der Staat 23 (1984), S. 539.

754 Keine Frage der Sezession ist hingegen die Dismembration eines Staates, wie im Fall des ehemaligen Jugoslawien. Vgl. Doehring, in: Simma (Hrsg.), The Charter of the United Nations, Vol. I, Self-Determination, Rn. 35; Stein/v. Buttlar, Rn. 681.

755 Heintze, in: Ipsen (Hrsg.), Völkerrecht, § 29 Rn. 8.

sein Schicksal selbst zu entscheiden und eine Regierungsform zu wählen, die seine Traditionen und Werte respektiert.[756] Sezessionen werden jedoch von den Staaten meist kritisch gesehen. Neben dem von einer Sezession verursachten Eingriff in die Souveränität und territoriale Integrität des betroffenen Staates stellt sie auch die Verletzung der verfassungsrechtlichen Treuepflicht einer Volksgruppe gegenüber seinem Staat dar.[757] Ferner kann die Kritik an Sezessionen darauf zurückgehen, dass man in keinem Staat befördern möchte, selbst zum Objekt einer solchen zu werden. Wenn die Staaten als Träger der Völkerrechtsordnung zu einer Akzeptanz von Sezessionen kämen und eine solche Befugnis so als rechtsverbindliches Prinzip anerkannt würde, würde dies aufgrund des Grundsatzes der Gegenseitigkeit auch auf die Urheber des Prinzips zurückwirken.[758] Die Kritik hat ihre Ursache aber auch in einer Reihe von Problemen rechtlicher und politischer Art, die von Sezessionen erzeugt werden. Es besteht die grundlegende Befürchtung, dass diese die Probleme, die sie lösen sollten, eigentlich vertiefen, und dass sie das Potenzial haben, die internationale Ordnung und Stabilität zu gefährden.[759] Es wird die Gefahr gesehen, dass die Selbstbestimmung nicht mehr nur durch die politische Freiheit der Staatsbürger, sondern auch durch ethno-nationalistische Aspekte definiert wird, die mit dem Streben nach ethnisch „reinen" politischen Einheiten im Widerspruch zu Menschenrechten stehen; eine Sezession aufgrund ethno-nationalistischer Tendenzen kann jedoch zu Gewalt führen und den Frieden bedrohen.[760] Zudem leben auf dem Territorium, auf das sich eine Sezession bezieht, selten ausschließlich Angehörige der sich abspaltenden Volksgruppe; das Schaffen dieser von der Mehrheit des sezedierenden Volkes dominierten Minderheit wird zu Machtkämpfen und Spannungen führen.[761] Generell ist eine Partikularisierung der Staatenwelt politisch unerwünscht.[762]

Die völkerrechtliche Beurteilung der Frage nach einem Recht auf Sezession hat ihren Ausgangspunkt im statischen, auf den Erhalt der bestehenden Verhältnisse ausgerichteten und die Souveränität, territoriale Integrität und Stabilität schützenden Charakter des Völkerrechts.[763] Ein Sezessionsverbot kann es jedoch nicht geben. Nur durch die grundsätzliche Zubilligung eines Sezessionsrechts ist sicherzustellen, dass das Selbstbestimmungsrecht vollständig ausgeübt werden kann und sein rechtsverbindlicher und zwingender Charakter erhalten bleibt.[764]

Sezessionen werden im Völkerrecht derzeit überwiegend kritisch gesehen, das Recht dazu wird jedoch nicht vollständig abgelehnt und ein Anspruch darauf in

756 Oeter, The Kosovo Case, ZaöRV 75 (2015), S. 52.
757 Vgl. Gornig, Der Inhalt, Politische Studien 6/1993, S. 22.
758 Thürer, Das Selbstbestimmungsrecht, AdV 22 (1984), S. 129 f.
759 Vgl. Oeter, The Kosovo Case, ZaöRV 75 (2015), S. 52.
760 Thürer, Self-Determination, EPIL IV, S. 372.
761 Oeter, The Kosovo Case, ZaöRV 75 (2015), S. 52.
762 Vgl. Gornig, Der Inhalt, Politische Studien 6/1993, S. 22.
763 Stein/v. Buttlar, Rn. 681 ff.; Doehring, Völkerrecht, Rn. 791; Heintze, in: Ipsen (Hrsg.), Völkerrecht, § 29 Rn. 2.
764 Vgl. Doehring, Völkerrecht, Rn. 798.

Ausnahmesituationen zuerkannt: Diese Haltung ist in der Friendly-Relations-Deklaration niedergelegt. Diese enthält durch die Aussage, sie sei nicht so auszulegen, als ermächtige sie *„zu Maßnahmen, welche die territoriale Unversehrtheit oder die politische Einheit souveräner und unabhängiger Staaten“* beeinträchtigen würden, eine grundlegende Ablehnung der Sezession. Das wird sogleich dadurch relativiert, dass sich die schützenswerten Staaten gemäß dem *„Grundsatz der Gleichberechtigung und Selbstbestimmung der Völker verhalten und [...] daher eine Regierung besitzen, welche die gesamte Bevölkerung des Gebiets ohne Unterschied der Rasse, des Glaubens oder der Hautfarbe vertritt“*. Im Gegenschluss müsste man also folgern, dass ein Staat, der Gleichberechtigung und Selbstbestimmung nicht verwirklicht, auch nicht vor Sezessionen zu schützen ist.[765] Hieraus lässt sich aber nicht der Schluss ziehen, dass allen Völkern, die in ihrem Staat nicht angemessen repräsentiert sind, ein generelles Sezessionsrecht zukommt; dies stünde schon im klaren Widerspruch zur Staatenpraxis.[766]

Eine Sezession wird überwiegend nur dann für zulässig gehalten, wenn ein Volk und Territorium völkerrechtswidrig unterworfen wird[767], oder wenn eine Gruppe in nicht mehr zumutbarer Weise diskriminiert wird und sich die Diskriminierung gegen die Gruppeneigenarten richtet – zum Beispiel durch Gewaltanwendung, Verfolgung und Vertreibung, durch Sprachverbote, Verbote der Eheschließung, durch Ausschluss von Staatsämtern, Wahlen oder Erwerbsrechten.[768] Neben der Friendly-Relations-Deklaration lässt auch Art. 1 Abs. 4 ZP I, dessen Anwendungsbereich Völker umfasst, die in Ausübung ihres Selbstbestimmungsrechts gegen rassistische Regimes kämpfen, den Schluss zu, dass diskriminierten Völkern ein militärisches Widerstandsrecht zusteht.[769] Eine Sezession aufgrund massiver Diskriminierung hat den Charakter eines Selbstverteidigungs- oder Notwehrrechts.[770]

Diese Folgerung ergibt sich nicht nur aus kodifiziertem Völkerrecht, sondern aus dem Kerngehalt des Selbstbestimmungsrechts selbst. Dieses impliziert das Recht eines Volkes, als solches zu existieren – nicht nur durch physische Existenz der

---

765 Vgl. Murswiek, Die Problematik eines Rechts auf Sezession, AdV 31 (1993), S. 310; Stein/v. Buttlar, Rn. 685; Hailbronner in: Vitzthum (Hrsg.), Völkerrecht, 3. Abschnitt, Rn. 118.

766 Oeter, Selbstbestimmungsrecht im Wandel, ZaöRV 52 (1992), S. 757; Thürer, Das Selbstbestimmungsrecht, AdV 22 (1984), S. 129.

767 Cristescu, Ziff. 173.

768 Vgl. Gornig, Der Inhalt, Politische Studien 6/1993, S. 22; Doehring, in: Simma (Hrsg.), The Charter of the United Nations, Vol. I, Self-Determination, Rn. 40; Thürer, Das Selbstbestimmungsrecht, AdV 22 (1984), S. 129.

769 Verdross/Simma, § 512.

770 Murswiek, Die Problematik eines Rechts auf Sezession, AdV 31 (1993), S. 313; Doehring, in: Simma (Hrsg.), The Charter of the United Nations, Vol. I, Self-Determination, Rn. 40.

Individuen, sondern als auf angestammtem Territorium lebende Gruppe, die ihre identitätsbestimmenden Besonderheiten erhalten und weiterentwickeln darf.[771]

Unbeschadet der rechtlichen Erwägung zeigt die Praxis, dass eine Sezession bisweilen eher das Ergebnis geschaffener Fakten als rechtlicher Überlegungen ist.[772] So hat der IGH im Kosovo-Gutachten – ohne die Frage zu behandeln, ob dem Kosovo ein Recht auf Sezession zusteht – festgestellt, dass das Völkerrecht einseitige Unabhängigkeitserklärungen nicht untersagt.[773] In Bezug auf den Kosovo wurde eine durch einseitige Unabhängigkeitserklärung faktisch begonnene Sezession durch die Anerkennung der neuen Einheit als Staat durch dritte Staaten untermauert.

Der in Ausnahmesituationen existierende völkerrechtliche Sezessionsanspruch verursacht einen Eingriff in die staatliche Souveränität. Das Spannungsverhältnis zwischen Souveränität und Selbstbestimmungsrecht wird dadurch gelöst, dass der Souveränitätsgrundsatz nicht im Sinne einer rechtlichen Bindungslosigkeit verstanden wird; er wird durch das Selbstbestimmungsrecht eingeschränkt.[774] Im Zweifel wird der Souveränität der Vorrang eingeräumt.[775]

Als Kompromiss zwischen Sezession und Erhalt des Status quo ist zu überlegen, die Selbstbestimmung anders als durch Abspaltung umzusetzen. Autonomieregelungen, die die innere Selbstverwaltung einer Region ermöglichen, oder föderale Systeme, die unterschiedliche Volksgruppen als staatstragende Teilvölker zusammenfassen, können das Zusammenleben von Völkern innerhalb eines Staates ermöglichen.[776]

Es lässt sich insgesamt schließen, dass eine völkerrechtskonforme Sezession möglich ist, aber ultima ratio sein muss. Wegen der damit verbundenen Risiken für die Stabilität und wegen des Eingriffs in die Souveränität kann das Bestehen eines Sezessionsrechts nur Ausnahmecharakter haben. Ausnahmen liegen vor, wenn ein Volk oder Territorium auf völkerrechtswidrige Art und Weise durch einen Staat unterworfen wurde oder wenn eine Volksgruppe durch Menschenrechtsverletzungen oder schwere Diskriminierung so unterdrückt wird, dass andere Abhilfe als Abspaltung nicht möglich ist.[777] Nur im Rahmen dieser Einschränkungen kommt dem Selbstbestimmungsrecht im Hinblick auf ein Sezessionsrecht daher verbindlicher Charakter zu.

---

771 Murswiek, Die Problematik eines Rechts auf Sezession, AdV 31 (1993), S. 314.

772 Vgl. Oeter, The Kosovo Case, ZaöRV 75 (2015), S. 56.

773 IGH, Gutachten vom 22.7.2010, Accordance with international law of the unilateral declaration of independence in respect of Kosovo (Fn. 402402), Ziff. 84.

774 Murswiek, Die Problematik eines Rechts auf Sezession, AdV 31 (1993), S. 312.

775 Murswiek, Offensives und defensives Selbstbestimmungsrecht, Der Staat 23 (1984), S. 539.

776 Vgl. Heintze, in: Ipsen (Hrsg.), Völkerrecht, § 30 Rn. 16, 21; Verdross/Simma, § 512.

777 Vgl. Cristescu, Ziff. 173; Stein/v. Buttlar, Rn. 686; Thürer, Self-Determination, EPIL IV, S. 371.

b) Internes Selbstbestimmungsrecht

aa) Grundsätze

Die innere Dimension des Selbstbestimmungsrechts beinhaltet das Recht eines Volkes, sich selbst zu regieren, sein politisches System frei zu wählen und seine wirtschaftliche, soziale und kulturelle Entwicklung zu bestimmen.[778] Es hat die Qualität eines Gruppenrechts der Bevölkerung gegen den souveränen Staat, das sich zusammensetzt aus einem Abwehrrecht gegen den Staat im Falle der Bedrohung der Identität des Volkes und dem Anspruch auf Teilhabe an staatlichen Entscheidungen.[779] Es bezieht sich sowohl auf ein Staatsvolk als auch auf ein Volk im ethnischen oder soziologischen Sinn.

Das interne Selbstbestimmungsrecht verlangt nach einer repräsentativen Regierung.[780] Die Friendly-Relations-Deklaration stellt diesen Zusammenhang her, da sie – wie erwähnt – die territoriale Unversehrtheit und Souveränität von Staaten nur insoweit schützen will, als diese die Gleichberechtigung und Selbstbestimmung der Völker achten und *„daher eine Regierung besitzen, welche die gesamte Bevölkerung des Gebiets ohne Unterschied der Rasse, des Glaubens oder der Hautfarbe vertritt“*.[781] Innerhalb eines Staates darf es also keine Personengruppe geben, die aus dem politischen Entscheidungsfindungsprozess ausgeschlossen oder in diesem unterrepräsentiert ist; das Recht auf Teilnahme an der öffentlichen Entscheidungsfindung ist damit Folge der internen Dimension des Rechts auf Selbstbestimmung.[782] Hinsichtlich des Schutzes von Volksgruppen, die Minderheiten darstellen, wird verlangt, dass ein Schwerpunkt auf aktive Umsetzung des inneren Selbstbestimmungsrechts, auch durch Ausarbeitung alternativer verfassungsrechtlicher Rahmenbedingungen wie Autonomielösungen, gelegt werden müsse.[783]

Die innere Dimension schließt daher sowohl eine negative oder passive Komponente, das Recht von in der Minderheit befindlichen Volksgruppen nicht diskriminiert zu werden, als auch eine aktive Komponente ein. Dem inneren Recht auf Nichtdiskriminierung muss schon deshalb Verbindlichkeit zukommen, weil schwere Diskriminierungen im Rahmen der äußeren Dimension des Selbstbestimmungsrechts zu einem Sezessionsrecht führen können.

Die aktive Komponente der inneren Selbstbestimmung liegt in politischer Partizipation des Staatsvolkes ebenso wie des nicht staatlich organisierten Volkes. Letzteres soll in dem Staat politisch teilhaben können, in dem es lebt. Wegen dieser Verknüpfung von Partizipationsrechten mit Selbstbestimmung wird vertreten, dass

778 Hailbronner in: Vitzthum (Hrsg.), Völkerrecht, 3. Abschnitt, Rn. 117; Thürer, Self-Determination, EPIL IV, S. 367; Thürer, Das Selbstbestimmungsrecht, AdV 22 (1984), S. 126; Cassese, S. 101.

779 Stein/v. Buttlar, Rn. 689 ff.

780 Vgl. Daglish/Nasu, NILR 2007, S. 86.

781 Friendly-Relations-Deklaration (Fn. 624).

782 Daglish/Nasu, NILR 2007, S. 86.

783 Cassese, S. 350 f.

das interne Selbstbestimmungsrecht ein demokratisches Element enthält.[784] Werden Ansprüche aller Bevölkerungsteile an der Teilhabe an politischen Entscheidungen verwirklicht, ist dies ein Merkmal von Demokratie. Wäre auch ein solches positives Recht auf Teilhabe verbindlich, dann würde dies dafür sprechen, dass ein allgemeines Recht auf Demokratie anzuerkennen ist. Aus dem Umstand, dass die innere Selbstbestimmung von Inhalten gekennzeichnet wird, die nur in Demokratien umsetzbar sind, ergibt sich die Frage, ob daraus auf die Existenz eines Rechts auf Demokratie zu schließen ist.

bb) Demokratie: Anspruch oder Zielvorgabe

Ob und inwiefern die demokratische Komponente der inneren Selbstbestimmung rechtliche Verbindlichkeit erreicht, soll im Folgenden diskutiert werden. Es finden sich Argumente, die dafür sprechen, dass Demokratie nicht nur die Qualität einer Zielvorgabe hat, sondern einem Anspruch nahekommt. Hierfür wäre auch erforderlich, dass der konkrete Inhalt eines solchen Rechts feststeht. Die Wirkungen von Demokratie auch nach außen machen ihre Umsetzung jedenfalls erstrebenswert.

(1) Begründungsansätze für ein Recht auf Demokratie

(a) Völkerrechtssystematische Herleitung

Völkerrechtssystematisch ließe sich ein Recht auf Demokratie aus dem Selbstbestimmungsrecht und aus Menschenrechten ableiten.

Der inneren Dimension des Selbstbestimmungsrechts wohnt die Tendenz zur Anerkennung eines demokratischen Elements inne.[785] Die bei der Selbstbestimmung vorgesehene Wahl des politischen Status enthält notwendigerweise auch die Wahl einer bestimmten Staatsform. Das demokratische Element entsteht aus der Überlegung, dass ein Volk keine echte Wahl bezüglich seines politischen Status treffen kann, wenn es sich unter autoritärer Herrschaft befindet, und dass die freie Selbstbestimmung nur möglich ist, wenn das Volk keiner äußeren, aber auch keiner inneren Einmischung, also keiner Einmischung von Seiten der Regierung oder des Regimes, unterliegt.[786] Gleichheit und Teilhabe stellen Grundelemente demokratischer Staatsordnungen dar. Weil das Selbstbestimmungsrecht dazu berechtigt, die Gemeinschaft in Freiheit und Gleichheit zu gestalten und am öffentlichen Leben teilzunehmen,

---

784 Stein/v. Buttlar, Rn. 692. Vgl. Oeter, Demokratieprinzip, in: Brunkhorst (Hrsg.), Demokratischer Experimentalismus, S. 329.

785 Heintze, in: Ipsen (Hrsg.), Völkerrecht, § 30 Rn. 6; Stein/v. Buttlar, Rn. 692; Thürer, Self-Determination, EPIL IV, S. 372.

786 So Cassese, in: Cassese, UN Law, Fundamental Rights, S. 152, der dies anhand der Schlussakte der Konferenz über Sicherheit und Zusammenarbeit in Europa in Helsinki 1975 (Nr. 1 a VIII: Gleichberechtigung und Selbstbestimmungsrecht der Völker) feststellt; die Schlussakte ist verfügbar unter http://www.osce.org/de/mc/39503?download=true, recherchiert am 13.8.2014.

trägt es zur Anerkennung eines Rechts auf Demokratie bei. Die innere Dimension des Selbstbestimmungsrechts enthält das Verlangen nach Selbstregierung und ist damit mit dem Grundsatz der Volkssouveränität verknüpft; dies wird zum Anknüpfungspunkt eines völkerrechtlich begründeten Rechts auf Demokratie.[787]

Daneben kann sich ein Recht auf Demokratie aus den demokratisch geprägten Rechten aus Menschenrechtsabkommen ableiten lassen. Solche Abkommen schreiben die demokratische Staatsform zwar nicht für ihre Mitgliedstaaten fest, enthalten aber individualrechtliche Garantien, deren Einhaltung Voraussetzung für eine demokratische Ordnung ist.[788] Art. 25 IPbpR, ebenso wie Art. 21 AEMR, enthalten die Rechte auf Mitwirkung an der Gestaltung der öffentlichen Angelegenheiten, auf gleichen Zugang zu öffentlichen Ämtern sowie das aktive und passive Wahlrecht. Die Mitgliedstaaten werden so dazu verpflichtet, ihre Regierungen nach demokratischen Prinzipien wählen zu lassen und sie so zu legitimieren.[789] Weitere demokratische Prinzipien finden sich zum Beispiel im IPbpR in Art. 19 (Meinungsäußerungsfreiheit), Art. 21 (Versammlungsfreiheit) und Art. 22 (Vereinigungsfreiheit).[790]

(b) Demokratie als politischer Anspruch

Das Recht auf Demokratie wird zudem begründet mit der Entwicklung der Demokratie in der Staatengemeinschaft vom moralischen Anspruch zur rechtlichen Verpflichtung.[791] Regierungen erkennen danach zunehmend, dass ihre Legitimität davon abhängt, die normative Erwartung der Staatengemeinschaft dahingehend zu erfüllen, dass die Regierungsermächtigung auf der Zustimmung des Volkes beruhen muss.[792] Die Demokratie wurde im Völkerrecht zu einer jedenfalls wünschenswerten Eigenschaft, wenn nicht sogar zu einer geforderten Voraussetzung für die Charakterisierung eines Staates als „anständig“ erhoben, während die Bezeichnung als „undemokratisch“ als völkerrechtlicher Vorwurf aufzufassen ist.[793] Demokratie steht für die „gute“ Staatsform und das Staatsideal.[794] Sie wird zum globalen Anspruch.

---

787 Boysen, AdV 47 (2009), S. 428.

788 Dreier, in: Dreier (Hrsg.), Grundgesetz Kommentar, Bd. II, Art. 20 (Demokratie) Rn. 25.

789 Thürer, Self-Determination, EPIL IV, S. 372.

790 Der IPbpR ist für 168 Staaten, die ihn ratifiziert haben, bindend (soweit keine Vorbehalte erklärt wurden) und hat damit sehr weitreichende Geltung.

791 Franck, AJIL 86 (1992), S 46 f.

792 Franck, AJIL 86 (1992), S 46.

793 Vgl. Doehring, Demokratie und Völkerrecht, in: Cremer/Giegerich/Richter/Zimmermann (Hrsg.), Festschrift für Steinberger, S. 129 f.; vgl. Murphy, in: Fox/Roth (Hrsg.), Democratic governance, S. 123 ff., 153 f., der die Auswirkungen der demokratischen Legitimität eines Staates auf dessen völkerrechtliche Anerkennung als Staat darstellt.

794 Stern, § 18 Ziff. I 1.

Die diese These stützende Ansicht stellt den Triumph demokratischer Ideen und die Bedeutung der Legitimität von Regierungen heraus: Es hat sich weithin die Erkenntnis durchgesetzt, dass die Regierenden für eine effektive Regierungsführung die Zustimmung der Regierten benötigen; im überwiegenden Teil der Nationen verlangen die Menschen nach einer Regierung, deren Machtausübung durch einen mehrere Parteien einbeziehenden, demokratischen Prozess nach westlichem Muster legitimiert wird.[795] Wo ein Gesellschaftsvertrag den Prozess des Zustandekommens einer Regierung regelt und Kontrollmechanismen zur Einhaltung der Regeln dieses Prozesses bereithält, erhält die so für gültig erklärte Regierung weitgehende Befugnisse.[796]

In Staaten, in denen ein solcher Gesellschaftsvertrag fehlt oder nicht funktioniert, können Regierungen keine demokratisch entstandene Handlungsbefugnis vorweisen; um diese zu erlangen, bemühen sie sich oft um Legitimierung nach einem globalen Standard, dessen Einhaltung durch das internationale System sichergestellt wird.[797] So versucht man, wenn zum Beispiel Wahlen boykottiert oder ihre Ergebnisse nicht anerkannt werden, durch die Umsetzung internationaler Vorgaben Legitimität zu schaffen.[798] Auch wenn nach objektiver Beobachtung erhebliche Zweifel an einer demokratischen Regierungsführung bestehen, erklären Regierungen häufig, unter ihrer Führung herrsche Demokratie; Revolutionen beginnen mit der Zielvorgabe der Herstellung demokratischer Verhältnisse – auch wenn sie oft nur die Errichtung einer neuen Diktatur zum Ergebnis haben.[799]

Die These, dass die Schaffung einer demokratischen Regierungsform zum globalpolitischen Ziel geworden ist, wird zudem dadurch gestützt, dass die Verbreitung von Demokratie nunmehr ein erklärtes Ziel vieler internationaler bzw. supranationaler Organisationen ist. Zwar waren Bekenntnisse zur Demokratie in internationalen Pakten ursprünglich nicht üblich, dies hat sich aber, vor allem nach Ende des Kalten Krieges, geändert.[800]

So ist seit der Unterzeichnung der „Charta von Paris für ein neues Europa" im Jahr 1990 die Förderung von Demokratie Zielvorgabe der OSZE (damals KSZE).[801]

---

795 Vgl. Franck, AJIL 86 (1992), S. 48 f.

796 Vgl. Franck, AJIL 86 (1992), S. 50.

797 Vgl. Franck, AJIL 86 (1992), S. 50 f.

798 Vgl. Franck, AJIL 86 (1992), S. 51.

799 Vgl. Doehring, Demokratie und Völkerrecht, in: Cremer/Giegerich/Richter/Zimmermann (Hrsg.), Festschrift für Steinberger, S. 129.

800 Vgl. Dreier, in: Dreier (Hrsg.), Grundgesetz Kommentar, Bd. II, Art. 20 (Demokratie) Rn. 26 f.

801 So lautet bereits die erste Überschrift der Charta von Paris für ein neues Europa (verfügbar unter http://www.osce.org/de/mc/39518): *„Ein neues Zeitalter der Demokratie, des Friedens und der Einheit"*. Etliche Tätigkeitsbereiche der OSZE dienen der Demokratieförderung, wie die Förderung guter Regierungsführung (good governance), die den Aufbau demokratischer Institutionen beinhaltet, die Beobachtung und Unterstützung bei der Durchführung von Wahlen, die Förderung der

Der Europarat erklärt die Werte Demokratie, Menschenrechte und Rechtsstaatlichkeit zu seinen obersten Zielen.[802] Die Europäische Union definiert Demokratie in Art. 2 des Vertrags über die Europäische Union (EUV) als einen der Werte, auf die sie sich gründet. Neben den Mitgliedstaaten müssen auch in der Zukunft in die Union aufzunehmende Staaten diese Werte achten (Art. 49 EUV). Nach Art. 21 EUV ist die Förderung von Demokratie auch eine Zielsetzung für das Handeln der Union auf internationaler Ebene. Demokratie soll auf allen Gebieten der internationalen Beziehungen gefestigt und gefördert werden (Art. 21 Abs. 2 lit. b EUV). Dies gilt nach Art. 208 Abs. 1 AEUV auch für die Entwicklungszusammenarbeit der Europäischen Union. Alle Bereiche der EU-Entwicklungszusammenarbeit sollen von den Zielen Demokratie und Menschenrechte geprägt sein.[803]

Die Organisation Amerikanischer Staaten (OAS) verfolgt gemäß Art. 2 lit. b) ihrer Charta[804] das grundlegende Ziel der Förderung repräsentativer Demokratie. Nach Art. 3 lit. d) der Charta müssen die Mitgliedstaaten repräsentativ-demokratisch organisiert sein.

Obwohl sich die UN-Charta hinsichtlich politischer Systeme neutral verhält, betrachten die Vereinten Nationen Demokratie nunmehr als einen ihrer grundlegenden Werte: Viele UN-Programme und -Fonds fördern aktiv die Verbreitung und Umsetzung von Demokratie, zum Beispiel das United Nations Development Programme (UNDP)[805], der United Nations Democracy Fund (UNDEF)[806] und das Office of the High Commissioner for Human Rights (OHCHR)[807]. Demokratie findet sich ferner als Zielvorgabe in verschiedenen Dokumenten, wie der „Agenda for Democratization“[808] (1996) des Generalsekretärs Boutros Boutros-Ghali, der UN

Rahmenbedingungen für freie Medien, und das Verlangen nach Umsetzung des Prinzips der Rechtsstaatlichkeit; vgl. die Beschreibung der OSZE-Tätigkeitsbereiche unter http://www.osce.org/what, recherchiert am 24.6.2013.

802 Vgl. die Warschauer Erklärung der Staats- und Regierungschefs der Mitgliedstaaten aus dem Jahr 2005, verfügbar unter http://www.coe.int/t/dcr/summit/20050517_decl_varsovie_de.asp, recherchiert am 24.6.2013.

803 Europäische Kommission, Menschenrechte und Demokratie im Mittelpunkt des auswärtigen Handelns der EU – ein wirksamer Ansatz, KOM (2011) 886 endgültig vom 12.12.2011, S. 12, verfügbar unter http://eur-lex.europa.eu/LexUriServ/LexUriServ.do?uri=COM:2011:0886:FIN:DE:PDF, zuletzt recherchiert am 30.7.2013.

804 Die 1951 in Kraft getretene Charta der OAS, die 1970, 1988, 1996 und 1997 geändert wurde, ist verfügbar unter http://www.oas.org/dil/treaties_A-41_Charter_of_the_Organization_of_American_States.pdf, recherchiert am 25.6.2013.

805 Die Förderung demokratischer Regierungsführung ist eines der grundlegenden Ziele des UNDP, vgl. http://www.undp.org/content/undp/en/home/ourwork/democraticgovernance/overview.html, recherchiert am 25.6.2013.

806 Vgl. http://www.un.org/democracyfund, recherchiert am 25.6.2013.

807 Vgl. unter http://www.ohchr.org/EN/Issues/RuleOfLaw/Pages/Democracy.aspx, recherchiert am 25.6.2013.

808 Verfügbar unter http://www.un.org/en/globalissues/democracy/pdfs/An_agenda_for_democratization[1].pdf, recherchiert am 25.6.2013.

Millennium Deklaration[809] (2000) und des Ergebnisdokuments des Weltgipfels von 2005[810]. Diese Dokumente sind freilich Absichtsbekundungen ohne rechtliche Verbindlichkeit, sie zeigen jedoch, dass Demokratisierung als Zielsetzung der Vereinten Nationen in der jüngeren Vergangenheit immer mehr an Bedeutung gewonnen hat.

(2) Möglicher Inhalt eines Rechts auf Demokratie

Die Begründungsansätze für ein Recht auf Demokratie stellen klar, dass Demokratie aus völkerrechtlicher und politischer Sicht jedenfalls als Zielvorgabe zu gelten hat, und dass die Möglichkeit besteht, einen subjektiven Anspruch auf Demokratie zu formulieren. Für letzteres reichen Begründungsansätze jedoch nicht – es müsste feststehen, welchen präzisen Inhalt ein solcher Anspruch hätte. Hierfür ist notwendig, eine allgemein anerkannte Definition von Demokratie zu finden.

Die wörtliche Bedeutung und der Bedeutungskern von Demokratie ist Volksherrschaft.[811] Als kleinster gemeinsamer Nenner der verschiedenen Demokratiebegriffe kann gelten, dass die Staatsgewalt letztlich vom Volk ausgehen muss.[812] Demokratie ist eine Herrschaftsordnung, die direkt durch das Volk oder durch vom Volk gewählte Vertreter unter Berufung auf den Willen aller oder der Mehrheit ausgeübt wird.[813]

Die Verbindung von innerer Selbstbestimmung eines Volkes mit Volkssouveränität und Demokratie wird durch die Rechte der Bürger hergestellt. Nur wenn der Staat den Bürgern die Teilhabe- und Gleichheitsrechte gewährt, die sie benötigen, um Volkssouveränität zu schaffen, können sie die demokratische Selbstbestimmung verwirklichen und ein eventuell bestehendes Recht auf Demokratie ausüben. Demnach sind für die Klärung des Inhalts eines Rechts auf Demokratie diejenigen (Bürger-)Rechte zu definieren, die dafür notwendig sind.

Bereits erwähnt wurde die völkerrechtssystematische Ableitung des Rechts auf Demokratie aus Art. 25 IPpbR und Art. 21 AEMR.[814] Das Recht auf Teilnahme an Wahlen und an der Gestaltung der öffentlichen Angelegenheiten durch gewählte Vertreter sowie das Recht auf gleichen Zugang zu öffentlichen Ämtern bewirken die Legitimierung von Regierungen. Art. 25 IPbpR enthält damit Kernelemente der Demokratie.

---

809 A/RES/55/2, Ziff. 24 f., verfügbar unter http://www.un.org/ga/search/view_doc.asp?symbol=A/RES/55/2, recherchiert am 25.6.2013.

810 A/RES/60/1, Ziff. 135 ff., verfügbar unter http://www.un.org/ga/search/view_doc.asp?symbol=A/RES/60/1, recherchiert am 25.6.2013. Etliche weitere UN-Dokumente, die Demokratie zum Gegenstand haben, finden sich unter http://www.un.org/en/globalissues/democracy/documents.shtml, recherchiert am 11.6.2014.

811 Schmidt, Demokratie (J.), in: Evangelisches Staatslexikon, Sp. 325.

812 Doehring, Demokratie und Völkerrecht, in: Cremer/Giegerich/Richter/Zimmermann (Hrsg.), Festschrift für Steinberger, S. 129.

813 Vgl. Schmidt, Demokratie (J.), in: Evangelisches Staatslexikon, Sp. 325 f.

814 Vgl. oben bei (1) Völkerrechtssystematische Herleitung; vgl. Daglish/Nasu, NILR 2007, S. 85 f.; Thürer, Self-Determination, EPIL IV, S. 372.

Es ist jedoch fraglich, ob dies als Mindestvoraussetzung für Demokratie ausreicht, da die Gestaltung der öffentlichen Angelegenheiten nicht auch die Umsetzungen (demokratischer) Freiheits- und Gleichheitsrechte garantiert.

Einen Bezug zu Menschenrechten stellt die Auffassung her, nach der Demokratie durch drei Kernelemente entsteht: freie und gerechte Wahlen, Vereinigungsfreiheit und Meinungsäußerungsfreiheit.[815] Freie und gerechte Wahlen sind die Grundlage einer legitimen Regierung. Die Freiheit, Vereinigungen, vor allem politische Parteien, zu bilden, und die Möglichkeit zur freien öffentlichen Diskussion stellen die Grundlagen für die Durchführung freier Wahlen dar.[816]

Diese Elemente werden in einer weiteren Auffassung durch weitere Rechte ergänzt. Danach ist neben dem Recht auf Teilnahme an der Gestaltung der öffentlichen Angelegenheiten und dem freien Wahlrecht aus Art. 25 IPbpR sowie dem Recht auf freie Meinungsäußerung (Art. 19 IPbpR) und der Vereinigungsfreiheit (Art. 22 IPbpR) die Versammlungsfreiheit (Art. 21 IPbpR) ein für Demokratie notwendiges Menschenrecht; dazu kommen die Grundsätze der Nichtdiskriminierung aus Art. 2 Abs. 1 IPbpR, nach denen ein Staat den seiner Herrschaftsgewalt unterstehenden Personen deren Rechte ohne Unterschied, zum Beispiel nach Rasse, Geschlecht, Sprache, Religion oder Herkunft, gewähren muss.[817] Staatsorganisationsrechtlich stellt die demokratische Selbstbestimmung zudem die Anforderung, dass die in einem Staat vorhandenen Volks- und Minderheitengruppen in dessen institutionelle Struktur eingegliedert werden, der Staat also nicht zum Ausdruck einer Mehrheitskultur wird; dies soll durch die Beteiligung aller relevanten Volks- und Minderheitengruppen an der Regierung und ihre proportionale Vertretung in den gesetzgebenden Körperschaften sowie eventuell durch Vetorechte oder Autonomieregelungen umgesetzt werden.[818]

Dieser Herleitung eines allgemeingültigen Inhalts eines Rechts auf Demokratie steht jedoch die unterschiedliche Bindungswirkung der Gewährleistungen aus Menschenrechtsabkommen entgegen. Es sind zwar viele, aber nicht alle Staaten an die demokratische Rechte enthaltenden Menschenrechtsabkommen gebunden. Die Mitgliedstaaten der Abkommen werden zudem unterschiedlich intensiv verpflichtet. Für manche Staaten haben die Bekenntnisse zu Menschenrechten eher den Charakter politischer Absichtserklärungen, deren Umsetzung faktisch kaum eingefordert werden kann, andere Staaten unterwerfen sich den Mechanismen der Staaten- oder Individualbeschwerde, die die Nichtumsetzung der Rechte sanktionieren und so ihre Einhaltung fördern können. Da die Umsetzungsmechanismen von Menschenrechtspakten entscheidend für ihre faktische Bindung sind, hat die bloße Mitgliederzahl dieser Abkommen nur geringe Aussagekraft.

---

815 Cogen/de Brabandere, LJIL 20 (2007), S. 671.

816 Franck, AJIL 86 (1992), S. 61; Cogen/de Brabandere, LJIL 20 (2007), S. 671.

817 Boysen, AdV 47 (2009), S. 448 f.

818 Boysen, AdV 47 (2009), S. 449 f.

Um den Inhalt eines Rechts auf Demokratie zu definieren, müsste die Geltung der in Abkommen normierten einschlägigen Menschenrechte über die bloße vertragliche Verpflichtung hinausgehen. Zwar stellen die Rechte aus Menschenrechtsabkommen Anhaltspunkte für die Werte dar, zu denen die Staaten sich verpflichten, und geben so unabhängig vom Grad der Bindung und von der Durchsetzbarkeit Hinweise auf deren Rechtsgrundsätze. Aus solchen Grundsätzen ein konkretes Recht herzuleiten, erscheint jedoch problematisch. Um zu allgemeiner Geltung zu gelangen sollte den Rechten zusätzlich gewohnheitsrechtliche Geltung zukommen. Von einer gewohnheitsrechtlichen Geltung der Inhalte des Art. 25 IPbpR kann man jedoch nicht ausgehen.[819] Dem steht bereits entgegen, dass das Selbstbestimmungsrecht durch seinen ambivalenten Charakter zwar einerseits eine demokratische Komponente, andererseits aber die Aussage enthält, dass einem Volk seine Regierungsform nicht vorgegeben werden darf, es sich also auch gegen Demokratie entscheiden darf.[820]

Mangels umfassender Bindung und allgemeiner Geltung lässt sich daher aus den einschlägigen Rechtsgewährleistungen universeller Menschenrechtsabkommen keine allgemeingültige Definition eines Rechts auf Demokratie ableiten.

Überdies werden die Anforderungen von Demokratie an eine Gesellschaft und ihre Institutionen sehr unterschiedlich verstanden. Die Institutionen der demokratisch regierten Staaten der Welt unterscheiden sich deutlich voneinander, prägen aber den jeweiligen Staat. So werden wesentliche Fragen wie die nach der Ausgestaltung der Gewaltenteilung, den Befugnissen des Regierungschefs oder Staatsoberhaupts oder der Notwendigkeit eines Verfassungsgerichts völlig verschieden gelöst.[821] Ein allgemein formuliertes Recht auf Demokratie könnte die institutionellen Anforderungen an Demokratie nicht präzisieren.

Trotz der Demokratie als global-politischem Anspruch und der demokratischen Inhalte in völkerrechtlichen Abkommen, fehlen damit die notwendige Konkretheit und Verbindlichkeit der Inhalte eines Rechts auf Demokratie und der Demokratie selbst.[822]

Ansätze für völkerrechtliche Inhalte eines Rechts auf Demokratie sind aber im regionalen Völkerrecht vorhanden. Wie bereits erwähnt, ist Demokratie eine wesentliche Zielvorstellung der EU, des Europarats und der OSZE. Art. 2 S. 1 EUV zählt neben Demokratie auch die Achtung der Menschenwürde, Freiheit, Gleichheit, Rechtsstaatlichkeit und die Wahrung der Menschenrechte einschließlich Minderheitenrechte als Werte auf, auf die sich die Union gründet. Nach S. 2 soll sich die Gesellschaft der Mitgliedstaaten „durch Pluralismus, Nichtdiskriminierung, Toleranz, Gerechtigkeit, Solidarität und [...] Gleichheit von Frauen und Männern" auszeichnen.

819 Doehring, Demokratie und Völkerrecht, in: Cremer/Giegerich/Richter/Zimmermann (Hrsg.), Festschrift für Steinberger, S. 128 f.

820 Doehring, Demokratie und Völkerrecht, in: Cremer/Giegerich/Richter/Zimmermann (Hrsg.), Festschrift für Steinberger, S. 129.

821 Vgl. bei Lister, Stan. J. Int. L. 48 (2012), S. 262.

822 Vgl. Doehring, Demokratie und Völkerrecht, in: Cremer/Giegerich/Richter/Zimmermann (Hrsg.), Festschrift für Steinberger, S. 128; Boysen, AdV 47 (2009), S. 445.

Die Kommission hat die demokratischen Grundsätze und Ziele in der EU-Entwicklungszusammenarbeit als Zusammensetzung der Aspekte Legitimation, Rechtmäßigkeit und effektiver Umsetzung beschrieben.[823] Legitimation bedeutet danach die Bestimmung der Verantwortlichen durch allgemeine, freie, unabhängige und geheime Wahlen; Rechtmäßigkeit beinhaltet die Bindung an Menschenrechte sowie die Existenz von Verfassung und Rechts- und Verwaltungsvorschriften und deren diskriminierungslose Geltung; effektive Umsetzung beschreibt die konkrete Ausgestaltung des demokratischen Systems, zum Beispiel durch Unabhängigkeit der drei Gewalten, Mitwirkung an der Entscheidungsfindung auch auf regionaler und lokaler Ebene, politischen und institutionellen Pluralismus und Transparenz der Staatsorgane.[824] Das Europäische Parlament hat den Grundsatz der Demokratie im Rahmen einer „Erklärung der Grundrechte und Grundfreiheiten" anhand der Prinzipien definiert, dass alle öffentliche Gewalt vom Volk ausgeht, aus Wahlen hervorgeht und nach rechtsstaatlichen Prinzipien ausgeübt wird.[825]

Die im Rahmen des Europarats ausgearbeitete EMRK enthält in Art. 3 des ersten Zusatzprotokolls das Recht auf freie Wahlen.[826] Dieses Recht hat im System der EMRK den Status eines subjektiven Rechts.[827] So stellt der EGMR in seinem Urteil in der Sache Matthews ./. Vereinigtes Königreich fest, dass *„die EMRK nicht theoretische oder scheinbare Rechte garantieren will, sondern konkrete und wirksame Rechte"*.[828]

Die „Charta von Paris für ein neues Europa" der KSZE, nun OSZE, beschreibt Demokratie als auf den Volkswillen gründend, der seinen Ausdruck in Wahlen findet, als repräsentativ und pluralistisch und wählt als Charakteristika die Achtung vor der menschlichen Person und die Rechtsstaatlichkeit, die Verantwortlichkeit gegenüber der Wählerschaft, die Bindung der staatlichen Gewalt an das Recht und die unparteiische Rechtspflege.[829]

---

823 Kommission der Europäischen Gemeinschaften; Demokratisierung, Rechtsstaatlichkeit, Menschenrechte und verantwortungsvolle Staatsführung: die Herausforderungen der Partnerschaft zwischen der Europäischen Union und den AKP-Staaten; KOM(1998) 146 endgültig, vom 12.3.1998, verfügbar unter http://eur-lex.europa.eu/LexUriServ/LexUriServ.do?uri=COM:1998:0146:FIN:DE:PDF, zuletzt recherchiert am 30.7.2013.

824 KOM(1998) 146 endgültig, vom 12.3.1998 (Fn. 823), S. 7 f.

825 Art. 17 der Erklärung der Grundrechte und Grundfreiheiten, Abl. 1989 C 120, S. 52 ff.; verfügbar unter http://eur-lex.europa.eu/LexUriServ/LexUriServ.do?uri=OJ:C:1989:120:FULL:DE:PDF, zuletzt recherchiert am 30.7.2013.

826 Art. 3 des ersten Zusatzprotokolls lautet: *„Die Hohen Vertragsparteien verpflichten sich, in angemessenen Zeitabständen freie und geheime Wahlen unter Bedingungen abzuhalten, welche die freie Äußerung der Meinung des Volkes bei der Wahl der gesetzgebenden Körperschaften gewährleisten."*

827 Vgl. Hilf/Schorkopf, in: Grabitz/Hilf/Nettesheim, Das Recht der Europäischen Union, Art. 2 EUV, Rn. 28.

828 EGMR, Matthews ./. Vereinigtes Königreich, Urteil vom 18.2.1999, NJW 1999, S. 3107 ff., Ziff. 34.

829 Charta von Paris für ein neues Europa (Fn. 801).

Die Abkommen des regionalen Völkerrechts eignen sich eher als die des universellen Völkerrechts als Quellen für Demokratiebegriffe, weil sie ein höheres Maß an Verbindlichkeit und weitergehende Verpflichtungen normieren. Die Rechtsakte der Europäischen Union haben wegen des Charakters der Union als supranationale Organisation eine stärkere Bindungswirkung als die einer internationalen Organisation. Die Verträge der Europäischen Union (Primärrecht) gelten ohne Umsetzungsakt unmittelbar in den Mitgliedstaaten.

Die EMRK ist zwar nur ein völkerrechtlicher Vertrag, ihr Inhalt hat jedoch Eingang in die Rechtsordnungen ihrer Mitgliedstaaten gefunden.[830] Die Rechtsprechung des EGMR und damit seine Auslegung der in der EMRK normierten Menschenrechte werden als verbindlich anerkannt. Wie festgestellt will diese Rechtsprechung zu konkreten und wirksamen Rechten verhelfen.

Die „Charta von Paris für ein neues Europa" der KSZE/OSZE ist als solche nicht verbindlich, erreicht aber aufgrund der Anwendungspraxis de facto Pflichtcharakter; unter anderem von der Einhaltung der in dieser Charta niedergelegten Grundsätze machte die damalige Europäische Gemeinschaft die Anerkennung der nach dem Zerfall der Sowjetunion neu entstandenen Staaten abhängig.[831]

Die Teilnehmer an regional-völkerrechtlichen Abkommen haben mehr gemeinsame Wertvorstellungen, so dass sie weitergehende Verpflichtungen eingehen als im universellen Völkerrecht üblich. Zwar kann auch im regionalen Völkerrecht ein wachsender Kreis an Teilnehmern zu einer Relativierung der Verpflichtungen führen[832], dennoch finden sich im regionalen Rahmen konkretere Definitionen und eine engere Bindung.

Der Inhalt von Demokratie lässt sich daher nicht auf universeller, eher aber auf europäischer Ebene präzise genug definieren, um daraus einen Anspruch zu formulieren. Die Bindung an Wahlen und an Freiheits- und Gleichheitsrechte sowie die Ausgestaltung dieser Rechte als subjektive, durchsetzbare und von der Rechtsprechung gefestigte Ansprüche machen Demokratie im Geltungsbereich der EMRK von einer Zielvorgabe zum Anspruch.

(3) Pro und contra Recht auf Demokratie

Auch wenn die Existenz eines Rechts auf Demokratie derzeit auf universeller, völkerrechtlicher Ebene nicht erkennbar ist, stehen die Begründungsansätze dafür im Raum. Deshalb ist zu fragen, welche Vorteile die Entwicklung dieses Rechts bietet und ob sich daraus Nachteile ergeben können.

830 Vgl. zum Status der EMRK in den Mitgliedstaaten: Peters, Einführung in die Europäische Menschenrechtskonvention, S. 2 ff.

831 Boysen, AdV 47 (2009), S. 113.

832 Vgl. Doehring, Demokratie und Völkerrecht, in: Cremer/Giegerich/Richter/Zimmermann (Hrsg.), Festschrift für Steinberger, S. 131.

(a) Argumente dafür

(i) Demokratie schafft Frieden

Die friedensfördernde Wirkung von Demokratie lässt sich empirisch und theoretisch belegen.

Ein empirischer Beleg liegt in der Erfahrung, dass demokratische Staaten nur in seltenen Ausnahmefällen Kriege gegeneinander führen.[833] Es besteht ein gegenläufiger Zusammenhang zwischen Demokratisierung und Kriegführung, da ein höherer Anteil an Demokratien die Wahrscheinlichkeit von Krieg reduziert.[834]

Ausgangspunkt für einen theoretischen Beleg für die friedensfördernde Wirkung von Demokratie können einige Gedanken Immanuel Kants aus seiner Schrift „Zum ewigen Frieden" sein. Bedingungen für die erfolgreiche Herbeiführung des Friedens[835] sind danach: die Organisation jedes Staats anhand einer republikanischen Verfassung, die auf den Prinzipien der Freiheit der Menschen, der Abhängigkeit aller von der gemeinsamen Gesetzgebung und der Gleichheit der Staatsbürger beruht; die Gründung des Völkerrechts auf einen Föderalismus freier Staaten, in dem jeder Staat von dem anderen fordern kann, eine bürgerliche Verfassung zu errichten, und der nicht auf den Erwerb von Macht durch einen Staat, sondern auf die Erhaltung der Freiheit jedes der verbündeten Staaten gerichtet ist; das Weltbürgerrecht als das Recht jedes Menschen, in einem fremden Land nicht feindselig behandelt zu werden.[836] Kant sieht demnach die innerstaatlich und zwischenstaatlich umgesetzten Prinzipien von Freiheit und Gleichheit als Voraussetzungen für den Frieden.

Gedanken Immanuel Kants sind auch in der Theorie des „freiheitlichen Internationalismus" enthalten. Danach ist in einer republikanischen (also demokratischen) Regierungsführung der Respekt vor den individuellen Rechten der Bürger verankert, weshalb Krieg, der das Wohlergehen des Volkes belastet, vermieden wird.[837] Auf internationaler Ebene wird diese Garantie eines umsichtigen Verhaltens durch das Rücksichtnahmeprinzip ergänzt; danach führt die Unterschiedlichkeit zwischen Staaten gerade nicht zum Konflikt, sondern zur Integration.[838] Zwar brächte die Verschiedenheit von Sprachen und Religionen die Gefahr zum Krieg mit sich, diese Verschiedenheit würde jedoch bei wachsender Kultur und Annäherung der Menschen zur größeren Übereinstimmung in Prinzipien und zum Einverständnis in

---

833 Boysen, AdV 47 (2009), S. 433; Crawford, in: Fox/Roth (Hrsg.), Democratic governance, S. 91; Fox/Roth, in: Fox/Roth (Hrsg.), Democratic governance, S. 8; Cohen, in: Sypnowich (Hrsg.), The Egalitarian Conscience, S. 227.

834 Vgl. McLaughlin Mitchell/Diehl, Stan. J. Int. L. 48 (2012), S. 313.

835 Kant betrachtet nicht den Friedenszustand, sondern den Kriegszustand, jedenfalls die fortwährende Bedrohung mit Feindseligkeiten, als Naturzustand; vgl. Kant, Zum ewigen Frieden, Zweiter Abschnitt, in: Schlüter (Hrsg.), S. 8.

836 Kant, Zum ewigen Frieden, in: Schlüter (Hrsg.), Zweiter Abschnitt, S. 8 f., 10, 12 f.; vgl. auch McLaughlin Mitchell/Diehl, Stan. J. Int. L. 48 (2012), S. 305.

837 Vgl. Doyle, in: Höffe (Hrsg.), Immanuel Kant, Zum ewigen Frieden, S. 164.

838 Ebd.

einen Frieden führen, der durch das Gleichgewicht der Kräfte bewirkt und gesichert würde.[839] So entwickelt sich ein Verständnis der legitimen Rechte aller Bürger und Republiken, das als Grundlage für den Frieden dient.[840]

Auf innerstaatlicher und auf zwischenstaatlicher Ebene können aus einer demokratischen Regierungsführung daher friedensstiftende Wirkungen abgeleitet werden. Immanuel Kant betrachtet die republikanische Verfassung auch deshalb als friedenssichernd, weil sich die Bürger selbst aufgrund ihrer Rechte als Staatsbürger zum Krieg entschließen müssten und dies vermeiden werden, da sie alle durch den Krieg verursachten Lasten und Kosten tragen müssten; das Staatsoberhaupt eines nicht republikanisch organisierten Staats hingegen habe durch den Krieg keine persönlichen Nachteile und könne ihn leichtfertig auf Kosten der anderen eingehen.[841] So sind es nach Kants Gedanken auch die Bürger eines Landes, die aufgrund der Erfahrungen eines Krieges nach einer besseren Regierungsführung verlangen, so dass im eigenen Land politische Institutionen mit demokratischem Charakter errichtet und in der Folge auf zwischenstaatlicher Ebene freiheitliche Regierungsformen gefördert werden.[842]

Innerstaatlich bewirkt Demokratie die Bindung von Entscheidungsträgern an die Interessen ihrer Wähler.[843] Demokratische Repräsentation beugt nationalen Konflikten vor, weil sie das Potenzial hat, die Integration und Teilhabe aller Bevölkerungsgruppen zu bewirken, indem sie das Dominanzstreben einzelner, herrschender Gruppen nicht gestattet.[844] Auf zwischenstaatlicher Ebene sind die Beziehungen freiheitlicher Staaten von Informationsaustausch, Rücksichtnahme und Verständnis geprägt; autoritäre, nicht auf Konsens beruhende Staaten werden als der eigenen Bevölkerung gegenüber aggressiv und damit als suspekt wahrgenommen.[845]

Mit Rücksichtnahme als Basis der Beziehungen zueinander greifen demokratische Staaten zu Methoden der friedlichen Beilegung von Streitigkeiten. Mit der steigenden Anzahl an demokratischen Staaten stiegen auch die Zahlen der internationalen Organisationen, Gerichte und Schiedsgerichte; diese fördern aktiv, durch Konfliktmanagement oder richterliche Entscheidung, oder passiv, durch gemeinsame Mitgliedschaft der Konfliktparteien, die Streitbeilegung.[846] Mit zunehmender Beteiligung gewinnen Streitbeilegungsforen an Einfluss und bewirken, dass sich immer mehr Staaten, auch solche ohne demokratische Organisation, ihren Mechanismen unterwerfen – eine Entwicklung, die die Anerkennung eines Rechts

839 Kant, Zum ewigen Frieden, Erster Zusatz, in: Schlüter (Hrsg.), S. 18.
840 Doyle, in: Höffe (Hrsg.), Immanuel Kant, Zum ewigen Frieden, S. 164.
841 Kant, Zum ewigen Frieden, Zweiter Abschnitt, in: Schlüter (Hrsg.), S. 9.
842 Vgl. McLaughlin Mitchell/Diehl, Stan. J. Int. L. 48 (2012), S. 306, 312.
843 Vgl. Doyle, in: Höffe (Hrsg.), Immanuel Kant, Zum ewigen Frieden, S. 164.
844 Boysen, AdV 47 (2009), S. 432 f.; Fox/Roth, in: Fox/Roth (Hrsg.), Democratic governance, S. 7 f.
845 Doyle, in: Höffe (Hrsg.), Immanuel Kant, Zum ewigen Frieden, S. 164 f.
846 McLaughlin Mitchell/Diehl, Stan. J. Int. L. 48 (2012), S. 314 f.

auf Demokratie stärken könnte.[847] International wird die moralische Verpflichtung zur Friedensförderung ferner ergänzt um materielle Anreize: Staaten unterlassen aufgrund ökonomischer Interdependenzen solche Politik, die die Handelsverbindungen schädigen kann.[848]

(ii) Demokratie schützt Menschenrechte

Demokratischen Systemen wird eine menschenrechtsschützende Wirkung zugeschrieben. Danach schützen Demokratien in der Regel verlässlich wichtige und anerkannte Menschenrechte, während Nicht-Demokratien diesen Schutz oft nicht bieten.[849] Dies wird einerseits empirisch begründet, andererseits wird auch eine kausale Verbindung gesehen, nach der das demokratische System selbst den Menschenrechtsschutz hervorbringt – ohne Einfluss der wirtschaftlichen oder geschichtlichen Faktoren, die viele Demokratien gemeinsam haben.[850]

Eine kausale Verbindung kann einmal darin liegen, dass die Möglichkeit zur Teilnahme an politischen Entscheidungen die Umsetzung von Freiheitsrechten bewirkt. Es wird ein Zusammenhang wahrgenommen zwischen der in einem demokratischen System gewährleisteten breiten politischen Partizipation und individueller Freiheit.[851] Die Teilhabe aller Bevölkerungsgruppen lenkt politische Entscheidungen so, dass eine pluralistische Gesellschaft entsteht. Bürger werden sich nicht für solche Regierende entscheiden, die ihre Freiheiten einschränken. Transparenz, politische Teilhabe und gesellschaftlicher Pluralismus werden als wesentliche Voraussetzungen für einen institutionalisierten Menschenrechtsschutz hervorgehoben.[852]

Auch innerhalb der Regeln eines demokratischen Mehrparteiensystems kann es jedoch, zum Beispiel durch Notstandsgesetze, zur Beschneidung von Freiheit und Pluralismus kommen. Dies gilt umso mehr, wenn in einem formell demokratisch organisierten System einige Bevölkerungsgruppen faktisch keinen politischen Einfluss ausüben können oder die Einschränkung von Freiheitsrechten von einer Mehrheit bewusst in Kauf genommen wird. Eine formale demokratische Struktur alleine reicht nicht aus, wenn nicht ihr Funktionieren gewährleistet ist. Die Umsetzung demokratischer Ideen erreicht zwar eine starke Tendenz zur Sicherung von Freiheitsrechten, kann aber keine Garantie dafür bieten. Auch wenn demokratische Ideale und Freiheitsrechte inhaltlich verknüpft sind, ist der Schutz der Rechte einem demokratisch organisierten System nicht unter allen Umständen immanent.

Ferner können demokratische Inhalte die Einhaltung von Gleichheitsrechten fördern, weil ein Zusammenhang zwischen demokratischer Organisation und

---

847 McLaughlin Mitchell/Diehl, Stan. J. Int. L. 48 (2012), S. 315.
848 Doyle, in: Höffe (Hrsg.), Immanuel Kant, Zum ewigen Frieden, S. 165.
849 Christiano, Phil. & Publ. Affairs 39 (2011), S. 143, 147; Lister, Stan. J. Int. L. 48 (2012), S. 266.
850 Lister, Stan. J. Int. L. 48 (2012), S. 266.
851 Boysen, AdV 47 (2009), S. 432.
852 Ebd.; Fox/Roth, in: Fox/Roth (Hrsg.), Democratic Governance, 2000, S. 7.

„gerechten Gesellschaften" erkannt wird. Demokratie wird mit Gerechtigkeit assoziiert.[853] Da demokratische Systeme sich die Vorgabe machen, gerechte Gesellschaften zu erreichen, sind hierfür die Grundsätze von Nichtdiskriminierung und Gleichbehandlung umzusetzen.[854]

Es lässt sich schlussfolgern, dass eine kausale Verbindung zwischen Menschenrechtsschutz und Demokratie insofern besteht, als demokratische Systeme eine starke Tendenz zur Achtung von Menschenrechten aufweisen.

(iii) Demokratie dient der Verteilungsgerechtigkeit

Demokratie kann neben der Gerechtigkeit im Sinne von rechtlicher Gleichbehandlung auch die Verteilungsgerechtigkeit innerhalb einer Gesellschaft fördern. Ein demokratisches System wird als bester Weg dafür angesehen, minimale Garantien für den Lebensunterhalt jedes Bürgers zu schaffen.[855] Der Demokratie wird sogar die Fähigkeit zugeordnet, Hungersnöte zu verhindern.[856] In den meisten demokratisch regierten Ländern werden soziale Standards hochgehalten, die verhindern sollen, dass der Lebensunterhalt der Menschen die Grenze eines Existenzminimums unterschreitet.

Jedoch führt politische Teilhabe nicht automatisch zu wirtschaftlicher und sozialer Teilhabe, weil letztere vom wirtschaftlichen und sozialen System abhängt. Die Demokratien der Welt unterscheiden sich in diesen Aspekten deutlich. Demokratische Inhalte können die Verteilungsgerechtigkeit daher fördern, sie aber nicht garantieren.

(b) Argumente dagegen

(i) Ideologiefreiheit des Völkerrechts

Der Grundsatz der Ideologiefreiheit des Völkerrechts lässt die Anerkennung eines Rechts auf Demokratie unmöglich erscheinen.

Das Völkerrecht überlässt die Wahl des politischen Status den Völkern und verbietet die Einmischung in diesen Entscheidungsprozess; es bewertet die Staatsformen grundsätzlich nicht.[857] Auch normiert die Friendly-Relations-Deklaration

---

853 Lister, Stan. J. Int. L. 48 (2012), S. 259 f.; Cohen, in: Sypnowich (Hrsg.), The Egalitarian Conscience, S. 226.

854 Vollständige Gerechtigkeit erreichen zu wollen, erscheint jedoch als zu ehrgeiziges Ziel. Die Umsetzung von Menschenrechten ist weniger anspruchsvoll als die eines Konzepts vollständiger Gerechtigkeit. Ihre Einhaltung ist aber auch ohne gänzlich verwirklichte Gerechtigkeit möglich. Cohen, in: Sypnowich (Hrsg.), The Egalitarian Conscience, S. 226 ff.; Lister, Stan. J. Int. L. 48 (2012), S. 261.

855 Vgl. Lister, Stan. J. Int. L. 48 (2012), S. 260.

856 Sen, S. 51 ff.; Cohen, in: Sypnowich (Hrsg.), The Egalitarian Conscience, S. 227.

857 Vgl. oben bei Menschenrechte als Einschränkung der inneren Autonomie (2. Kapitel, A II 2). Eine Ausnahme von dieser ideologischen Neutralität könnten nazistische und faschistische Regime bilden. Diese werden in der Resolution der

der Vereinten Nationen das Recht jedes Staates zur freien Wahl eines politischen Systems ohne Einmischung von außen.[858]

Wenn sich das Völkerrecht bei der Wahl des politischen Systems so explizit neutral verhält, kann es nicht gleichzeitig einen Anspruch auf Umsetzung eines bestimmten Systems formulieren. Der ambivalente Charakter des Selbstbestimmungsrechts spricht dagegen, es nur anhand seiner demokratischen Komponente, und nicht anhand der Vorgabe der freien Wahl des politischen Systems auszulegen. Vor dem Hintergrund der völkerrechtlichen Ideologiefreiheit kann das Selbstbestimmungsrecht nicht in ein Recht auf Demokratie münden, sondern beschränkt sich darauf, die Hauptgrundlage der Selbstregierung im Einbeziehen aller Volksgruppen und Ethnien in einen gemeinsamen Staat zu sehen.[859]

(ii) Kein völkerrechtlicher Demokratiebegriff

Oben wurde festgestellt, dass kein universell gültiger Inhalt von Demokratie und eines eventuellen Rechts auf Demokratie ersichtlich ist. Der Begriff der Demokratie hat keine für alle Staaten verbindliche Definition im Völkerrecht gefunden und ist daher zu unkonkret für einen Rechtsanspruch.[860]

(iii) Gefahr der illegitimen Einmischung in innere Angelegenheiten

Sowohl die in der Anerkennung eines Rechts auf Demokratie implizite Forderung nach demokratischer Organisation als auch deren Umsetzung durch Intervention irgendeiner Art würde in Nicht-Demokratien als illegitime Einmischung in innere Angelegenheiten verstanden. Zwar kann eine Einmischung aufgrund von schweren Menschenrechtsverletzungen als legitim angesehen werden, diese Rechtfertigung funktioniert jedoch nicht in Bezug auf einen Staat, der zwar nicht demokratisch organisiert ist, in dem grundlegende Menschenrechte aber respektiert werden. In so einem Fall kann das Fördern demokratischer Institutionen einer illegitimen Einmischung gleichkommen, weil die Wahl des politischen Systems die innere Angelegenheit jedes Staats ist.[861]

UN-Generalversammlung A/RES/36/162 vom 16.12.1981 ausdrücklich verurteilt (verfügbar unter http://www.un.org/documents/ga/res/36/a36r162.htm, recherchiert am 9.8.2014). Vgl. Boysen, AdV 47 (2009), S. 445; Heintze, in: Ipsen (Hrsg.), Völkerrecht, § 30 Rn. 4 f.

858 Darin heißt es: „Jeder Staat hat das unveräußerliche Recht, sein politisches, wirtschaftliches, soziales und kulturelles System ohne Einmischung irgendwelcher Art durch einen anderen Staat zu wählen."

859 Boysen, AdV 47 (2009), S. 445 f.; Oeter, Demokratieprinzip, in: Brunkhorst (Hrsg.), Demokratischer Experimentalismus, S. 354.

860 Doehring, Demokratie und Völkerrecht, in: Cremer/Giegerich/Richter/Zimmermann (Hrsg.), Festschrift für Steinberger, S. 128.

861 Vgl. Lister, Stan. J. Int. L. 48 (2012), S. 262.

(iv) Gefahr der Bedeutungsentleerung

Die Anerkennung eines Rechts auf Demokratie birgt weiter die Gefahr, die damit verbundenen ehrgeizigen Ziele nicht erreichen zu können. Der Prozess der Demokratisierung könnte deshalb an Bedeutung verlieren. Als holistische Rechtskonzeption würde ein universelles Recht auf Demokratie so viel beinhalten, dass die Inhalte nicht mehr konkretisierbar oder umsetzbar wären und zu Worthülsen ohne praktische Bedeutung würden.[862]

(c) Resümee

Die Entstehung eines Rechts auf Demokratie wäre wegen deren positiver Einflüsse auf Friedenssicherung, Menschenrechtsschutz und Gerechtigkeit sehr wünschenswert. Ein solches Recht zu formulieren, um es so herbeizuführen, kann aber die beschriebenen Nachteile mit sich bringen. Dies hindert Staaten und internationale Organisationen jedoch nicht daran, auf politischer Ebene für demokratische Maßstäbe einzutreten und diese im Rahmen der Entwicklungszusammenarbeit zu fördern.

B. Rechtliche Legitimation der Intervention von außen

Mit dem Zweiten Weltkrieg in unmittelbarer Erinnerung sollte mit der 1945 unterzeichneten Charta der Vereinten Nationen ein umfassendes Friedenssicherungssystem geschaffen werden.[863] Das Gewaltverbot aus Art. 2 Nr. 4 UN-Charta bildet die Grundlage des in der Charta enthaltenen Systems der kollektiven Sicherheit; dieses allgemeine Gewaltverbot zählt gleichzeitig zum Völkergewohnheitsrecht und zum ius cogens.[864] Das Verbot militärischer Gewalt wird damit zur Regel, die Anwendung von Gewalt zur streng normierten Ausnahme. Die Charta enthält drei solcher Ausnahmetatbestände: kollektive Zwangsmaßnahmen nach Kapitel VII, Maßnahmen zur individuellen oder kollektiven Selbstverteidigung nach Art. 51 UN-Charta und Zwangsmaßnahmen von Regionalorganisationen nach Kapitel VIII.[865] Eine militärische Intervention ist damit gerechtfertigt, wenn sie einen Ausnahmetatbestand zum Gewaltverbot erfüllt.

Zwar findet Nation-Building in der Nachkonfliktphase statt, der Eingriff, der den Konflikt oft erst beendet und so die Voraussetzungen für Nation-Building schafft, ist aber anhand der Rechtfertigungsgründe zu beurteilen. Die Rechtfertigung der militärischen Intervention bleibt auch in der Nachkonfliktphase nicht ohne Bedeutung.

---

862 Vgl. Boysen, AdV 47 (2009), S. 430.

863 Stein/v. Buttlar, Rn. 773.

864 Ebd.

865 Die vierte Ausnahme, die sog. Feindstaatenklauseln (Art. 107, 53 Abs. 1 S. 2 UN-Charta), ist heute als obsolet zu betrachten; vgl. Stein/v. Buttlar, Rn. 781.

I. Selbstverteidigung

Nach Art. 51 UN-Charta beeinträchtigt die Charta im Falle eines bewaffneten Angriffs nicht das Recht zur individuellen oder kollektiven Selbstverteidigung, bis der Sicherheitsrat Maßnahmen ergriffen hat. Art. 51 UN-Charta bezeichnet das Selbstverteidigungsrecht als „naturgegebenes Recht" und unterstreicht so die fundamentale Bedeutung der Notwehr, die in jedem Rechtssystem existiert.[866] Selbstverteidigung ist danach die legitime Gegengewalt als Reaktion auf einen bewaffneten Angriff. Vor der Geltung der UN-Charta bestand ein rein gewohnheitsrechtliches Selbstverteidigungsrecht, dessen Konturen durch Art. 51 UN-Charta enger und klarer geworden sind.[867] Es ist umstritten, ob außerhalb der UN-Charta noch immer ein solches Gewohnheitsrecht existiert.[868] So wird vertreten, dass Art. 51 UN-Charta die Selbstverteidigung in Reaktion auf einen bewaffneten Angriff nur besonders betont, ein weitergehendes Selbstverteidigungsrecht gewohnheitsrechtlich jedoch fortbesteht.[869] Nach anderer, überzeugender Ansicht schließt Art. 51 UN-Charta jede Selbstverteidigung, die nicht als Reaktion auf einen bewaffneten Angriff stattfindet, aus; die Bezeichnung des Rechts als „naturgegeben" deutet nur seine Geltung auch für solche Staaten an, die nicht Mitglieder der Vereinten Nationen sind.[870] Die Notwendigkeit eines vorangegangenen bewaffneten Angriffs für jede Art der Selbstverteidigung stellt auch der IGH im Nicaragua-Urteil fest.[871]

1. Voraussetzungen des Art. 51 UN-Charta

Wann die Gegengewalt zulässig ist, hängt damit von der Definition von „bewaffneter Angriff" (*armed attack, agression armée*) im Sinne des Art. 51 UN-Charta ab. Diese Interpretation ist entscheidend dafür, inwieweit unilaterale Gewalt zulässig sein kann.[872] Unter „bewaffnetem Angriff" kann man grundsätzlich einen Angriff mit militärischen Machtmitteln verstehen.[873] Uneinigkeit herrscht hinsichtlich der erforderlichen Intensität. Einen Anhaltspunkt kann die Resolution der UN-Generalversammlung über die

---

866 Doehring, Völkerrecht, Rn. 1042.

867 Vgl. Combacau/Sur, S. 630; Doehring, Völkerrecht, Rn. 1041; Randelzhofer, in: Simma (Hrsg.), The Charter of the United Nations, Vol. I, Art. 51 Rn. 1 f.

868 Vgl. Gray, in: Evans (Hrsg.), International Law, S. 600.

869 Tucker, AJIL 66 (1972), S. 594 f.

870 Randelzhofer, in: Simma (Hrsg.), The Charter of the United Nations, Vol. I, Art. 51 Rn. 10; Verdross/Simma, § 470; Fischer, in: Ipsen (Hrsg.), Völkerrecht, § 59 Rn. 28.

871 *"The Court has recalled above (paragraphs 193 to 195) that for one State to use force against another, on the ground that that State has committed a wrongful act of force against a third State, is regarded as lawful, by way of exception, only when the wrongful act provoking the response was an armed attack."* IGH, Nicaragua (Fn. 636), Ziff. 211.

872 Randelzhofer, in: Simma (Hrsg.), The Charter of the United Nations, Vol. I, Art. 51 Rn. 16.

873 Verdross/Simma, § 472.

Definition der Aggression geben, deren Art. 1 des Annex als entscheidende Elemente für Aggression den Gebrauch bewaffneter Gewalt durch einen Staat gegen die Souveränität, territoriale Integrität oder politische Unabhängigkeit eines anderen Staates nennt.[874] Jedoch definiert die Resolution nicht den Begriff des bewaffneten Angriffs, sondern den der „Angriffshandlung" aus Art. 39 UN-Charta, und gibt in Art. 6 des Annex sogar den Hinweis, dass die Definition die Reichweite der in der Charta enthaltenen Vorschriften über den legitimen Einsatz bewaffneter Gewalt nicht berührt.[875] Trotzdem kann die Definition eine Auslegungshilfe darstellen. Aus den *travaux préparatoires* und dem Resolutionstext kann man schließen, dass der bewaffnete Angriff als engeres Konzept oder Unterfall zur Angriffshandlung anzusehen ist.[876] Der IGH geht davon aus, dass ein bewaffneter Angriff nur vorliegt, wenn militärische Gewalt von einer gewissen Intensität stattgefunden hat.[877] Nach oft vertretener Ansicht stellt also nicht jede Übertretung des Gewaltverbots einen bewaffneten Angriff dar; ein solcher liegt nur vor, wenn die Gewaltanwendung ein relativ großes Ausmaß erreicht und erhebliche Folgen verursacht.[878]

Weiterhin müssen die Selbstverteidigungsmaßnahmen den Prinzipien der Erforderlichkeit und Verhältnismäßigkeit entsprechen, die zwar nicht ausdrücklich in der UN-Charta niedergelegt, jedoch Teil des Völkergewohnheitsrechtes sind.[879] Es darf kein milderes und ebenso wirksames Abwehrmittel geben; Art und Umfang der Selbstverteidigung müssen notwendig sein, das heißt die Verteidigungshandlungen müssen sich auf die Abwehr des Angriffs beschränken, sie dürfen

874 UN-Generalversammlungsresolution 3314 (XXIX) vom 14.12.1974, verfügbar unter http://www.un.org/documents/ga/res/29/ares29.htm, recherchiert am 13.8.2014; Art. 1 des Annex der Resolution lautet: *"Aggression is the use of armed force by a State against the sovereignty, territorial integrity or political independence of another State, or in any other manner inconsistent with the Charter of the United Nations, as set out in this Definition. [...]".*

875 Vgl. Schulze, in: Wolfrum (Hrsg.), Handbuch Vereinte Nationen, (102) Selbstverteidigung, Rn. 3.

876 Schulze, in: Wolfrum (Hrsg.), Handbuch Vereinte Nationen, (102) Selbstverteidigung, Rn. 3; Randelzhofer, in: Simma (Hrsg.), The Charter of the United Nations, Vol. I, Art. 51 Rn. 17.

877 IGH, Nicaragua (Fn. 636), Ziff. 191, 249; so heißt es in Ziff. 191: *"[...] it will be necessary to distinguish the most grave forms of the use of force (those constituting an armed attack) from other less grave forms. [...]"*; vgl. Bothe, in: Vitzthum (Hrsg.), Völkerrecht, 8. Abschnitt Rn. 19.

878 Randelzhofer, in: Simma (Hrsg.), The Charter of the United Nations, Vol. I, Art. 51 Rn. 20; Blumenwitz, Das universelle Gewaltanwendungsverbot, BayVBl 1986, S. 739; a.A. Fischer, in: Ipsen (Hrsg.), Völkerrecht, § 59 Rn. 28, der die Intensität der Militäraktion für unerheblich erachtet, dafür aber für eine strikte Anwendung des Unmittelbarkeits- und Proportionalitätsprinzips plädiert.

879 Gray, in: Evans (Hrsg.), International Law, S. 599.

keine Vergeltungsaktionen enthalten und dürfen in ihrer Schwere die Schwere des Angriffs nicht erheblich überschreiten.[880]

2. Präventive Selbstverteidigung

Eine weitere Schwierigkeit liegt in der Frage nach dem Zeitpunkt der Verteidigungshandlung. Es besteht im Grundsatz das Erfordernis der Unmittelbarkeit zwischen Angriff und Verteidigung.[881] Äußerst umstritten ist hier die Problematik der sogenannten präventiven Selbstverteidigung, also die Frage, ob der bewaffnete Angriff bereits begonnen haben muss, ob er unmittelbar bevorstehen muss, oder ob ein drohender Angriff ausreicht. Ein Teil der Lehre befürwortet die Möglichkeit zur präventiven Selbstverteidigung. Danach ist es einem Staat nicht zumutbar, einen vorhersehbaren und möglicherweise vernichtenden Angriff abzuwarten, um sich auf legitime Weise verteidigen zu können.[882] Als Maßstab wird dabei die im Caroline-Fall aufgestellte, sogenannte Webster-Formel angesehen, nach der präventive Selbstverteidigung möglich ist, wenn die Notwendigkeit dafür "*instant, overwhelming and leaving no choice of means, and no moment for deliberation*" ist.[883] Zudem wird argumentiert, dass eine enge Auslegung der Selbstverteidigung im Zeitalter von Nuklear- und Massenvernichtungswaffen realitätsfern sei, da kein Staat eine Zerstörung in einem solchen Ausmaß abwarten kann, wie sie durch diese Waffen droht.[884]

In der Debatte um die „neuen Bedrohungen" durch Massenvernichtungswaffen und Terrorismus ist oft von sogenannten *pre-emptive strikes* die Rede, die auch dann zulässig seien, wenn ein Angriff nicht unmittelbar droht, sondern zum Beispiel aufgrund der Herstellung von Massenvernichtungswaffen in feindlicher Gesinnung zu befürchten ist.[885] *Pre-emptive self-defence* spielte besonders im Rahmen

---

880 Schulze, in: Wolfrum (Hrsg.), Handbuch Vereinte Nationen, (102) Selbstverteidigung, Rn. 27; Combacau/Sur, S. 631; vgl. Randelzhofer, in: Simma (Hrsg.), The Charter of the United Nations, Vol. I, Art. 51 Rn. 42.

881 Schulze, in: Wolfrum (Hrsg.), Handbuch Vereinte Nationen, (102) Selbstverteidigung, Rn. 21.

882 Vgl. Cassese, in: Cot/Pellet/Forteau (Hrsg.), La Charte des Nations Unies, S. 1335 f.; Stein/v. Buttlar, Rn. 833.

883 Vgl. Randelzhofer, in: Simma (Hrsg.), The Charter of the United Nations, Vol. I, Art. 51 Rn. 39; Brownlie, S. 733 f.; Reinold, AJIL 105 (2011), S. 247.

884 Vgl. die Stellungnahme des israelischen Delegierten im UN-Sicherheitsrat in der Debatte über die Rechtmäßigkeit des israelischen Angriffs auf ein irakisches Nuklearforschungszentrum vom 7.6.1981, ILM 20 (1981), S. 986 ff.; vgl. Fischer, in: Ipsen (Hrsg.), Völkerrecht, § 59 Rn. 29; Cassese, in: Cot/Pellet/Forteau (Hrsg.), La Charte des Nations Unies, S. 1336.

885 Vgl. Bothe, in: Vitzthum (Hrsg.), Völkerrecht, 8. Abschnitt, Rn. 19; Cassese, in: Cot/Pellet/Forteau (Hrsg.), La Charte des Nations Unies, S. 1341.
Der Sprachgebrauch ist nicht eindeutig: So meint „anticipatory self-defence" oder „pre-emptive self-defence" im englischen Sprachgebrauch häufig jede Art der präventiven Selbstverteidigung, einschließlich der unmittelbar vor dem Angriff

der Diskussion über die National Security Strategy der USA eine Rolle, mit Hilfe derer sich die USA als Reaktion auf die Anschläge des 11. September 2001 vor den Angriffen von „Schurkenstaaten" und Terroristen schützen wollten; diese, auch als „Bush-Doktrin" bezeichnete Ansicht verzichtet auf das Erfordernis einer unmittelbar drohenden Gefahr.[886]

Gegen die Zulässigkeit der präventiven Selbstverteidigung wird der Wortlaut des Art. 51 UN-Charta angeführt, der das Auftreten einer Angriffssituation verlangt, sowie dessen Zweck, die unilaterale Gewaltanwendung in internationalen Beziehungen auf ein Minimum zu reduzieren.[887] Es wird kritisiert, dass die Anerkennung eines Rechts zur präventiven Selbstverteidigung die Funktionstüchtigkeit des Friedenssystems gefährden würde und die Gefahr besteht, dass Staaten vorschnell zum Angriff schreiten, obwohl tatsächlich keine Selbstverteidigungssituation vorliegt.[888] Ein weitergehendes gewohnheitsrechtliches Selbstverteidigungsrecht existiert nach dieser Ansicht nicht, da die vor der UN-Charta vorhandenen Regeln durch Art. 51 UN-Charta vollständig ersetzt wurden.[889] Die Ansicht hält präventive Selbstverteidigung daher grundsätzlich für unzulässig.[890] Jedoch gibt es, in Anbetracht der „neuen Bedrohungen" auch hier Tendenzen, präventive Überlegungen in die Zulässigkeit von Selbstverteidigung einzubeziehen. So heißt es im Bericht *„A more secure world"* des *UN High-level Panel on Threats, Challenges and Change*, dass ein bedrohter Staat militärische Maßnahmen ergreifen darf, wenn der drohende Angriff unmittelbar bevorsteht und die Maßnahmen erforderlich und verhältnismäßig sind.[891] Der Bericht widerspricht aber der Ansicht, dass unilaterales präventives Handeln schon vor einer unmittelbaren Bedrohung vonnöten sei. Wenn präventive Aktionen notwendig erscheinen und die Gründe dafür nachgewiesen werden können, könne der

---

(vgl. z.B. Randelzhofer, in: Simma (Hrsg.), The Charter of the United Nations, Vol. I, Art. 51, oder Gray, in: Evans (Hrsg.), International Law). Cassese, in: Cot/Pellet/Forteau (Hrsg.), La Charte des Nations Unies, sowie der High-level Panel Bericht *A more secure world* (Fn. 646) verwenden „preemptive self-defence" für den Fall der unmittelbaren Bedrohung und „preventive self-defence" für den Fall fehlender Unmittelbarkeit.

886 Vgl. Gray, in: Evans (Hrsg.), International Law, S. 603.

887 Schulze, in: Wolfrum (Hrsg.), Handbuch Vereinte Nationen, (102) Selbstverteidigung, Rn. 22; Randelzhofer, in: Simma (Hrsg.), The Charter of the United Nations, Vol. I, Art. 51 Rn. 39.

888 Stein/v. Buttlar, Rn. 834; Randelzhofer, in: Simma (Hrsg.), The Charter of the United Nations, Vol. I, Art. 51 Rn. 39.

889 Cassese, in: Cot/Pellet/Forteau (Hrsg.), La Charte des Nations Unies, S. 1336.

890 So u.a.: Hechtl, S. 276; Cassese, in: Cot/Pellet/Forteau (Hrsg.), La Charte des Nations Unies, S. 1341; Bothe, in: Vitzthum (Hrsg.), Völkerrecht, 8. Abschnitt, Rn. 19; Fischer, in: Ipsen (Hrsg.), Völkerrecht, § 59 Rn. 29; Brownlie, S. 734; Randelzhofer, in: Simma (Hrsg.), The Charter of the United Nations, Vol. I, Art. 51 Rn. 39 m.w.N.

891 *"However, a threatened State [...] can take military action as long as the threatened attack is imminent, no other means would deflect it and the action is proportionate"*, High-level Panel Bericht *A more secure world* (Fn. 646), Ziff. 188.

UN-Sicherheitsrat die Aktionen autorisieren; andernfalls sei das Risiko, dass das Prinzip der Nicht-Intervention und die Weltordnung Schaden nehmen, zu groß.[892]

3. Selbstverteidigung gegen nicht-staatliche Gewalt

Ein schwieriger Aspekt der Selbstverteidigung ist die Frage nach dem Gegner der Verteidigungshandlung bzw. dem Akteur des bewaffneten Angriffs. Im Grundsatz darf sich die Selbstverteidigung nur gegen den Staat richten, dem der bewaffnete Angriff zuzurechnen ist.[893] Dieser Grundsatz gilt im Zusammenhang mit der Verteidigung gegen nicht-staatliche Gewalt jedoch nur bedingt.

Nicht-staatliche Gewalt kann in sogenannter *indirekter Gewalt* bestehen. Darunter versteht man die materielle oder organisatorische Unterstützung von militärisch organisierten inoffiziellen Gruppen, die sich gegen die bestehende Regierung oder das System eines Staates richten.[894] Zumindest einige Formen der indirekten Gewalt stellen einen bewaffneten Angriff im Sinne des Art. 51 UN-Charta dar.[895] So fasst es der IGH im Nicaragua-Urteil unter den Begriff „bewaffneter Angriff", wenn durch einen Staat oder im Namen eines Staates bewaffnete Gruppen oder außerhalb der Armee organisierte Kämpfer oder Söldner entsandt werden, die bewaffnete Gewalt über einen anderen Staat ausüben, wenn die Gewalt eine Schwere erreicht, die der durch reguläre Truppen ausgeübten Gewalt gleicht.[896] Der Gerichtshof bezieht sich dabei auf Art. 3 lit. g der Generalversammlungsresolution über die Definition von Aggression und bezeichnet diese Beschreibung als Völkergewohnheitsrecht.[897] Die Unterstützung von Rebellengruppen durch Waffen oder Logistik fiele zwar unter das Gewaltverbot, erreiche aber nicht die für einen bewaffneten Angriff erforderliche Schwere.[898] Damit ist Selbstverteidigung auch gegen indirekte Gewalt legitim, solange diese einen erheblichen Schweregrad erreicht. Einem Staat zurechenbar sind

---

892 *"For those impatient with such a response, the answer must be that, in a world full of perceived potential threats, the risk to the global order and the norm of non-intervention on which it continues to be based is simply too great for the legality of unilateral preventive action, as distinct from collectively endorsed action, to be accepted. Allowing one to so act is to allow all."*, High-level Panel Bericht *A more secure world* (Fn. 646), Ziff. 190 f.

893 Bothe, in: Vitzthum (Hrsg.), Völkerrecht, 8. Abschnitt, Rn. 19.

894 Cassese, in: Cot/Pellet/Forteau (Hrsg.), La Charte des Nations Unies, S. 1343; Randelzhofer, in: Simma (Hrsg.), The Charter of the United Nations, Vol. I, Art. 51 Rn. 30.

895 Randelzhofer, in: Simma (Hrsg.), The Charter of the United Nations, Vol. I, Art. 51 Rn. 30 m.w.N.

896 IGH, Nicaragua (Fn. 636), Ziff. 195.

897 Ebd.; vgl. Art. 3 lit. g des Annex der GA Res. 3314 (XXIX) vom 14.12.1974 (Fn. 874): *"The sending by or on behalf of a State of armed bands, groups, irregulars or mercenaries, which carry out acts of armed force against another State of such gravity as to amount to the acts listed above, or its substantial involvement therein."*

898 IGH, Nicaragua (Fn. 636), Ziff. 195.

die Handlungen bewaffneter Gruppen nach dem Urteil des IGH nur dann, wenn dieser Staat über die militärischen oder paramilitärischen Operationen der Gruppen „effektive Kontrolle" ausübe.[899]

Terrorismus ist eine weitere Form nicht-staatlicher Gewalt. Die zur indirekten Gewalt gefundenen Prinzipien, die noch vor dem Erstarken des neuen internationalen Terrorismus, wie er in den Anschlägen von Al-Qaida zum Ausdruck kommt, entstanden sind, sind hinsichtlich terroristischer Gewaltakte zu modifizieren. Diese Form des Terrorismus stellt aus völkerrechtlicher Sicht *privatisierte Gewalt* dar.[900] Die Anwendbarkeit des Art. 51 UN-Charta ist problematisch: Die Zurechnung solcher Gewalt zu einem Hintergrundstaat nach den im Nicaragua-Urteil aufgestellten Kriterien stößt wegen der Strukturen der neuen Art des Terrorismus an Grenzen, weil sich Organisationen wie Al-Qaida als private Netzwerke kaum einem Einzelstaat zuordnen lassen.[901] Mangels Zurechenbarkeit der Taten solcher Organisationen zu einem Staat wäre das Selbstverteidigungsrecht nach den genannten Prinzipien nicht anwendbar.[902] Die Anschläge des 11. September 2001 haben jedoch zu einer neuen völkerrechtlichen Bewertung der Verteidigung gegen Terrorismus geführt. Der Sicherheitsrat charakterisierte die Anschläge zwar nicht als bewaffneten Angriff, wohl aber als Bedrohung des Weltfriedens und der internationalen Sicherheit, und erkannte in diesem Zusammenhang das individuelle und kollektive Recht auf Selbstverteidigung an.[903] Der Sicherheitsrat stellte hier nicht klar, ob ein Staat oder eine private Terrororganisation für die Anschläge verantwortlich waren; auch hat der Nordatlantik-Rat die Ausrufung des Bündnisfalles nach Art. 5 NATO-Vertrag allein auf die Feststellung gestützt, dass die Anschläge vom Ausland aus gelenkt worden waren, ohne auf einen staatlichen Hintergrund einzugehen.[904]

Zwar ist die private Terrorgruppe der Angreifer und damit der eigentliche Gegner; geht ihr Aufenthaltsstaat aber nicht gegen sie vor, kann das Selbstverteidigungsrecht also Vorrang vor der territorialen Integrität und Souveränität des Aufenthaltsstaates haben.[905] Vor diesem Hintergrund wird das nach den im Nicaragua-Fall aufgestellten

899 IGH, Nicaragua (Fn. 636), Ziff. 115.

900 Stein/v. Buttlar, Rn. 840.

901 Stein/v. Buttlar, Rn. 841.

902 Vgl. Stein/v. Buttlar, Rn. 842.

903 Vgl. die UN-Sicherheitsratsresolutionen S/RES/1368 (2001) vom 12.9.2001 und S/RES/1373 (2001) vom 28.9.2001 (vgl. Fn. 506); der Hinweis auf das Selbstverteidigungsrecht befindet sich jeweils in der Präambel. Dass der Sicherheitsrat von der Rechtfertigung der Militäraktionen in Afghanistan in Reaktion auf die Anschläge des 11.9.2001 durch Selbstverteidigung ausging, kann man der Presseerklärung des Präsidenten des Sicherheitsrats vom 8.10.2001 (Press Release AFG/152-SC/7167, verfügbar unter http://www.un.org/News/Press/docs/2001/afg152.doc.htm, recherchiert am 17.3.2014) entnehmen; vgl. Randelzhofer, in: Simma (Hrsg.), The Charter of the United Nations, Vol. I, Art. 51 Rn. 35.

904 Stein/v. Buttlar, Rn. 843.

905 Stein/v. Buttlar, Rn. 845.

Prinzipien bisher für die Anwendung des Art. 51 UN-Charta gültige Erfordernis des *Entsendens durch oder im Namen eines Staates* entbehrlich, wenn ein Staat Private bei der Anwendung von Gewalt gegen einen anderen Staat unterstützt, indem er ihnen – in Kenntnis ihrer Aktivitäten – auf seinem Territorium einen „sicheren Hafen", ein Rückzugs- und Trainingsgebiet, bietet.[906] Die Unterstützung durch den Aufenthaltsstaat kann als bewaffneter Angriff, der Aufenthaltsstaat selbst als Angreifer neben den Terroristen angesehen werden, wenn er diesen Zuflucht und ein sicheres Rückzugsgebiet gewährt.[907] Wenn der Aufenthaltsstaat die Terrororganisation nicht willentlich unterstützt, jedoch nicht in der Lage ist, zu verhindern, dass sie sein Territorium für ihre Zwecke nutzt, können terroristische Akte diesem Staat nicht zugerechnet werden; militärische Maßnahmen gegen die Terroristen auf diesem Staatsgebiet sind dennoch möglich, da ansonsten gescheiterte Staaten (*failed states*) entgegen der Ziele der UN-Charta ungehindert zum „sicheren Hafen" für Terrorgruppen würden.[908]

So notwendig eine neue Auslegung des Selbstverteidigungsrechts vor dem Hintergrund der Bedrohungen durch den internationalen Terrorismus ist, so groß ist das Risiko, dass diese Auslegung zu Fehleinschätzungen und politischem Missbrauch führt; das im humanitären Völkerrecht enthaltene Verhältnismäßigkeitsprinzip, vor allem die Grundregel der Zulässigkeit militärischer Maßnahmen nur als *ultima ratio*, ist als Schranke des Selbstverteidigungsrechts besonders relevant.[909]

Aufgrund dieser Überlegungen wurde der Eingriff in die Souveränität Afghanistans durch die *Operation Enduring Freedom* von der Mehrheit der Staaten nicht als illegal betrachtet.[910] Die Operation wurde als Selbstverteidigung sowohl gegen die Angreifer der vorangegangenen Terroranschläge als auch gegen den Staat, der den Terroristen einen sicheren Hafen bot, angesehen.[911]

II. Ermächtigung durch den UN-Sicherheitsrat

Die UN-Charta enthält ein System zur Friedenssicherung, das Möglichkeiten zur militärischen Gewaltanwendung als Ausnahmen vom Gewaltverbot bereithält. Dieses System der kollektiven Sicherheit ergänzt das Gebot der friedlichen Streitbeilegung und sieht vor, die Konfliktparteien zum Verzicht auf Gewaltanwendung zu zwingen; als *ultima ratio* können die Vereinten Nationen den Verzicht durch eigene

---

906 Vgl. Reinold, AJIL 105 (2011), S. 251 f.; Randelzhofer, in: Simma (Hrsg.), The Charter of the United Nations, Vol. I, Art. 51 Rn. 33.

907 Randelzhofer, in: Simma (Hrsg.), The Charter of the United Nations, Vol. I, Art. 51 Rn. 33; Stein/v. Buttlar, Rn. 846.

908 Randelzhofer, in: Simma (Hrsg.), The Charter of the United Nations, Vol. I, Art. 51 Rn. 36.

909 Vgl. Stein/v. Buttlar, Rn. 840, 851.

910 Reinold, AJIL 105 (2011), S. 251 f.

911 Ebd.

Gewaltanwendung erwirken.[912] Nach Art. 24 Abs. 1 UN-Charta trägt der Sicherheitsrat die Hauptverantwortung für die Wahrung des Weltfriedens und der internationalen Sicherheit. Der Kollektivmechanismus soll sicherstellen, dass militärische Gewalt nicht durch einzelne Staaten angewandt, sondern im Sicherheitsrat als international legitimiertem Organ monopolisiert wird.[913] Dem Sicherheitsrat kommt diesbezüglich ein Gewaltmonopol zu, das er jedoch nur verwirklichen kann, wenn alle fünf ständigen Mitglieder nach Art. 27 Abs. 3 UN-Charta den geplanten Maßnahmen zustimmen.[914] Die Anwendbarkeit des Kapitel VII der UN-Charta hat damit den Konsens unter den fünf ständigen Mitgliedern des Sicherheitsrats zur Voraussetzung.[915] Während des Kalten Krieges war eine Einigkeit der ständigen Mitglieder unerreichbar. Die Konflikte waren vom Großkonflikt zwischen den Supermächten geprägt und konnten im Sicherheitsrat wegen des Vetos der jeweils betroffenen Supermacht keiner Lösung zugeführt werden.[916]

Das Gewaltmonopol beschränkt sich auf die in der Charta vorgesehenen Kompetenzen, für deren Umfang der Sicherheitsrat keine Kompetenz-Kompetenz besitzt.[917] Im Rahmen seiner Kompetenzen kommt dem Sicherheitsrat bei der Erfüllung seiner Pflichten ein relativ weiter Spielraum zu. Gemäß Art. 24 Abs. 2 UN-Charta hat er die Ziele und Grundsätze der Charta zu beachten, die jedoch mehr als Richtlinien denn als konkrete Schrankenregelungen zu betrachten sind.[918]

Der Kollektivmechanismus von Kapitel VII UN-Charta ist zweistufig aufgebaut: Die erste Stufe besteht in der Feststellung durch den UN-Sicherheitsrat, dass eine der in Art. 39 UN-Charta genannten Situationen (Bedrohung oder Bruch des Friedens oder Angriffshandlung) vorliegt; die Handlungsoptionen der friedlichen oder militärischen Zwangsmaßnahmen sind ihm auf Basis dieser Feststellung auf der zweiten Stufe eröffnet.[919] Hierbei kann er Empfehlungen abgeben (Art. 39, 2. Hs. UN-Charta), zur Befolgung vorläufiger Maßnahmen auffordern (Art. 40 UN-Charta) und nicht-militärische oder militärische Zwangsmaßnahmen beschließen (Art. 41, 42 UN-Charta).

912 Stein/v. Buttlar, Rn. 852 f.
913 Ruffert/Walter, Rn. 395.
914 Vgl. Gray, in: Evans, International Law, S. 606; Stein/v. Buttlar, Rn. 853.
915 Vgl. Art. 27 Abs. 3, Art. 23 Abs. 1 UN-Charta.
916 Boutros-Ghali, An Agenda for Peace, Ziff. 14; Bothe, in: v. Schorlemer (Hrsg.), Praxis-Handbuch UNO, S. 15.
917 Frowein/Krisch, in: Simma (Hrsg.), The Charter of the United Nations, Vol. I, Introduction to Chapter VII, Rn. 25.
918 Frowein/Krisch, in: Simma (Hrsg.), The Charter of the United Nations, Vol. I, Introduction to Chapter VII, Rn. 26.
919 Ruffert/Walter, Rn. 394.

1. *Friedensbedrohung nach Art. 39 UN-Charta*

Zu klären ist zunächst, unter welchen Voraussetzungen „eine Bedrohung oder ein Bruch des Friedens oder eine Angriffshandlung“ im Sinne des Art. 39 UN-Charta vorliegt.

a) *Negativer und positiver Frieden*

Zunächst ist „Frieden“ auch außerhalb der UN-Charta ein auslegungsfähiger Begriff. In der Friedens- und Konfliktforschung unterscheidet man „negativen Frieden“, die Abwesenheit von Krieg, von „positivem Frieden“, der Gesamtheit der politischen, wirtschaftlichen und sozialen Voraussetzungen für ein konfliktfreies Zusammenleben.[920] Im negativen Frieden besteht jederzeit die Gefahr des Wiederaufflammens der Konflikte. Grundsätzlich muss das Ziel der positive Frieden mit Aussicht auf Beständigkeit sein.

Die UN-Charta legt in ihren Zielen und Grundsätzen Wert auf Nachhaltigkeit. So fordert Art. 1 Nr. 2 UN-Charta Maßnahmen zur Festigung des Weltfriedens, Nr. 3 die Lösung wirtschaftlicher und sozialer Probleme auf internationaler Ebene. Die UN-Charta enthält die Anforderung, politische, wirtschaftliche und soziale Ziele langfristig durch Zusammenarbeit zwischen Staaten und Organisationen zu erreichen.[921] Dies deutet darauf hin, dass die Vereinten Nationen im Grundsatz den positiven Frieden erstreben.

Problematisch ist aber, vom Sicherheitsrat die Umsetzung dieses Friedensbegriffs zu fordern und dazu Art. 39 UN-Charta entsprechend zu interpretieren. Letztlich ist eine Verpflichtung des Sicherheitsrats, positiven Frieden umzusetzen, aus mehreren Gründen abzulehnen: Der Sicherheitsrat ist zuständig für die Wahrung des Weltfriedens und der internationalen Sicherheit. Die nicht unmittelbar sicherheitsrelevanten Aufgaben sind dagegen anderen Organen zugewiesen, die hierbei jedoch auf beratende und koordinierende Funktionen beschränkt sind.[922] Dem Sicherheitsrat ist nur die Sicherheitsdimension der Charta, die nach schnellen Reaktionen verlangt, übertragen.[923] Maßnahmen, die über die Sicherheitsdimension hinausreichen und den positiven Frieden beschreiben, werden nicht von seinen Kompetenzen nach der UN-Charta gedeckt. Überdies würde das Verständnis, dass Art. 39 UN-Charta den positiven Frieden meint, zu sehr breiten Eingriffsmöglichkeiten führen; der

920 Martenczuk, S. 224; Bothe, in: Vitzthum (Hrsg.), Völkerrecht, 8. Abschnitt, Rn. 43 f.

921 Vgl. Dupuy (RGDIP 1993, S. 623 f.), der diesen Aspekt der UN-Charta als *dimension structurelle* bezeichnet und ihn von der *dimension sécuritaire* unterscheidet.

922 Vgl. die Befugnisse der Generalversammlung nach Art. 13 und 14 UN-Charta, Untersuchungen zu veranlassen und Empfehlungen abzugeben, die Förderung der internationalen Zusammenarbeit auf wirtschaftlichem und sozialem Gebiet, auch durch Koordinierung der UN-Sonderorganisationen, durch die Generalversammlung und den Wirtschafts- und Sozialrat nach Kap. IX UN-Charta, die Aufgaben des Wirtschafts- und Sozialrates nach Kap. X UN-Charta; vgl. Martenczuk, S. 226.

923 Dupuy, RGDIP 1993, S. 623 f.

Sicherheitsrat könnte jeden sozialen Missstand zum Anlass des Eingreifens nehmen und käme so in den Stand einer „Weltregierung“, was ihm nach dem System der Charta jedoch nicht zukommt.[924] Demnach liegt Art. 39 UN-Charta ein negativer Friedensbegriff zugrunde; „Frieden“ im Sinne des Kapitel VII meint die Abwesenheit von Waffengewalt.[925]

b) Zwischenstaatliche und innerstaatliche Gewalt

Ob nur zwischenstaatliche oder auch innerstaatliche Gewalt als Bedrohung oder Bruch des Friedens gilt, ist Gegenstand eines Wandels im Verständnis des Friedensbegriffes. Nach der früher herrschenden Ansicht besteht Frieden, wenn keine militärische Gewalt zwischen Staaten stattfindet.[926] Dies wird heute differenzierter gesehen, vor allem hinsichtlich der Frage, ob Art. 39 UN-Charta den Sicherheitsrat auch zum Einschreiten in interne Konflikte berechtigt.

Art. 39 UN-Charta spricht zuerst von „threat to the peace, breach of the peace“ als Voraussetzung für das Tätigwerden, sieht im zweiten Halbsatz aber Maßnahmen zur Wahrung von „international peace and security“ (in der deutschen Übersetzung „Weltfrieden und internationale Sicherheit“) vor. Obwohl der erste Halbsatz daher nicht direkt auf grenzüberschreitende Elemente Bezug nimmt, berechtigt er nicht zu Eingriffen in innere Angelegenheiten. Art. 39 UN-Charta ist vielmehr im Lichte des Ziels aus Art. 1 Nr. 1 UN-Charta zu interpretieren, Kollektivmaßnahmen zur Wahrung von Weltfrieden und internationaler Sicherheit zu treffen.[927] Das Ziel von Maßnahmen nach Kapitel VII ist die Verhinderung von Gewaltanwendung in internationalen Beziehungen.[928]

Im Grundsatz wurde das Sicherheitssystem der Vereinten Nationen also zur Verhinderung zwischenstaatlicher Gewalt geschaffen; es soll auf internationaler Ebene eine friedenssichernde Funktion übernehmen, die auf nationaler Ebene Aufgabe des mit seinem Gewaltmonopol ausgestatteten Staates ist.[929] Danach ist ein Bürgerkrieg als solcher keine Bedrohung für den Weltfrieden.[930] Im Laufe des 20. Jahrhunderts richtete sich das Augenmerk der Weltpolitik jedoch vermehrt auch auf solche Konflikte, deren Parteien nicht Staaten waren, die aber mit nicht minder großer Gewaltanwendung ausgefochten wurden. So wird argumentiert, dass es der Funktion des Sicherheitsrats nicht gerecht würde, würde ihm das Eingreifen in einen

---

924 Martenczuk, S. 226.

925 Frowein/Krisch, in: Simma (Hrsg.), The Charter of the United Nations, Vol. I, Art. 39 Rn. 6.

926 Stein/v. Buttlar, Rn. 858; Peters, Völkerrecht, Kapitel 10, Rn. 58.

927 Frowein/Krisch, in: Simma (Hrsg.), The Charter of the United Nations, Vol. I, Art. 39 Rn. 7.

928 Martenczuk, S. 228.

929 Martenczuk, S. 229.

930 Frowein/Krisch, in: Simma (Hrsg.), The Charter of the United Nations, Vol. I, Art. 39 Rn. 7.

Konflikt nur aus dem Grund verwehrt, dass die Akteure keine Staaten sind.[931] Im Falle eines de facto-Regimes ergibt sich dies bereits notwendig aus der Aufgabe des Sicherheitsrats, da das Funktionieren des Sicherheitssystems nicht davon abhängen kann, ob ein Regime als Staat anerkannt wird.[932]

Auch interne Konflikte können jedoch den zwischenstaatlichen Frieden stören. Solche Konflikte können Bürgerkriege zwischen ethnischen oder religiösen Gruppen sein, Auseinandersetzungen zwischen einzelnen Gruppen und der Staatsmacht, oder, wenn die Staatsmacht zerfallen ist und kein Gewaltmonopol mehr existiert, Konflikte im Ringen um die Vorherrschaft im *failed state.* Sie können den internationalen Frieden beeinträchtigen, wenn sie sich auf Nachbarländer ausbreiten oder Flüchtlingsströme hervorrufen. Schon durch diesen internationalen Bezug der Konflikte kann das Tätigwerden des Sicherheitsrats begründet werden.

Die Praxis der letzten Jahrzehnte zeigt die Tendenz im Völkerrecht, der inneren Ordnung von Staaten und der Stellung ihrer Bürger mehr Aufmerksamkeit zu schenken.[933] Besonders seit Ende des Kalten Krieges wird Friedensbedrohung im Sinne des Art. 39 UN-Charta nicht mehr nur auf zwischenstaatliche Konflikte bezogen, sondern deutlich weiter ausgelegt.[934] Es wird nicht mehr generell gefordert, dass Staaten die Gewaltakteure sind. Extreme Gewalt oder erhebliche Menschenrechtsverletzungen innerhalb eines Staates können Maßnahmen nach Kapitel VII auslösen. Der Sicherheitsrat hat bereits die Situationen in vielen Konfliktherden, so auch in Somalia, Ruanda und Osttimor, als Friedensbedrohung eingeordnet; dabei wird nicht mehr zwingend auf grenzüberschreitende Auswirkungen Bezug genommen.[935] Auch Nachkonfliktsituationen wurden wegen der Gefahr des erneuten Ausbrechens der Feindseligkeiten vom Sicherheitsrat als Bedrohung des Friedens angesehen; in solchen Fällen, wie zum Beispiel in den als Fallbeispielen erläuterten Fällen Kosovos, Osttimors und Afghanistans, wurden daraufhin Peacebuilding-Maßnahmen autorisiert.[936]

---

931 Martenczuk, S. 230.

932 Vgl. Frowein/Krisch, in: Simma (Hrsg.), The Charter of the United Nations, Vol. I, Art. 39 Rn. 11.

933 Frowein/Krisch, in: Simma (Hrsg.), The Charter of the United Nations, Vol. I, Art. 39 Rn. 7.

934 Frowein/Krisch, in: Simma (Hrsg.), The Charter of the United Nations, Vol. I, Art. 39 Rn. 18.

935 Vgl. zu Somalia Resolution 733 (1992) vom 23.1.1992, Präambel, verfügbar unter http://www.un.org/ga/search/view_doc.asp?symbol=S/RES/733(1992), recherchiert am 7.8.2014;
zu Ruanda Resolution S/RES/918 (1994) vom 17.5.1994, vor Ziff. 13, verfügbar unter http://www.un.org/docs/scres/1994/scres94.htm, recherchiert am 7.8.2014;
zu Osttimor Resolution S/RES/1264 (1999) vom 15.9.1999 (Fn. 442), Präambel;
Frowein/Krisch, in: Simma (Hrsg.), The Charter of the United Nations, Vol. I, Art. 39 Rn. 7, 18.

936 Vgl. Frowein/Krisch, in: Simma (Hrsg.), The Charter of the United Nations, Vol. I, Art. 39 Rn. 16.

2. *Maßnahmen des Sicherheitsrats*

Stellt der Sicherheitsrat eine Bedrohung oder einen Bruch des Friedens oder eine Angriffshandlung im Sinne des Art. 39 UN-Charta fest, ergeben sich seine unmittelbaren Handlungsmöglichkeiten aus den Art. 39–42 UN-Charta.

a) Art. 39, 40 UN-Charta

Nach Art. 39, 2. Hs., UN-Charta kann er Empfehlungen abgeben, die nicht-verbindlichen Charakter haben, aber eine Vorphase für Zwangsmaßnahmen sein können.[937] Art. 40 UN-Charta ermächtigt ihn zur Anordnung vorläufiger Maßnahmen bzw. Eilmaßnahmen, zum Beispiel zur Aufforderung zum Waffenstillstand oder zur Zulassung von UN-Beobachtern in einem Krisengebiet.[938] Trotz des einen Empfehlungscharakter der Vorschrift nahelegenden Wortlauts wird den Anordnungen nach Art. 40 UN-Charta aufgrund dessen systematischer Stellung im siebten Kapitel Verbindlichkeit beigemessen.[939]

b) Art. 41 UN-Charta

Durch den Sicherheitsrat beschlossene Zwangsmaßnahmen können nicht-militärischer oder militärischer Art sein. Nicht-militärische Maßnahmen nach Art. 41 UN-Charta sollen den internationalen Verkehr, vor allem den Wirtschaftsverkehr, mit dem friedensverletzenden Staat unterbrechen; ermöglicht werden dem Sicherheitsrat jegliche Maßnahmen, die nicht in Gewaltanwendung bestehen und der Erhaltung des Weltfriedens dienen.[940] Wirtschaftsembargos sind daher eine oft getroffene Maßnahme. Da sie zu erheblicher Not bei der Bevölkerung führen können, werden sie häufig auf gezielte Sanktionen beschränkt, die nur den Handel mit bestimmten Gütern, wie Waffen, Öl oder Diamanten, verbieten.[941] Die Aufzählung in Art. 41 ist nicht abschließend; weitere Maßnahmen können die Übernahme von Regierungsfunktionen oder die Schaffung von Organen der Judikative sein.[942] So

---

937 Vgl. Frowein/Krisch, in: Simma (Hrsg.), The Charter of the United Nations, Vol. I, Art. 39 Rn. 29, 31.

938 Vgl. Stein/v. Buttlar, Rn. 860a; Bothe, in: Vitzthum (Hrsg.), Völkerrecht, 8. Abschnitt, Rn. 47.

939 Die Abgabe unverbindlicher Empfehlungen zur friedlichen Beilegung von Streitigkeiten ist bereits in Kap. VI UN-Charta vorgesehen. Aus der Aufnahme des Art. 40 in Kap. VII UN-Charta wird geschlossen, dass sich daraus zusätzliche Befugnisse für den Sicherheitsrat und daher eine verbindliche Wirkung ergeben. Vgl. Frowein/Krisch, in: Simma (Hrsg.), The Charter of the United Nations, Vol. I, Art. 40 Rn. 13 ff.

940 Bothe, in: Vitzthum (Hrsg.), Völkerrecht, 8. Abschnitt, Rn. 48; Frowein/Krisch, in: Simma (Hrsg.), The Charter of the United Nations, Vol. I, Art. 41 Rn. 14.

941 Stein/v. Buttlar, Rn. 860c; Frowein/Krisch, in: Simma (Hrsg.), The Charter of the United Nations, Vol. I, Art. 41 Rn. 15.

942 Matheson, AJIL 95 (2001), S. 83 f.

wurden zum Beispiel die internationalen Kriegsverbrechertribunale für das ehemalige Jugoslawien und für Ruanda auf dieser Grundlage errichtet.[943] Auch wurde bereits Regierungsvermögen beschlagnahmt und veranlasst, dass dieses zur Befriedigung der Ansprüche von Personen gegen diese Regierung verwendet wird.[944] Insbesondere die internationale Verwaltung von Gebieten, wie zum Beispiel im Kosovo und in Osttimor, kann eine atypische Maßnahme nach Art. 41 sein.[945]

c) Militärische Zwangsmaßnahmen nach Art. 42 UN-Charta

Art. 42 UN-Charta sieht militärische Maßnahmen vor. Dieses im Vergleich zur Völkerbundsatzung innovative Instrument konnte aufgrund der Blockade des Sicherheitsrates erst nach Ende des Kalten Krieges genutzt werden.[946]

Nach dem Konzept des Kapitel VII soll der Sicherheitsrat selbst militärische Maßnahmen durch ihm zur Verfügung stehende Streitkräfte umsetzen, und, wie sich aus Art. 47 Abs. 1 UN-Charta ergibt, den Einsatz dieser Streitkräfte selbst kontrollieren.[947] Die Streitkräfte sollen die Mitgliedstaaten im Rahmen von Sonderabkommen nach Art. 43 UN-Charta zur Verfügung stellen. Zum Abschluss solcher

---

943 Vgl. SC/RES/827 (1993) vom 25.5.1993, durch die das Internationale Kriegsverbrechertribunal für das ehemalige Jugoslawien eingerichtet wurde; verfügbar unter http://www.icty.org/x/file/Legal%20Library/Statute/statute_827_1993_en.pdf, recherchiert am 9.8.2014.
SC/RES/955 (1994) vom 8.11.1994, durch die das Internationale Kriegsverbrechertribunal für Ruanda eingerichtet wurde; verfügbar unter http://www.unictr.org/Portals/0/English%5CLegal%5CResolutions%5CEnglish%5C955e.pdf, recherchiert am 9.8.2014.
Die Berufungskammer des Internationalen Strafgerichtshofs für das ehemalige Jugoslawien wies im Fall Tadić, Ziff. 32–38, die Behauptung der Unrechtmäßigkeit seiner Existenz mit dem Argument zurück, dass der Sicherheitsrat aufgrund seiner Aufgabe der Erhaltung von Frieden und Sicherheit und im Rahmen von Kapitel VII UN-Charta Organe der Judikative schaffen dürfe (ICTY, Prosecutor v. Duško Tadić, Appeals Chamber Decision vom 2.10.1995, verfügbar unter http://www.icty.org/x/cases/tadic/acdec/en/51002.htm, recherchiert am 9.8.2014; fortan: ICTY, Tadić).

944 Vgl. Sicherheitsratsresolution 687 (1991) vom 3.4.1991, Ziff. 16 ff., durch die ein Fonds geschaffen wurde, aus dem Kompensation an die Opfer des Golfkriegs 1991 und wegen durch diesen Krieg verursachten Umweltschäden geleistet wird (verfügbar unter http://www.un.org/docs/scres/1991/scres91.htm, recherchiert am 9.8.2014).

945 Vgl. Stein/v. Buttlar, Rn. 860 f.; Frowein/Krisch, in: Simma (Hrsg.), The Charter of the United Nations, Vol. I, Art. 41 Rn. 19 ff.

946 Vgl. Frowein/Krisch, in: Simma (Hrsg.), The Charter of the United Nations, Vol. I, Art. 42 Rn. 3 ff.

947 Vgl. Frowein/Krisch, in: Simma (Hrsg.), The Charter of the United Nations, Vol. I, Art. 42 Rn. 17.

Sonderabkommen kam es bisher jedoch nicht; das in der Charta vorgesehene System der kollektiven Sicherheit ist bis heute unvollständig verwirklicht.[948]

Trotzdem wird von Art. 42 UN-Charta Gebrauch gemacht, wobei zwei Vorgehensweisen möglich sind: Ein oder mehrere Mitgliedstaaten können den Vereinten Nationen für einen bestimmten Einsatz Streitkräfte zur Verfügung stellen, oder der Sicherheitsrat autorisiert einen Staat oder eine Staatengruppe, einen Einsatz selbst durchzuführen. Erstere Möglichkeit wird für Peacekeeping-Operationen mit *Enforcement*-Funktionen angewandt; die von den Staaten zur Verfügung gestellten Truppenkontingente stehen unter der Kontrolle der UN.[949] Hier existieren auch „standby arrangements", die mitgliedstaatliche Truppenkontingente schnell zur Verfügung stellen.[950] Für alle anderen Situationen hat sich die zweite Möglichkeit, die Ermächtigung einer oder mehrerer Staaten, in der Praxis durchgesetzt.[951] Hierunter lassen sich auch die sogenannten *mandatierten Truppen* fassen – solche, oft multinationale Truppen, die nach einem Mandat des Sicherheitsrates errichtet wurden und nach diesem handeln, dies aber nicht als Organe der Vereinten Nationen, sondern der teilnehmenden Staaten.[952] Da die mandatierende Resolution gemäß Art. 25 UN-Charta[953] bindenden Charakter hat, stellt sie die Rechtsgrundlage für die Truppenpräsenz und deren Handlungen dar.[954]

Die Legitimität der Autorisierung durch den Sicherheitsrat ist in der Literatur jedoch durchaus umstritten. Die UN-Charta trifft keine eindeutige Aussage darüber, ob Art. 42 überhaupt anwendbar sein soll, wenn keine Sonderabkommen nach Art. 43 bestehen. Nach einer Ansicht birgt das Konzept der Autorisierung die Gefahr, dass das Ziel der UN-Charta, Entscheidungen über Gewaltanwendungen beim Sicherheitsrat zu konzentrieren, in Frage gestellt wird, da den autorisierten Großmächten wichtige Befugnisse überlassen werden.[955] Dies könnte dazu führen, dass der Sicherheitsrat über die Durchführung der Operationen nicht genügend Kontrolle ausüben kann.[956] Die Ermächtigung zur Wiederherstellung von Frieden

948 Fischer, in: Ipsen (Hrsg.), Völkerrecht, § 60 Rn. 18; Frowein/Krisch, in: Simma (Hrsg.), The Charter of the United Nations, Vol. I, Art. 42 Rn. 3.

949 Bothe, in: Simma (Hrsg.), The Charter of the United Nations, Vol. I, Peace-keeping, Rn. 108; Frowein/Krisch, in: Simma (Hrsg.), The Charter of the United Nations, Vol. I, Art. 42 Rn. 18.

950 Fischer, in: Ipsen (Hrsg.), Völkerrecht, § 60 Rn. 18.

951 Ruffert/Walter, Rn. 429.

952 Vgl. Bothe, in: Simma (Hrsg.), The Charter of the United Nations, Vol. I, Peace-keeping, Rn. 144 f.

953 Nach Art. 25 UN-Charta kommen die UN-Mitgliedstaaten überein, die Beschlüsse des Sicherheitsrates anzunehmen und durchzuführen.

954 Bothe, in: Simma (Hrsg.), The Charter of the United Nations, Vol. I, Peace-keeping, Rn. 146.

955 Vgl. Bothe, in: Vitzthum (Hrsg.), Völkerrecht, 8. Abschnitt, Rn. 50.

956 Vgl. Frowein/Krisch, in: Simma (Hrsg.), The Charter of the United Nations, Vol. I, Art. 42 Rn. 24.

und Sicherheit ohne aussagekräftige Leitlinien über die Grenzen des Mandats könnte den Staaten einen zu großen Spielraum verschaffen, innerhalb dessen sie im Rahmen der Legitimation auch zu Maßnahmen greifen könnten, die vom Sicherheitsrat eigentlich nicht vorgesehen waren.[957] Wichtig ist daher der Grad der Präzisierung der Maßnahmen durch den Sicherheitsrat. Mehrdeutigkeit und Auslegungsbedarf finden sich jedoch häufig bei Sicherheitsratsresolutionen – bewusst in Kauf genommen, um die unterschiedlichen Vorstellungen der Großmächte einzuschließen und ein Veto zu vermeiden.[958] So wurde die 1990 im Zusammenhang mit der irakischen Invasion Kuwaits erlassene Resolution 678 im Jahr 2003 auf höchst umstrittene Weise nochmals zur Rechtfertigung militärischen Eingreifens in Irak herangezogen.[959] Das Vorgehen, mit unpräzisen Formulierungen ein Mandat mit unscharfen Grenzen zu schaffen, wird als Weg zum Kontrollverlust des Sicherheitsrats und als „Privatisierung" der kollektiven Sicherheit kritisiert.[960]

Nach anderer Ansicht steht im Vordergrund, dass der Sicherheitsrat in Notsituationen handlungsfähig sein muss. Jedenfalls um den Schutz der Menschen in einem Gebiet, dessen staatliche Ordnung zusammengebrochen ist, gewährleisten zu können, soll aus der Summe der Befugnisse, die die UN-Charta dem Sicherheitsrat verleiht, eine Ermächtigungskompetenz mit *implied power*-Charakter entstehen.[961] Auch wenn militärische Maßnahmen ohne Sonderabkommen nach Art. 43 nicht ausdrücklich vorgesehen sind, ergibt sich deren Möglichkeit aus der Gesamtschau der Regelungen. Dies bestätigt der IGH im *Certain Expenses*-Fall, wo er feststellt, dass die Befugnisse des Sicherheitsrats zu sehr eingeschränkt würden, würde man die Charta nicht so lesen, dass der Sicherheitsrat in Notsituationen ohne Art. 43-Abkommen tätig werden darf.[962]

Interventionen, in die der Sicherheitsrat aufgrund von Art. 42 UN-Charta eingewilligt hat, sind damit als grundsätzlich zulässig anzusehen. Zudem werden Ziele, Zeitlimits und Berichtspflichten in Sicherheitsratsresolutionen nun meist klarer definiert.[963]

---

957 Boutros-Ghali, Supplement to an Agenda for Peace, Ziff. 80.

958 Blumenwitz, Die völkerrechtlichen Aspekte, Zeitschrift für Politik 50 (2003), S. 301, 303.

959 Vgl. Blumenwitz, Die völkerrechtlichen Aspekte, Zeitschrift für Politik 50 (2003), S. 301, 303; Bothe, in: Vitzthum (Hrsg.), Völkerrecht, 8. Abschnitt, Rn. 24.

960 Vgl. Quigley, Michigan Journal of International Law 17 (1996), S. 249 f., 270 ff.

961 Bothe, in: Vitzthum (Hrsg.), Völkerrecht, 8. Abschnitt, Rn. 50.

962 *"It cannot be said that the Charter has left the Security Council impotent in the face of an emergency situation when agreements under Article 43 have not been concluded."* IGH, Certain Expenses of the United Nations (Article 17, Paragraph 2, of the Charter), Gutachten vom 20.7.1962, S. 167 (verfügbar unter http://www.icj-cij.org/docket/files/49/5259.pdf, recherchiert am 13.8.2014; fortan: IGH, Certain Expenses-Gutachten)

963 Vgl. Frowein/Krisch, in: Simma (Hrsg.), The Charter of the United Nations, Vol. I, Art. 42 Rn. 26.

3. *Legitimierung von Friedenseinsätzen*

a) *UN-Friedenseinsätze*

aa) Klassisches Peacekeeping

Peacekeeping kann als Erfindung der Vereinten Nationen gelten.[964] Es ist in der UN-Charta nicht explizit vorgesehen, wurde durch die Praxis entwickelt und durch die Lehre systematisiert.[965] Die Fragen nach Rechtsgrundlagen und Rechtfertigung des klassischen Peacekeeping sind daher auf der Grundlage der allgemeinen Vorschriften über die Befugnisse der UN-Organe zu beantworten.[966] Die in Betracht kommenden Befugnisse sind hauptsächlich solche der Generalversammlung und des Sicherheitsrats.

Die UN-Generalversammlung verfügt grundsätzlich über weitreichende Aufgaben und Befugnisse. Sie kann nach Art. 10 UN-Charta alle in den Rahmen der Charta fallenden Angelegenheiten und nach Art. 11 Abs. 2 alle ihr vorgelegten Fragen zur Wahrung des Weltfriedens und der internationalen Sicherheit erörtern, nach Art. 22 Nebenorgane einsetzen sowie nach Art. 98 dem Generalsekretär Aufgaben zuweisen. Diese materiellen und organisatorischen Befugnisse erlauben ihr die Befassung mit Situationen, in denen friedenssichernde Maßnahmen notwendig werden, und prinzipiell auch die Einsetzung von Friedenstruppen als ihre Nebenorgane.[967] Ihre Befugnisse werden jedoch durch Art. 11 Abs. 2 Satz 2 eingeschränkt, der vorsieht, dass eine Frage hinsichtlich der Wahrung des Weltfriedens oder der internationalen Sicherheit vor oder nach der Erörterung durch die Generalversammlung an den Sicherheitsrat überwiesen wird, wenn sie „Maßnahmen erforderlich" macht. Eine wörtliche Auslegung dieser Vorschrift führt dazu, dass der Generalversammlung keine Ermächtigung zum Entsenden von Peacekeeping-Truppen zukommt.[968] Legt man jedoch die Regelung systematisch aus, so ist es möglich, die „Maßnahmen" im Sinne des Art. 11 Abs. 2 Satz 2 allein als solche Maßnahmen zu verstehen, die – weil sie *Enforcement*-Funktionen beinhalten – in Kapitel VII der Charta explizit dem Sicherheitsrat zugeordnet werden; die Generalversammlung ist nach dieser Auslegung zur Errichtung von Friedenstruppen befugt, wenn keine *Enforcement*-Maßnahmen erforderlich sind, das Mandat also keine Zwangsmaßnahmen einschließt.[969] Ebenso ist die unterschiedliche Auslegung des Art. 14 möglich, nach dem die Generalversammlung Maßnahmen zur friedlichen Beilegung jeder Situation

---

964 Vgl. Boutros-Ghali, An Agenda for Peace, Ziff. 46.
965 Combacau/Sur, S. 656.
966 Bothe, in: Simma (Hrsg.), The Charter of the United Nations, Vol. I, Peace-keeping, Rn. 83.
967 Vgl. Bothe, in: Simma (Hrsg.), The Charter of the United Nations, Vol. I, Peace-keeping, Rn. 88.
968 Bothe, in: Simma (Hrsg.), The Charter of the United Nations, Vol. I, Peace-keeping, Rn. 89.
969 Ebd.

empfehlen kann, die geeignet ist, das allgemeine Wohl oder die freundschaftlichen Beziehungen zwischen Nationen zu beeinträchtigen – einmal nur als Präzisierung der Befugnisse der Generalversammlung, einmal als unabhängige Rechtsgrundlage ohne Einschränkung durch Art. 11 Abs. 2 Satz 2.[970] Die Praxis hat diese Interpretationsspielräume zu Gunsten einer engen Begrenzung der Befugnisse der Generalversammlung entschieden. Diese hat nur in einem Fall[971] Friedenstruppen entsandt; die nachfolgende, weit überwiegende Praxis stellt klar, dass sie nicht über eine solche Ermächtigung verfügt.[972]

Der UN-Generalsekretär hat administrative und politische Funktionen; Art. 98 UN-Charta sieht vor, dass ihm von den anderen UN-Organen Aufgaben zugewiesen werden, und steht daher einer Ermächtigung zur Schaffung von Friedenstruppen entgegen, was auch die Praxis bestätigt.[973] Dem Generalsekretär kommt nach Art. 99 jedoch das Recht zu, die Aufmerksamkeit des Sicherheitsrates auf den Weltfrieden oder die internationale Sicherheit möglicherweise gefährdende Angelegenheiten zu lenken. Dieses Recht zur politischen Initiative zeigt, dass diplomatische Schritte des Generalsekretärs zur Friedenssicherung auch ohne Aufgabenzuweisung durch andere Organe nicht außerhalb seiner Befugnisse liegen.[974] Abkommen zur Stationierung von Friedenstruppen mit dem Zielstaat werden oft durch den Generalsekretär verhandelt und abgeschlossen.[975]

Die Befugnisse des Sicherheitsrates schließlich eignen sich am ehesten für Peacekeeping. Art. 24 Abs. 2 Satz 2 UN-Charta verweist hinsichtlich der ihm eingeräumten Befugnisse auf die Kapitel VI, VII, VIII und XII. Wie die Generalversammlung kann der Sicherheitsrat dem Generalsekretär Aufgaben zuweisen (Art. 98) und nach Art. 29 Nebenorgane zur Wahrnehmung seiner Aufgaben einsetzen.

---

970 Im Certain Expenses-Gutachten sieht der IGH Art. 14 als Rechtsgrundlage an, da die Vorschrift nur durch den darin erwähnten Art. 12 begrenzt werde und die darin vorgesehenen Maßnahmen Handlungen implizierten, die nicht auf anspornende Tätigkeiten wie Diskussionen oder Empfehlungen beschränkt seien. Vgl. IGH, Certain Expenses-Gutachten (Fn. 962), S. 163; Bothe, in: Simma (Hrsg.), The Charter of the United Nations, Vol. I, Peace-keeping, Rn. 90; Dinh/Dailler/Forteau/Pellet, S. 1123.

971 1956 schuf die Generalversammlung die bis 1967 eingesetzte United Nations Emergency Force (UNEF I) zur Friedenssicherung zwischen Israel und Ägypten nach der Suez-Krise. Diese Mission prägte die künftigen Einsätze insofern, als sie auf den Grundsätzen des Einverständnisses aller Parteien und der Nichtanwendung von Gewalt beruhte. Vgl. die Resolutionen der Generalversammlung Nr. 997–999 vom 2. und 4.11.1956, verfügbar unter http://www.un.org/Depts/dhl/dag/docs/ares997-998e.pdf (recherchiert am 31.3.2014); Dinh/Dailler/Forteau/Pellet, S. 1123.

972 Bothe, in: Simma (Hrsg.), The Charter of the United Nations, Vol. I, Peace-keeping, Rn. 91.

973 Vgl. Bothe, in: Simma (Hrsg.), The Charter of the United Nations, Vol. I, Peace-keeping, Rn. 92.

974 Ebd.

975 Combacau/Sur, S. 657.

Eindeutige Rechtsgrundlagen finden sich jedoch nicht. Da für Peacekeeping-Einsätze grundsätzlich die Zustimmung von Seiten des Zielstaats besteht, liegt eine Legitimationsgrundlage bereits in dieser Zustimmung.[976] Die Kapitel VI und VII UN-Charta, die als kodifizierte Grundlagen am geeignetsten erscheinen, treffen die Materie nicht im Kern. Kapitel VI der Charta hat zwar die friedliche Beilegung von Streitigkeiten zum Gegenstand, sieht aber nicht die Entsendung von Friedenstruppen vor, sondern beschränkt das Tätigwerden des Sicherheitsrats auf Untersuchungen zur Feststellung einer Gefährdung des Weltfriedens oder der internationalen Sicherheit (Art. 34), Empfehlungen von geeigneten Verfahren und Methoden zur Bereinigung oder zur friedlichen Beilegung von Streitigkeiten (Art. 36 Abs. 1, Art. 38). Kapitel VII, das die Vorschriften über Zwangsmaßnahmen enthält, ist nicht direkt einschlägig, weil Peacekeeping-Missionen mit Zustimmung des Zielstaates und somit auf Einladung stattfinden.[977]

In der Praxis autorisiert dennoch der Sicherheitsrat Peacekeeping-Missionen. Praxis und Lehre entnehmen seine Kompetenz hierfür der Gesamtschau seiner Befugnisse aus den Kapiteln VI und VII; weil man diese Kompetenz in der inhaltlichen Mitte zwischen der friedlichen Streitbeilegung nach Kapitel VI und den Zwangsmaßnahmen nach Kapitel VII suchen kann, wird die Rechtsgrundlage auch als „Kapitel VI ½" bezeichnet.[978] Zwar ist es für die formellen Befugnisse von Bedeutung, ob eine Maßnahme auf Kapitel VI oder VII gestützt wird, praktisch wird dies beim klassischen Peacekeeping jedoch nicht relevant, da hier die Zustimmung aller Parteien eingeholt wird.[979] Für die Zulässigkeit der Peacekeeping-Praxis der UN kann man zudem von einer gewohnheitsrechtlichen Anerkennung ausgehen.[980]

bb) Peacekeeping mit *Enforcement*-Funktionen

Ist eine Friedenstruppe zum Einsatz von Gewalt nicht ausschließlich zur Selbstverteidigung ermächtigt, handelt es sich um eine mit *Enforcement*-Funktionen angereicherte Peacekeeping-Mission oder eine Mission des robusten Peacekeeping – hier ist ein Mandat nach Art. 42 UN-Charta notwendig.[981] Bisweilen verschwimmt die Grenze zwischen einem nur friedenserhaltenden Auftrag und Zwangsmaßnahmen; so hat der Sicherheitsrat in Fällen, in denen das erste Mandat nicht ausreichte,

---

976 Vgl. Bothe, in: Simma (Hrsg.), The Charter of the United Nations, Vol. I, Peacekeeping, Rn. 76, 80.

977 Vgl. Stein/v. Buttlar, Rn. 866.

978 Stein/v. Buttlar, Rn. 867.

979 Bothe, in: Simma (Hrsg.), The Charter of the United Nations, Vol. I, Peace-keeping, Rn. 84.

980 Auch der IGH ist im Certain Expenses-Gutachten von der Zulässigkeit ausgegangen, vgl. IGH, Certain Expenses-Gutachten (Fn. 962), S. 163; Stein/v. Buttlar, Rn. 868.

981 Vgl. Stein/v. Buttlar, Rn. 866, 869 f.

dieses nachträglich um die Berechtigung zu militärischem Zwang nach Kapitel VII erweitert.[982]

Das beim Peacekeeping grundsätzlich notwendige Erfordernis des Konsenses unter den Parteien kann im Falle von *Enforcement*-Bestandteilen manchmal nicht vollständig eingehalten werden. Die Befugnis zu über (stets zulässige) Selbstverteidigung hinausgehender Gewaltanwendung kann das überschreiten, was von der Zustimmung des Zielstaats gedeckt wird. In diesem Fall wird die Peacekeeping-Mission durch einen Missionsteil nach Art. 42 ergänzt. Auch eine eigene Art. 42-Mission zur Unterstützung und neben einer Peacekeeping-Mission ist denkbar.[983]

Manche *Enforcement*-Befugnisse können jedoch auch in der Zustimmung enthalten und damit Teil des Peacekeeping-Mandats sein. Dies ist zum Beispiel der Fall, wenn die Zwangsanwendung gegen Individuen zur Aufrechterhaltung von Sicherheit und Ordnung stattfindet oder wenn die Truppe im Rahmen sogenannter aktiver Selbstverteidigung ihre eigene Bewegungsfreiheit aktiv und gewaltsam durchsetzen darf.[984]

Obwohl der für Peacekeeping erforderliche Konsens im Widerspruch zu Zwangsmaßnahmen steht, können durch Art. 42 mandatierte Maßnahmen Bestandteil oder Nebenprodukt von Peacekeeping sein.

cc) UN-Übergangsverwaltungen

Die Übernahme der Regierungsgewalt und von legislativen und judikativen Funktionen durch internationale Verwalter im Rahmen einer Übergangsverwaltung ist der massivste denkbare Eingriff in die inneren Angelegenheiten eines Staats. Die Verwaltung des Landes wird dessen Institutionen aus der Hand genommen und erst dann zurückübertragen, wenn die politische und institutionelle Situation nach den Vorstellungen der internationalen Verwalter für den Erhalt von Stabilität und dauerhaftem Frieden geeignet ist.

Der Schwerpunkt von Übergangsverwaltungen liegt nicht auf Zwangsmaßnahmen, da die Gewährleistung der öffentlichen Sicherheit oft von eigens nach Art. 42 mandatierten Kräften geleistet wird. So übernehmen KFOR im Kosovo und ISAF in Afghanistan die Aufgaben der Herstellung und Aufrechterhaltung der Sicherheit. Übergangsverwaltungen haben zivilen Charakter. Ziviles Personal, nicht das Militär, hat die Regierungsgewalt inne.[985]

---

982 So z.B. in Bosnien, wo durch Sicherheitsratsresolution S/RES/836 (1993) vom 4.6.1993, Ziff. 9, das UNPROFOR-Mandat um die Ermächtigung zur Gewaltanwendung erweitert wurde; verfügbar unter http://www.un.org/docs/scres/1993/scres93.htm, recherchiert am 9.8.2014; vgl. Stein/v. Buttlar, Rn. 869.

983 Vgl. Frowein/Krisch, in: Simma (Hrsg.), The Charter of the United Nations, Vol. I, Art. 42 Rn. 5.

984 Vgl. Bothe, in: Simma (Hrsg.), The Charter of the United Nations, Vol. I, Peacekeeping, Rn. 80.

985 Vgl. Ratner, EJIL 16 (2005), S. 701.

Die Legitimationsgrundlagen für die Einrichtung von Übergangsverwaltungen liegen zum einen in der Zustimmung des Zielstaats, zum anderen in Kapitel VII UN-Charta, dort speziell in Art. 41 und 42: Eine stets notwendige Grundlage ist der Konsens zwischen den Parteien, das heißt die Zustimmung von Seiten des zu verwaltenden Landes.[986]

Von wem diese Zustimmung erteilt werden kann und welche Qualität sie haben muss, ist durchaus problematisch. Oft besteht Unklarheit darüber, wer zur Erteilung des Einverständnisses befugt ist: Status und Legitimität der machthabenden Kräfte können ungewiss sein, während nicht-staatliche Einheiten den Staat eventuell nicht ausreichend repräsentieren.[987] Die Ausübung des Selbstbestimmungsrechts durch die Bevölkerung zu fordern, erscheint unrealistisch, da es in einer Situation, in der aufgrund ihrer Instabilität eine Übergangsverwaltung notwendig ist, kaum möglich ist, einen echten demokratischen Prozess, der mit lang andauernder Vorbereitung und Verwaltungsaufwand verbunden ist, anzustoßen.[988]

In Osttimor erklärte nur die indonesische Besatzungsmacht, die die als unrechtmäßig angesehene de facto-Kontrolle innehielt, ihr Einverständnis mit der Einrichtung der Übergangsverwaltung.[989] In Afghanistan waren es Vertreter ausgewählter afghanischer Gruppen, die das Bonner Abkommen eingingen und darin die Zustimmung zur internationalen Verwaltung erteilten. Diese Vertreter sollten Afghanistan nach dem Sturz des Taliban-Regimes repräsentieren.

Ob die Qualität des Einverständnisses zur Übergangsverwaltung ausreicht, ist problematisch, wenn Druck ausgeübt wurde. „Erzwungene Zustimmung" kann gegen Art. 52 der Wiener Vertragsrechtskonvention verstoßen, wonach ein Vertrag nichtig ist, „wenn sein Abschluss durch Androhung oder Anwendung von Gewalt unter Verletzung der in der Charta der Vereinten Nationen niedergelegten Grundsätze des Völkerrechts herbeigeführt wurde"; schwierig ist es, die Grenze zwischen widerrechtlichem Zwang und noch akzeptablem Druck zu ziehen.[990] Einerseits kann die zwangsweise Beilegung eines Konflikts die bessere Alternative zum Fortgang des Krieges sein; andererseits kann eine zu breite Interpretation von „Einverständnis" die Schwächung der potenziellen rechtlichen Gültigkeit der entstandenen Konfliktlösung zur Folge haben.[991] Im Hinblick auf den Friedenseinsatz im Kosovo waren es die NATO-Luftangriffe, die so viel Druck auf die jugoslawische Führung ausübten, dass diese schließlich das militärisch-technische Abkommen unterzeichnete, in dem

---

986 Vgl. Frowein/Krisch, in: Simma (Hrsg.), The Charter of the United Nations, Vol. I, Art. 41 Rn. 20; Ratner, EJIL 16 (2005), S. 698; Daglish/Nasu, NILR 2007, S. 88.
987 Vgl. Daglish/Nasu, NILR 2007, S. 89 f.
988 Vgl. Daglish/Nasu, NILR 2007, S. 91.
989 Im abgehaltenen Referendum wurde die Bevölkerung Osttimors nur dazu befragt, ob sie die vorgeschlagene Autonomielösung Osttimors innerhalb des indonesischen Staatsverbandes befürwortete oder ablehnte, nicht dazu, ob eine Übergangsverwaltung eingerichtet werden sollte. Daglish/Nasu, NILR 2007, S. 89, 103.
990 Vgl. Daglish/Nasu, NILR 2007, S. 90 f.
991 Vgl. Daglish/Nasu, NILR 2007, S. 91.

ihre Zustimmung zur internationalen Zivil- und Sicherheitspräsenz enthalten ist. Obwohl diese Zustimmung durch militärischen Zwang herbeigeführt war, wurde sie in der Folge als ausreichende Grundlage für den Friedenseinsatz betrachtet.[992]

Überdies kann die mangelnde Fortdauer des einmal erreichten Einverständnisses der Parteien zum Problem werden. Mit dem Wegfall des Einverständnisses entfällt zwar die Grundlage für die Mission, dennoch wäre es unverantwortlich, die Mission abzubrechen und das Land in einer so instabilen Lage sich selbst zu überlassen.[993]

Neben der Zustimmung des Zielstaats dienen die Vorschriften des Kapitels VII UN-Charta als Legitimationsgrundlagen für Übergangsverwaltungen. Hier ist besonders Art. 41 von Relevanz. Nicht auf Waffengewalt beruhende Übergangsverwaltungen werden als atypische Maßnahmen nach Art. 41 gesehen; die Übernahme von Regierungsfunktionen wird zu dem weit auszulegenden Maßnahmespektrum nicht-militärischer Art gezählt.[994] Ob die sehr weitreichenden Befugnisse der Sondervertreter, die die Übergangsverwaltungen leiten, noch unter Art. 41 zu fassen sind, ist zweifelhaft und nicht vollständig geklärt.[995] Wenn das Mandat zur Übergangsverwaltung die Befugnis zur Gewaltanwendung enthält, ist Art. 42 die geeignete, zusätzliche Rechtsgrundlage.[996]

Dieses spezielle Konzept internationaler Verwaltungen auf der Grundlage von Kapitel VII UN-Charta gibt dem Sicherheitsrat einen breiten Ermessensspielraum.[997] Vor allem vor dem Hintergrund des Eingriffs in die staatliche Souveränität ist mit dieser Machtkonzentration behutsam umzugehen. Es entsteht eine Art Treuhandverwaltung des Zielstaats.[998] Der Sicherheitsrat ist hierbei an die Prinzipien der UN-Charta, einschließlich der souveränen Gleichheit der Staaten, gebunden.[999] Um die Aufgabe der Aufrechterhaltung von Frieden und Sicherheit zu erfüllen, kann sein Ermessensspielraum auch die Befugnis zur dauerhaften Veränderung wesentlicher Elemente des Zielstaats, wie dessen politische oder territoriale Struktur, enthalten.[1000] Das Ermessen ist nach Treu und Glauben und im Einklang mit den Grundsätzen der Charta auszufüllen.

---

992 Vgl. oben bei Kosovo, Fn. 342; auch in der Präambel der Resolution 1244 (1999) wird die Zustimmung Jugoslawiens hervorgehoben; a.A.: Benvenisti, S. 278, der die Zustimmung Serbiens nicht als rechtsgültig betrachtet.

993 Vgl. Daglish/Nasu, NILR 2007, S. 91 f.

994 Frowein/Krisch, in: Simma (Hrsg.), The Charter of the United Nations, Vol. I, Art. 41 Rn. 20; Matheson, AJIL 95 (2001), S. 83 f.

995 Vgl. Frowein/Krisch, in: Simma (Hrsg.), The Charter of the United Nations, Vol. I, Art. 41 Rn. 20.

996 Frowein/Krisch, in: Simma (Hrsg.), The Charter of the United Nations, Vol. I, Art. 41 Rn. 21.

997 Vgl. Daglish/Nasu, NILR 2007, S. 94.

998 Vgl. Bothe, in: Simma (Hrsg.), The Charter of the United Nations, Vol. I, Peacekeeping, Rn. 81.

999 Matheson, AJIL 95 (2001), S. 85.

1000 Matheson, AJIL 95 (2001), S. 85.

b) *Friedenssicherung durch Regionalorganisationen*

In Kapitel VIII sieht die UN-Charta vor, dass dort, wo Maßnahmen regionaler Art angebracht sind, auch Regionalorganisationen zur Wahrung des Weltfriedens beitragen können. Regionalorganisationen werden in Art. 52 Abs. 1 UN-Charta als *regionale Abmachungen oder Einrichtungen* bezeichnet. Sie sind internationale Organisationen, deren hauptsächliches Ziel es ist, zur Wahrung des Weltfriedens und der internationalen Sicherheit beizutragen, und zwischen deren Mitgliedern eine meist geographische, historische oder kulturelle Verbindung besteht.[1001] Es können sowohl Organisationen mit nach innen gerichtetem Friedenssicherungsmechanismus zwischen den Mitgliedern sein als auch auf die Abwehr von außen drohender Gefahren gerichtete Verteidigungsbündnisse; zu den Regionalorganisationen zählen die Europäische Union (EU), die Organisation für Sicherheit und Zusammenarbeit in Europa (OSZE), die Organisation des Nordatlantikvertrags (NATO), die Organisation Amerikanischer Staaten (OAS), die Arabische Liga und die Afrikanische Union (AU).[1002]

Vor allem aus Art. 52 Abs. 2 UN-Charta ergibt sich, dass die Charta bei der friedlichen Streitbeilegung den Vorrang auf der regionalen Ebene vor der Inanspruchnahme des UN-Streitschlichtungssystems sieht.[1003] Der Sicherheitsrat fördert dies nach Art. 52 Abs. 3. Regionalorganisationen können auch Friedenstruppen nach dem klassischen Peacekeeping-Konzept, im Einvernehmen mit den Streitparteien, entsenden.[1004] Hinsichtlich des Einsatzes von militärischen Zwangsmaßnahmen durch Regionalorganisationen bleibt es jedoch bei der allgemeinen Regel, dass hierfür eine Ermächtigung des Sicherheitsrats erforderlich ist (Art. 53 Abs. 2, 1. Halbsatz, UN-Charta).[1005] Dieser kann Regionalorganisationen zur Durchführung von Zwangsmaßnahmen nach Art. 53 Abs. 1 S. 1 in Anspruch nehmen.

1001 Ruffert/Walter, Rn. 436, 441.

1002 Zwar galten früher Verteidigungsbündnisse überwiegend nicht als Regionalorganisationen, dies hat sich jedoch geändert, wie sich an den Sicherheitsratsresolutionen 816 (1993) und 908 (1994) zeigt, in denen der Sicherheitsrat die Ermächtigung von Regionalorganisationen (gemeint waren WEU und NATO) zur Anwendung von Zwangsmaßnahmen in Bosnien-Herzegowina auf Kapitel VII UN-Charta stützt. Vgl. Sicherheitsratsresolutionen S/RES/816 (1993) vom 31.3.1993, Ziff. 4, und S/RES/908 (1994) vom 31.3.1994, Ziff. 8; verfügbar unter http://www.un.org/docs/scres/1993/scres93.htm, http://www.un.org/docs/scres/1994/scres94.htm, recherchiert am 9.8.2014.
Stein/v. Buttlar, Rn. 872; Ruffert/Walter, Rn. 439.

1003 Vgl. Stein/v. Buttlar, Rn. 873.

1004 Ruffert/Walter, Rn. 454.

1005 Es ist umstritten, ob sich der Begriff der Zwangsmaßnahmen aus Art. 53 Abs. 1 S. 1 UN-Charta auch auf nicht-militärische Sanktionen nach Art. 41 bezieht. Dagegen spricht, dass bei nicht-militärischen Zwangsmaßnahmen kein Bedürfnis für eine Ermächtigung durch den Sicherheitsrat besteht, weil diese Maßnahmen nicht unter das Gewaltmonopol des Sicherheitsrats fallen und sie von einzelnen Staaten

III. Humanitäre Intervention

Nach den dargelegten Grundsätzen verstößt jede autonome, ohne Sicherheitsratsmandat oder Rechtfertigung nach Art. 51 UN-Charta ausgestattete, militärische Intervention eines Staats gegen einen anderen gegen das Gewaltverbot. Ebenso unbestritten ist der hohe Stellenwert, den der Menschenrechtsschutz im Völkerrecht erlangt hat. Die aus dem Schutz grundlegender Menschenrechte folgende Pflicht, einen menschenrechtlichen Mindeststandard zu gewährleisten, stellt eine *erga omnes* wirkende Pflicht dar.[1006] Zweifellos gehört auch das Genozidverbot zu diesen Verpflichtungen und hat zusätzlich den Charakter von *ius cogens*.[1007] Die aus der *erga omnes*-Wirkung resultierende Schutzverpflichtung aller Staaten kann mit dem Gewalt- und Interventionsverbot kollidieren. Wenn der Sicherheitsrat angesichts schwerer Menschenrechtsverletzungen mangels Entscheidungsfähigkeit nicht eingreifen kann, entsteht ein Spannungsverhältnis zwischen dem *erga omnes*-geforderten Menschenrechtsschutz und dem Gewaltverbot, das jeden Eingriff dem Gewaltmonopol des Sicherheitsrats unterstellt.[1008]

Die Situation einer humanitären Intervention ist damit geprägt von unerträglichen Menschenrechtsverletzungen und der Handlungsunfähigkeit des Sicherheitsrats. Ihre Anwendung entscheidet das Spannungsverhältnis zu Gunsten des Menschenrechtsschutzes. Unter humanitärer Intervention versteht man die „Anwendung von Waffengewalt zum Schutz der Bevölkerung eines fremden Staates vor massiven Menschenrechtsverletzungen".[1009] Dieser Begriff ist eher ein Begriff der internationalen Politik als des Völkerrechts – er beschreibt eine bestimmte politische Situation, die anhand von Normen des Völkerrechts bewertet wird.[1010] Die mit dem Ziel der Beendigung der Gewalttaten gegen die Kosovo-Albaner durchgeführten NATO-Luftangriffe gegen Jugoslawien gelten als Fall einer humanitären Intervention.[1011]

---

auch unilateral verhängt werden können; dies muss damit erst recht durch Regionalorganisationen möglich sein. Vgl. Ruffert/Walter, Rn. 447 f.; Stein/v. Buttlar, Rn. 874.

1006 Nolte, ZaöRV 59 (1999), S. 948; Schöbener, Schutz der Menschenrechte, ZfP 47 (2000), S. 300.

1007 Nolte, ZaöRV 59 (1999), S. 948.

1008 Vgl. Doehring, Völkerrecht, Rn. 1010.

1009 Nicht unter diese Begriffsbestimmung fällt die als institutionalisierte, kollektive oder multilaterale humanitäre Intervention bezeichnete Intervention, die auf der Grundlage eines Sicherheitsratsmandats stattfindet. Vgl. Schöbener, Schutz der Menschenrechte, ZfP 47 (2000), S. 294 f.; zur Definition auch: Fischer, in: Ipsen (Hrsg.), Völkerrecht, § 59 Rn. 26; Kimminich, AdV 33 (1995), S. 433.

1010 Schöbener, Schutz der Menschenrechte, ZfP 47 (2000), S. 295.

1011 Vgl. oben bei Kosovo (1. Kapitel, D I 2); Schöbener bezeichnet den Eingriff im Kosovo als nur fast idealtypischen Fall einer humanitären Intervention, weil der Einsatz nicht ausschließlich aus altruistischen Motiven, sondern auch aufgrund

Eine humanitäre Intervention berührt, wie jede Anwendung von Gewalt, das universelle Gewaltverbot aus Art. 2 Nr. 4 UN-Charta. Einige Argumentationen für die völkerrechtliche Zulässigkeit humanitärer Interventionen setzen bei der Frage nach dem Eingriff und der Verletzung des Gewaltverbotes an, andere bei der Rechtfertigung des Eingriffs.

Eine Argumentationslinie verneint bereits einen Eingriff in das allgemeine Gewaltverbot, weil dessen Tatbestand wegen der speziellen Situation bei einer humanitären Intervention restriktiv ausgelegt werden müsse. Es wird angeführt, es werde nicht in das Gewaltverbot eingegriffen, weil dieses für nicht in Annexionsabsicht durchgeführte Gewalt nicht gelte oder weil es gegenüber einem Staat, dem es an effektiver Herrschaftsgewalt fehlt, nicht verletzt sein könne.[1012] Hiergegen ist einzuwenden, dass das Gewaltverbot, unabhängig von den Beweggründen, jede zwischenstaatliche Gewaltanwendung erfasst und in dieser Form auch ius cogens- und völkergewohnheitsrechtlichen Charakter hat; auch ein *failed state*, der nicht über effektive Herrschaftsgewalt verfügt, bleibt Rechtssubjekt des Völkerrechts.[1013]

Zudem wird argumentiert, dass die Geltung des Gewaltverbots unter dem Vorbehalt des Funktionierens des kollektiven Sicherheitssystems stehe und die Staaten im Fall einer Blockade im Sicherheitsrat eigenständig tätig werden dürften.[1014] Der Wortlaut des Art. 2 Nr. 4 UN-Charta steht dem jedoch entgegen. Mit Art. 51 enthält die UN-Charta eine bewusste Vorkehrung für den Fall der Untätigkeit des Sicherheitsrats – das Recht auf Selbstverteidigung für einen Staat, der Opfer einer Aggression wird.[1015] Zwar hat sich die internationale Politik seit dem Entstehen der UN-Charta und der Festlegung der ständigen Sicherheitsratsmitglieder mit Vetorecht grundlegend verändert. Dennoch stehen die fünf ständigen Mitglieder auch heute noch für bestimmte globale Einflusssphären.[1016] Der Sicherheitsrat wurde als Organ konzipiert, das auch politische Entscheidungen trifft oder wegen der politischen Situation eines ständigen Mitglieds keine oder nur zurückhaltende Entscheidungen

---

nationaler sicherheitspolitischer Erwägungen stattfand, vgl. Schöbener, Schutz der Menschenrechte, ZfP 47 (2000), S. 295.

1012 Kimminich, AdV 33 (1995), S. 440; Ipsen, Der Kosovo-Einsatz, Die Friedens-Warte 74 (1999), S. 20 f.; Schöbener, Schutz der Menschenrechte, ZfP 47 (2000), S. 299, 301.

1013 Epping, in: Ipsen (Hrsg.), Völkerrecht, § 5 Rn. 11; Schöbener, Schutz der Menschenrechte, ZfP 47 (2000), S. 300, 302.

1014 Vgl. Reisman, Coercion, AJIL 78 (1984), S. 642 ff.; Schöbener, Schutz der Menschenrechte, ZfP 47 (2000), S. 304.

1015 Schöbener, Schutz der Menschenrechte, ZfP 47 (2000), S. 304 f.

1016 So können neben den USA als Weltmacht die Einflusssphären Russlands hinsichtlich der GUS-Staaten, Chinas in Bezug auf den asiatischen Raum und des Vereinigten Königreichs und Frankreichs hinsichtlich der ehemaligen Kolonien und der Europäischen Union gesehen werden. Vgl. Schöbener, Schutz der Menschenrechte, ZfP 47 (2000), S. 305.

treffen kann.[1017] Das Vetorecht gehört als „konstitutiver Grundsatz“ der Charta zum UN-System.[1018] Die politischen Beweggründe bei der Entscheidungsfindung im Sicherheitsrat sind daher hinzunehmen. Auch seine Entscheidungsunfähigkeit kann nicht zu einer Aufweichung des Gewaltverbotes führen.

Eine weitere, die Zulässigkeit humanitärer Interventionen stützende Argumentationslinie setzt bei der Rechtfertigung des Eingriffs in das Gewaltverbot an und argumentiert dabei mit Art. 51 UN-Charta und Nothilfe zu Gunsten der betroffenen Menschen. Eine direkte Anwendung des Art. 51 UN-Charta scheidet aus, weil diese Regelung nur im Fall eines bewaffneten Angriffs gegen einen anderen Staat greift, nicht im Fall eines innerstaatlichen Angriffs gegen eine Bevölkerungsgruppe.[1019] In Betracht kommt aber die Nothilfe nach analoger Anwendung oder dem Rechtsgedanken des Art. 51 UN-Charta. Weil Minderheiten und Individuen mittlerweile als partielle Völkerrechtssubjekte anerkannt werden, könne das kollektive Selbstverteidigungsrecht zu ihren Gunsten ausgeübt werden.[1020] Die Nothilfe soll verfolgten ethnischen Minderheiten die Umsetzung ihres Rechts auf Selbstbestimmung ermöglichen.[1021] Der Stellenwert der Menschenrechte ist für die Vereinten Nationen stets gestiegen; in der Anfangszeit der UN wurden Menschenrechtsfragen grundsätzlich als innere Angelegenheiten betrachtet, seither aber Instrumente entwickelt, die die Bedeutung der Menschenrechte stärkten, wie die Errichtung der Internationalen Strafgerichtshöfe für das ehemalige Jugoslawien und für Ruanda.[1022] Dieser Bedeutungsgewinn verschiebe die Güterabwägung. Die internationale Gemeinschaft könne angesichts völkerstrafrechtlicher Verbrechen wie Genozid und „ethnischer Säuberung“ nicht mehr den Anspruch eines Staates auf Wahrung seiner territorialen Integrität respektieren.[1023]

Gegen das Nothilfe-Argument spricht die zentrale Funktion des Gewaltverbots zur Schaffung von Klarheit über die Grenzen zulässiger Gewaltanwendung und zu deren Begrenzung, auch um die Eskalationsgefahr gering zu halten.[1024] Vor allem bei ethnisch motivierten Konflikten bestehe die Gefahr der Konfliktausweitung; das universelle Gewaltverbot werde durch die Zulassung humanitärer Interventionen relativiert, schon eine Übertretung könne zum Zusammenbruch der Prinzipien führen.[1025] Aus dem Umstand, dass die Menschenrechte nunmehr nicht mehr nur innere Angelegenheit eines Staates sind, folge nicht, dass sie ein Schutzgut des Gewaltverbots werden – das Gewaltverbot enthalte keinen menschenrechtlichen

---

1017 Kimminich, AdV 33 (1995), S. 457 f.

1018 Blumenwitz, Souveränität, Politische Studien, Sonderheft 4/1999, S. 28.

1019 Vgl. Schöbener, Schutz der Menschenrechte, ZfP 47 (2000), S. 305.

1020 Vgl. Ipsen, Der Kosovo-Einsatz, Die Friedens-Warte 74 (1999), S. 22; Nolte, ZaöRV 59 (1999), S. 949.

1021 Vgl. Schöbener, Schutz der Menschenrechte, ZfP 47 (2000), S. 306.

1022 Tomuschat, Völkerrechtliche Aspekte, Die Friedens-Warte 74 (1999), S. 34.

1023 Vgl. Tomuschat, Völkerrechtliche Aspekte, Die Friedens-Warte 74 (1999), S. 34.

1024 Nolte, ZaöRV 59 (1999), S. 949.

1025 Vgl. Schöbener, Schutz der Menschenrechte, ZfP 47 (2000), S. 307.

Vorbehalt und gelte unabhängig von der Motivation der Gewaltanwendung, sein Regelungsgegenstand sei die Souveränität der Mitgliedstaaten, ohne Bezug zu Menschenrechten oder dem Selbstbestimmungsrecht der Völker.[1026]

Der Rückgriff auf das im klassischen Völkerrecht enthaltene Selbstverteidigungsrecht oder ein über den Normen stehendes Naturrecht scheitert daran, dass das traditionelle Selbsthilferecht völkervertraglich eingeschränkt wurde und dass ein Wertekonsens hinsichtlich der Frage der humanitären Intervention nicht erkennbar ist.[1027]

Es zeigt sich, dass man jedem, auf völkerrechtliche Anerkennungsfähigkeit der humanitären Intervention gerichteten Argument Gegenpositionen entgegensetzen kann. Am erfolgversprechendsten erscheinen diejenigen Ansichten, die sich auf die wachsende Bedeutung der Menschenrechte und der Schutzpflichten der internationalen Gemeinschaft berufen.

Es ist ein Wandel in der Wertordnung des Völkerrechts erkennbar, der sich darin zeigt, dass zwingende Regeln (ius cogens) anerkannt werden, dass fundamentale Normen erga omnes wirken und dass hierfür verschiedene Kontrollinstrumente im Rahmen der internationalen Organisationen entstanden sind.[1028] Es besteht Einigkeit, dass durch ein staatliches Terrorregime verübter Genozid oder Verbrechen gegen die Menschlichkeit im modernen Völkerrecht nicht tolerierbar sind; die Vereinten Nationen legen nicht mehr denselben Schwerpunkt auf Stabilität zu Lasten von Gerechtigkeit wie zur Zeit ihrer Gründung.[1029] Diese Überlegung kann bei der Frage nach dem Eingriff in das Gewaltverbot für eine tatbestandliche Reduktion aufgrund übergesetzlicher Erwägungen sprechen oder als Argument für eine gewohnheitsrechtliche Rechtfertigung angeführt werden.[1030]

Der Trend zu mehr Schutzverantwortung wurde durch die UN gefördert. Unter Generalsekretär Annan wurde im Jahr 2000 eine Kommission (*International Commission on Intervention and State Sovereignty – ICISS*) einberufen, die Antworten auf die Frage finden sollte, wie die internationale Gemeinschaft auf besonders schwerwiegende Menschenrechtsverletzungen reagieren soll und wie sich der Schutz elementarer Menschenrechte und die Achtung der staatlichen Souveränität miteinander vereinbaren lassen.[1031] Die *ICISS* kam in ihrem Bericht „*The Responsibility to Protect*" zu dem Ergebnis, dass der internationalen Gemeinschaft eine Schutzverantwortung

1026 Schöbener, Schutz der Menschenrechte, ZfP 47 (2000), S. 307 f.

1027 Schöbener, Schutz der Menschenrechte, ZfP 47 (2000), S. 308 f.

1028 Dies können politische Instrumente sein, wie die Menschenrechtskommission der UN, richterliche Instrumente, wie internationale Straftribunale oder Menschenrechtsgerichtshöfe, oder para-richterliche Instrumente, wie Expertenkomitees zur Überwachung von Menschenrechtsabkommen. Auch Nichtregierungsorganisationen leisten hierzu einen wichtigen Beitrag. Thürer, Der Kosovo-Konflikt, AdV 38 (2000), S. 6 f.

1029 Thürer, Der Kosovo-Konflikt, AdV 38 (2000), S. 7.

1030 Vgl. Schöbener, Schutz der Menschenrechte, ZfP 47 (2000), S. 300, 310; Ipsen, Der Kosovo-Einsatz, Die Friedens-Warte 74 (1999), S. 20 f.

1031 Kreuter Kirchhof, AdV 48 (2010), S. 339 f.

zukommt, wenn ein Staat nicht willens oder nicht in der Lage ist, seine Bevölkerung vor schwerwiegenden Menschenrechtsverletzungen zu schützen, oder diese Verletzungen selbst begeht.[1032] Die Wortwahl der Verantwortung (*responsibility to protect*) geschieht bewusst anstelle der eines Rechts oder einer Pflicht auf Einschreiten (*right or duty to intervene*), um die einander entgegenstehenden Positionen von Intervention und Souveränität mehr zu verbinden als sie zu trennen.[1033] Die Kommission stellt fest, dass der Sicherheitsrat seiner Schutzverantwortung nicht immer gerecht wurde, stellt aber letztlich keine klare Antwort auf die Frage zur Verfügung, ob ein militärischer Eingriff ohne Sicherheitsratsautorisierung in so einem Fall zulässig wäre.[1034] Das 2003 einberufene *High-Level Panel on Threats, Challenges and Change* bestätigt das Bestehen der *responsibility to protect* und betont die Schutzverantwortung jedes souveränen Staates gegenüber der eigenen Bevölkerung ebenso wie gegenüber der internationalen Gemeinschaft.[1035]

Ein im Völkerrecht anerkanntes Recht auf humanitäre Intervention kann aus der wachsenden Bedeutung von Menschenrechten und Schutzverantwortung nicht gefolgert werden. Zwar gibt die ICISS zu bedenken, dass es unrealistisch sei, zu erwarten, dass Staaten trotz einer nach Handlung und Einschreiten verlangenden Situation untätig bleiben, weil der Sicherheitsrat dies tut, und dass fehlende Reaktionen auf schwere Menschenrechtsverletzungen zu einer größeren Destabilisierung der internationalen Ordnung führen könnten, und deutet damit an, dass humanitäre Interventionen nicht notwendigerweise das Gewaltverbot aufweichen.[1036] Auch argumentieren einige Stimmen, vor allem vor dem Hintergrund der Ereignisse im Kosovo, vorsichtig für die Zulässigkeit.[1037] Dennoch überwiegt doch die Skepsis.[1038]

Einigkeit besteht darin, dass zunächst versucht werden muss, das Schutzziel mit nichtmilitärischen Mitteln zu erreichen.[1039] Militärische Maßnahmen, wenn sie

---

1032 ICISS, The Responsibility to Protect, S. 17.

1033 Die Kommission ergänzt die *responsibility to protect* durch die *responsibility to prevent* und die *responsibility to rebuild.* ICISS, The Responsibility to Protect, S. 17.

1034 Sie macht jedoch Vorschläge zur Verbesserung der Handlungsfähigkeit des Sicherheitsrates, z.B. die Vereinbarung, dass die ständigen Mitglieder ihr Vetorecht bei Resolutionen zu humanitären Krisen nicht ausüben, wenn nicht ihre vitalen nationalen Interessen betroffen sind. Kreuter-Kirchhof, AdV 48 (2010), S. 342; ICISS, The Responsibility to Protect, S. 51.

1035 High-level Panel Bericht *A more secure world* (Fn. 646), Ziff. 201; Kreuter-Kirchhof, AdV 48 (2010), S. 344.

1036 ICISS, The Responsibility to Protect, S. 55; Kreuter-Kirchhof, AdV 48 (2010), S. 343.

1037 Vgl. z.B. Ipsen, Der Kosovo-Einsatz, Die Friedens-Warte 74 (1999), S. 21; Tomuschat, Völkerrechtliche Aspekte, Die Friedens-Warte 74 (1999), S. 35; Thürer, Der Kosovo-Konflikt, AdV 38 (2000), S. 7; Doehring, Völkerrecht, Rn. 1013 ff.

1038 Vgl. z.B. Nolte, ZaöRV 59 (1999), S. 957; Schöbener, Schutz der Menschenrechte, ZfP 47 (2000), S. 317; Kimminich, AdV 33 (1995), S. 457 f.; Simma, EJIL 1999, S. 22.

1039 Vgl. nur Schöbener, Schutz der Menschenrechte, ZfP 47 (2000), S. 316.

denn als zulässig erachtet werden, können stets nur ultima ratio sein.[1040] Die Art und Weise der Durchführung muss dem Grundsatz der Verhältnismäßigkeit genügen.[1041] Wenn schon nicht der Sicherheitsrat die Maßnahme beschließt, fördert es die Glaubwürdigkeit, wenn ein kollektives Vorgehen mehrerer Staaten durch gemeinsamen Beschluss besteht; so bald wie möglich muss jedoch zu den in der UN-Charta vorgesehenen Prozeduren zurückgekehrt werden.[1042]

C. Recht im Konflikt

I. Dichotomie von Friedensrecht und Kriegsrecht im klassischen Völkerrecht

So wie staatliche Rechtsordnungen das friedliche Zusammenleben der Bürger sichern sollen, hat das moderne Völkerrecht zur Aufgabe, ein friedliches Miteinander der Staaten zu sichern und Gewaltanwendung zu verhindern.[1043] Der größte Unterschied zum Staatsrecht liegt im dezentralen Charakter der internationalen Ordnung, in der kein wahres Gewaltmonopol existiert; Gewalt wird dezentral ausgeübt und gerechtfertigt.[1044] Die Mechanismen zur Kontrolle militärischer Gewalt werden meist in zwei Ebenen unterteilt. Das Recht zum Krieg, ius ad bellum, enthält die Berechtigung, einen Krieg zu beginnen, während das Recht im Krieg, ius in bello, Regeln für die Kriegführung vorschreibt.[1045]

In der klassischen Völkerrechtslehre existiert eine Dichotomie von Friedens- und Kriegsrecht.[1046] Sie teilt das Völkerrecht in diese beiden Rechtsordnungen ein, die klar voneinander getrennt und alternativ anwendbar sind. Sobald ein Krieg ausbricht, tritt das Kriegsrecht an die Stelle des Friedensrechts.[1047] Entsprechend kann sich ein Staat nach klassischem Völkerrecht im Verhältnis zu einem anderen nur entweder im Friedens- oder im Kriegszustand befinden.[1048] Das Friedens- und das Kriegsrecht kommen danach nicht nur in zeitlicher Hinsicht getrennt zur

1040 ICISS, The Responsibility to Protect, S. 36; Thürer, Der Kosovo-Konflikt, AdV 38 (2000), S. 8.

1041 ICISS, The Responsibility to Protect, S. 37; Thürer, Der Kosovo-Konflikt, AdV 38 (2000), S. 8.

1042 Thürer, Der Kosovo-Konflikt, AdV 38 (2000), S. 8.

1043 Bothe, in: Vitzthum (Hrsg.), Völkerrecht, 8. Abschnitt, Rn. 1.

1044 Ebd.

1045 Vgl. Hobe/Kimminich, S. 39, 306; Ipsen, in: Ipsen (Hrsg.), Völkerrecht, § 2 Rn. 39 ff., 52 ff.; Meng, War, EPIL IV, S. 1334.

1046 Schindler, Kriegsrecht und Menschenrechte, in: Häfelin (Hrsg.), Festschrift für Kägi, S. 345.

1047 Berber, S. 64.

1048 Der Kriegszustand kann ausdrücklich erklärt oder aus dem Ausmaß der Feindseligkeiten abgeleitet werden, Meng, War, EPIL IV, S. 1336; Greenwood, in: Fleck, The Handbook of International Humanitarian Law, Rn. 201, Dinstein, S. 15.

Anwendung, sondern gelten auch als eigenständige Rechtsstrukturen, zwischen denen grundsätzlich kein Kompromiss existiert.[1049]

Dies wird auf ius ad bellum und ius in bello übertragen. Das ius ad bellum gehört zum Friedensrecht, weil es die Befugnis, einen Krieg zu beginnen, einschränkt, und somit eine friedenssichernde Funktion hat. Das ius in bello verdrängt als lex specialis für den Kriegsfall nach Versagen des Friedenssicherungsrechts das ius ad bellum, welches nur die rechtliche Zulässigkeit der Erstanwendung militärischer Gewalt beurteilt.[1050]

Die Trennung von ius ad bellum und ius in bello wird bisweilen als Grundprinzip des Kriegsrechts angesehen.[1051] Sie wurde bereits in der klassischen Kriegslehre vorgenommen. Der Gedanke findet sich unter anderem bei Francisco de Vitoria und Emer de Vattel.[1052] Die strenge Dichotomie kommt in der Präambel des ZP I zum Ausdruck, die klarstellt, dass das humanitäre Völkerrecht auf die geschützten Personen ohne Unterscheidung nach Ursprung des bewaffneten Konflikts oder Beweggründen der daran beteiligten Parteien Anwendung findet. Weil der Angreifer und der Angegriffene an dieselben Normen gebunden sind, spielt die Beurteilung des ursprünglichen Angriffs nach dem ius ad bellum danach keine Rolle mehr.[1053] Die Spruchpraxis der Kriegsverbrecherprozesse der Nachkriegszeit folgt dieser Auffassung, da darin nur Kriegsvölkerrecht zur Beurteilung der Maßnahmen des Aggressors herangezogen wird, nicht die Rechtswidrigkeit des Kriegsbeginns selbst.[1054] Auch in neuerer Zeit wurde diese Sicht in der Rechtsprechung angewandt: Die Berufungskammer des Sondergerichtshofs für Sierra Leone lehnte es ab, das Verfolgen eines „legitimen Zwecks“ durch die der Kriegsverbrechen Angeklagten als Milderungsgrund in Betracht zu ziehen; die nach dem humanitären Völkerrecht zu treffenden Abwägungen hätten völlig unabhängig von den politischen Motiven einer Kriegspartei stattzufinden.[1055]

1049 So prägte bereits Cicero den Ausspruch „inter bellum et pacem nihil est medium“, vgl. Meng, War, EPIL IV, S. 1336; Stahn, Rethinking, 17 EJIL (2006), S. 923.

1050 Vgl. Heintschel von Heinegg, Rn. 658; Stein/v. Buttlar, Rn. 1208 ff.

1051 Vgl. Sloane, YJIL 34 (2009), S. 49 f.

1052 In *De indis et de iure belli relectiones* unterscheidet Francisco de Vitoria zwischen den Motiven, die zu einem gerechten Krieg führen können, und den Einschränkungen für das Verhalten im Krieg. Vgl. die englische Übersetzung bei Nys (Hrsg.), The second relectio, On the Indians, or on the law of war made by the Spaniards on the Barbarians, S. 163 ff.;
Vattel, Le droit des gens ou principes de la loi naturelle, Livre III, Chapitre III (Des justes Causes de la Guerre), Chapitre VIII (Du Droit des Nations dans la Guerre, De ce qu'on est en droit de faire et de ce qui est permis, dans une Guerre juste, contre la personne de l'Ennemi).

1053 Heintschel von Heinegg, Rn. 659.

1054 Gardam, AJIL 87 (1993), S. 411.

1055 Urteil der Berufungskammer des Sondergerichtshofs für Sierra Leone, Prosecutor v. Fofana & Kondewa, Case No. SCSL-04-14-A, vom 28.5.2008, das von der „*basic distinction and historical separation between* jus ad bellum *and* jus in bello“ spricht

Diese Herangehensweise soll sicherstellen, dass das durch das humanitäre Völkerrecht gewährte Schutzniveau erhalten bleibt. Die Trennung der in bello-Beurteilung von ad bellum-Erwägungen gewährleistet, dass die Schutzvorschriften des ius in bello vollständig auf die von ihnen geregelten Sachverhalte angewandt werden können.[1056] Es ist die Schutzrichtung des humanitären Völkerrechts, die nach dieser Trennung verlangt: Das ius in bello ist auf den Schutz von Individuen gerichtet, während das ius ad bellum Staaten schützt und verpflichtet; der humanitär begründete Schutz für Zivilisten und Soldaten bleibt bestehen, auch wenn ein Staat illegal zum Krieg geschritten ist.[1057]

Im gegenwärtigen Völkerrecht mehren sich jedoch die Hinweise darauf, dass diese Trennung verschwimmt.[1058] Diese Entwicklung soll im Folgenden unter verschiedenen Aspekten untersucht werden. Dazu wird zunächst auf die Anwendung von ius ad bellum und ius in bello eingegangen.

II. Ius ad bellum und ius in bello – Inhalte und Funktionen

In der Geschichte suchte die Völkerrechtslehre für einen Angriffskrieg einen gerechten Grund (iusta causa).[1059] Vom römischen Staatsdenken bis in die Neuzeit hatte die Idee des „gerechten Krieges" Bestand, die sich vor allem auf die Lehren von Augustinus und von Thomas von Aquin stützt.[1060] Bis zum beginnenden 20. Jahrhundert entschied jeder souveräne Staat über die Erstanwendung von Waffengewalt, da Krieg als grundsätzlich zulässiges Mittel der Politik galt.[1061] Erstmals in der Völkerbundsatzung von 1919 wurde die Staatengemeinschaft für die Entwicklung des Rechts zum Krieg für zuständig erklärt und das freie Kriegsführungsrecht mit Beschränkungen versehen.[1062] Die Ächtung des Angriffskriegs findet sich erstmals im Briand-Kellogg-Pakt von 1928.[1063] Im modernen Völkerrecht ist das wesentliche Merkmal des ius ad bellum das Gewaltverbot des Art. 2 Nr. 4 UN-Charta, das jegliche Art von Gewalt in internationalen Beziehungen verbietet und damit unabhängig

und dies als *„bedrock principle"* bezeichnet (Ziff. 530 f.); das Urteil ist verfügbar unter http://www.worldcourts.com/scsl/eng/decisions/2008.05.28_Prosecutor_v_Fofana_Kondewa.PDF, recherchiert am 30.3.2013.

1056 Vgl. Urteil der Berufungskammer des Sondergerichtshofs für Sierra Leone, Prosecutor v. Fofana & Kondewa, Case No. SCSL-04-14-A, vom 28.5.2008, Ziff. 530.

1057 Vgl. Gardam, AJIL 87 (1993), S. 411.

1058 Vgl. Sloane, YJIL 34 (2009), S. 50; Gardam, AJIL 87 (1993), S. 412; Greenwood, in: Fleck, The Handbook of International Humanitarian Law, Rn. 201; Dinstein, S. 15 ff.

1059 Vgl. zur Entwicklung des ius ad bellum: Ipsen, in: Ipsen (Hrsg.), Völkerrecht, § 2 Rn. 34 ff; Berber, S. 26 ff.

1060 Vgl. Meng, War, EPIL IV, S. 1334 f.

1061 Fischer, in: Ipsen (Hrsg.), Völkerrecht, § 59 Rn. 2.

1062 Fischer, in: Ipsen (Hrsg.), Völkerrecht, § 59 Rn. 3.

1063 Doehring, Völkerrecht, Rn. 568.

vom Kriegsbegriff ist.[1064] Das allgemeine Recht zum Krieg wurde in ein allgemeines Gewaltverbot umgekehrt, so dass heute von einem ius contra bellum gesprochen werden kann.[1065] Gewalt im Sinne des Art. 2 Nr. 4 UN-Charta ist militärische Gewalt, die gegen einen anderen Staat gerichtet ist.[1066] Das Gewaltverbot ist nach überwiegender Ansicht Teil des ius cogens und hat umfassende Geltung, das heißt jeder Einsatz von Gewalt bedarf einer gesonderten Rechtfertigung.[1067]

Nur im Zusammenhang mit *failed states* wird eine teleologische Reduktion des Gewaltverbots diskutiert: Da aufgrund der Lehre der Kontinuität des Staats die Staatsqualität nicht mehr funktionsfähiger Staaten bestehen bleibt, befindet sich grundsätzlich auch das Gebiet eines *failed state* unter dem Schutz des völkerrechtlichen Gewaltverbots.[1068] Hiergegen wird eingewandt, dass das strikte Beharren auf dem Gewaltverbot den mit dem Phänomen *failed state* verbundenen Herausforderungen nicht gerecht werden könne.[1069] Bei einer Lähmung der Staatsfunktionen trete hinter der Einheit „Staat“ das Staatsvolk als dessen personales Substrat hervor, dessen völkerrechtlich geschützte Belange die Grundlage für legitime Interventionen darstellen könnten.[1070] Die Geltung des Gewaltverbots sei teleologisch zu reduzieren, da eine altruistische Intervention zum Schutz der Zivilbevölkerung vor der im *failed state* vorhandenen permanenten physischen Bedrohung keine Gewaltanwendung darstelle, die im Sinne des Art. 2 Nr. 4 UN-Charta gegen die territoriale Unversehrtheit oder politische Unabhängigkeit eines Staates gerichtet sei.[1071]

Andererseits besteht eine solche teleologische Reduktion nicht im Völkergewohnheitsrecht und birgt die Gefahr des Missbrauchs.[1072] Danach kann der Schutz durch das Gewaltverbot für einen *failed state* nur entfallen, wenn dieser Schutzpflichten gegenüber seinen Nachbarstaaten verletzt.[1073]

Da das ius ad bellum über die Zulässigkeit des anfänglichen Einsatzes militärischer Gewalt entscheidet, gehört es zum „Friedensvölkerrecht“.[1074] Das Kriegsrecht greift ein,

1064 Herdegen, Völkerrecht, § 34 Rn. 1 ff.; Bothe, in: Vitzthum, Völkerrecht, 8. Abschnitt, Rn. 9.

1065 Bothe, in: Vitzthum, Völkerrecht, 8. Abschnitt, Rn. 2; Stein/v. Buttlar, Rn. 1208.

1066 Fischer, in: Ipsen (Hrsg.),Völkerrecht, § 59 Rn. 12; Bothe, in: Vitzthum, Völkerrecht, 8. Abschnitt, Rn. 12.

1067 Eine solche Rechtfertigung kann insbesondere im Recht auf Selbstverteidigung (Art. 51 UN-Charta) und im Ergreifen kollektiver Zwangsmaßnahmen nach Kapitel VII der UN-Charta bzw. in der Autorisierung der Gewaltanwendung durch den Sicherheitsrat liegen. Herdegen, Völkerrecht, § 34 Rn. 6, 9; Fischer, in: Ipsen (Hrsg.),Völkerrecht, § 59 Rn. 10; Bothe, in: Vitzthum, Völkerrecht, 8. Abschnitt, Rn. 24.

1068 Thürer, Der „zerfallene Staat“, Die Friedens-Warte 74 (1999), S. 281.

1069 Herdegen, Der Wegfall effektiver Staatsgewalt, BDGV 34 (1996), S. 51.

1070 Ebd.

1071 Herdegen, Der Wegfall effektiver Staatsgewalt, BDGV 34 (1996), S. 61.

1072 Bothe, in: Vitzthum, Völkerrecht, 8. Abschnitt, Rn. 13.

1073 Ebd.

1074 Vgl. Herdegen, Völkerrecht, § 56 Rn. 1.

wenn das Friedensvölkerrecht bei der Eindämmung militärischer Gewalt gescheitert ist.[1075] Die Konfliktparteien sind unabhängig von ihrer Rolle als Angreifer oder Angriffsopfer an die Regeln des ius in bello gebunden.[1076] Im klassischen Völkerrecht war die Anwendbarkeit des ius in bello vom Eintritt des Kriegszustands abhängig.[1077] Seit Ende des Zweiten Weltkriegs wurden jedoch fast keine Kriegserklärungen mehr abgegeben; die Staaten lösten in Konflikten in der Regel nicht mehr offiziell den Kriegszustand aus und verhinderten damit den Eintritt der Rechtsfolgen des Krieges.[1078] Um die Anwendbarkeit des ius in bello auf zwischenstaatliche Auseinandersetzungen mit Waffengewalt sicherzustellen, verwendet die Vertragspraxis seitdem den Begriff des „bewaffneten Konflikts".[1079] Die Unterscheidung zwischen Frieden und bewaffnetem Konflikt ist nicht mehr so eindeutig, da bei Ausbruch eines bewaffneten Konflikts nicht notwendig alle nicht-feindlichen Beziehungen zwischen den Staaten enden; diplomatische und vertragliche Beziehungen können bestehen bleiben.[1080] Daher findet das Friedensvölkerrecht nach Ausbruch eines bewaffneten Konflikts, infolge dessen viele friedensrechtliche Regeln durch das Recht des bewaffneten Konflikts ersetzt werden, in den Bereichen, in denen es nicht berührt wird, weiter Anwendung.[1081]

Das Recht des bewaffneten Konflikts war zunächst auf die Auseinandersetzung zwischen Staaten, auf internationale bewaffnete Konflikte, ausgelegt.[1082] Ein solcher

1075 Herdegen, Völkerrecht, § 56 Rn. 2.

1076 Hobe/Kimminich, S. 495; Stein/v. Buttlar, Rn. 1210; Doehring, Völkerrecht, Rn. 581; Greenwood, in: Fleck, Handbuch des humanitären Völkerrechts, S. 7.

1077 Ipsen, in: Ipsen (Hrsg.), Völkerrecht, § 65 Rn. 5; Bothe, in: Vitzthum, Völkerrecht, 8. Abschnitt, Rn. 62.

1078 Greenwood, in: Fleck, The Handbook of International Humanitarian Law, Rn. 201, 203; Ipsen, in: Ipsen (Hrsg.), Völkerrecht, § 65 Rn. 5; Herdegen, Völkerrecht, § 56 Rn. 3.

1079 Ipsen, in: Ipsen (Hrsg.), Völkerrecht, § 65 Rn. 6; Herdegen, Völkerrecht, § 56 Rn. 3.

1080 Greenwood, in: Fleck, The Handbook of International Humanitarian Law, Rn. 201.

1081 Ebd.

1082 Bothe, in: Vitzthum, Völkerrecht, 8. Abschnitt, Rn. 63; Stein/v. Buttlar, Rn. 1269. Die wichtigsten Abkommen über internationale bewaffnete Konflikte sind (vgl. Herdegen, Völkerrecht, § 56 Rn. 7 f.):
- das IV. Haager Abkommen betreffend die Gesetze und Gebräuche des Landkriegs von 1907, mit der Haager Landkriegsordnung als Anlage,
- das Genfer Protokoll über das Verbot der Verwendung von erstickenden, giftigen oder ähnlichen Gasen sowie von bakteriologischen Mitteln im Kriege von 1925,
- die vier Genfer Abkommen von 1949 (I. Genfer Abkommen zur Verbesserung des Loses der Verwundeten und Kranken der Streitkräfte im Felde, II. Genfer Abkommen zur Verbesserung des Loses der Verwundeten, Kranken und Schiffbrüchigen der Streitkräfte zur See, III. Genfer Abkommen über die Behandlung der Kriegsgefangenen, IV. Genfer Abkommen zum Schutze der Zivilpersonen in Kriegszeiten),
- das Erste Zusatzprotokoll über den Schutz der Opfer internationaler bewaffneter Konflikte von 1977 (ZP I)

Konflikt hat als einziges rechtmäßiges Ziel die Schwächung des gegnerischen Staates in seiner militärischen Widerstandskraft.[1083] Aus der Notwendigkeit, Kriegsrecht auch in Bürgerkriegen anwendbar zu machen, entstanden Regelungen für nicht-internationale bewaffnete Konflikte.[1084] Allgemein anerkannt sind im ius in bello der Grundsatz der Verhältnismäßigkeit der Kampfmittel und das allgemeine Humanitätsgebot, das in der sogenannten Martens'schen Klausel niedergelegt ist.[1085] Eines der wesentlichen Ziele des Rechts des bewaffneten Konflikts ist daher der Schutz des Menschen. Obwohl Kriegsrecht nicht zum Regelungsbereich der Menschenrechte gezählt werden kann, haben beide Rechtsinstrumente das menschenschützende Grundanliegen gemeinsam; das Recht des bewaffneten Konflikts wird deshalb auch als humanitäres Völkerrecht bezeichnet.[1086] Dem Kriegsvölkerrecht liegen das Streben nach der Verhinderung menschlichen Leids und das Eigeninteresse der Staaten an der Begrenzung der Kriegsschäden zugrunde.[1087] Die Einschränkung der Möglichkeiten der gegenseitigen Schädigung soll es erleichtern, zum Frieden zurückzukehren, woraus sich eine friedensfördernde Funktion des Kriegsrechts ergibt.[1088] Dagegen lässt sich freilich einwenden, dass das Kriegsvölkerrecht letztendlich doch Gewalt legitimiere, auch weil es militärische Interessen berücksichtige.[1089] Gewalt begrenzt es jedoch trotzdem, da es zulässige von unzulässigen Kampfmitteln trennt und damit zwar legitimierend aber auch delegitimierend wirkt.[1090]

Die Regelungen über nicht-internationale bewaffnete Konflikte erhalten besondere Bedeutung im Zusammenhang mit *failed states*. Die Bestimmungen des humanitären Völkerrechts müssen hier stets dem Schutz der Menschenrechte dienen. In *failed states* haben friedensrechtlich kodifizierte Menschenrechte keinen Wert.

1083 Bothe, in: Vitzthum, Völkerrecht, 8. Abschnitt, Rn. 63.

1084 Diese sind u.a. der gemeinsame Art. 3 der vier Genfer Abkommen, Art. 1 Abs. 4 des Ersten Zusatzprotokolls über den Schutz der Opfer internationaler bewaffneter Konflikte, der Befreiungskriege zu internationalen Konflikten erklärt, und das Zweite Zusatzprotokoll über den Schutz der Opfer nicht internationaler bewaffneter Konflikte von 1977 (ZP II); vgl. Stein/v. Buttlar, Rn. 1269 ff.

1085 Doehring, Völkerrecht, Rn. 584 f.; Bothe, in: Vitzthum, Völkerrecht, 8. Abschnitt, Rn. 63.
Nach der Martens'schen Klausel, die u.a. in Art. 1 Abs. 2 des Ersten Zusatzprotokolls kodifiziert ist, *„verbleiben Zivilpersonen und Kombattanten unter dem Schutz und der Herrschaft der Grundsätze des Völkerrechts, wie sie sich aus feststehenden Gebräuchen, aus den Grundsätzen der Menschlichkeit und aus den Forderungen des öffentlichen Gewissens ergeben"*.

1086 Streng genommen umfasst der Begriff des humanitären Völkerrechts die Teile des Kriegsvölkerrechts nicht, deren Hauptzielsetzung nicht humanitärer Art ist, vgl. Greenwood, in: Fleck (Hrsg.), Handbuch des humanitären Völkerrechts, S. 7 ff.; Bothe, in: Vitzthum, Völkerrecht, 8. Abschnitt, Rn. 61.

1087 Bothe, in: Vitzthum, Völkerrecht, 8. Abschnitt, Rn. 58.

1088 Ebd.

1089 Vgl. Bothe, in: Vitzthum, Völkerrecht, 8. Abschnitt, Rn. 61.

1090 Bothe, in: Vitzthum, Völkerrecht, 8. Abschnitt, Rn. 61.

Diese schützen vor willkürlicher Machtausübung von Seiten des Staates oder sind durch staatliche Ausgestaltung durchzusetzen – sie wenden sich gegen staatliches Handeln oder nehmen den Staat in die Pflicht.[1091] Wo kein Staatswesen existiert, entsteht ein Vakuum hinsichtlich der Menschenrechte, in das die kriegsrechtlichen Regeln über nicht-internationale bewaffnete Konflikte eintreten.

Das Zweite Zusatzprotokoll über den Schutz der Opfer nicht internationaler bewaffneter Konflikte kann wegen dessen Art. 1 Abs. 1 jedoch oft nicht auf *failed states* angewandt werden. Diese Vorschrift setzt Konflikte zwischen Streitkräften oder anderen organisierten bewaffneten Gruppen, die unter einer verantwortlichen Führung einen Teil des Hoheitsgebiets kontrollieren, voraus.[1092] Dies ist in zerfallenen Staaten wegen des anarchischen Charakters der Kämpfe, deren Beteiligte nicht „unter einer verantwortlichen Führung" stehen, oft nicht gegeben.[1093]

Anderes gilt für den auf nicht-internationale bewaffnete Konflikte ausdrücklich anwendbaren gemeinsamen Art. 3 der Genfer Konventionen.[1094] Wenigstens dieser Mindeststandard gilt auch für *failed states.* Die auch für dessen Anwendbarkeit zu erreichende Schwelle zum bewaffneten Konflikt ist großzügig auszulegen, da

---

1091 Thürer, Der „zerfallene Staat", Die Friedens-Warte 74 (1999), S. 286.

1092 Art. 1 Abs. 1 ZP II lautet: *„Dieses Protokoll [...] findet auf alle bewaffneten Konflikte Anwendung, die von Artikel 1 des Zusatzprotokolls zu den Genfer Abkommen vom 12. August 1949 über den Schutz der Opfer internationaler bewaffneter Konflikte (Protokoll I) nicht erfasst sind und die im Hoheitsgebiet einer Hohen Vertragspartei zwischen deren Streitkräften und abtrünnigen Streitkräften oder anderen organisierten bewaffneten Gruppen stattfinden, die unter einer verantwortlichen Führung eine solche Kontrolle über einen Teil des Hoheitsgebiets der Hohen Vertragspartei ausüben, dass sie anhaltende, koordinierte Kampfhandlungen durchzuführen und dieses Protokoll anzuwenden vermögen."*

1093 Thürer, Der „zerfallene Staat", Die Friedens-Warte 74 (1999), S. 287 f.

1094 Art. 3 der vier Genfer Konventionen lautet: *„Im Falle eines bewaffneten Konflikts, der keinen internationalen Charakter hat und auf dem Gebiet einer der Hohen Vertragsparteien entsteht, ist jede der am Konflikt beteiligten Parteien gehalten, mindestens die folgenden Bestimmungen anzuwenden:*
1. Personen, die nicht unmittelbar an den Feindseligkeiten teilnehmen, einschließlich der Mitglieder der Streitkräfte, welche die Waffen gestreckt haben, und der Personen, die durch Krankheit, Verwundung, Gefangennahme oder irgendeine andere Ursache außer Kampf gesetzt sind, werden unter allen Umständen mit Menschlichkeit behandelt, ohne jede auf Rasse, Farbe, Religion oder Glauben, Geschlecht, Geburt oder Vermögen oder auf irgendeinem anderen ähnlichen Unterscheidungsmerkmal beruhenden Benachteiligung.
Zu diesem Zwecke sind und bleiben in bezug auf die oben erwähnten Personen jederzeit und überall verboten
a) Angriffe auf das Leben und die Person, namentlich Tötung jeder Art, Verstümmelung, grausame Behandlung und Folterung;
b) das Festnehmen von Geiseln;
c) Beeinträchtigung der persönlichen Würde, namentlich erniedrigende und entwürdigende Behandlung;

das humanitäre Völkerrecht im Sinne seines Ziels, die Opfer bewaffneter Auseinandersetzungen zu schützen, zu interpretieren ist.[1095] Zudem gelten die Inhalte des gemeinsamen Art. 3 völkergewohnheitsrechtlich und werden manchmal auch als allgemeiner Grundsatz des Völkerrechts betrachtet.[1096] Auch der IGH stellt im Nicaragua-Fall fest, dass Art. 3 in jedem Konflikt einige Mindestgarantien verkörpert und elementare Erwägungen der Menschlichkeit wiedergibt.[1097] Die Berufungskammer des Internationalen Strafgerichtshofs für das ehemalige Jugoslawien stellt im Fall Tadić eine rückläufige Bedeutung der Unterscheidung von zwischen- und innerstaatlichen Konflikten in Bezug auf das anwendbare Recht fest und rückt den Schutz des Einzelnen in den Mittelpunkt.[1098] Die souveränitätsorientierte Herangehensweise, nach der Vorschriften über die Kriegführung nur in internationalen bewaffneten Konflikten denkbar sind, werde von einem individuumsbezogenen Vorgehen abgelöst, da die Behandlung des Einzelnen unabhängig von einem Eingriff in die staatliche Souveränität im Vordergrund stehen müsse.[1099]

Die formale Geltung eines humanitären Mindeststandards löst jedoch nicht das Problem der Durchsetzung dieser Garantien, da die Durchsetzungsmechanismen des humanitären Völkerrechts – durch staatliche Organisationsmacht und militärische Befehlsgewalt – in anarchischen Konflikten so nicht existieren.[1100]

III. Beginn und Ende eines bewaffneten Konflikts

Grundsätzlich richtet sich die Anwendbarkeit von Friedens- und Kriegsvölkerrecht nach den Zeitpunkten des Beginns und des Endes des bewaffneten Konflikts.

Wie erläutert war der Eintritt in den Kriegszustand früher von einer formellen Kriegserklärung abhängig. Dies geht auch aus Art. 1 der III. Haager Konvention über die Eröffnung der Feindseligkeiten von 1907 hervor, nach dem Feindseligkeiten nur nach vorheriger Benachrichtigung in Form einer Kriegserklärung oder eines bedingten Ultimatums begonnen werden dürfen. Der Kriegszustand entstand daher nur, wenn einer der Gegner deutlich machte, dass er sich im Kriegszustand

---

d) Verurteilungen und Hinrichtungen ohne vorhergehendes Urteil eines ordentlich bestellten Gerichtes, das die von den zivilisierten Völkern als unerlässlich anerkannten Rechtsgarantien bietet.

2. Die Verwundeten und Kranken werden geborgen und gepflegt.

Eine unparteiische humanitäre Organisation, wie das Internationale Komitee vom Roten Kreuz, kann den am Konflikt beteiligten Parteien ihre Dienste anbieten.

[…].“

1095 Thürer, Der „zerfallene Staat“, Die Friedens-Warte 74 (1999), S. 288.

1096 Ipsen, in: Ipsen (Hrsg.), Völkerrecht, § 65 Rn. 14 f.

1097 Der IGH bezeichnet den gemeinsamen Art. 3 als „minimum yardstick“; IGH, Nicaragua (Fn. 636), Ziff. 218.

1098 Vgl. ICTY, Tadić (Fn. 943), Ziff. 96 f.

1099 ICTY, Tadić (Fn. 943), Ziff. 97.

1100 Vgl. Thürer, Der „zerfallene Staat“, Die Friedens-Warte 74 (1999), S. 289 f.

befindlich betrachte.[1101] Wegen der nach 1945 geänderten Praxis von Kriegserklärung und Kriegszustand muss der Kriegsbeginn nun anders definiert werden. Nach dem gemeinsamen Art. 2 Abs. 1 der Genfer Konventionen sind die Abkommen „*in allen Fällen eines erklärten Krieges oder jedes anderen bewaffneten Konflikts anzuwenden [...], und zwar auch dann, wenn der Kriegszustand von einer [der] Parteien nicht anerkannt wird*". Hieraus geht hervor, dass die Anwendung von Kriegsrecht von einer Kriegserklärung unabhängig ist.[1102] Nach neuerer Ansicht beginnt Krieg damit nicht nur nach Kriegserklärung oder Ultimatum, sondern auch durch die Eröffnung der Feindseligkeiten mit der dem Gegner erkennbaren Absicht, den Kriegszustand herbeizuführen.[1103] Grundsätzlich entsteht bereits durch die erste dem Staat zurechenbare Schädigungshandlung mit Waffengewalt ein bewaffneter Konflikt; entscheidend ist die faktische Anwendung von Waffengewalt.[1104] Daher gilt nun, dass kriegsvölkerrechtliche Regeln anwendbar werden, sobald ein tatsächlicher bewaffneter Konflikt besteht, ohne dessen Vorliegen anhand formeller Kriterien prüfen zu müssen.[1105] Dabei erstreckt sich die Wirkung des ius in bello bereits auf die erste Schädigungshandlung; auch diese darf kein verbotenes Kampfmittel einsetzen.[1106]

Das Ende des bewaffneten Konflikts richtet sich nach einer Ansicht grundsätzlich nach der faktischen Einstellung der Handlungen, auf die sich das geltende Sonderrecht bezieht, das heißt sowohl der Waffeneinsatz als auch die durch die Kampfhandlungen hervorgerufenen Zustände, wie die Besetzung von Hoheitsgebiet oder das Festhalten von Kriegsgefangenen, werden beendet.[1107] Damit ein bewaffneter Konflikt enden kann, dürfen keine durch das Konfliktrecht zu regelnden Sachverhalte mehr vorhanden sein.[1108] Nach anderer Ansicht reicht das Einstellen der Feindseligkeiten für das Kriegsende allein nicht; danach muss ein Friedensvertrag oder ein anderer eindeutiger Hinweis darauf vorliegen, dass die Parteien den Kriegszustand als beendet ansehen.[1109]

Als Möglichkeiten, einen bewaffneten Konflikt auf formale Weise zu beenden, kommen ein Waffenstillstand, eine Kapitulation oder ein Friedensschluss in Betracht.

1101 Greenwood, in: Fleck (Hrsg.), The Handbook of International Humanitarian Law, Rn. 201.

1102 Roberts, What is a military occupation?, BYIL 55 (1984), S. 253.

1103 Vgl. Meng, War, EPIL IV, S. 1339; Ipsen, in: Ipsen (Hrsg.), Völkerrecht, § 65 Rn. 5.

1104 Stein/v. Buttlar, Rn. 1216; Doehring, Völkerrecht, Rn. 586; Ipsen, in: Ipsen (Hrsg.), Völkerrecht, § 68 Rn. 1 f.

1105 Roberts, What is a military occupation?, BYIL 55 (1984), S. 250.

1106 Ipsen, in: Ipsen (Hrsg.), Völkerrecht, § 68 Rn. 1.

1107 Ipsen, in: Ipsen (Hrsg.), Völkerrecht, § 68 Rn. 4.

1108 Ebd.

1109 Greenwood, in: Fleck (Hrsg.), The Handbook of International Humanitarian Law, Rn. 222; Lauterpacht, S. 597 f.

Ein Waffenstillstand soll es ermöglichen, Vorbereitungen für die Beendigung des bewaffneten Konflikts zu treffen und verbietet die Wiederaufnahme der Feindseligkeiten, es sei denn die gegnerische Partei hat ihrerseits den Waffenstillstand gebrochen.[1110] Im traditionellen Kriegsvölkerrecht wurde die Wirkung des Waffenstillstands nur in einer Unterbrechung der Kämpfe gesehen.[1111] Er war ein Schritt hin zur dauerhaften Beendigung der Feindseligkeiten und zum Abschluss eines Friedensvertrags, er führte aber nicht zum Ende des Kriegszustands.[1112] Nun ist es die Feuereinstellung, die nur eine vorübergehende Einstellung der Kampfhandlungen erwirkt; der Waffenstillstand soll die Kampfhandlungen endgültig zu Ende bringen.[1113] In der Staatenpraxis der letzten Jahrzehnte veränderte sich die Funktion des Waffenstillstandes zudem dahingehend, dass dieser auch zunehmend selbst als das Ende des Kriegszustands auslösend angesehen wird.[1114] Einschränkend kann man jedoch annehmen, dass der Kriegszustand nur dann durch den Waffenstillstand beendet wird, wenn die Parteien dies auch beabsichtigen, da ein Kriegszustand, der durch die Absicht der Parteien geschaffen wurde, durch diese auch beendet werden können muss.[1115]

Eine Kapitulation ist die einseitige oder mehrseitig vereinbarte endgültige Beendigung der bewaffneten Schädigungshandlungen.[1116] Auch eine Kapitulation beendet nicht unbedingt den Kriegszustand. Nur wenn sie sich auf alle Streitkräfte einer Partei bezieht, bewirkt sie die Einstellung der Kampfhandlungen.[1117] Die Siegermacht muss weiterhin das geltende Konfliktrecht, insbesondere das III. und das IV. Genfer Abkommen, anwenden, auch wenn die Kapitulation „bedingungslos" geschieht.[1118] Im Zweiten Weltkrieg verfolgten die Alliierten das Kriegsziel der *unconditional surrender*, was auch beinhaltete, dass das Deutsche Reich nach Kriegsende durch die Siegermächte kontrolliert und umgestaltet werden sollte; dies ist eine politische Zielsetzung, die über den völkerrechtlichen Begriff der bedingungslosen Kapitulation hinausgeht.[1119]

1110 Greenwood, in: Fleck (Hrsg.), The Handbook of International Humanitarian Law, Rn. 233, 235.

1111 Dinstein, S. 42.

1112 Ipsen, in: Ipsen (Hrsg.), Völkerrecht, § 68 Rn. 5; Greenwood, in: Fleck (Hrsg.), The Handbook of International Humanitarian Law, Rn. 233; Dinstein, S. 42.

1113 Greenwood, in: Fleck (Hrsg.), The Handbook of International Humanitarian Law, Rn. 233 f.; Dinstein, S. 42.

1114 Ipsen, in: Ipsen (Hrsg.), Völkerrecht, § 68 Rn. 5; Dinstein, S. 42.

1115 Greenwood, in: Fleck (Hrsg.), The Handbook of International Humanitarian Law, Rn. 233.

1116 Greenwood, in: Fleck (Hrsg.), The Handbook of International Humanitarian Law, Rn. 242; Ipsen, in: Ipsen (Hrsg.), Völkerrecht, § 68 Rn. 7.

1117 Greenwood, in: Fleck (Hrsg.), The Handbook of International Humanitarian Law, Rn. 245.

1118 Ipsen, in: Ipsen (Hrsg.), Völkerrecht, § 68 Rn. 8.

1119 Ebd.

Ein Friedensschluss bewirkt die Beendigung des bewaffneten Konflikts und damit des Kriegszustands; er beendet die Anwendbarkeit des humanitären Völkerrechts mit Ausnahme einiger Bestimmungen, zum Beispiel über Kriegsgefangene.[1120] Ein Friedensschluss führt in der Regel zum Friedensvertrag, der unter anderem Regelungen über die Streitfragen zwischen den Parteien, über Gebiete, Kriegsgefangene und Kriegsschäden trifft; da seit dem Zweiten Weltkrieg viele bewaffnete Auseinandersetzungen nicht formal als Krieg geführt wurden, wurden diese auch nicht durch ausdrückliche Friedensverträge beendet.[1121]

Von den Methoden, feindliche Auseinandersetzungen oder den bewaffneten Konflikt zu beenden, führt damit nur der Friedensvertrag eindeutig zum Ende des Kriegszustands. Waffenstillstand und Kapitulation bewirken dies nur unter bestimmten Umständen. Jedoch gibt es eine Entwicklung dahin, dass die tatsächliche Einstellung der aktiven Feindseligkeiten den bewaffneten Konflikt beendet, auch wenn der gegnerische Staat dies nicht formal bestätigt.[1122]

IV. Durchbrechung der Dichotomie

Die klassische Dichotomie zwischen Friedens- und Kriegsrecht wird im modernen Völkerrecht aus mehreren Gründen durchbrochen. Die Zustände von Krieg und Frieden gehen ineinander über. Es ist ein Trend in der Völkerrechtspraxis zu erkennen, friedens- und kriegsrechtliche Überlegungen zu vermengen.

1. Verlust der Trennlinie zwischen Krieg und Frieden

Die Entwicklung der letzten Jahrzehnte zeigt die Verwischung der Trennlinie zwischen Krieg und Frieden. Die Kriegführung hat sich verändert, was die Beteiligten, die Mittel und die Ziele der Auseinandersetzungen angeht.[1123] Dies zeigt sich besonders an der gestiegenen Zahl an innerstaatlichen und asymmetrischen Konflikten, sowie an der steigenden Bedeutung von nicht als Krieg oder Frieden definierten Zwischenphasen.

Innerstaatliche Gewalt und Bürgerkriege nehmen zu.[1124] Seit Ende des Zweiten Weltkrieges ist die Zahl der Kriege zwischen Staaten stark zurückgegangen, während die Zahl der innerstaatlichen Kriege bis Anfang der 1990er Jahre erheblich

1120 Greenwood, in: Fleck (Hrsg.), The Handbook of International Humanitarian Law, Rn. 246.
1121 Greenwood, in: Fleck (Hrsg.), The Handbook of International Humanitarian Law, Rn. 249; Dinstein, S. 36.
1122 Greenwood, in: Fleck (Hrsg.), The Handbook of International Humanitarian Law, Rn. 250.
1123 Vgl. Ipsen, in: Ipsen (Hrsg.), Völkerrecht, § 64 Rn. 7 ff.
1124 Stahn, Rethinking, 17 EJIL (2006), S. 923.

gestiegen, dann wieder etwas gesunken ist.[1125] Die weit überwiegende Zahl aller Konflikte findet nun innerhalb von Staaten statt; davon sind etliche sogenannte *internationalized intrastate conflicts*, das heißt innerstaatliche Konflikte, in denen ein oder mehrere ausländische Staaten auf der Seite einer Konfliktpartei militärisch aktiv sind.[1126] Bei innerstaatlichen Konflikten lassen sich solche, in denen die Staatsregierung eine der Parteien ist, unterscheiden von solchen, die zwischen verschiedenen bewaffneten Gruppierungen ausgetragen werden.[1127] Diese Gruppierungen sind mehr oder weniger formal organisiert und schließen ethnische, religiöse oder Stammesgruppen, Rebellengruppen, Guerillabewegungen oder Milizen ein.[1128] Die Folge dieser Entwicklung ist die Verwischung von Kriegs- und Friedenszustand. Bürgerkriege werden in der Regel nicht „erklärt", sondern entstehen faktisch, wenn Gewaltausübungen die Intensität eines Kriegszustands annehmen. Die Parteien innerstaatlicher Konflikte sind häufig militärisch unterschiedlich stark und gehen in unterschiedlicher Art und Weise vor (zum Beispiel Guerillakampf gegen die Staatsmacht). So kann in Bürgerkriegen, je nach Phase und Zentrum der Auseinandersetzungen, ohne klare Zuordnung einmal ein kriegsähnlicher, einmal ein friedensähnlicher Zustand herrschen.

Vor allem mit dem Anstieg der innerstaatlichen Konflikte steigt auch die Bedeutung von asymmetrischen Konflikten. Deren Kennzeichen sind Ungleichheiten und Ungleichgewichte zwischen den Konfliktparteien, die sich oft dahingehend auswirken, dass militärische und technologische Stärke nur auf einer Seite vorhanden sind, die insofern unterlegene Partei den Konflikt auf militärische Weise nicht gewinnen kann, ein militärischer Sieg aber möglicherweise auch nicht das eigentliche Ziel der Parteien ist.[1129] Die militärisch unterlegene Partei meidet durch Guerillataktik die direkte Konfrontation; sie wendet eine Ermüdungsstrategie an, mit der sie Schritt für Schritt die Kontrolle über mehr Territorium zu erreichen sucht.[1130] Ein asymmetrischer Konflikt

---

1125 Human Security Centre, *Human Security Report 2005: War and Peace in the 21st Century*, S. 18, 148 ff.; verfügbar unter http://www.hsrgroup.org/human-security-reports/2005/text.aspx, recherchiert am 19.3.2013.

1126 Human Security Report Project, Human Security Report 2012: Sexual Violence, Education, and War: Beyond the Mainstream Narrative, S. 157 f., 189; verfügbar unter http://www.hsrgroup.org/human-security-reports/2012/text.aspx, recherchiert am 19.3.2013 (im Folgenden: Human Security Report 2012).

1127 Vgl. Human Security Report 2012, S. 149, wonach *state-based armed conflicts* Konflikte zwischen Staaten oder Bürgerkriege sind, in denen eine Partei eine Regierung ist, und *non-state armed conflicts* zwischen bewaffneten Gruppierungen stattfinden.

1128 Beispiele für solche Gruppierungen sind die *Taliban* in Afghanistan, die *Liberation Tigers of Tamil Eelam (LTTE)* in Sri Lanka, die *Fuerzas Armadas Revolucionarias de Colombia – Ejército del Pueblo (FARC-EP)* in Kolumbien, die *Hisbollah* im Libanon, vgl. Human Security Report 2012, S. 187 f.

1129 Geiß/Siegrist, IRRC 93 (2011), S. 17.

1130 Vgl. Geiß/Siegrist, IRRC 93 (2011), S. 17 f.

kann über lange Zeit andauern; die Feindseligkeiten können in unterschiedlicher Intensität immer wieder und überall aufflammen.[1131] Der Konflikt in Afghanistan gilt als Paradebeispiel für einen asymmetrischen Konflikt: Die Taliban kämpfen mit Guerillamethoden gegen afghanische und internationale Sicherheitskräfte, indem sie, manchmal von gleichgesinnten Zivilisten unterstützt, Angriffe aus dem Hinterhalt verüben, Sprengkörper legen und Selbstmordanschläge begehen.[1132]

Asymmetrische Konflikte bergen Probleme, für die das humanitäre Völkerrecht keine unmittelbare Lösung vorsieht. Guerillakämpfer sind oft nicht als solche erkennbar, mischen sich bewusst unter Zivilisten und agieren von zivilen Objekten aus; sie bedienen sich „menschlicher Schutzschilde".[1133] Das Prinzip der Unterscheidung zwischen Zivilbevölkerung und Kombattanten bzw. zwischen zivilen und militärischen Objekten und das Prinzip der Verhältnismäßigkeit einzuhalten, aber dennoch wirksam gegen die Guerillakämpfer vorzugehen, wird aus Sicht der militärisch überlegenen Gegner deshalb deutlich erschwert.[1134] Die Schwierigkeit, die Grenze zwischen geschützten und nicht geschützten Personen und Objekten zu ziehen, macht auch die Abwägung unter dem Verhältnismäßigkeitsgrundsatz, der die möglichen zivilen Schäden dem zu erwartenden militärischen Erfolg gegenüberstellt, besonders problematisch.[1135]

Die gestiegene Bedeutung der innerstaatlichen und asymmetrischen Konflikte führt dazu, dass sich konfliktträchtige Regionen über lange Zeiträume in nicht als Krieg oder Frieden definierten Zwischenphasen befinden. Eine Situation, in der Gewalt zu jedem Zeitpunkt aufflammen kann und dabei einmal die Intensität von Kriegshandlungen erreicht, einmal unter dieser Schwelle bleibt, kann nicht als friedlich, aber auch nicht als andauernder Krieg charakterisiert werden. Auch sogenannte *low intensity conflicts*, das heißt Auseinandersetzungen, die von über einen langen Zeitraum immer wieder durchgeführten, auf Erschöpfung des Gegners ausgelegten militärischen Aktionen von jeweils niedriger Intensität geprägt sind, gewinnen an Bedeutung.[1136] Das Völkerrecht enthält jedoch für Sachlagen, die weder unter einen Kriegszustand noch unter Frieden fallen, kein Zwischenstatus-Recht.[1137] Für Zwischen- und Übergangsphasen und Konflikte mit niedriger Intensität ist

1131 Vgl. Geiß/Siegrist, IRRC 93 (2011), S. 18.

1132 Vgl. ebd.

1133 Vgl. Geiß/Siegrist, IRRC 93 (2011), S. 19 ff.

1134 Das Unterscheidungsprinzip ist in Art. 48 ZP I niedergelegt; das Verhältnismäßigkeitsprinzip findet sich z.B. in Art. 57 ZP I. Vgl. Geiß/Siegrist, IRRC 93 (2011), S. 19 ff.; 29.

1135 Als Lösungsansätze wird vorgeschlagen, die Definition des Kämpferstatus auszuweiten oder menschenrechtliche Gewährleistungen statt humanitären Völkerrechts anzuwenden. Letzteres hätte ein höheres Schutzniveau zur Folge. Vgl. Geiß/Siegrist, IRRC 93 (2011), S. 22, 24.

1136 Vgl. Ipsen, in: Ipsen (Hrsg.), Völkerrecht, § 64 Rn. 10.

1137 Stahn, Rethinking, 17 EJIL (2006), S. 921 f., 924; die Existenz eines Rechts für den Zwischenstatus wird diskutiert in Jessup, AJIL 48 (1954), S. 98 ff.

eine Anpassung der vorhandenen Rechtsinstrumente an die Besonderheiten der Situation notwendig.[1138]

2. *Vermischung von ad bellum- und in bello-Aspekten*

Trotz der formalen Trennung von ius ad bellum und ius in bello zeigen sich Zusammenhänge zwischen dem Grund für den Beginn der Gewaltanwendung (ad bellum-Grund) und dem Verhalten des angreifenden Staates in der ius in bello-Phase. Deutlich werden diese Verbindungen in der Anwendungspraxis des humanitären Völkerrechts durch die Staaten und in seiner Auslegung durch den IGH.

Ein Hinweis auf einen Zusammenhang zwischen ad bellum-Grund und in bello-Verhalten findet sich bereits im kodifizierten humanitären Völkerrecht. Art. 1 Abs. 4 ZP I erklärt das Erste Zusatzprotokoll für anwendbar in Konflikten mit einem bestimmten ad bellum-Grund (Kampf gegen Kolonialherrschaft, fremde Besetzung oder rassistische Regimes in Ausübung des Rechts auf Selbstbestimmung) und macht damit die Anwendbarkeit von humanitärem Völkerrecht zum Teil vom ius ad bellum abhängig.[1139]

a) Staatenpraxis bei Anwendung des humanitären Völkerrechts

Einige Beispiele aus der Praxis von Staaten bei Anwendung des humanitären Völkerrechts verdeutlichen den Zusammenhang.

aa) NATO-Luftangriffe auf den Kosovo

Im Jahr 1999 kam es zu NATO-Luftangriffen auf Ziele in Serbien, um die Übergriffe serbischer Truppen auf Kosovo-Albaner zu stoppen (vgl. oben). Die Angriffe fanden ohne Bodentruppen, nur aus der Luft statt; die Kampfflugzeuge flogen auf einer Mindesthöhe von 15.000 Fuß (ca. 4500 Meter).[1140] Dieses Vorgehen wurde gewählt, um das Risiko für die NATO-Einsatzkräfte, bei den Angriffen zu Schaden zu kommen, auf ein Minimum zu reduzieren – auch vor dem Hintergrund, dass ein supranationaler Konsens für den Einsatz von Bodentruppen unerreichbar schien und man mit erheblicher innenpolitischer Opposition gegen solche Militäraktionen rechnete, die die NATO-Einsatzkräfte gefährden würden.[1141] Es wurde scharfe Kritik an diesem Vorgehen geübt und der NATO vorgeworfen, dass durch die Luftangriffe verschuldete zivile Opfer und Schäden durch die der hohen Flughöhe geschuldete geringe Zielgenauigkeit verursacht wurden und durch niedrigere Flughöhen und

---

1138 Stahn, Rethinking, 17 EJIL (2006), S. 924.

1139 Vgl. Stahn, Rethinking, 17 EJIL (2006), S. 925.

1140 International Criminal Tribunal for the former Yugoslavia (ICTY): Final report to the prosecutor by the committee established to review the NATO bombing campaign against the Federal Republic of Yugoslavia, 8.6.2000, 39 ILM (2000), S. 1257, 1273.

1141 Vgl. Sloane, YJIL 34 (2009), S. 50, 94.

den Einsatz von Bodentruppen hätten verhindert werden können.[1142] Ein anderes Vorgehen hätte es ermöglicht, militärische Ziele besser von zivilen zu unterscheiden; die Sicherheit der Zivilisten sei auf unverhältnismäßige Weise dem Schutz der NATO-Piloten untergeordnet worden.[1143]

Das ius in bello enthält das Prinzip der Verhältnismäßigkeit, nach dem das Erreichen eines militärischen Erfolges nicht außer Verhältnis zu dem Grundsatz stehen soll, dass die Zivilbevölkerung geschont werden muss.[1144] Das Prinzip kann beinhalten, dass der Angreifer nicht auf Kosten der Zivilisten im angegriffenen Land völlig risikolos bleiben darf.[1145] Es ist streitig, ob die NATO bei den Luftschlägen gegen Serbien gegen humanitäres Völkerrecht verstoßen hat. Im Bericht der Chefanklägerin des Internationalen Kriegsverbrechertribunals für das ehemalige Jugoslawien, der die NATO-Angriffe anhand des humanitären Völkerrechts untersucht, wird dagegen argumentiert.[1146] Andere Beobachter sprechen sich dafür aus.[1147] Einwenden lässt sich, dass sich eine diskutable Verletzung des humanitären Völkerrechts durch die NATO nicht mit den gezielten und schweren Verbrechen gegen Zivilisten vergleichen lässt, die im Kosovo geschehen sind, und die durch die NATO-Angriffe beendet wurden.[1148] Dennoch verschuldete die NATO eine erhebliche Zahl ziviler Opfer und beträchtliche Schäden. Im Bericht der Chefanklägerin scheint das ad bellum-Ziel, das von vielen als legitim angesehen wird, mit in die Beurteilung des in bello-Verhaltens eingeflossen zu sein. Viel spricht dafür, dass die NATO-Staaten selbst ihr in bello-Verhalten am ad bellum-Ziel ausrichteten.[1149]

bb) Libanonkrieg 2006[1150]

Im Juli 2006 reagierte Israel auf einen Übergriff auf israelische Soldaten durch Hisbollah-Kämpfer, bei dem einige Soldaten starben und weitere gefangen genommen

---

1142 Vgl. International Criminal Tribunal for the former Yugoslavia (ICTY): Final report to the prosecutor by the committee established to review the NATO bombing campaign against the Federal Republic of Yugoslavia, 8.6.2000, 39 ILM (2000), S. 1257, 1258.

1143 Sloane, YJIL 34 (2009), S. 94; Medenica, Loy. L.A. Int'l & Comp. L. Rev. 23 (2001), S. 329, 405 ff, 409.

1144 Doehring, Völkerrecht, § 11 Rn. 603.

1145 Vgl. Sloane, YJIL 34 (2009), S. 50.

1146 International Criminal Tribunal for the former Yugoslavia (ICTY): Final report to the prosecutor by the committee established to review the NATO bombing campaign against the Federal Republic of Yugoslavia, 8.6.2000, 39 ILM (2000), S. 1257, 1273.

1147 Medenica, Loy. L.A. Int'l & Comp. L. Rev. 23 (2001), S. 329, 393, 408; Voon, Am. U. Int'l L. Rev. 16 (2001), S. 1083, 1112 f.

1148 Vgl. Sloane, YJIL 34 (2009), S. 96.

1149 Ebd.

1150 Vgl. zum Libanonkrieg und den sich daraus ergebenden ad bellum- und in bello-Erwägungen: Sloane, YJIL 34 (2009), S. 52 f., 96–100.

wurden, mit einer Offensive gegen die vom Libanon aus operierende Hisbollah. Zuvor war es bereits immer wieder zu gewaltsamen Auseinandersetzungen zwischen der Hisbollah und der israelischen Armee gekommen. Die Militäroffensive wurde mit groß angelegten Luftschlägen und Bodentruppen durchgeführt. Beiden Seiten wurden Verstöße gegen das ius in bello vorgeworfen. Etliche Angriffe Israels richteten sich gegen zivile Ziele, was vielen Zivilisten das Leben kostete. Israel rechtfertigte dies damit, dass sich Hisbollah-Kämpfer absichtlich in zivilen Gegenden aufhielten, von dort Anschläge durchführten und Zivilisten als „menschliche Schutzschilde" benutzten. Israel sah die Militärschläge als durch das Recht auf Selbstverteidigung gerechtfertigt an, veranlasst nicht nur durch den die Militärschläge auslösenden Angriff, sondern durch die beständig andauernde Bedrohung durch die Hisbollah.

Im Zusammenhang mit diesem Krieg lässt sich in zweierlei Hinsicht eine Durchbrechung der Dichotomie beobachten. Mit der Erwägung Israels, die Hisbollah in zivilen Gegenden bekämpfen zu müssen, wird nach einer formalen Betrachtung eine Verletzung des ius in bello (größtmöglicher Schutz von Zivilpersonen) durch eine dem ius ad bellum zuzuordnende Überlegung (Selbstverteidigung gegen den nur durch solche Maßnahmen erreichbaren Feind) gerechtfertigt.

Zudem werden die Verhältnismäßigkeitserwägungen in Bezug auf ad bellum- und in bello-Recht vermischt. Hinsichtlich des ius ad bellum findet die Abwägung statt, ob der erste Angriff im Verhältnis zum den Krieg auslösenden Vorfall steht. Die Verhältnismäßigkeit im Rahmen des ius in bello enthält die Abwägung zwischen dem Erreichen des militärischen Zieles und der Schonung der vom ius in bello geschützten Personen und Objekte. Bezieht man sich nur auf den kriegsauslösenden Angriff der Hisbollah auf israelische Soldaten als ad bellum-Grund, erscheint die darauf folgende Militäroffensive unverhältnismäßig.

Die Rechtsprechung des IGH stützt letztere Überlegung. In seinem Nicaragua-Urteil setzt der IGH eine hohe Schwelle für das Recht auf Selbstverteidigung aus Art. 51 UN-Charta: Staaten, die das Ziel von Übergriffen werden, während derer zwar Gewalt ausgeübt wird, diese jedoch nicht das für die Qualifizierung als „bewaffneter Angriff" notwendige Ausmaß erreicht, können sich nicht auf Selbstverteidigung berufen – auch dann nicht, wenn sich die Übergriffe häufig wiederholen.[1151] Im Urteil zu US-Angriffen auf iranische Ölplattformen wendet der IGH den Maßstab aus dem Nicaragua-Fall an und stellt fest, dass Selbstverteidigung nur als unmittelbare Antwort auf einen bestimmten Angriff und nur direkt gegen den Angreifenden stattfinden kann.[1152]

Zieht man diese Maßstäbe bei der Beurteilung der israelischen Militäroffensive im Libanonkrieg heran, darf nur der erste kriegsauslösende Hisbollah-Angriff

---

1151 Vgl. IGH, Nicaragua (Fn. 636), Ziff. 195.

1152 IGH, Case concerning oil platforms (Iran v. USA), Urteil vom 6.11.2003, Ziff. 63 ff. (verfügbar unter http://www.icj-cij.org/docket/files/90/9715.pdf, recherchiert am 10.8.2014); kritisch dazu: Sloane, YJIL 34 (2009), S. 83 f.

in die ad bellum-Bewertung einfließen; das im ius ad bellum enthaltene Verhältnismäßigkeitsprinzip wäre verletzt, auch hätte sich der Angriff nicht direkt gegen den Angreifer gerichtet. Hiergegen kann jedoch eingewandt werden, dass die fortdauernde Bedrohung durch ständig wiederkehrende, für sich genommen niedrig-schwellige Übergriffe bei der Beurteilung zu beachten ist. Würden in die ad bellum-Rechtfertigung nicht nur der erste Übergriff, sondern auch die vorherigen und die daraus resultierende ständige Bedrohung einfließen, böte sich ein anderes Bild, da die Schwere der Gesamtbedrohung die Schwelle des bewaffneten Angriffs viel eher erreichen wird.

Wie erläutert hält das Kriegsvölkerrecht jedoch keine besonderen Regeln für asymmetrische Kriegführung oder Bedrohungen durch nicht-staatliche Akteure und Terroristen bereit. Dennoch kann in einem Fall wie dem Krieg zwischen Israel und der Hisbollah die unterschiedliche Art der Kriegführung der Parteien nicht unbeachtet bleiben. Dies führt zur Vermischung von in bello- und ad bellum-Überlegungen. Welches Maß an Verteidigung gegen den ersten, kriegsauslösenden Übergriff angemessen ist, ist eine Frage des ius ad bellum. Welches Maß an Gewalt verhältnismäßig ist, um der gesamten Bedrohung entgegenzutreten, wird nach ius in bello beurteilt. Aus der Perspektive Israels wird auf die gesamte Bedrohung als ad bellum-Grund abgestellt; nach Ansicht des IGH ist dies nur der erste Angriff. Die Wahl des ad bellum-Grundes bestimmt damit über die in bello-Rechtmäßigkeit.

cc) Folter im Kampf gegen den Terror

Im Zuge des sogenannten Kampfes gegen den Terror wurden von den USA inhaftierte mutmaßliche Terroristen durch die CIA der Praxis des Waterboarding ausgesetzt. Dies wurde damit gerechtfertigt, dass so weitere Terroranschläge verhindert werden konnten.[1153] Es kann jedoch kaum in Frage gestellt werden, dass Waterboarding eine Form von Folter ist.[1154] Dem völkerrechtlichen Verbot von Folter kommt absolute Geltung zu.[1155] Durch die dennoch erfolgte Anwendung wurden Verletzungen des humanitären Völkerrechts mit ad bellum-Faktoren gerechtfertigt, nämlich mit dem Wesen des Konfliktes und des Feindes; zusätzlich kann eine solche Praxis dazu führen,

---

1153 Sloane, YJIL 34 (2009), S. 100 f.

1154 Vgl. Art. 1 Abs. 1 der UN-Antifolterkonvention, nach dem „*'Folter' jede Handlung* [bezeichnet], *durch die einer Person vorsätzlich große körperliche oder seelische Schmerzen oder Leiden zugefügt werden, zum Beispiel um von ihr oder einem Dritten eine Aussage oder ein Geständnis zu erlangen [...], wenn diese Schmerzen oder Leiden von einem Angehörigen des öffentlichen Dienstes oder einer anderen in amtlicher Eigenschaft handelnden Person, auf deren Veranlassung oder mit deren ausdrücklichem oder stillschweigendem Einverständnis verursacht werden.*", abgedruckt in BGBl. 1990 II, S. 246.

1155 Vgl. Art. 2 Abs. 2 der UN-Antifolterkonvention, wonach „*[a]ußergewöhnliche Umstände gleich welcher Art, sei es Krieg oder Kriegsgefahr, innenpolitische Instabilität oder ein sonstiger öffentlicher Notstand, [...] nicht als Rechtfertigung für Folter geltend gemacht werden*" dürfen. Vgl. Reisman, Holding, AJIL 100 (2006), S. 852 f.

dass Regeln des humanitären Völkerrechts, die als absolut geltend verstanden werden, durch ad bellum-Erwägungen eine nur flexible und kontextabhängige Geltung bekommen.[1156]

b) Auslegung des humanitären Völkerrechts durch den IGH

Auch in manchen Erwägungen des IGH kann die Vermischung von ad bellum- und in bello-Erwägungen beobachtet werden.

aa) Mauer-Gutachten

In seinem Gutachten über die rechtlichen Konsequenzen des Baus einer Mauer im besetzten palästinensischen Gebiet befasst sich der IGH mit der Rechtmäßigkeit der Errichtung der Mauer bzw. der Sperranlagen, die das Westjordanland vom israelischen Kernland trennt und Israels Schutz vor dem Eindringen von Terroristen und Selbstmordattentätern dienen soll.[1157] Der IGH betrachtet den Bau als unrechtmäßig und begründet dies unter anderem damit, dass Israel kein Recht auf Selbstverteidigung nach Art. 51 UN-Charta zustünde.[1158] Das Gericht schließt aus der Nichtanwendung von Art. 51 UN-Charta, dass der Mauerbau dem Völkerrecht widerspreche.[1159] Hinsichtlich der Frage der Dichotomie wird daran insofern Kritik geübt, als das Gericht so implizit von der ad bellum-Illegalität auf die Illegalität hinsichtlich des ius in bello schließt. Dies läuft der getrennten Beurteilung beider Systeme entgegen. Im Gutachten finden sich keine Erwägungen zur Verhältnismäßigkeit in Bezug auf das ius ad bellum; die Anwendbarkeit von Vorschriften des ius in bello wird zwar geprüft und bejaht, Verhältnismäßigkeitserwägungen werden jedoch auch diesbezüglich nicht angestellt.[1160]

bb) Gutachten über die Rechtmäßigkeit von Nuklearwaffen

Für das Gutachten über die Rechtmäßigkeit der Bedrohung mit oder des Gebrauchs von Nuklearwaffen wurde dem IGH von der UN-Generalversammlung die Frage vorgelegt, ob es Umstände gibt, unter denen die Bedrohung mit oder der Gebrauch

---

1156 Reisman, Holding, AJIL 100 (2006), S. 854 ff.; Sloane, YJIL 34 (2009), S. 51, 102.

1157 IGH, Legal Consequences of the Construction of a Wall in the Occupied Palestinian Territory, Gutachten vom 9.7.2004, verfügbar unter http://www.icj-cij.org/docket/files/131/1671.pdf, recherchiert am 13.8.2014 (fortan: IGH, Mauer-Gutachten).

1158 Der IGH begründet dies damit, dass kein bewaffneter Angriff durch einen anderen Staat und von nicht zu Israel gehörendem Territorium vorliege, was beides Voraussetzung für die Anwendbarkeit von Art. 51 UN-Charta sei; IGH, Mauer-Gutachten (Fn. 1157), Ziff. 139.

1159 IGH, Mauer-Gutachten (Fn. 1157), Ziff. 142.

1160 Vgl. IGH, Mauer-Gutachten (Fn. 1157), Ziff. 101, 132 ff.; Sloane, YJIL 34 (2009), S. 88 f.

von Nuklearwaffen im Völkerrecht erlaubt ist.[1161] Zwar lässt sich aus den Aussagen des IGH schließen, dass er Nuklearwaffen wegen ihrer Zerstörungskraft und unterschiedslosen Wirkung für unvereinbar mit dem humanitären Völkerrecht hält, er zieht jedoch nicht die Schlussfolgerung, dass solche Waffen unter allen Umständen verboten sind.[1162] Jeder Staat habe das fundamentale Recht, zu überleben, und könne sich, wenn dieses Recht in einer Extremsituation auf dem Spiel stünde, auf sein Recht auf Selbstverteidigung berufen.[1163] Im Hinblick auf eine solche extreme Situation der Selbstverteidigung lässt der Gerichtshof die Frage der Rechtmäßigkeit von Nuklearwaffen offen.[1164]

Diese Handhabung der Frage lässt insofern eine Durchbrechung der Dichotomie erkennen, als der IGH es jedenfalls für möglich hält, dass das im ius in bello enthaltene absolute Verbot von Nuklearwaffen in Bezug auf eine Konfliktpartei aus ad bellum-Gründen fällt; in der Extremsituation der Gefährdung der Existenz eines Staates kann das ius in bello seine Bedeutung verlieren.[1165]

3. *Wachsende Bedeutung der Menschenrechte*

Das Verhältnis der Rechtsgebiete des humanitären Völkerrechts und der Menschenrechte zueinander hat einige Aussagekraft über das Verhältnis von Kriegs- und Friedensrecht. Zwischen dem zum Kriegsrecht gehörenden humanitären Völkerrecht und den dem Friedensrecht zuzuordnenden Menschenrechten finden sich einige parallele und sich überlagernde Anwendungen. Teilweise mit bedingt durch die beschriebenen Gesichtspunkte des Verlustes der Trennlinie zwischen Krieg und Frieden und der Vermischung von ad bellum- und in bello-Aspekten ist ein Wandel im Verhältnis zwischen humanitärem Völkerrecht und Menschenrechten zu beobachten, der zu einer weiteren Durchbrechung der Dichotomie führt. Anhand der nun folgenden Untersuchung des Verhältnisses beider Rechtskategorien werden die wachsende Bedeutung der Menschenrechte und eine zunehmende Verwischung der ursprünglich klaren Trennung zu zeigen sein.

a) Humanitäres Völkerrecht und Menschenrechte – Gegensätzlichkeiten

Die aus der ursprünglichen Dichotomie von Kriegs- und Friedensrecht folgende Trennung von humanitärem Völkerrecht und Menschenrechten spiegelt sich in deren Inhalten und Normadressaten wider.

1161 Vgl. UN Doc. A/RES/49/75, Absatz K, vom 15.12.1994, verfügbar unter http://www.un.org/documents/ga/res/49/a49r075.htm, recherchiert am 16.4.2013.

1162 IGH, Legality of the Threat or Use of Nuclear Weapons, Gutachten vom 8.7.1996 (verfügbar unter http://www.icj-cij.org/docket/files/95/7495.pdf, recherchiert am 13.8.2014; fortan: IGH, Nuklearwaffen-Gutachten), Ziff. 92, 95.

1163 IGH, Nuklearwaffen-Gutachten (Fn. 1162), Ziff. 96, 105.

1164 IGH, Nuklearwaffen-Gutachten (Fn. 1162), Ziff. 97, 105.

1165 Vgl. Dinstein, S. 172 f.; Sloane, YJIL 34 (2009), S. 91 f.

Das humanitäre Völkerrecht ist auf Kriegssituationen zugeschnitten und gilt ausschließlich in Kriegszeiten. Es enthält Regeln über die zulässigen Methoden und Mittel der Kampfführung[1166], über den Schutz der Zivilbevölkerung[1167], die Unterscheidung von Kombattanten, Nicht-Kombattanten und irregulären Kämpfern[1168] sowie über den Schutz von Kriegsgefangenen, Verwundeten und Kranken[1169]. Grundlegende Bedeutung haben die unter anderem in Art. 1 Abs. 2 ZP I niedergelegte, das allgemeine Humanitätsgebot enthaltende, Martens'sche Klausel sowie das Verhältnismäßigkeitsprinzip, das eine Abwägung zwischen dem Gebot des Schutzes der Zivilbevölkerung und militärischen Notwendigkeiten verlangt.[1170] Es gilt das

---

1166 Vgl. z.B.:
- Art. 22 HLKO, Art. 35 Abs. 1 ZP I, wonach die Kriegsparteien kein unbeschränktes Recht in der Wahl der Methoden und Mittel der Kriegführung haben;
- das Verbot von Waffen oder Methoden, die überflüssige Verletzungen oder unnötige Leiden verursachen, aus Art. 23 lit. e HLKO, Art. 35 Abs. 2 ZP I;
- sowie einige völkerrechtliche Verträge, durch die Waffenverbote konkretisiert werden, wie z.B. das Genfer Giftgas-Protokoll von 1925, das B-Waffen-Übereinkommen von 1972 (Verbot bakteriologischer Waffen), das UN-Waffenübereinkommen von 1980 (Verbot oder Beschränkung des Einsatzes von Waffen, die übermäßige Leiden verursachen oder unterschiedslos wirken können) mit vier Protokollen, das C-Waffen-Übereinkommen von 1993 (Verbot chemischer Waffen);

  vgl. Stein/v. Buttlar, Rn. 1264.

1167 Vgl. Art. 51 Abs. 2 ZP I, wonach Zivilpersonen nicht das Ziel von Angriffen sein dürfen; und das Verbot von unterschiedslosen Angriffen aus Art. 51 Abs. 4 ZP I; das Abwägungsgebot gegenüber Kollateralschäden aus Art. 51 Abs. 5 lit. b ZP I (Schädigung der Zivilbevölkerung steht in keinem Verhältnis zum erwarteten militärischen Vorteil) zeigt jedoch, dass im Kriegsrecht kein absoluter Schutz der Zivilbevölkerung vorgesehen ist; vgl. Stein/v. Buttlar, Rn. 1241 f.

1168 Nur Kombattanten, d.h. Streitkräfte der Konfliktparteien, sind nach Kriegsrecht befugt, den Gegner durch bewaffnete Handlungen zu schädigen, vgl. Art. 43 Abs. 1, 44 ZP I. Nicht-Kombattanten sind die nicht zur kämpfenden Truppe gehörenden Angehörigen der Streitkräfte, wie z.B. Sanitäter, vgl. Art. 3 HLKO. Irreguläre Kämpfer sind Einzelpersonen oder Gruppen, die ohne Kombattanten-Status an Kämpfen teilnehmen; ihre Schädigungshandlungen sind Straftaten, für die sie nach den Gesetzen des Gegners von diesem in Gerichtsverfahren verantwortlich gemacht werden können, vgl. Art. 5 Abs. 3, Art. 64 f. des IV. Genfer Abkommens. Vgl. zum Ganzen Stein/v. Buttlar, Rn. 1249 ff.

1169 Zum Schutz von Verwundeten, Kranken und Kriegsgefangenen gilt der Grundsatz, dass keine Gewalt gegen wehrlose Gegner verübt werden darf. Der Umgang mit Kriegsgefangenen, deren Schutz und Behandlung mit Menschlichkeit ist im III. Genfer Abkommen geregelt. Vgl. Stein/v. Buttlar, Rn. 1256 ff.

1170 Vgl. oben bei 2. Kapitel, C I 2; vgl. Herdegen, Völkerrecht, § 56 Rn. 13 ff.; Strebel, Martens' Clause, EPIL III, S. 326 f.

Prinzip der Gegenseitigkeit, das heißt der Gleichheit von Rechten und Pflichten aller Beteiligten.[1171]

Die Mehrheit der Regeln des humanitären Völkerrechts verpflichtet Staaten. Sie betreffen die Beziehung zwischen einem kriegsbeteiligten Staat und den Staatsangehörigen des Kriegsgegners.[1172] Aufgrund dieser Geltung im zwischenstaatlichen Verhältnis kann die Nichteinhaltung von Bestimmungen grundsätzlich nur durch den Heimatstaat verletzter Staatsangehöriger gegenüber dem verletzenden Staat geltend gemacht werden.[1173] Einzelne Bestimmungen berechtigen und verpflichten jedoch auch Individuen direkt.[1174]

Menschenrechte sind für Friedenszeiten konzipiert und entfalten ihre volle Geltung nur außerhalb von Kriegen. Ihre in drei Generationen unterschiedenen Inhalte betreffen grundlegende Freiheiten ebenso wie politische, bürgerliche, wirtschaftliche, soziale und kulturelle Themen sowie Gruppenrechte.[1175] Menschenrechte schützen nicht nur die Grundlagen der menschlichen Existenz, sondern auch und vor allem die Rechte des Einzelnen im politischen System und in der Gesellschaft. Vor allem mit dem Schutz vor staatlicher Willkür durch die Freiheitsrechte und der Garantie von Gleichheits- und Teilhaberechten betreffen Menschenrechte primär das Verhältnis der Staaten zu den in ihrer Hoheitsgewalt befindlichen Personen.[1176]

Internationale Menschenrechtspakte mit regionaler oder globaler Geltung heben die Verpflichtung zum Menschenrechtsschutz auf die internationale Ebene. Die Mitgliedstaaten verpflichten sich gegenüber den anderen Mitgliedstaaten zum Schutz der im Abkommen niedergelegten Rechte und unterwerfen sich den vorgesehenen Kontroll- und Durchsetzungsmechanismen. Der individualschützende Charakter bleibt, da der Schutz dem Einzelnen zu Gute kommt.

Auf diesen Unterschieden zwischen humanitärem Völkerrecht und Menschenrechten beruht die sogenannte Separationstheorie[1177], die eine strikte Alternativität beider Rechtsgebiete auf der Basis der Dichotomie von Kriegs- und Friedensrecht sieht. Die Menschenrechte sind danach Teil des ius contra bellum, des Friedenssicherungsrechts, das sich nicht mit den Rechtsfolgen des Krieges befassen muss, weil es diesen verbietet.[1178] Menschenrechte und humanitäres Völkerrecht werden aufgrund ihrer Unterschiede in Zielrichtung und Anwendungsbereich als einander entgegengesetzte Rechtskörper ohne gemeinsame Grundlage gesehen; das Kriegsrecht sei die Derogation des menschenrechtlich gelenkten Normalzustands.[1179]

1171 Doehring, Völkerrecht, Rn. 581; Ipsen, in: Ipsen (Hrsg.), Völkerrecht, § 67 Rn. 9.
1172 Partsch, Human Rights and Humanitarian Law, EPIL II, S. 910.
1173 Stein/v. Buttlar, Rn. 998.
1174 Vgl. Ipsen, in: Ipsen (Hrsg.), Völkerrecht, § 67 Rn. 3 f.
1175 Vgl. oben bei Menschenrechte, 2. Kapitel, A. II.
1176 Vgl. Schindler, Kriegsrecht und Menschenrechte, in: Häfelin (Hrsg.), Festschrift für Kägi, S. 327 f.; Stein/v. Buttlar, Rn. 998, 1002.
1177 Vgl. Heintze, Humanitäres Völkerrecht 2011, S. 5.
1178 Ebd.
1179 Vgl. Stephens, YHRDLJ 2001, S. 9 f.

b) *Humanitäres Völkerrecht und Menschenrechte – Gemeinsamkeiten*

Beide Rechtsbereiche weisen jedoch so signifikante Gemeinsamkeiten in Inhalt und Anwendungsbereich auf, dass die Separationstheorie kaum allein gelten kann.

aa) Inhaltliche Gemeinsamkeiten

Inhaltlich werden sie durch das gemeinsame Ziel des Schutzes von Menschen vor willkürlicher und unmenschlicher Behandlung verbunden. Der Humanitätsgedanke liegt beiden Rechtsgebieten zugrunde. Es besteht ein gemeinsamer Kernbereich fundamentaler Rechte, der aus dem Respekt für menschliche Werte und für die Menschenwürde erwächst.[1180] Ein humanitärer Mindeststandard ist im, auch gewohnheitsrechtlich anerkannten, gemeinsamen Art. 3 der Genfer Abkommen festgeschrieben.[1181] Teile des humanitären Völkerrechts, wie die Genfer Konventionen, werden zunehmend nicht mehr nur als Verpflichtungen der Mitgliedstaaten verstanden, sondern auch als Individualrechte der geschützten Personen.[1182] In Bestimmungen aus dem ersten und zweiten Zusatzprotokoll zeigt sich konkret die Präsenz von Menschenrechten im humanitären Völkerrecht.[1183]

bb) Gesetzlich vorgesehene gleichzeitige Anwendbarkeit

Überschneidungen der Anwendbarkeit von Menschenrechten und humanitärem Völkerrecht sind nur in Zeiten bewaffneter Konflikte denkbar. Die Geltung von Menschenrechten neben dem Kriegsrecht während bewaffneter Konflikte ist bisweilen gesetzlich oder gesetzessystematisch vorgesehen.

So kommt den Gewährleistungen des ius cogens absolute Geltung zu, weshalb die zwingenden Menschenrechte auch im Krieg gelten. Die in Menschenrechtsabkommen enthaltenen Notstandsklauseln[1184] machen deutlich, dass diese Abkommen auch zu Kriegszeiten anwendbar sind, und beschränken die dann geltenden Menschenrechte auf ein Minimum.[1185] Weil von diesen notstandsfesten Rechten, die sich weitgehend mit den Rechten aus dem gemeinsamen Art. 3 der Genfer Abkommen decken, niemals abgewichen werden darf, überschreiten Notstandsklauseln die Grenze zwischen Friedens- und Kriegsrecht.[1186]

1180 Watkin, AJIL (98) 2004, S. 9.
1181 Doswald-Beck/Vité, IRRC 33 (1993), S. 112.
1182 Vgl. Roberts, Transformative Military Occupation, AJIL 100 (2006), S. 590.
1183 So nimmt Art. 72 ZP I Bezug auf grundlegende Menschenrechte, die von Abschnitt III des ZP I ergänzt werden sollen. Art. 75 ZP I und Art. 6 ZP II regeln selbst fundamentale Menschenrechte. Vgl. Roberts, Transformative Military Occupation, AJIL 100 (2006), S. 591.
1184 Z.B. Art. 4 IPbpR, Art. 15 EMRK und Art. 27 AMRK.
1185 Vgl. Schindler, Kriegsrecht und Menschenrechte, in: Häfelin (Hrsg.), Festschrift für Kägi, S. 332.
1186 Heintze, Humanitäres Völkerrecht 2011, S. 7.

Durch ihre Position an der Grenze beider Rechtsgebiete geben Notstandsklauseln Aufschluss über das Verhältnis von humanitärem Völkerrecht und Menschenrechten zueinander. So folgert der IGH in seinem Gutachten über die Rechtmäßigkeit von Nuklearwaffen bei der Auslegung des in Art. 6 IPbpR niedergelegten Rechts auf Leben aus der Notstandsklausel in Art. 4 IPbpR im Verhältnis zum Recht des bewaffneten Konflikts den lex specialis-Charakter des letzteren: Da der notstandsfeste Art. 6 Abs. 1 S. 3 IPbpR vorsieht, dass niemand willkürlich seines Lebens beraubt werden darf, bedarf der Begriff „willkürlich" der Auslegung. Während eines bewaffneten Konflikts sei das dann anwendbare Recht, das die Feindseligkeiten regeln soll, dafür als lex specialis heranzuziehen.[1187]

cc) Durch Hoheitsgewalt vermittelte Anwendbarkeit von Menschenrechten

Die Gewährleistungen eines Menschenrechtsabkommens gelten zunächst im gesamten Hoheitsgebiet des Staats, der das Abkommen ratifiziert hat.[1188] Sie gelten grundsätzlich für alle dort befindlichen Personen ohne Ansehung ihrer Staatsangehörigkeit.[1189] Unter Umständen können die Rechte jedoch auch außerhalb des staatlichen Hoheitsgebiets anwendbar sein. So werden die Rechte der EMRK nach deren Art. 1 allen der Hoheitsgewalt der Vertragsstaaten unterstehenden Personen zugesichert. Eine entsprechende Regelung findet sich in Art. 1 AMRK. Diese Konventionen finden daher auch außerhalb der Staatsgebiete Anwendung, wenn Organe der Vertragsstaaten dort hoheitliche Akte ausführen.[1190] Im Gegensatz dazu schränkt Art. 2 Abs. 1 IPbpR den Anwendungsbereich des Pakts auf die im Gebiet der Vertragsstaaten befindlichen Personen ein.

Wo ein Menschenrechtsabkommen auf Personen außerhalb des Staatsgebiets des Vertragsstaats Anwendung findet, stellt sich die Frage, welche Qualität ein hoheitlicher Akt haben muss, um die Hoheitsgewalt des Staates auszuweiten. Der Rechtsprechung der internationalen Gerichte lässt sich entnehmen, dass ein gewisses Maß an Kontrolle über ein Gebiet erforderlich ist, damit der eingreifende Staat seine Hoheitsgewalt auf dieses Gebiet überträgt.

Nach der Rechtsprechung des EGMR sind Luftangriffe hierfür nicht ausreichend. So wies dieser die Beschwerden im Fall Banković[1191] wegen Nichtvorliegens der

1187 IGH, Nuklearwaffen-Gutachten (Fn. 1162), Ziff. 25.

1188 Herdegen, Völkerrecht, § 15 Rn. 17.

1189 Ausnahmen sind z.B. bei politischen Rechten vorgesehen, die nur für Staatsangehörige gelten (z.B. Art. 25 IPbpR); vgl. Schindler, Kriegsrecht und Menschenrechte, in: Häfelin (Hrsg.), Festschrift für Kägi, S. 334; Doehring, Völkerrecht, Rn. 982.

1190 Schindler, Kriegsrecht und Menschenrechte, in: Häfelin (Hrsg.), Festschrift für Kägi, S. 334.

1191 EGMR, Banković u.a. ./. Belgien u.a., Beschwerde-Nr. 52207/99, Beschluss vom 12.12.2001 (verfügbar unter http://hudoc.echr.coe.int/sites/eng/pages/search.aspx?i=001-22099#{„itemid":[„001-22099"]}, recherchiert am 28.4.2014; fortan EGMR, Banković).

Voraussetzungen des Art. 1 EMRK als unzulässig ab: Im Kosovo-Konflikt im Jahr 1999 verübten die NATO-Staaten Luftangriffe auf Fernseh- und Radiostationen in Belgrad.[1192] Die Beschwerdeführer sind Verwandte von Opfern dieser Luftangriffe. Der Gerichtshof betont das im Wesentlichen territoriale Verständnis von Hoheitsgewalt, die nur in außergewöhnlichen Fällen außerhalb des Staatsgebietes ausgeübt werden könne. Luftangriffe vermittelten nicht die für die Ausübung von Hoheitsgewalt notwendige Kontrolle über das Territorium.[1193]

Anderes gilt im Falle einer Besatzung. Hier stellte der EGMR das Kriterium der effektiven Kontrolle auf: Wenn ein Staat diese aufgrund militärischer Maßnahmen über ein Gebiet außerhalb seines Territoriums ausübt, hat er die nach Art. 1 EMRK erforderliche Hoheitsgewalt inne.[1194] Im Fall Loizidou gegen die Türkei[1195] und in einer Staatenbeschwerde Zyperns gegen die Türkei[1196] wurde die Ausübung effektiver Kontrolle im Rahmen der türkischen Besatzung Nordzyperns bejaht.[1197]

Der IGH untersuchte in seinem Gutachten über die Rechtsfolgen des Baus einer Mauer im besetzten palästinensischen Gebiet[1198] die Anwendbarkeit von Menschenrechtsnormen auf dieses von Israel besetzte Gebiet. Davon ausgehend, dass Israel dort Hoheitsgewalt ausübt, stellte der Gerichtshof fest, dass der IPbpR auf Handlungen eines Staates unter Ausübung von Hoheitsgewalt außerhalb seines eigenen Staatsgebietes anwendbar ist.[1199] Die Ausübung von Kontrolle im Rahmen einer Besatzung ist damit ausreichend, um Hoheitsgewalt zu vermitteln.

1192 Die Beschwerdeführer berufen sich auf die EMRK. Die angreifenden NATO-Staaten, nicht das angegriffene ehemalige Jugoslawien, sind Mitgliedstaaten, weshalb es für die Anwendbarkeit der EMRK auf den Begriff der Hoheitsgewalt aus deren Art. 1 ankommt.

1193 EGMR, Banković, Ziff. 67, 71, 75.

1194 Vgl. Reidy, IRRC 324 (1998), S. 514.

1195 EGMR, Loizidou ./. Türkei, Beschwerde-Nr. 15318/89, Urteil vom 18.12.1996 (verfügbar unter http://hudoc.echr.coe.int/sites/eng/Pages/search.aspx#{„fulltext“:[„15318/89“],“languageisocode“:[„ENG“],“itemid“:[„001-58007“]}, recherchiert am 29.4.2014; fortan: EGMR, Loizidou), Ziff. 52.

1196 EGMR, Zypern ./. Türkei, Beschwerde-Nr. 25781/94, Urteil vom 10.5.2001 (verfügbar unter http://hudoc.echr.coe.int/sites/eng/Pages/search.aspx#{„fulltext“:[„25781/94“],“languageisocode“:[„ENG“],“itemid“:[„001-59454“]}, recherchiert am 29.4.2014), Ziff. 77.

1197 Vgl. auch Ilaşcu u.a. ./. Moldawien und Russland, Beschwerde-Nr. 48787/99, Urteil vom 8.7.2004 (verfügbar unter http://hudoc.echr.coe.int/sites/eng/Pages/search.aspx#{„fulltext“:[„48787/99“],“languageisocode“:[„ENG“],“itemid“:[„001-61886“]}, recherchiert 29.4.2014), Ziff. 314.

1198 IGH, Mauer-Gutachten (Fn. 1157).

1199 IGH, Mauer-Gutachten (Fn. 1157), Ziff. 111.

dd) Umsetzung von Menschenrechten in Besatzungssituationen

Wegen dieses Bestehens von Hoheitsgewalt liegt es nahe, dass eine Besatzungsmacht in Bezug auf das besetzte Gebiet an die Menschenrechtsgewährleistungen gebunden ist, zu deren Einhaltung sie sich durch internationale Abkommen verpflichtet hat.

Es lassen sich jedoch einige Argumente gegen die Anwendung von Menschenrechtsabkommen finden: So hebelt die Möglichkeit, in Besatzungen den Notstand auszurufen, die Geltung der meisten Menschenrechte aus.[1200] Auch haben Menschenrechtsabkommen eine weniger große Reichweite als Abkommen des humanitären Völkerrechts, denen teils fast globale Geltung zukommt.[1201] Menschenrechtsabkommen wurden nicht mit Blick auf bewaffnete Konflikte und Besatzungssituationen entworfen; vielmehr sind die Regelungen des humanitären Völkerrechts diesbezüglich detaillierter und besser auf solche Situationen zugeschnitten.[1202]

Andererseits sind es Menschenrechtsabkommen, die in Besatzungssituationen als rechtliche Lückenfüller dienen können: Sie behandeln im humanitären Völkerrecht nicht vorgesehene Themen, sind auch auf Personen anwendbar, die nicht den im humanitären Völkerrecht geschützten Personengruppen zuzuordnen sind, schaffen durch die nicht-derogierbaren Rechte einen Mindeststandard und enthalten Verfahrensregeln zur Durchsetzung von Menschenrechten.[1203]

Um die Regelungslücken des humanitären Völkerrechts zu füllen, muss aber die parallele Anwendbarkeit beider Rechtsgebiete denkbar sein. Soweit die Argumente gegen die Anwendbarkeit von Menschenrechten in Besatzungssituationen auf den unterschiedlichen Inhalten beider Rechtsgebiete basieren, lassen sie sich dadurch entkräften, dass sich ebendiese Inhalte so ergänzen können, dass das letztlich anwendbare Recht exakt auf die konkrete Situation zugeschnitten ist.

Die bereits erwähnte internationale Rechtsprechung geht in diese Richtung. Aus ihr lässt sich zunächst schließen, dass sich eine grundsätzliche Verpflichtung zum Schutz von Menschenrechten in Besatzungssituationen etabliert hat. So wird in *Loizidou* klar festgestellt, dass die Ausübung von Kontrolle über fremdes Territorium – durch eigene bewaffnete Truppen oder durch eine untergeordnete Verwaltung – die Verpflichtung, dort die Einhaltung der Rechte aus der EMRK zu sichern, mit sich bringt.[1204] Im Gutachten über die Errichtung einer Mauer stellt der IGH fest, dass Menschenrechte im bewaffneten Konflikt grundsätzlich fortgelten und neben

---

1200 Vgl. Roberts, Transformative Military Occupation, AJIL 100 (2006), S. 599.

1201 So sind mit 196 Staaten fast alle Staaten der Welt Parteien der vier Genfer Konventionen; der IPbpR wurde nur von 168 Staaten ratifiziert (Stand August 2014). Vgl. http://www.icrc.org/applic/ihl/ihl.nsf/vwTreaties1949.xsp, https://treaties.un.org/Pages/ViewDetails.aspx?src=TREATY&mtdsg_no=IV-4&chapter=4&lang=en (recherchiert am 13.8.2014) und Roberts, Transformative Military Occupation, AJIL 100 (2006), S. 599.

1202 Roberts, Transformative Military Occupation, AJIL 100 (2006), S. 600.

1203 Roberts, Transformative Military Occupation, AJIL 100 (2006), S. 600 f.

1204 EGMR, Loizidou (Fn. 1195), Ziff. 52.

dem humanitären Völkerrecht anwendbar sein können.[1205] Letzteres wird als lex specialis hinsichtlich solcher Situationen, auf die es zugeschnitten ist, betrachtet.[1206] Der Gerichtshof wendet beide Rechtsbereiche an und kommt zu dem Ergebnis, dass gegen Vorschriften beider verstoßen wurde.[1207]

Die parallele Anwendung von Vorschriften des humanitären Völkerrechts und der Menschenrechte ist nach diesen Grundsätzen möglich. Die Entscheidung, unter welchen Umständen welches Rechtsgebiet eingreift bzw. wann einzelne Menschenrechte ergänzend gelten, kann davon abhängig gemacht werden, welche Rechtsgüter im Einzelfall berührt werden.[1208]

Überdies wird schon aufgrund der steigenden Bedeutung der Menschenrechte von Besatzungsmächten erwartet, dass sie die Rechte der Bevölkerung im besetzten Gebiet sichern. Menschenrechtsdokumente können dafür eine Anleitung geben und ein geeignetes rechtliches Gerüst darstellen.[1209] Findet im Rahmen einer umgestaltenden Besatzung eine Umformung der politischen Ordnung statt, stellen Menschenrechte – einschließlich politischer Rechte – einen Teil des mit der politischen Ordnung einzuführenden Rechtssystems dar.[1210]

c) *Theorien zum Verhältnis von humanitärem Völkerrecht und Menschenrechten*

Aufgrund der vielfältigen Überschneidungspunkte von humanitärem Völkerrecht und Menschenrechten kann man schlussfolgern, dass die bereits erwähnte Separationstheorie, die die Trennung beider Rechtsgebiete befürwortet, kaum aufrechterhalten werden kann.[1211]

1205 IGH, Mauer-Gutachten (Fn. 1157), Ziff. 106.

1206 IGH, Mauer-Gutachten (Fn. 1157), Ziff. 106.

1207 Der IGH stellt Verstöße gegen Art. 12 Abs. 1 IPbpR (Recht, sich frei zu bewegen) sowie gegen Art. 53 des IV. Genfer Abkommens (Verbot der Zerstörung von Eigentum, Verhältnismäßigkeit) fest. IGH, Mauer-Gutachten (Fn. 1157), Ziff. 134 f., 137.

1208 Vgl. die Ausführungen des IGH im Mauer-Gutachten (Fn. 1157), Ziff. 106: *„As regards the relationship between international humanitarian law and human rights law, there are thus three possible situations: some rights may be exclusively matters of international humanitarian law; others may be exclusively matters of human rights law; yet others may be matters of both these branches of international law. In order to answer the question put to it, the Court will have to take into consideration both these branches of international law, namely human rights law and, as lex specialis, international humanitarian law."*

1209 Vgl. Benvenisti, S. 74 f.; Roberts, Transformative Military Occupation, AJIL 100 (2006), S. 593.

1210 Vgl. zum Recht der umgestaltenden Besatzung unten (3. Kapitel, A III); Benvenisti, S. 75.

1211 So Heintze, Humanitäres Völkerrecht 2011, S. 6; Kolb, Human Rights and Humanitarian Law, in: Wolfrum (Hrsg.), MPEPIL, Ziff. 28.

Die sogenannte Komplementaritäts- oder Ergänzungstheorie geht davon aus, dass beide Rechtsordnungen unterschiedlich sind, sich jedoch überschneiden, aufeinander beziehen und an ihren Schnittstellen gemeinsam anwendbar sind.[1212] Diese Theorie wird dadurch gestützt, dass Vorschriften des humanitären Völkerrechts in der Rechtsprechung bereits als leges speciales bezeichnet wurden.[1213] Wo humanitäres Völkerrecht also besser zur Regelung einer Situation geeignet ist, geht es den allgemeineren Menschenrechten vor. Die Notstandsklauseln der Menschenrechtsabkommen sind eine Schnittstelle beider Rechtsgebiete, weil sie die gleichzeitige Anwendung der notstandsfesten Rechte und des Kriegsrechts fordern. Auch spricht für die Komplementarität, dass die Rechtsbereiche wechselseitig als Auslegungshilfe herangezogen werden.[1214]

Der sogenannten Integrationstheorie zufolge hat eine Verschmelzung beider Rechtsbereiche stattgefunden, die nun einem gemeinsamen Zweig angehören.[1215] Hierfür kann sprechen, dass Rechtsinstrumente mit Merkmalen beider Bereiche existieren. So urteilen die aufgrund von Sicherheitsratsresolutionen errichteten internationalen Kriegsverbrechertribunale für das ehemalige Jugoslawien und für Ruanda sowie der Internationale Strafgerichtshof (IStGH) über Verletzungen beider Bereiche.[1216] Das UN-Übereinkommen über die Rechte des Kindes[1217] verpflichtet in Art. 38 zur Beachtung der Regeln des humanitären Völkerrechts und verschärft diese zugunsten eines höheren Schutzstandards im ersten Fakultativprotokoll; das

---

1212 Vgl. Kolb, Human Rights and Humanitarian Law, in: Wolfrum (Hrsg.), MPEPIL, Ziff. 29; Heintze, Humanitäres Völkerrecht 2011, S. 7; Gasser, International Humanitarian Law, GYIL 45 (2002), S. 162.

1213 Vgl. IGH, Mauer-Gutachten (Fn. 1157), Ziff. 106; IGH, Nuklearwaffen-Gutachten (Fn. 1162), Ziff. 25; vgl. oben.

1214 So hat der IGH im Nuklearwaffen-Gutachten (Fn. 1162), Ziff. 25, Art. 6 IPbpR anhand des humanitären Völkerrechts ausgelegt (vgl. oben). Auch sind z.B. der im Menschenrechtsschutz verwendete Begriff der *humanen Behandlung* durch Heranziehung des dritten Genfer Abkommens, der Begriff des *fair trial* anhand der Menschenrechte zu interpretieren. Vgl. Heintze, Humanitäres Völkerrecht 2011, S. 8.

1215 Vgl. Kolb, Human Rights and Humanitarian Law, in: Wolfrum (Hrsg.), MPEPIL, Ziff. 30.

1216 Das Statut des IStGH bezieht sich zwar auf Verletzungen des humanitären Völkerrechts, die Verbrechen gegen die Menschlichkeit können jedoch kaum von schweren Menschenrechtsverletzungen unterschieden werden. Die Verletzungen fundamentaler Menschenrechte werden so durch ein Instrument des humanitären Völkerrechts unter Strafe gestellt. Vgl. Meron, AJIL 94 (2000), S. 265 f.; Gasser, International Humanitarian Law, GYIL 45 (2002), S. 162.

1217 *Convention on the Rights of the Child*, Generalversammlungsresolution A/RES/44/25 vom 20.11.1989. Die Konvention mit Fakultativprotokollen ist verfügbar unter http://www.institut-fuer-menschenrechte.de/menschenrechtsinstrumente/vereinte-nationen/menschenrechtsabkommen/kinderrechtskonvention-crc.html#c1746, recherchiert am 10.8.2014.

Übereinkommen enthält damit trotz seines Charakters als Menschenrechtsvertrag Bestimmungen über die Beachtung von Menschenrechten im Krieg.[1218]

Zwar ist vor allem die Präsenz von Menschenrechten im humanitären Völkerrecht deutlich spürbar, die im Grundsatz unterschiedlichen Anwendungsbereiche beider Rechtsgebiete sprechen jedoch gegen ihre Verschmelzung. Die Entwicklungen in Gesetzgebung und Rechtsprechung zeigen aber, dass sich die Bereiche aufeinander zu bewegen. Es besteht also eine Tendenz zur wechselseitigen Durchdringung, dies geschieht aber zumeist in konkreten Einzelfällen im Zuge der Lückenfüllung und gegenseitigen Interpretationshilfe.[1219]

1218 Hierbei lässt sich einwenden, dass die Verpflichtung aus Art. 38 des Übereinkommens, die Bestimmungen des humanitären Völkerrechts einzuhalten, die ohnehin für die Vertragsstaaten gelten, keinen erhöhten menschenrechtlichen Schutzstandard begründet. Ein solcher wurde jedoch durch die weitergehenden Regelungen im ersten Fakultativprotokoll, das z.B. die Teilnahme an Feindseligkeiten erst ab dem Alter von 18, statt 15, Jahren erlaubt, geschaffen. Vgl. Heintze, Humanitäres Völkerrecht 2011, S. 10 f.

1219 Vgl. Kolb, Human Rights and Humanitarian Law, in: Wolfrum (Hrsg.), MPEPIL, Ziff. 44.

3. Kapitel: Nachkonfliktrecht und Nation-Building

A. Ius post bellum

Neben den Kategorien ius ad bellum und ius in bello wird im Schrifttum eine weitere Rechtskategorie, das ius post bellum, verwendet, um das Recht in der auf einen Konflikt folgenden Phase zu beschreiben.

Eine dreigeteilte Konzeption der Regeln über den bewaffneten Konflikt findet sich bereits in einigen Werken der Völkerrechtsgeschichte.[1220] So unterscheidet Francisco Suárez die Phase nach dem (auf einen gerechten Krieg folgenden) Sieg als eigene Kategorie neben dem Beginn des Krieges und seiner Durchführung.[1221] Emer de Vattel widmet das vierte Buch seines Werkes *„Droit des gens, ou principes de la loi naturelle"* der Wiederherstellung des Friedens. Ein Kapitel darin beschäftigt sich mit dem Frieden und der Verpflichtung, ihn zu fördern; weitere mit Friedensverträgen, ihrer Durchführung und Einhaltung.[1222] Immanuel Kant führt in seiner Rechtslehre das dreigeteilte Konzept vom „Recht zum Kriege", „Recht im Kriege" und „Recht nach dem Kriege" ein.[1223]

Ius post bellum wird zunehmend als eigenes Rechtsgebiet betrachtet.[1224] Die intensiver werdende Verflechtung der Konzepte von Intervention, bewaffnetem Konflikt und Peace-making macht es notwendig, die klassischen Regeln des ius ad bellum und des ius in bello durch eine dritte Kriegsrechtskategorie zu ergänzen.[1225] Die ius post bellum-Kategorie entstand aus dem Erfordernis heraus, den Übergangszustand zwischen Krieg und Frieden rechtlich stärker in den Fokus zu nehmen.[1226] Was sie beinhaltet kann zusammengefasst werden als diejenigen Rechtsvorschriften und Rechtsgrundsätze, die in der Übergangszeit zwischen Konflikt und Frieden

1220 Vgl. Stahn, Rethinking, 17 EJIL (2006), S. 933 ff.

1221 Francisco Suárez, Disputatio XIII, in: de Vries (Hrsg.), Francisco Suárez, Ausgewählte Texte zum Völkerrecht, S. 174 f.

1222 Emer de Vattel, Le droit des gens ou principes de la loi naturelle, appliqués à la conduite et aux affaires des nations et des souverains; Livre IV – Du rétablissement de la Paix, & des Ambassades. Chapitre I – De la Paix, & de l'obligation de la cultiver. Chapitre II – Des Traités de Paix. Chapitre III – De l'exécution du Traité de Paix. Chapitre IV – De l'observation & de la rupture du Traité de Paix.

1223 Immanuel Kant, Die Metaphysik der Sitten, Zweiter Theil – Das öffentliche Recht, Zweiter Abschnitt – Das Völkerrecht, § 56-§ 58.

1224 Vgl. Easterday/Iverson/Stahn, in: Stahn/Easterday/Iverson (Hrsg.), Jus Post Bellum, S. 4.

1225 Vgl. Stahn, Rethinking, 17 EJIL (2006), S. 921.

1226 Vgl. Österdahl, NJIL 81 (2012), S. 272.

Anwendung finden[1227], oder als Gesamtheit der vorhandenen, im Nachkonfliktkontext angewandten Rechtsprinzipien und -vorschriften, für die aufgrund der Komplexität von Nachkonfliktsituationen die beständige Notwendigkeit zur Fortentwicklung und Anpassung besteht.[1228] Dem ius post bellum werden zudem neben rechtlichen auch moralische Erwägungen zugeordnet; letztere enthalten Prinzipien, die zwar kein formal, wohl aber moralisch bindendes Recht darstellen.[1229] Dieser moralische Aspekt wird verbunden mit der Frage nach der Herstellung von Gerechtigkeit in der Übergangsphase (*Transitional Justice*) und nach der Herstellung eines „gerechten Friedens" (*just peace*), nämlich der Umsetzung von Gerechtigkeit bei der Gestaltung der Friedensordnung.[1230]

Es ist das Ziel des ius post bellum, die rechtlichen Mittel zur Verfügung zu stellen, die notwendig sind, um eine kriegszerrüttete Gesellschaft durch die Nachkonfliktphase zu führen und einen Zustand gerechten und stabilen Friedens herzustellen.[1231] Es soll das Ende eines Konflikts regulieren und den Übergang zum Frieden erleichtern.[1232] Als Wege zur Herstellung eines dauerhaften und gerechten Friedens werden genannt die Wiederherstellung von Ordnung und Souveränität, der wirtschaftliche Wiederaufbau, die Bestrafung von Kriegsverbrechern sowie die Umsetzung der Prinzipien von Verantwortlichkeit und Verhältnismäßigkeit.[1233]

Zu den Rechtsgebieten, die im ius post bellum eine Rolle spielen können, werden das Friedensvölkerrecht und Völkervertragsrecht, das Besatzungsrecht und das humanitäre Völkerrecht, das internationale Recht der Menschenrechte und das Völkerstrafrecht ebenso gezählt wie das nationale Verwaltungs-, Verfassungs- und Strafrecht des Zielstaats.[1234] Nach diesem breiten Verständnis enthält das ius post bellum sowohl Vorgaben für die bei der Friedenssicherung engagierten externen Akteure, als auch Vorgaben für das künftige Rechtssystem des Zielstaats.

Das gegenwärtige Verständnis von ius post bellum schließt damit sowohl verbindliche Rechtsvorschriften ein als auch moralische Vorgaben, die Zielvorgaben ohne rechtlicher Verbindlichkeit gleichkommen. Es enthält so einerseits klare Verhaltensregeln für die Akteure der Nachkonfliktphase, andererseits Zielsetzungen, die auf das letztliche Ziel eines stabilen und gerechten Friedens gerichtet sind – für das Erreichen dieser Zielsetzungen kann das Recht keine eindeutigen Verhaltensregeln vorgeben, schon weil kein Maßstab für ihr Erreichen besteht.

1227 Iverson, in: Stahn/Easterday/Iverson (Hrsg.), Jus Post Bellum, S. 85.

1228 Vgl. Österdahl, NJIL 81 (2012), S. 272 f.

1229 May, in: Stahn/Easterday/Iverson (Hrsg.), Jus Post Bellum, S. 23 f.

1230 Vgl. Evans, in: Stahn/Easterday/Iverson (Hrsg.), Jus Post Bellum, S. 28 ff.; May, in: Stahn/Easterday/Iverson (Hrsg.), Jus Post Bellum, S. 24.

1231 Österdahl, NJIL 81 (2012), S. 271; Vatanparast, in: Stahn/Easterday/Iverson (Hrsg.), Jus Post Bellum, S. 145.

1232 Stahn, Rethinking, 17 EJIL (2006), S. 937.

1233 Vgl. Vatanparast, in: Stahn/Easterday/Iverson (Hrsg.), Jus Post Bellum, S. 145; Österdahl, NJIL 81 (2012), S. 282 f.

1234 Vgl. Österdahl, NJIL 81 (2012), S. 282; Stahn, Rethinking, 17 EJIL (2006), S. 937.

Im Folgenden ist zu untersuchen, welche Rechtsvorschriften und Verhaltensregeln im Nachkonfliktkontext für Staaten und internationale Organisationen gelten und welche Ziele das ius post bellum vorgibt.

I. Besatzung durch Staaten – Besatzungsrecht

Das Besatzungsrecht schafft Regeln für das Verhalten der Truppen eines Staats, der Kontrolle über das Territorium eines anderen souveränen Staats ausübt.[1235] Es ist formal Teil des ius in bello, wird aber zusätzlich in der Nachkonfliktphase relevant und gehört damit auch dem ius post bellum an.[1236]

1. Begriff der Besatzung

Das grundlegende Element von Besatzung ist die Kontrolle eines ausländischen Territoriums durch das Militär eines Landes.[1237] Besatzungsrecht regelt die Rechtsstellung der Konfliktparteien bei der Besatzung fremden Staatsgebiets und die Beziehungen zwischen der Besatzungsmacht und dem besetzten Staat und seinen Bewohnern.[1238] Die kriegerische Besatzung ist von der Okkupation als originärem Erwerb von Gebieten, die nicht zum Staatsgebiet eines anderen Staates gehören, zu unterscheiden.[1239]

Die relevanten völkerrechtlichen Kodifizierungen gehen von leicht unterschiedlichen Besatzungsbegriffen aus. Nach Art. 42 Abs. 1 der Haager Landkriegsordnung (HLKO) gilt ein Gebiet als besetzt, „wenn es sich tatsächlich in der Gewalt des feindlichen Heeres befindet“, wobei sich die Besatzung nach Abs. 2 nur auf solche Gebiete erstreckt, „wo diese Gewalt hergestellt ist und ausgeübt werden kann“. Dieser Formulierung liegt die Annahme zugrunde, dass eine Besatzung im Zusammenhang mit einem Krieg stattfindet und zur direkten Kontrolle des Territoriums eines Staates durch das Militär eines feindlichen Staates führt.[1240] Die Regelungen der HLKO gehen damit davon aus, dass die Feindseligkeiten andauern.[1241]

Die IV. Genfer Konvention legt einen breiteren Besatzungsbegriff zugrunde. Der gemeinsame Art. 2 Abs. 1 der Genfer Konventionen erklärt die Anwendung des Kriegsrechts für vom Kriegszustand unabhängig und eröffnet so die Anwendbarkeit der IV. Genfer Konvention auf eine Vielzahl von Konflikt- und

---

1235 Benvenisti, S. 1.

1236 Vgl. Österdahl, NJIL 81 (2012), S. 275.

1237 Roberts, What is a military occupation?, BYIL 55 (1984), S. 250.

1238 Vgl. Ipsen, in: Ipsen (Hrsg.), Völkerrecht, § 69 Rn. 21; Gasser, in: Fleck (Hrsg.), The Handbook of International Humanitarian Law, vor Rn. 526.

1239 Bothe, Occupation, belligerent, EPIL III, S. 763; Roberts, What is a military occupation?, BYIL 55 (1984), S. 298; vgl. dazu Epping/Gloria, in: Ipsen (Hrsg.), Völkerrecht, § 23 Rn. 28 ff.

1240 Roberts, What is a military occupation?, BYIL 55 (1984), S. 251.

1241 Vgl. Ipsen, in: Ipsen (Hrsg.), Völkerrecht, § 69 Rn. 22.

Besatzungssituationen.[1242] Art. 2 Abs. 2 erweitert die Reichweite der Konvention auf solche Fälle, in denen die „Besetzung auf keinen bewaffneten Widerstand stößt". Zudem setzt Art. 6 des IV. Genfer Abkommens die Fortdauer der Besatzung nach Einstellung der militärischen Operationen voraus und Art. 47 impliziert die Möglichkeit, dass Institutionen und Regierung des besetzten Gebiets während der Besatzung weiter ihre Aufgaben wahrnehmen.[1243]

Art. 1 Abs. 4 ZP I erweitert die Anwendbarkeit des Zusatzprotokolls auf „bewaffnete Konflikte, in denen Völker gegen Kolonialherrschaft und fremde Besetzung [...] kämpfen", und stellt so klar, dass diese vordergründig internen Konflikte tatsächlich internationalen Charakter haben und unter das Recht über internationale bewaffnete Konflikte fallen.[1244] Die Bezugnahme auf fremde Besetzung kann als Klarstellung dessen angesehen werden, dass das Besatzungsrecht auch dann anwendbar ist, wenn das besetzte Gebiet nicht Teil des Gebiets einer Vertragspartei war, wie Art. 2 der Genfer Konventionen es vorsieht.[1245]

Diese Entwicklung zeigt, dass nunmehr von einem weiten Besatzungsbegriff auszugehen ist. Das wesentliche Element einer Besatzung ist die zeitweise Suspendierung der Hoheitsgewalt der Souveränitätsinhaber des besetzten Staates, nicht die Art und Weise, wie es zur Kontrolle über diesen Staat gekommen ist.[1246]

Die Ausübung von Besatzungsgewalt beinhaltet die Wahrnehmung von Hoheitsgewalt im Rahmen der rechtlichen Grenzen, nicht aber das Erlöschen der Staatsgewalt des besetzten Staates; die Staatsgewalt tritt in den Bereichen, deren Regelung von der Besatzungsmacht übernommen wird, hinter die Hoheitsbefugnisse des Okkupanten zurück.[1247] Die Souveränität des besetzten Staates besteht also weiterhin, teilweise jedoch überlagert von der Hoheitsgewalt der Besatzungsmacht.[1248]

Rechtliche Bestimmungen über militärische Besatzung finden sich in der Haager Landkriegsordnung von 1907, im IV. Genfer Abkommen von 1949 und im Ersten Zusatzprotokoll von 1977, dazu kommen gewohnheitsrechtliche Regelungen und allgemeine Rechtsgrundsätze.[1249] Auch die Haager Landkriegsordnung ist Teil des Völkergewohnheitsrechts, was durch den IGH in seinem Gutachten über die rechtlichen Konsequenzen der Mauer in den besetzten palästinensischen Gebieten bestätigt wurde.[1250] Das IV. Genfer Abkommen dient dem Schutz der Zivilbevölkerung

1242 Vgl. Roberts, What is a military occupation?, BYIL 55 (1984), S. 253.

1243 Ebd.

1244 Vgl. Roberts, What is a military occupation?, BYIL 55 (1984), S. 254.

1245 Roberts, What is a military occupation?, BYIL 55 (1984), S. 254.

1246 Benvenisti, S. 3.

1247 Ipsen, in: Ipsen (Hrsg.), Völkerrecht, § 69 Rn. 22.

1248 Heintschel von Heinegg, Rn. 758.

1249 Vgl. Gasser, in: Fleck (Hrsg.), The Handbook of International Humanitarian Law, vor Rn. 526.

1250 IGH, Mauer-Gutachten (Fn. 1157), Ziff. 89; vgl. Heintschel von Heinegg, Rn. 763; Gasser, in: Fleck (Hrsg.), The Handbook of International Humanitarian Law, vor Rn. 526.

und enthält einen Katalog fundamentaler Rechte, die im Falle einer Besatzung unmittelbar zugunsten der Bewohner des besetzten Gebiets anwendbar werden.[1251]

Nicht einheitlich bewertet wird, ob das Besatzungsrecht auch Anwendung findet, wenn die Kontrolle über den Zielstaat durch eine internationale Organisation ausgeübt wird, wie es im Rahmen einer UN-Übergangsverwaltung der Fall ist.[1252] Einerseits ist das Besatzungsrecht auf Staaten und den internationalen bewaffneten Konflikt zwischen ihnen ausgerichtet, nicht auf vom UN-Sicherheitsrat entschiedene Sachverhalte, andererseits beinhaltet eine Übergangsverwaltung die Ausübung von Hoheitsgewalt und Kontrolle über ein Land – der wesentliche Faktor einer Besatzung. In jedem Fall kommt – aufgrund der Ähnlichkeit von Übergangsverwaltung und Besatzung durch Staaten – den Grundsätzen des Besatzungsrechts auch bei Übergangsverwaltungen analog Geltung zu.[1253] Bei Zugrundelegung eines weiten Besatzungsbegriffs fallen auch Übergangsverwaltungen darunter.[1254]

2. *Arten der Besatzung*

Als Arten der Besatzung lassen sich die kriegerische Besatzung und die friedliche Besatzung unterscheiden.[1255]

Die kriegerische Besatzung oder occupatio bellica bezeichnet die Kontrolle über feindliches ausländisches Territorium.[1256] Auch wenn die Bezeichnung „kriegerische Besatzung“ nicht in kriegsvölkerrechtlichen Kodifikationen vorkommt, wird sie aufgrund ihrer Häufigkeit als die Situation angesehen, auf die die besatzungsrechtlichen Regelungen am ehesten gemünzt sind und bei der es am wenigsten zu Unklarheiten über die Anwendbarkeit kommt.[1257] Das klassische Bild einer Besatzung entspricht dem einer kriegerischen Besatzung. Manchmal wird sie als die einzig tatsächliche Besatzung angeführt, bei Zugrundlegen eines weiten Besatzungsbegriffs schließt sich dies jedoch aus.[1258]

1251 Gasser, in: Fleck (Hrsg.), The Handbook of International Humanitarian Law, vor Rn. 526.

1252 Gasser, (in: Fleck (Hrsg.), The Handbook of International Humanitarian Law, vor Rn. 526, Ziff. 5) spricht sich gegen die Anwendbarkeit auf eine UN-Verwaltung aus. Nach Benvenisti (S. 3) kann auch eine internationale Organisation Besatzungsmacht sein.

1253 Vgl. Gasser, in: Fleck (Hrsg.), The Handbook of International Humanitarian Law, vor Rn. 526, Ziff. 5.

1254 Vgl. zur Anwendbarkeit von Besatzungsrecht auf Übergangsverwaltungen unten (3. Kapitel, A II 2 b).

1255 Vgl. Bothe, Occupation, belligerent, EPIL III, S. 763 ff.; Bothe, Occupation, pacific, EPIL III, S. 766 ff; Benvenisti, S. 3; Ipsen, in: Ipsen (Hrsg.), Völkerrecht, § 69 Rn. 22 f.

1256 Bothe, Occupation, belligerent, EPIL III, S. 764; Roberts, What is a military occupation?, BYIL 55 (1984), S. 261.

1257 Roberts, What is a military occupation?, BYIL 55 (1984), S. 262.

1258 Vgl. Roberts, What is a military occupation?, BYIL 55 (1984), S. 262.

Kriegerische Besatzung bezog sich zunächst nur auf Besatzungen im Laufe eines bewaffneten Konfliktes, so dass das Vorhandensein eines Kriegszustands zwischen den Parteien erforderlich war.[1259] Dies änderte sich mit den oben dargelegten Entwicklungen im Kriegsvölkerrecht. Auch für die occupatio bellica gilt, dass die Besatzungsregeln unabhängig vom formellen Bestehen des Kriegszustands Anwendung finden.[1260] Dies spiegelt die generelle Entwicklung im Völkerrecht dahin wider, kriegsrechtliche Regeln anzuwenden, sobald ein bewaffneter Konflikt entsteht, ohne Beachtung der rechtlich ausnuancierten Beurteilung von Beginn und Ende des Kriegszustands.[1261] Eine aktuelle Definition der klassischen Besatzung enthält die Elemente der tatsächlichen Kontrolle einer Macht über ein Gebiet, ohne Souveränitätsanspruch über das Gebiet und ohne den Willen der Souveränitätsinhaber.[1262]

Die friedliche Besatzung oder occupatio pacifica wurde im traditionellen Völkerrecht definiert als militärische Besatzung des Gebiets eines anderen Staates ohne Vorhandensein eines Kriegszustands, mit der Unterscheidung zwischen der auf einem Übereinkommen beruhenden Besatzung und der zwangsweisen Besatzung.[1263] Letztere fällt nach heutigem Verständnis wegen des Bedeutungsverlustes des formellen Kriegszustands jedoch in die Kategorie der kriegerischen Besatzung.[1264] Die occupatio pacifica beschränkt sich deshalb auf solche Fälle, in denen der besetzte Staat in einem Übereinkommen seine Zustimmung zur Besatzung gegeben hat. Der Umstand, dass ein Staat, ohne sich unmittelbar im Krieg zu befinden, ein Übereinkommen über die Präsenz von Streitkräften eines anderen Staates schließt, lässt zweifeln, ob Besatzungsrecht hier überhaupt von Relevanz ist.[1265] Dennoch kann es auch unter solchen Bedingungen Besatzungen geben, wobei dieses Konzept Situationen von sehr unterschiedlicher Art umfassen kann. Darunter gefasst werden die Besatzung aufgrund eines Friedensvertrags und die Besatzung als Teil eines Protektorats, wobei hier das entsprechende Übereinkommen dem schwächeren Staat faktisch vom überlegenen Staat auferlegt wird.[1266] Unter Umständen kann auch

1259 Bothe, Occupation, belligerent, EPIL III, S. 764; Ipsen, in: Ipsen (Hrsg.), Völkerrecht, § 69 Rn. 22; Roberts, What is a military occupation?, BYIL 55 (1984), S. 261.

1260 Bothe, Occupation, belligerent, EPIL III, S. 764.

1261 Ebd.

1262 Vgl. Benvenisti, S. 3. Benvenisti bezieht diese Definition auf alle Besatzungen. Da sie das Element des fehlenden Willens des Souveränitätsinhabers enthält, eignet sie sich jedoch nicht zur Beschreibung derjenigen Arten von Besatzung, in denen die Zustimmung des Souveränitätsinhabers vorliegt.

1263 Bothe, Occupation, pacific, EPIL III, S. 766; Ipsen, in: Ipsen (Hrsg.), Völkerrecht, § 69 Rn. 23; Roberts, What is a military occupation?, BYIL 55 (1984), S. 273.

1264 Vgl. Bothe, Occupation, pacific, EPIL III, S. 767; andere Ansicht: Roberts, What is a military occupation?, BYIL 55 (1984), S. 274, der die zwangsweise Besetzung in Friedenszeiten, d.h. die Besetzung ohne Einwilligung der Regierung, aber auch ohne Ausbruch eines bewaffneten Konflikts, als eigene Kategorie betrachtet.

1265 Roberts, What is a military occupation?, BYIL 55 (1984), S. 276.

1266 Bothe, Occupation, pacific, EPIL III, S. 767.

eine Vereinbarung, die von den Beteiligten als Bündnisvertrag bezeichnet wird, oder nach der auf Einladung Unterstützung bei der Regierungsarbeit geleistet werden soll, die tatsächlich aber mit der Übertragung von Führungskompetenzen des Gastlandes auf die ausländischen Streitkräfte einhergeht, in diese Kategorie fallen, da die Grenzen zwischen Besatzung und anderen Formen der Anwesenheit ausländischer Truppen manchmal fließend sind.[1267] Generell wird das Vorliegen einer Besatzung in dem Ausmaß angenommen, in dem ausländisches Militär tatsächlich Autorität in dem Gebiet ausübt.[1268] Wird das Übereinkommen zwischen Entsendestaat und Zielstaat wegen interner Konflikte im Zielstaat geschlossen, so sollen die eingeladenen Kräfte ihrer Zweckbestimmung nach keine Besatzer sein, da es sich um einen internen Konflikt handelt.[1269] Obwohl tatsächliche Autorität ausgeübt wird, wäre Besatzungsrecht hier nicht anwendbar. Dagegen sprechen jedoch Art. 7, 47 des IV. Genfer Abkommens, wonach zwischen den Behörden des besetzten Gebietes und der Besatzungsmacht geschlossene besondere Vereinbarungen keine negativen Auswirkungen auf die zu schützenden Personen haben dürfen.[1270] Zudem besteht der Sinn und Zweck des IV. Genfer Abkommens im Schutz von Zivilpersonen vor über sie bestimmenden ausländischen Militärkräften; die Einhaltung dieser Regeln kann nicht davon abhängig sein, ob die Situation als „Besatzung" bezeichnet wird.[1271]

3. Rechte und Pflichten der Besatzungsmacht

Das ius in bello gründet auf der Gegensätzlichkeit seiner beiden Prinzipien Notwendigkeit und Menschlichkeit; es entsteht aus der Abwägung zwischen militärischen Erfordernissen und humanitären Werten.[1272] Dies gilt auch für das Besatzungsrecht als Teil des ius in bello. Für das Rechtsinstitut der Besatzung als Gegensatz zur

1267 So z.B. die sowjetische Präsenz in Afghanistan nach 1980; Bothe, Occupation, pacific, EPIL III, S. 767; Roberts, What is a military occupation?, BYIL 55 (1984), S. 277.

1268 Roberts, What is a military occupation?, BYIL 55 (1984), S. 277.

1269 Vgl. Roberts, What is a military occupation?, BYIL 55 (1984), S. 278.

1270 Vgl. Roberts, What is a military occupation?, BYIL 55 (1984), S. 279.

1271 Roberts, What is a military occupation?, BYIL 55 (1984), S. 279.
Die Besatzung nach einem Waffenstillstand wird manchmal als weitere Kategorie angesehen. Sie kann die Eigenschaft einer Zwischenepoche zwischen kriegerischer und friedlicher Besatzung haben und wird auch als occupatio mixta bezeichnet. Einerseits unterscheidet sich die Besatzung nach einem Waffenstillstand von der kriegerischen Besatzung, da letztere gegen den Willen des besetzten Landes stattfindet, während ein Waffenstillstand in geringem Maße auf ein Einvernehmen hindeutet. Andererseits führt ein Waffenstillstand nicht automatisch zur Herstellung friedlicher Beziehungen und bringt so eine Situation hervor, die einige Gemeinsamkeit mit der kriegerischen Besatzung hat. Vgl. Ipsen, in: Ipsen (Hrsg.), Völkerrecht, § 69 Rn. 23; Roberts, What is a military occupation?, BYIL 55 (1984), S. 265 f; Bothe, Occupation after armistice, EPIL III, S. 762.

1272 Pellet, in: Playfair (Hrsg.), International Law and the Administration of Occupied Territories, S. 169.

Invasion und Annexion ist es entscheidend, dass sich die Nation als politischer Akteur herausgebildet hat; die Bevölkerung, die sich einer Nation angehörig fühlt und das Recht wahrnimmt, über ihr eigenes Schicksal zu entscheiden, wird keinen Herrschaftswechsel hinnehmen, der durch die gewaltsame Eroberung ihres Landes zustande kam.[1273] Nur im Rahmen einer Besatzung ist eine Kontrolle über fremdes Territorium möglich, die nicht zu Invasion oder Annexion führt. Besatzungsrecht regelt die Rechtsstellung von Besatzern und Besetzten. Es hat erlaubende und verbietende Elemente, indem es dem Besetzenden Befugnisse verleiht, diese aber mit Einschränkungen versieht.[1274]

Besatzungsrecht findet während der Ausübung von Kontrolle, also vom Zeitpunkt des Kontrollgewinns bis zum Zeitpunkt des Kontrollverlustes über ein bestimmtes Territorium Anwendung; in umstrittenen Gebieten gelten die allgemeinen Regeln des humanitären Völkerrechts.[1275] Aus dem Kontrollerfordernis ergibt sich, dass die Besatzungsmacht in der Lage sein muss, Autorität über Gebiet und Bevölkerung auszuüben.[1276] Sie ist verpflichtet, die öffentliche Ordnung und das öffentliche Leben wiederherzustellen und aufrechtzuerhalten (Art. 43 HLKO). Auch muss sie den Status quo erhalten, sowohl in Bezug auf die politische und rechtliche Situation im Land, als auch bezogen auf das öffentliche Leben und die soziologische Struktur der Bevölkerung.[1277] Den Behörden der Besatzungsmacht kommt damit die Verwaltung des Gebiets zu, sie übernehmen die Verantwortung für Territorium und Bevölkerung.[1278]

Die Prinzipien des Erhalts der Souveränität und des Ausschlusses der Annexion sowie die Anwendung menschenrechtlicher Maßstäbe sind im Besatzungsrecht von zentraler Bedeutung:

Im Rahmen einer Besatzung wird nicht die Souveränität über den besetzten Staat übertragen.[1279] Besatzung bezeichnet eine Situation mit vorübergehendem

---

1273 Pellet, in: Playfair (Hrsg.), International Law and the Administration of Occupied Territories, S. 170 f.

1274 Roberts, in: Playfair (Hrsg.), International Law and the Administration of Occupied Territories, S. 27.

1275 Gasser, in: Fleck, The Handbook of International Humanitarian Law, Rn. 528 Nr. 1.

1276 Gasser, in: Fleck, The Handbook of International Humanitarian Law, Rn. 527.

1277 Letzteres ergibt sich aus Art. 49 Abs. 6 des IV. Genfer Abkommens, nach dem es der Besatzungsmacht verboten ist, Teile der eigenen Zivilbevölkerung in das besetzte Gebiet umzusiedeln; Gasser, in: Fleck, The Handbook of International Humanitarian Law, Rn. 530 Nr. 2, 4.

1278 Gasser, in: Fleck, The Handbook of International Humanitarian Law, Rn. 526; vgl. Lauterpacht, S. 437.

1279 Pellet, in: Playfair (Hrsg.), International Law and the Administration of Occupied Territories, S. 169, 174; Gasser, in: Fleck (Hrsg.), The Handbook of International Humanitarian Law, Rn. 530 Nr. 1.

Charakter, in der nur die momentane Regelungsgewalt übergeht.[1280] Aus Art. 42, 43 HLKO, wonach die Gewalt tatsächlich auf den Besetzenden übergegangen sein und hergestellt und ausgeübt werden muss, geht hervor, dass es der *tatsächlichen* Ausübung von Kontrolle bedarf; nach Art. 4 ZP I, der klarstellt, dass die Besatzung „nicht die Rechtsstellung des betreffenden Gebiets berührt" ist zu schließen, dass kein Souveränitätsübergang stattfinden darf.[1281] Daraus ergibt sich, dass eine Besatzung stets eine temporäre und vorläufige Situation darstellt, da die Ausübung von Kontrolle und Macht nicht dauerhaft von der Inhaberschaft der Souveränität getrennt sein kann. Die Vorläufigkeit liegt dem Besatzungsrecht als implizite Annahme zugrunde.[1282]

Ein weiteres Prinzip ist das Verbot der Annexion. Dies ergibt sich schon daraus, dass Besatzer und Besetzter nicht gleichzeitig Souveränitätsinhaber sein können. Eine Annexion beinhaltet den Übergang von Souveränität, so dass sich Besatzung und Annexion ausschließen müssen.[1283] Ein Gebiet zu annektieren und damit die der Bevölkerung zugedachte Schutzwirkung besatzungsrechtlicher Regelungen zu umgehen, würde dem Sinn und Zweck des Besatzungsrechts zuwiderlaufen.[1284]

Menschenrechtliche Maßstäbe spielen als drittes Prinzip eine immer größere Rolle für die Regelungen über Besatzungen. Oben wurde dargelegt, dass Menschenrechtsverträge in Besatzungssituationen anwendbar sind, weil im Rahmen von Besatzungen in einer Weise Hoheitsgewalt vermittelt wird, dass die vom besetzenden Staat geschlossenen Menschenrechtsabkommen in Bezug auf die Bevölkerung im besetzten Staat Geltung besitzen. Da menschenrechtliche Verpflichtungen bei Besatzungen weitergelten, ist von einer parallelen Anwendbarkeit von Menschenrechten und Besatzungsrecht auszugehen – auch wenn die Menschenrechtsgewährleistungen durch Notstandsklauseln auf notstandsfeste Rechte reduziert werden, und wenn sich aus der lex specialis-Regel der Vorrang von besser an die Situation angepassten Regelungen des Besatzungsrechts ergeben kann.

1280 Pellet, in: Playfair (Hrsg.), International Law and the Administration of Occupied Territories, S. 169, 174 f.

1281 Pellet, in: Playfair (Hrsg.), International Law and the Administration of Occupied Territories, S. 169, 175 f.; Ipsen, in: Ipsen (Hrsg.), Völkerrecht, § 69 Rn. 22; vgl. Gasser, in: Fleck (Hrsg.), The Handbook of International Humanitarian Law, Rn. 528 Nr. 1.

1282 Roberts, in: Playfair (Hrsg.), International Law and the Administration of Occupied Territories, S. 25, 26, 28; Gasser, in: Fleck (Hrsg.), The Handbook of International Humanitarian Law, Rn. 526.

1283 Pellet, in: Playfair (Hrsg.), International Law and the Administration of Occupied Territories, S. 176.

1284 Bothe, in: Vitzthum, Völkerrecht, 8. Abschnitt, Rn. 82; Gasser, in: Fleck (Hrsg.), The Handbook of International Humanitarian Law, Rn. 526.

II. Internationale Territorialverwaltung – Recht der international verwalteten Nachkonfliktphase

Die externen Hauptakteure im Nachkonfliktrecht sind einzelne Staaten, Staatengruppen und die Vereinten Nationen. Während auf die Übernahme der Kontrolle durch einen anderen Staat das Besatzungsrecht Anwendung findet, ist dies im Falle des Engagements der UN weniger eindeutig. Auf welchen Rechtsgrundlagen die Vereinten Nationen Übergangsverwaltungen begründen, wurde oben erläutert. Nun ist zu klären, wie einmal begründete Übergangsverwaltungen rechtlich einzuordnen sind. Sich Klarheit über den rechtlichen Status von UN-Übergangsverwaltungen zu verschaffen ist notwendig, weil diese Einordnung den rechtlichen Rahmen vorgibt, innerhalb dessen sich eine Übergangsverwaltung bewegen darf.[1285] Dieser Rahmen erschöpft sich nicht im Inhalt des mit dem Zielstaat geschlossenen Übereinkommens.

1. Rechtlicher Status von UN-Übergangsverwaltungen

Um den rechtlichen Status von UN-Übergangsverwaltungen zu beschreiben, kommen mehrere traditionell im Völkerrecht vorhandene Kategorien in Betracht.

a) Protektorat

Protektorat ist eine Bezeichnung für ein Gebiet, das Regierungsbefugnisse auf einen anderen, beschützenden Staat abtritt, ohne dabei formal annektiert oder in den anderen Staat eingegliedert zu werden; die Übertragung geschieht im Konsens.[1286] Für ein Protektorat im traditionellen Sinn ist nach heutigem Recht kein Raum mehr, weil es der Grundsatz der Selbstbestimmung der Völker nicht zulässt, die Herrschaft eines Staates über ein anderes Volk über längere Zeit hinzunehmen.[1287] Der Begriff Protektorat wird heute auch als abwertend empfunden.[1288]

Obwohl das Konzept des Protektorats als überholt angesehen wird, bestehen strukturelle Ähnlichkeiten mit einer modernen, von der Staatengemeinschaft veranlassten Fremdverwaltung: Sowohl das Konsensprinzip als auch der Kontrollverlust über innere sowie äußere Angelegenheiten sind gemeinsame Merkmale.[1289] Die UN-Verwaltung des Kosovo wurde bereits als moderne Form eines Protektorats aus dem 19. Jahrhundert bezeichnet.[1290]

1285 Vgl. Daglish/Nasu, NILR 2007, S. 97.

1286 Hoffmann, Protectorates, EPIL III, S. 1153 f.; Daglish/Nasu, NILR 2007, S. 98.

1287 Oeter, Die internationalen ‚Protektorate', in: Fischer/Froissart/Heintschel v. Heinegg/Raap (Hrsg.), Festschrift für Fleck, S. 450 f.

1288 Vgl. Oeter, Die internationalen ‚Protektorate', in: Fischer/Froissart/Heintschel v. Heinegg/Raap (Hrsg.), Festschrift für Fleck, S. 428.

1289 Daglish/Nasu, NILR 2007, S. 98.

1290 Oeter, Die internationalen ‚Protektorate', in: Fischer/Froissart/Heintschel v. Heinegg/Raap (Hrsg.), Festschrift für Fleck, S. 450; Daglish/Nasu, NILR 2007, S. 98; Ruffert, 50 ICLQ (2001), S. 628 f.

Diese Klassifizierung ist jedoch nicht unproblematisch: Das Konzept des Protektorats hat ursprünglich nur im Rahmen zwischenstaatlicher Beziehungen stattgefunden; die Übertragung von Verwaltungsbefugnissen durch einen souveränen Staat auf die UN fällt nicht darunter.[1291] Die Einordnung als Protektorat könnte auch die Implikation einer neuen Art von Kolonialismus mit sich bringen, da sich Protektorate historisch von einem Mittel zur Erhaltung der rechtlichen Unabhängigkeit beschützter Staaten zu einer getarnten Form der Kolonisierung „unzivilisierter" Territorien entwickelt haben; im 19. Jahrhundert waren sie eine gängige Methode für europäische Staaten, weitgehende Kontrolle über nicht-europäische Staaten auszuüben, dabei aber nicht offiziell die Souveränität innezuhaben.[1292]

Die internationale Verwaltung zum Beispiel des Kosovo ist aber als qualitativ unterschiedlich von den von kolonialem Ehrgeiz und Eigeninteressen veranlassten traditionellen Protektoraten zu sehen: Ein modernes Protektoratsregime wird treuhänderisch ausgeübt, der Machtausübung werden durch die plurale Zusammensetzung der beteiligten Staaten und Organisationen Grenzen gesetzt, und sie wird auf den Zeitraum der Neuordnung der Gesellschaft und des Staates beschränkt.[1293] Ein funktionelles Äquivalent des Protektorates kann also akzeptabel sein, wenn es den Charakter einer vorübergehenden Treuhandverwaltung hat und in einer Übergangssituation des Wiederaufbaus einer Gesellschaft stattfindet, die durch Terror, Gewalt oder Krieg zerstört wurde.[1294] Eine treuhänderische Fremdherrschaft muss rechtlich legitimiert sein – nur die Legitimation über den UN-Sicherheitsrat erscheint ausreichend; daran fehlt es bei einer Treuhandverwaltung eines Staates durch einen anderen in Form einer reinen Besatzungsverwaltung (wie zunächst im Irak durch die USA), was eine solche unautorisierte Verwaltung inakzeptabel macht.[1295] Vor den unerwünschten Folgen, die Protektorate erzeugen können, kann jedoch auch die moderne Legitimation eines solchen treuhänderischen Protektorats nicht schützen. Eine unkontrollierte Machtzusammenballung in darauf nicht vorbereiteten bürokratischen Apparaten kann Machtmissbrauch oder Korruption hervorrufen, was dazu führt, dass sich die internationale Verwaltung gegenüber den Betroffenen massiv delegitimiert.[1296]

Insgesamt ist eine Einordnung als modernes, treuhänderisches und legitimiertes Protektorat denkbar. Fraglich ist freilich, ob sich dies vom traditionellen Protektorat nicht so weit entfernt, dass eher eine eigene Kategorie gebildet als eine vorhandene genutzt wird.

1291 Daglish/Nasu, NILR 2007, S. 98; Hoffmann, Protectorates, EPIL III, S. 1153 f.

1292 Daglish/Nasu, NILR 2007, S. 98.

1293 Oeter, Die internationalen ‚Protektorate', in: Fischer/Froissart/Heintschel v. Heinegg/Raap (Hrsg.), Festschrift für Fleck, S. 451.

1294 Ebd.

1295 Oeter, Die internationalen ‚Protektorate', in: Fischer/Froissart/Heintschel v. Heinegg/Raap (Hrsg.), Festschrift für Fleck, S. 451.

1296 Ebd.

b) *Treuhandverwaltung*

Einer UN-Übergangsverwaltung und einer klassischen Treuhandverwaltung ist gemeinsam, dass der souveräne Status eines Territoriums suspendiert und alle Regierungsbefugnisse auf die Verwalter bzw. Treuhänder übertragen werden, um durch diese Institutionalisierung der militärischen Besatzung den Weg zur Unabhängigkeit oder Autonomie des Gebiets zu erleichtern.[1297] Das Mandatssystem des Völkerbunds nach Art. 22 der Völkerbundsatzung sah vor, dass die Vormundschaft über Kolonien und Gebiete, die wegen des Ersten Weltkrieges aufgehört haben, unter der Souveränität der Staaten zu stehen, die sie vorher beherrschten, auf „fortgeschrittene Nationen" übertragen werden sollte. Diese führten die Vormundschaft als Mandat und im Namen des Völkerbundes.[1298] Die Vereinten Nationen übernahmen die Mandatsaufgaben des Völkerbundes.[1299] Mit der UN-Charta wurde durch deren Art. 75 ff. die Möglichkeit der „Verwaltung und Beaufsichtigung" von Hoheitsgebieten im Rahmen eines internationalen Treuhandsystems geschaffen. Die Tätigkeit des Treuhandrates nach Art. 86 ff. UN-Charta wurde 1994, mit der Unabhängigkeit des letzten Treuhandgebiets, eingestellt.[1300]

Da Art. 78 UN-Charta die Anwendung des Treuhandsystems auf UN-Mitgliedstaaten verbietet, lässt sich trotz der Parallelen von Treuhandverwaltung und Übergangsverwaltung keine Rechtsgrundlage für letztere im Rahmen des Treuhandsystems finden.[1301] Es wäre zudem der unerwünschte Kontext der Kolonialisierung vorhanden.[1302]

c) *Eigene Kategorie der Übergangsverwaltung*

Es zeigt sich, dass die klassischen Kategorien nicht unbedingt geeignet sind, eine moderne Übergangsverwaltung zu regeln. Auch wenn inhaltliche Gemeinsamkeiten bestehen, haben Protektorate und Treuhandverwaltungen doch in anderen Kontexten stattgefunden und bringen so unerwünschte Nebenbedeutungen mit sich. Doch auch ohne die Konnotationen von unkontrolliertem Machtkonglomerat oder Kolonialismus fehlt den traditionellen Kategorien die Verbindung zu den heute wesentlichen rechtlichen Grundlagen – der so weit wie möglich umzusetzenden Achtung der Souveränität des Zielstaats und des Selbstbestimmungsrechts der dort lebenden Völker. Da die vorhandenen Kategorien den Status von Übergangsverwaltungen nicht in Konformität mit diesen Prinzipien beschreiben, ist es notwendig, sie in eine neue, eigene Kategorie zu fassen.[1303]

1297 Vgl. Daglish/Nasu, NILR 2007, S. 99.
1298 Vgl. Art. 22 der Völkerbundsatzung.
1299 Stein/v. Buttlar, Rn. 423.
1300 Ebd.
1301 Daglish/Nasu, NILR 2007, S. 100.
1302 Vgl. Daglish/Nasu, NILR 2007, S. 100.
1303 Vgl. Daglish/Nasu, NILR 2007, S. 100 f., die den neuen Rechtsstatus als Staaten "in statu nascendi", also als im Entstehen begriffene Staaten bezeichnen.

Diese eigene Kategorie der UN-Übergangsverwaltungen ist in der UN-Charta nicht vorgesehen; da sie in der Praxis stattfindet, kann sie jedoch als vorhanden und gefestigt angesehen werden.

2. *Rechtlicher Rahmen für Übergangsverwaltungen*

Da der rechtliche Rahmen von Übergangsverwaltungen somit in keinem Regelwerk beschrieben wird, kommt der Frage nach den Rechtsgrundlagen besondere Bedeutung zu.

Der Konsens mit dem Zielstaat liegt dem Tätigwerden der UN im Rahmen von Peacekeeping oder Übergangsverwaltungen zugrunde.[1304] Zwar können die Vereinten Nationen durch ihre Befugnisse aus Kapitel VII UN-Charta auch Zwangsmaßnahmen gegen den Willen der Zielstaaten autorisieren, diese geschehen jedoch im Rahmen eines Eingriffs, der erst die Voraussetzungen für einen Friedenseinsatz sichern soll.

Der Friedenseinsatz selbst beruht stets auf in irgendeiner Weise erreichtem Konsens. Zwar kann im Rahmen von Peacekeeping oder Peace Enforcement Gewalt auch angewandt werden, obwohl der Konsens weggebrochen ist oder sich einzelne, Teile des Staats repräsentierende Gruppen gegen die Mission wenden; jede UN-Friedensmission hat ihren Ursprung jedoch in einem Übereinkommen – dies gilt auch für Übergangsverwaltungen.[1305]

a) Übereinkommen zu Aufgaben und Status

Die erste Rechtsgrundlage für Friedensmissionen und Übergangsverwaltungen ist damit das zwischen UN und Zielstaat geschlossene Übereinkommen.[1306] Dieses bezieht sich zunächst auf die Aufgaben und Funktionen der Friedenstruppe.[1307]

Auf einer weiteren Ebene ist ein rechtlicher Rahmen für den Status, die Verpflichtungen und Befugnisse der Truppe und der einzelnen Truppenmitglieder zu finden.[1308] Hierzu können sogenannte Statusabkommen (*Status of forces agreement – SOFA, Status of mission agreement – SOMA*) geschlossen werden.[1309] Diese treffen Regelungen über Rechte, Privilegien und Immunitäten der UN-Bediensteten, die sich als Teil der Mission im Gastland aufhalten. Die Vereinten Nationen haben den Entwurf für ein

1304 Ratner, EJIL 16 (2005), S. 698.
1305 Vgl. oben (2. Kapitel, B II 3 a) cc)).
1306 Vgl. Bothe, in: Simma (Hrsg.), The Charter of the United Nations, Vol. I, Peacekeeping, Rn. 113; Combacau/Sur, S. 657.
1307 Bothe, in: Simma (Hrsg.), The Charter of the United Nations, Vol. I, Peace-keeping, Rn. 113.
1308 Bothe, in: Simma (Hrsg.), The Charter of the United Nations, Vol. I, Peace-keeping, Rn. 114 ff.
1309 Vgl. Fleck, in: Stahn/Easterday/Iverson (Hrsg.), Jus Post Bellum, S. 49 ff.; Oeter, Post-Conflict Peacebuilding, Die Friedens-Warte 80 (2005), S. 55.

Musterabkommen[1310] erstellt, in dem auch auf die *Convention on the Privileges and Immunities of the United Nations* von 1946[1311] Bezug genommen wird. Inhalte eines Statusabkommens sind unter anderem die ausschließliche Kontrolle der UN über das ihnen vom Gastland zur Verfügung zu stellende Gelände, Privilegien hinsichtlich Einreise und Einführung von Waren und die persönliche Immunität von UN-Bediensteten im Zusammenhang mit den von ihnen erfüllten Funktionen.[1312] Der Status von UN-Truppen wird von der Verpflichtung geprägt, die Souveränität des Gastlandes zu respektieren und damit seine Gesetze einzuhalten.[1313]

Wo kein Statusabkommen geschlossen wurde, wird der Status von UN-Truppen nur durch die allgemeinen Regeln bestimmt: Diese ergeben sich zum einen aus den völkerrechtlichen Regelungen über die Führung militärischer Einheiten, wie den gewohnheitsrechtlich geltenden Standards hinsichtlich der Haftung bei durch oder gegen die UN verübten Rechtsverletzungen; die Organisation kann Schadenersatz fordern, wo auf sie anwendbares Recht verletzt wurde, und macht sich ihrerseits schadenersatzpflichtig, wenn Mitglieder ihrer Einsatzkräfte in offizieller Funktion Rechtsverletzungen begehen.[1314] Auch aus dem über die Aufgaben einer Friedenstruppe geschlossenen Übereinkommen können Schlussfolgerungen hinsichtlich deren Status gezogen werden.[1315] Zum anderen gehören allgemeingültige Abkommen wie die erwähnte *Convention on the Privileges and Immunities* und die *Convention on the Safety of United Nations and Associated Personnel* zu den allgemeinen Statusregelungen.[1316] Letztere trifft unter anderem Regelungen über den Schutz von UN-Personal vor gegen dieses gerichteten Verbrechen und über die strafrechtliche Verfolgung solcher Verbrechen.[1317] Diese *Safety Convention* ist jedoch nur eingeschränkt, auf Operationen, in denen UN-Truppen nicht als Kombattanten

1310 Das *Draft model status-of-forces agreement between the United Nations and host countries* ist enthalten in UN Doc. A/45/594 vom 9.10.1990, verfügbar unter http://www.un.org/Docs/journal/asp/ws.asp?m=A/45/594, recherchiert am 18.7.2014.

1311 *Convention on the Privileges and Immunities of the United Nations* vom 13.2.1946, United Nations – Treaty Series 1946–1947, S. 16 ff., verfügbar unter http://www.un.org/en/ethics/pdf/convention.pdf, recherchiert am 18.7.2014.

1312 Vgl. z.B. *Draft model status-of-forces agreement between the United Nations and host countries* (UN Doc. A/45/594) Ziff. 15, 16, 24 ff, 32 ff.; *Convention on the Privileges and Immunities of the United Nations*, Art. II, III, IV.

1313 Die Einhaltung der Gesetze des Gastlandes wird z.B. in Art. 6 der *Convention on the Safety of United Nations and Associated Personnel* vom 9.12.1994 gefordert; Bothe, in: Simma (Hrsg.), The Charter of the United Nations, Vol. I, Peace-keeping, Rn. 118.

1314 Bothe, in: Simma (Hrsg.), The Charter of the United Nations, Vol. I, Peace-keeping, Rn. 115, 124.

1315 Bothe, in: Simma (Hrsg.), The Charter of the United Nations, Vol. I, Peace-keeping, Rn. 115.

1316 Bothe, in: Simma (Hrsg.), The Charter of the United Nations, Vol. I, Peace-keeping, Rn. 115 ff.

1317 *Convention on the Safety of United Nations and Associated Personnel* vom 9.12.1994, verfügbar unter http://www.un.org/law/cod/safety.htm, recherchiert am 18.7.2014.

an Feindseligkeiten teilnehmen, anwendbar.[1318] Manche Statusabkommen erklären Teile von ihr jedoch ausdrücklich für anwendbar.[1319]

b) Anwendbarkeit von Besatzungsrecht

Neben den geschlossenen Übereinkommen kann auch das Besatzungsrecht für den rechtlichen Rahmen von UN-Übergangsverwaltungen relevant sein. Hierfür ist aber zu klären, ob Besatzungsrecht auf UN-Truppen und im Rahmen eines UN-Friedenseinsatzes grundsätzlich anwendbar ist.

Es ist zunächst die Frage zu stellen, ob sich ein solcher UN-Einsatz als Besatzung charakterisieren lässt. Nach dem oben gefundenen weiten Besatzungsbegriff ist auch eine Internationale Organisation wie die Vereinten Nationen eine Macht, die die Kontrolle in Form einer Besatzung über ein Gebiet ausüben kann. Die Charakterisierung als occupatio bellica entfällt jedoch, da eine Besatzung, die ohne den Willen der Souveränitätsinhaber stattfindet, nicht dem Konsenserfordernis von UN-Einsätzen entspricht.

Eine auf einem Übereinkommen mit dem Zielstaat beruhende Besatzung stellt eine occupatio pacifica dar. Da diese friedliche Besatzung auf Konsens beruht, ist sie am geeignetsten, um die Übergangsverwaltung einem Besatzungsbegriff zuzuordnen. Wie oben festgestellt, kann das auf kriegerische Besatzungen gemünzte Besatzungsrecht auch auf friedliche Besatzungen anwendbar sein; aus systematischen Gründen und aus dem Schutzzweck des Besatzungsrechts ergibt sich dessen Anwendbarkeit auf solche „untypischen“ Besatzungssituationen. Jedoch schließt dies nicht aus, dass das Besatzungsrecht in solchen Situationen durch andere Rechtsgebiete ergänzt oder überlagert wird.

Eine grundsätzliche Nicht-Anwendbarkeit von Besatzungsrecht auf UN-Truppen, etwa weil UN-Soldaten „Soldaten ohne Feinde“[1320] seien oder UN-Missionen zivilen Charakter[1321] hätten, ist nicht feststellbar. Auch wenn der Status der UN-Truppen durch Übereinkommen und Konsens definiert wird, ist das Besatzungsrecht aufgrund des Sachzusammenhangs anwendbar, sobald militärische Feindseligkeiten zwischen den UN-Truppen und einer Konfliktpartei entstehen.[1322] Allein der Umstand, dass die Vereinten Nationen kein Staat sind, nimmt sie nicht von den aus dem Kriegsvölkerrecht folgenden Verpflichtungen aus.[1323] So wird auch in einem Bulletin

---

1318 Art. 2 Abs. 2 der *Convention on the Safety of United Nations and Associated Personnel* vom 9.12.1994.

1319 Fleck, in: Stahn/Easterday/Iverson (Hrsg.), Jus Post Bellum, S. 49 f.

1320 Vgl. Bothe, in: Simma (Hrsg.), The Charter of the United Nations, Vol. I, Peacekeeping, Rn. 126.

1321 Vgl. Daglish/Nasu, NILR 2007, S. 105.

1322 Bothe, in: Simma (Hrsg.), The Charter of the United Nations, Vol. I, Peace-keeping, Rn. 126; Ratner, EJIL 16 (2005), S. 705.

1323 Vgl. Bothe, in: Simma (Hrsg.), The Charter of the United Nations, Vol. I, Peacekeeping, Rn. 125.

des UN-Generalsekretärs festgehalten, dass die darin aufgeführten „Grundprinzipien und Grundregeln des humanitären Völkerrechts“ auf Truppen der Vereinten Nationen Anwendung finden, wenn diese „in Situationen des bewaffneten Konflikts als Kombattanten aktiv an dem Konflikt beteiligt sind“.[1324] Das Dokument vermeidet es zwar, das humanitäre Völkerrecht vollständig für auf UN-Truppen anwendbar zu erklären und bezieht sich nur auf bestimmte Grundprinzipien und -regeln, es etabliert aber die für das Kriegsrecht, einschließlich des Besatzungsrechts, wichtige Unterscheidung zwischen Kombattanten- und Zivilisten-Status und erklärt konfliktbeteiligte UN-Truppen zu Kombattanten.[1325]

Hinsichtlich der Anwendbarkeit von Besatzungsrecht speziell auf UN-Übergangsverwaltungen sind aber einige Gegenargumente erkennbar: Der UN-Sicherheitsrat nimmt in den Resolutionen, in denen er Übergangsverwaltungen autorisiert, nicht auf das Besatzungsrecht Bezug; diese Resolutionen könnten dem Besatzungsrecht rechtlich vorgehen.[1326] Das Besatzungsrecht ist nur auf Anwendung in internationalen bewaffneten Konflikten ausgelegt, zu denen Verwaltungen durch externe Akteure nicht gehören.[1327] Die Souveränitätsinhaber haben der Verwaltung von außen zugestimmt, was dem Besatzungsrecht entgegenstehe.[1328] Zudem wird angeführt, dass eine UN-Übergangsverwaltung keine echte Besatzung sei, weil sie nicht aus einem bewaffneten Konflikt resultiere, ferner dass sie, auch aufgrund eigener Verantwortungsmechanismen, gerecht durchgeführt werde und deshalb keine Notwendigkeit bestehe, das auf unverlässliche und voreingenommene Besatzungsmächte ausgelegte Besatzungsrecht anzuwenden und dass es schließlich das Besatzungsrecht nicht erlaube, die in einer Übergangsverwaltung notwendigen Veränderungen des Rechts des Zielstaats anzustoßen.[1329]

Insgesamt lässt sich hiergegen einwenden, dass der Schutzzweck des Besatzungsrechts auch bei Übergangsverwaltungen greift und deshalb, selbst wenn die Rechtslage gegen eine direkte Anwendbarkeit spricht, die Anwendung der besatzungsrechtlichen Vorgaben zu befürworten ist, um rechtsfreie Räume, zu große Ermessensspielräume und Missbrauch zu vermeiden.

In seinen Resolutionen muss der Sicherheitsrat nicht auf alle geltenden Rechtsvorschriften Bezug nehmen. An die – auch im Besatzungsrecht geforderte – Achtung von Souveränität und Menschenrechten sind die UN und die die Resolutionen umsetzenden

---

1324 Bulletin des Generalsekretärs, *Einhaltung des humanitären Völkerrechts durch Truppen der Vereinten Nationen*, UN Dok. ST/SGB/1999/13 vom 6.8.1999, verfügbar unter http://www.un.org/depts/german/gs_sonst/sgb99-13.pdf, recherchiert am 19.7.2014.

1325 Vgl. Ratner, EJIL 16 (2005), S. 705; Bothe, in: Simma (Hrsg.), The Charter of the United Nations, Vol. I, Peace-keeping, Rn. 126.

1326 Vgl. Benvenisti, S. 276, 278; Scheffer, AJIL 97 (2003), S. 852, Fn. 48.

1327 Vgl. Gasser, in: Fleck, The Handbook of International Humanitarian Law, vor Rn. 526 Nr. 5.

1328 Vgl. Benvenisti, S. 63, 278.

1329 Ebd.

Staaten kraft UN-Rechts ohnehin gebunden.[1330] Zwar haben Übergangsverwaltungen nicht den Charakter klassischer internationaler bewaffneter Konflikte, durch den Einsatz ausländischer Kräfte haben sie jedoch durchaus internationalen Bezug. Schon wegen der Ähnlichkeit mit klassischen Besatzungen müssen sich die UN und die die Verwaltung umsetzenden Staaten an die Grundsätze des Besatzungsrechts gebunden sehen.[1331] Da nationale Kontingente die Verwaltung unter UN-Mandat durchführen, ergibt sich diese Bindung an das Besatzungsrecht auch aus der Bindung der dahinterstehenden Staaten; diese sind aufgrund ihrer Mitgliedschaft bei den einschlägigen völkerrechtlichen Abkommen bereits vertraglich verpflichtet, das Besatzungsrecht nicht zu verletzen und seine Achtung zu sichern.[1332]

Nach seinem Zweck soll das Besatzungsrecht auch im Falle der Zustimmung und auch bei UN-autorisierter Verwaltung anwendbar sein: Das Besatzungsrecht betrifft gerade die Situation von Übergangsverwaltungen, da diese effektive Kontrolle über ein Territorium ohne Souveränitätsanspruch ausüben.[1333] Auch bei vom Sicherheitsrat autorisierten Missionen darf es keinen unbegrenzten und unkontrollierten Ermessensspielraum geben.[1334] Das Besatzungsrecht soll hier als Sicherheitsnetz dienen.[1335] Der bei kriegerischen und bei friedlichen Besatzungen bestehende Schutzzweck des Besatzungsrechts gilt unabhängig vom Ursprung der Entscheidung über die Besatzung fort.

c) *Anwendbarkeit von Menschenrechtsabkommen*

Auch wenn diese Umstände für die Anwendung des Besatzungsrechts sprechen, dürfen jedoch die Unterschiede zu klassischen Besatzungen nicht unberücksichtigt bleiben. UN-Missionen erfüllen viele zivile Aufgaben, während oft zusätzlich vorhandene Sicherheitsmissionen die mit Zwangsausübung verbundenen Sicherheitsaufgaben übernehmen. Im Gegensatz zu klassischen Besatzungen, wo das Militär die Führung im besetzten Gebiet innehat, wird bei Übergangsverwaltungen ein ziviler Verwalter als Leiter der Mission eingesetzt; das Militär sorgt für die Sicherheit im Land und hat dabei keine Führungsgewalt.[1336] Das Besatzungsrecht eignet sich jedoch nur bedingt zur Regelung ziviler Themen. Das Schutzniveau hinsichtlich der Rechte und Freiheiten der Bevölkerung des besetzten Gebiets soll bei Übergangsverwaltungen höher sein als bei klassischen Besatzungen. Während klassische Besatzungen nur ein Minimum an Schutz bezwecken, haben Verwaltungen ehrgeizigere

1330 Benvenisti, S. 64 f.
1331 Vgl. Gasser, in: Fleck, The Handbook of International Humanitarian Law, vor Rn. 526 Nr. 5.
1332 Vgl. Sassòli, EJIL 16 (2005), S. 687; Benvenisti, S. 66.
1333 Vgl. Benvenisti, S. 278.
1334 Ebd.
1335 Vgl. Roberts, Transformative Military Occupation, AJIL 100 (2006), S. 604.
1336 Vgl. Ratner, EJIL 16 (2005), S. 701.

Ziele.[1337] Zudem ist es dadurch, dass Zivilisten, nicht Militärs, Übergangsmissionen leiten, naheliegend, dass diese sich eher auf Friedensrecht stützen als auf Kriegsrecht.[1338] So beziehen sich Gesetzgebungsakte von UNMIK und UNTAET auf menschenrechtliche Vorgaben und lassen Besatzungsrecht außer Acht.[1339]

Oben wurde gezeigt, dass Menschenrechte das ius in bello als leges speciales überlagern können. UN-Übergangsverwaltungen sind ein solches Beispiel für eine Schnittstelle zwischen Friedens- und Kriegsrecht. Menschenrechte sind im Rahmen von Besatzungen anzuwenden, wenn sie die geeigneteren Vorschriften für zu regelnde Situationen enthalten. Auch die von Übergangsverwaltungen verfolgten besonderen Ziele zur Umgestaltung des verwalteten Gebiets müssen die Verwalter veranlassen, menschenrechtliche Vorgaben in den Fokus zu nehmen.

Letztlich werden beide Regelwerke benötigt. Während das Besatzungsrecht zum Beispiel durch die Prinzipien der Verhältnismäßigkeit und der Unterscheidung zwischen zivilen und militärischen Zielen Entscheidungshilfen zur Verfügung stellt, geben Menschenrechtsabkommen den Stellenwert zum Beispiel von politischen und Prozessrechten von Individuen vor.[1340]

Je nach Sachzusammenhang gelten für Übergangsverwaltungen damit, neben den mit dem Zielstaat geschlossenen Übereinkommen, sowohl besatzungsrechtliche als auch menschenrechtliche Vorschriften.

III. Recht der umgestaltenden Besatzung

Bei klassischen Besatzungen stehen die Kontrolle und Verwaltung eines Gebiets durch den aus der bewaffneten Auseinandersetzung als Sieger hervorgegangenen Staat im Vordergrund. Während diese Besatzungen deshalb auf den Erhalt des Status quo hinsichtlich des Rechtssystems des Zielstaats gerichtet sind und so wenig wie möglich auf die Bevölkerung einwirken sollen, gilt bei Übergangsverwaltungen der Status quo als Problem, das nicht erhalten, sondern gelöst werden muss.[1341] Diese Verwaltungen durch die internationale Gemeinschaft sollen oft den Übergang in einen anderen territorialen Status (zum Beispiel als Teil eines bestehenden Staates oder Verbundes oder als eigener Staat) ermöglichen[1342] oder das politische und rechtliche System im Staat erneuern, zum Beispiel um das Gebiet von gescheiterter zu funktionierender Staatlichkeit zu führen. Auch Besatzungen, die ohne UN-Mandat

---

1337 Vgl. Ratner, EJIL 16 (2005), S. 702.

1338 Vgl. Ratner, EJIL 16 (2005), S. 703.

1339 Vgl. UNMIK Regulation 1999/1 vom 25.7.1999, Abschnitt 2 (verfügbar unter http://www.unmikonline.org/regulations/1999/reg01-99.htm, recherchiert am 10.8.2014); UNTAET Regulation 1999/1 vom 27.11.1999, Abschnitt 2 (verfügbar unter http://www.un.org/en/peacekeeping/missions/past/etimor/untaetR/etreg1.htm, recherchiert am 10.8.2014).

1340 Vgl. Ratner, EJIL 16 (2005), S. 704 f.

1341 Ratner, EJIL 16 (2005), S. 700.

1342 Vgl. Ratner, EJIL 16 (2005), S. 700.

von einzelnen Staaten oder Staatengruppen durchgeführt werden, können solche Ziele verfolgen. So wird die von den USA angeführte Militärpräsenz im Irak ab April 2003 als Besatzung angesehen, die die grundlegende Umgestaltung der Verfassung und der Gesetze des Landes bezweckte.[1343]

Eine Verwaltung oder Besatzung, die sich grundlegende Reformen der politischen, rechtlichen, wirtschaftlichen und sozialen Ordnung durch die Schaffung einer neuen Regierungsform und Umformung des Rechtssystems als Ziele setzt, wird als *umgestaltende Besatzung* (*transformative occupation*) bezeichnet.[1344] Die Besatzungsmacht wird hier hinsichtlich der grundlegenden und dauerhaften Umgestaltung des von ihr verwalteten Landes aktiv und gibt sich damit keine erhaltende, sondern eine umformende Funktion. Da das Besatzungsrecht sowohl für Besatzungen durch Staaten als auch für Verwaltungen durch die internationale Gemeinschaft von Relevanz ist, stellt sich die Frage, ob die durch umgestaltende Besatzungen bezweckten fundamentalen Veränderungen eine Grundlage im Besatzungsrecht finden können.

1. *Statischer Charakter des Besatzungsrechts*

Das Besatzungsrecht hat einen statischen Charakter, da es grundsätzlich davon ausgeht, dass jede Änderung der im besetzten Land bestehenden Ordnung durch den Besatzer, der die Kontrolle nur vorübergehend innehält, minimal sein soll.[1345] Der Besatzer soll die Kontrolle so ausüben, dass die öffentliche Ordnung des Landes für die Zeit nach der Besatzung konserviert wird.

Dieser Charakter des Besatzungsrechts lässt sich an seinen Vorschriften erkennen. Nach Art. 43 Haager Landkriegsordnung hat der Besetzende *„alle von ihm abhängenden Vorkehrungen zu treffen, um nach Möglichkeit die öffentliche Ordnung und das öffentliche Leben wiederherzustellen und aufrechtzuerhalten, und zwar, soweit kein zwingendes Hindernis besteht, unter Beachtung der Landesgesetze."* Art. 64 Abs. 1 des IV. Genfer Abkommens regelt, dass die Strafgesetze des besetzten Gebietes in Kraft bleiben, *„außer wenn sie durch die Besetzungsmacht endgültig oder vorübergehend außer Kraft gesetzt werden, weil sie eine Gefahr für die Sicherheit dieser Macht oder ein Hindernis bei der Anwendung des vorliegenden Abkommens darstellen."* Dabei wird vertreten, dass Art. 64 Abs. 1 alle Gesetze meint, auch wenn sich sein Wortlaut nur auf Strafgesetze bezieht.[1346] Die Beachtung der öffentlichen Ordnung und der Gesetze des besetzten Landes ist mit den beiden Vorschriften daher grundsätzlich

---

1343 Vgl. Roberts, Transformative Military Occupation, AJIL 100 (2006), S. 608 ff.

1344 Vgl. Roberts, Transformative Military Occupation, AJIL 100 (2006), S. 580 ff.; Ratner, EJIL 16 (2005), S. 708.

1345 Vgl. Roberts, Transformative Military Occupation, AJIL 100 (2006), S. 582.

1346 Die Vorschrift könne auf das komplette Rechtssystem bezogen werden, da bereits Art. 43 alle Gesetze einbeziehe. Der besondere Bezug auf die Strafgesetze geschah aufgrund der schwerwiegenden Eingriffe in Strafgesetze während des Zweiten Weltkriegs. Gasser, in: Fleck, The Handbook of International Humanitarian Law, Rn. 544 Nr. 2.

vorgesehen. Die nationalen Gesetze des besetzten Gebiets bleiben grundsätzlich in Kraft.[1347]

Zudem kann von einem grundsätzlichen Verbot, staatliche Institutionen zu verändern oder einzurichten, ausgegangen werden.[1348] Art. 47 des IV. Genfer Abkommens trifft eine Regelung hinsichtlich Institutionen. Den geschützten Personen dürfen danach nicht ihre durch das Abkommen vermittelten Rechte durch Veränderungen der Institutionen oder der Regierung als Folge der Besatzung entzogen werden. Da sich diese Vorschrift speziell auf den Schutz der Menschen im besetzten Gebiet bezieht, gilt sie nicht als grundlegendes Verbot der Veränderungen an Institutionen.[1349] Als solches kann aber wiederum Art. 43 Haager Landkriegsordnung gesehen werden, da Veränderungen an Institutionen stets durch Änderung der Landesgesetze erfolgen müssten.[1350]

Für eine prinzipiell konservierende Funktion des Besatzungsrechts spricht auch das darin enthaltene Verbot der Annexion. Unter Annexion versteht man den gewaltsamen Gebietserwerb eines Staates auf Kosten eines anderen.[1351] Das moderne Völkerrecht verbietet die einseitige Aneignung von besetztem Territorium, das heißt die Änderung seines rechtlichen Status dahin, dass es ein Teil des Gebietes der Besatzungsmacht wird.[1352] Dies kommt in Art. 2 Abs. 4 UN-Charta und in der Friendly-Relations-Deklaration[1353] zum Ausdruck und ist Völkergewohnheitsrecht.[1354] Die Reaktion der Staatengemeinschaft auf eine dennoch erfolgte Annexion besteht in der Nichtanerkennung des annektierten Status und der Anwendung von Besatzungsrecht auf das betreffende Gebiet.[1355]

Nach klassischer Auslegung des Besatzungsrechts wird der Status des Besatzers als der eines *de facto-Verwalters* gesehen; das Völkerrecht verbiete Maßnahmen wie die Änderung von Verfassung oder Regierungsform oder die Errichtung neuer politischer Organisationen oder Einheiten, da solche Schritte nur auf der militärischen

---

1347 Gasser, in: Fleck, The Handbook of International Humanitarian Law, Rn. 544 Nr. 2.

1348 Vgl. Sassòli, EJIL 16 (2005), S. 671 ff.

1349 Vgl. Sassòli, EJIL 16 (2005), S. 672.

1350 Sassòli, EJIL 16 (2005), S. 671.

1351 Hofmann, Annexation, in: Wolfrum (Hrsg.), MPEPIL, Ziff. 1.

1352 Ebd.; Roberts, Transformative Military Occupation, AJIL 100 (2006), S. 583.

1353 Dort als Erläuterung unter dem ersten Grundsatz (Grundsatz der Unterlassung von Gewalt gegen die territoriale Unversehrtheit oder politische Unabhängigkeit eines Staates).

1354 Roberts, Transformative Military Occupation, AJIL 100 (2006), S. 583, Fn. 8; Hofmann, Annexation, in: Wolfrum (Hrsg.), MPEPIL, Ziff. 21.

1355 So reagierte der UN-Sicherheitsrat auf die Besetzung und versuchte Annexion Kuwaits durch den Irak im Jahr 1990 u.a. mit einer Resolution, in der die Annexion für nichtig erklärt und ihr jede rechtliche Wirkung abgesprochen wurde; vgl. Resolution des UN-Sicherheitsrats vom 9.8.1990, Nr. 662, Ziff. 1, verfügbar unter http://www.un.org/ga/search/view_doc.asp?symbol=S/RES/662(1990), recherchiert am 23.4.2013; vgl. Roberts, Transformative Military Occupation, AJIL 100 (2006), S. 583 f.

Stärke des Besatzers, nicht auf der souveränen Entscheidung des besetzten Staats basierten.[1356] Die faktische Kontrolle des Besatzers ist – mehr als seine rechtliche Befugnis – Grundlage der Machtausübung auf besetztem Gebiet; dies wird im Besatzungsrecht akzeptiert, weil der Besatzer so seine Machtstruktur und umfangreiche Verantwortlichkeiten erhalten kann.[1357] Eine aktive Umgestaltung durch den Besatzer würde seiner Rolle als Verwalter entgegenstehen. Zudem kann die Veränderung grundlegender politischer Strukturen dem Souveränitätsgedanken widersprechen.

2. *Raum für Wandel*

Trotz seines prinzipiell statischen Charakters bestehen auch im klassisch ausgelegten Besatzungsrecht Spielräume für Wandel.

a) Kodifizierte Ausnahmen

Ausnahmsweise ist die Besatzungsmacht befugt, nationale Gesetze zu missachten, aufzuheben oder eigene zu erlassen. Regelungen, die die Sicherheit der Besetzenden beeinträchtigen, die nicht mit humanitärem Völkerrecht vereinbar sind, oder die sich menschenrechtsverletzend auswirken, sind nicht zu beachten.[1358]

Die erwähnten Bestimmungen aus dem Besatzungsrecht enthalten zudem Ausnahmeklauseln. Nach Art. 43 Haager Landkriegsordnung gilt die Beachtung der Landesgesetze *„soweit kein zwingendes Hindernis besteht“*. Nach Art. 64 Abs. 2 des IV. Genfer Abkommens *„kann die Besetzungsmacht die Bevölkerung des besetzten Gebietes Bestimmungen unterwerfen, die unerlässlich sind zur Erfüllung der ihr durch das vorliegende Abkommen auferlegten Verpflichtungen, zur Aufrechterhaltung einer ordentlichen Verwaltung des Gebietes und zur Gewährleistung der Sicherheit sowohl der Besetzungsmacht als auch der Mitglieder und des Eigentums der Besetzungsstreitkräfte oder -verwaltung sowie der durch sie benützten Anlagen und Verbindungslinien“*. Da Art. 64 Abs. 1 des IV. Genfer Abkommens nach seinem Wortlaut eine Regelung allein über Strafgesetze trifft, könnte sich auch Abs. 2 nur darauf beziehen; hiergegen spricht aber dessen Wortlaut, der keine Einschränkung auf ein Rechtsgebiet erkennen lässt.[1359] Durch die Einführung neuer Bestimmungen nach Art. 64 Abs. 2 werden alte, denselben Gegenstand betreffende Gesetze notwendig außer Kraft gesetzt.[1360]

1356 International Committee of the Red Cross, Kommentar zur IV. Genfer Konvention, 1958, Art. 47, Ziff. 2 [S. 273] verfügbar unter http://www.icrc.org/applic/ihl/ihl.nsf/vwTreaties1949.xsp, recherchiert am 10.8.2014.

1357 Vgl. Roberts, Transformative Military Occupation, AJIL 100 (2006), S. 585.

1358 Gasser, in: Fleck, The Handbook of International Humanitarian Law, Rn. 544 Nr. 3 f.

1359 Wie sich aus vorhergehenden Entwürfen des IV. Genfer Abkommens ergibt, wurde eine Beschränkung des Abs. 2 auf Strafgesetze diskutiert und bewusst fallen gelassen. Vgl. Sassòli, EJIL 16 (2005), S. 669 f., Fn. 48; Benvenisti, S. 98 ff., 101.

1360 Vgl. Sassòli, EJIL 16 (2005), S. 670.

Sowohl Art. 43 Haager Landkriegsordnung als auch Art. 64 Abs. 2 des IV. Genfer Abkommens sind darauf gerichtet, die Voraussetzungen für die Herstellung und Aufrechterhaltung der öffentlichen Ordnung im besetzten Gebiet zu schaffen. Verglichen mit der strengen Regelung des Art. 43 Haager Landkriegsordnung, der die Einhaltung des Landesrechts außer bei zwingenden Hindernissen fordert und so ein Verbot mit Erlaubnisvorbehalt schafft, enthält Art. 64 Abs. 2 des IV. Genfer Abkommens mehr Freiräume zur Gesetzgebung. Fraglich ist das Verhältnis beider Vorschriften zueinander. Da Art. 154 des IV. Genfer Abkommens bestimmt, dass dieses die Abschnitte II und III der Haager Landkriegsordnung und damit auch dessen Art. 43 ergänzt, kann Art. 64 Abs. 2 des IV. Genfer Abkommens als Ergänzung und Auslegungshilfe für den Halbsatz „soweit kein zwingendes Hindernis besteht" verstanden werden; für Strafgesetze stellt Art. 64 Abs. 2 (bei engem Verständnis des Abs. 1) aufgrund des Normzusammenhangs eine lex specialis dar.[1361]

Anhand der Ausnahmetatbestände der Art. 43 Haager Landkriegsordnung und Art. 64 des IV. Genfer Abkommens ist damit zu bestimmen, unter welchen Umständen eine Besatzungsmacht Veränderungen einführen und dafür gesetzgeberisch tätig werden darf. Ein „zwingendes Hindernis", bei dessen Vorliegen Landesgesetze missachtet werden dürfen, könnte vorliegen, wenn der Besatzer neue Gesetze für militärisch notwendig hält[1362], oder auch dann, wenn die Interessen der lokalen Bevölkerung es erforderlich machen.[1363] Das Ziel des Art. 43, die Herstellung des öffentlichen Lebens und der öffentlichen Ordnung, stellt das Interesse der Bevölkerung in den Vordergrund und spricht für eine weite Interpretation.[1364]

Die Einführung von Bestimmungen zur Erfüllung der Verpflichtungen des IV. Genfer Abkommens stellt eine Ausnahme des Art. 64 Abs. 2 dieses Abkommens dar. Diese kann auf das gesamte humanitäre Völkerrecht ausgedehnt werden, da nicht im IV. Genfer Abkommen enthaltene Bestimmungen ohne Gesetzgebungskompetenz im besetzten Land eventuell nicht umgesetzt werden könnten und so Widersprüche innerhalb des humanitären Völkerrechts entstünden.[1365]

Die Herstellung der öffentlichen Ordnung und des öffentlichen Lebens[1366], die Aufrechterhaltung einer ordentlichen Verwaltung des besetzten Gebiets sowie die Gewährleistung der Sicherheit der Besatzer sind die Ziele der weiteren Ausnahmen. In der Praxis wird dies teilweise weit ausgelegt. Vor allem lokale Gesetze mit

---

1361 Vgl. Sassòli, EJIL 16 (2005), S. 670 f.

1362 Bothe, Occupation, Belligerent, EPIL III, S. 765.

1363 Schwenk, The Yale Law Journal 54 (1945), S. 395; Sassòli, EJIL 16 (2005), S. 670.

1364 Vgl. Schwenk, The Yale Law Journal 54 (1945), S. 400.

1365 Vgl. Sassòli, EJIL 16 (2005), S. 675.

1366 Die verbindliche französische Fassung der Haager Landkriegsordnung spricht in Art. 43 von „l'ordre et la vie publics", die englische Übersetzung verwendet „public order and safety". Die Übersetzung von „la vie publique" mit „public safety" ist ungenau, da ersteres auch die sozialen und geschäftlichen Dinge des täglichen Lebens einschließt; vgl. Schwenk, The Yale Law Journal 54 (1945), S. 393, Fn. 1. Die deutsche Übersetzung „das öffentliche Leben" ist daher zutreffend.

Bezug zu Wahlen, militärischer Einberufung, Versammlungs- und Pressefreiheit sowie Waffengesetze werden außer Kraft gesetzt; in Ländern, in denen zuvor ein diktatorisches oder extremistisches Regime herrschte, kann dies etliche weitere Bereiche betreffen.[1367]

Insgesamt entsteht so eine begrenzte Gesetzgebungskompetenz für die Besatzungsmacht. Hieraus wird auch die Befugnis zur Einrichtung von Verwaltungskörpern oder Gerichten durch die Besatzungsmacht gefolgert, wenn dies zur Aufrechterhaltung von Sicherheit und Ordnung notwendig ist.[1368]

b) Nicht kodifizierte Ausnahmen

Auch wenn die kodifizierten Ausnahmen vom grundsätzlichen Gesetzgebungsverbot weit ausgelegt werden, umfassen sie nicht alle in der Praxis umgesetzten Veränderungen. Die Realität vieler Besatzungen des 20. Jahrhunderts und der Gegenwart hat sich jedoch vom klassischen, nicht auf Dauer angelegten und konservierenden Besatzungsmodell entfernt; Besatzungen finden bisweilen über sehr lange Zeiträume, auch nach Ende der Feindseligkeiten, statt, und tiefgreifende Veränderungen im besetzten Gebiet werden mit Umgestaltungszielen gerechtfertigt.[1369] Weil sich damit Arten von Besatzungen entwickelt haben, für die es im kodifizierten Recht an Regelungen fehlt, und um zu vermeiden, dass sich das humanitäre Völkerrecht von der Staatenpraxis entfernt und an Bedeutung verliert, ist zu fragen, welche weiteren Vorschriften zur Regelung umgestaltender Besatzungen geeignet sind.

Hierfür kann man zunächst die Überlegung anstellen, dass sich das Völkerrecht nicht zu sehr von den geschaffenen Fakten und der Realität entfernen darf. Im Zusammenhang mit Annexionen wird überlegt, den Grundsatz der Nichtanerkennung annektierter Gebiete als Teile des Aggressor-Staats insofern aufzuweichen, als ununterbrochene de facto-Kontrolle Fakten und damit Realität geschaffen habe.[1370] Obwohl eine umgestaltende Besatzung mit einer Annexion die Gemeinsamkeit hat, dass die Besatzungsmacht im besetzten Gebiet ein ihren Überzeugungen entsprechendes politisches System einführt, ist dies jedoch kaum auf solche Besatzungen übertragbar: Die rechtliche Bewertung beider Situationen kann nicht gleichlauten, da eine umgestaltende Besatzung ein der Annexion gegenläufiges Ziel, die volle Rückübertragung der Souveränität, verfolgt; auch steht nur die Anerkennung

1367 Vgl. das Handbuch über den bewaffneten Konflikt des britischen Verteidigungsministeriums: UK Ministry of Defence, The Joint Service Manual of the Law of Armed Conflict, verfügbar unter https://www.gov.uk/government/uploads/system/uploads/attachment_data/file/27874/JSP3832004Edition.pdf, recherchiert am 6.5.2013, Rn. 11.25; Roberts, Transformative Military Occupation, AJIL 100 (2006), S. 587.

1368 Vgl. Gasser, in: Fleck, The Handbook of International Humanitarian Law, Rn. 547.

1369 Roberts, Transformative Military Occupation, AJIL 100 (2006), S. 582 f.

1370 Vgl. Roberts, Transformative Military Occupation, AJIL 100 (2006), S. 584.

der Fakten, nicht die Aufweichung des Prinzips des Annexionsverbots selbst im Raum.[1371]

Menschenrechtliche Vorgaben haben das Potenzial, als Ausnahmen vom statischen Charakter des klassischen Besatzungsrechts zu dienen. Zwar findet sich im Besatzungsrecht keine geschriebene Ausnahme vom grundsätzlichen Gesetzgebungsverbot für solche Gesetze, die auf die Umsetzung von Menschenrechten zielen, dies ist jedoch damit zu erklären, dass sich die Bedeutung der Menschenrechte erst in der zweiten Hälfte des 20. Jahrhunderts entwickelte, als die Haager Landkriegsordnung und die Genfer Abkommen schon existierten.[1372] Aufgrund des nun überragenden Stellenwerts der Menschenrechte spricht viel dafür, dass sie ein „zwingendes Hindernis" für die Beachtung von Landesgesetzen sein können.[1373] Wie oben erläutert, sind Menschenrechte im Rahmen des ius in bello grundsätzlich anwendbar, insbesondere jene, von denen in Notstandssituationen nicht abgewichen werden darf. Da das Besatzungsrecht Teil des Kriegsrechts ist, binden Menschenrechte auch eine Besatzungsmacht. Praxis und Rechtsprechung zeigen, dass die Bevölkerung eines besetzten Landes den Schutz der Menschenrechte genießt.[1374] Aus ihrer Bindung an die für sie geltenden Menschenrechtsabkommen folgt, dass eine Besatzungsmacht nicht nur ihre eigenen Handlungen an diesen Rechten messen lassen muss, sondern auch verpflichtet ist, die durch sie ausgeübte Kontrolle zu nutzen, um menschenrechtswidrige lokale Gesetze zu suspendieren.[1375] Je deutlicher die Unvereinbarkeit des innerstaatlichen Rechts mit menschenrechtlichen Vorgaben ist, desto umfassender ist die Befugnis einer Besatzungsmacht, den Status quo diesbezüglich zu ändern.[1376] Menschenrechte können als ungeschriebene Ausnahme zur Pflicht der Beachtung der Landesgesetze gesehen werden.

Jedoch geben die meisten menschenrechtlichen Bestimmungen nur einen Rahmen vor, den auszufüllen Aufgabe des Staates ist, der hier einen Ermessensspielraum hat. Das Selbstbestimmungsrecht des von der Besatzung betroffenen Volkes könnte der Ausübung dieses Ermessens durch eine von außen kommende Besatzungsmacht

---

1371 Vgl. Roberts, Transformative Military Occupation, AJIL 100 (2006), S. 584.

1372 Vgl. Sassòli, EJIL 16 (2005), S. 676.

1373 Ebd.

1374 Vgl. oben (2.Kapitel, C I 4 c) bb) (4)); EGMR, Loizidou (Fn. 1195), Ziff. 56; IGH, Mauer-Gutachten (Fn. 1157), Ziff. 107–112;
UN Human Rights Committee, General Comment No. 31 [80], Nature of the General Legal Obligation Imposed on States Parties to the Covenant, UN Doc. CCPR/C/21/Rev.1/Add.13 vom 26.5.2004, Ziff. 10, verfügbar unter http://tb.ohchr.org/default.aspx?Symbol=CCPR/C/21/Rev.1/Add.13, recherchiert am 13.8.2014;
UK Ministry of Defence, The Joint Service Manual of the Law of Armed Conflict, Rn. 11.19, verfügbar unter https://www.gov.uk/government/uploads/system/uploads/attachment_data/file/27874/JSP3832004Edition.pdf, recherchiert am 6.5.2013.

1375 Vgl. Benvenisti, S. 103; Sassòli, EJIL 16 (2005), S. 676; Roberts, Transformative Military Occupation, AJIL 100 (2006), S. 589, 620.

1376 Ratner, EJIL 16 (2005), S. 710.

entgegenstehen; ein gangbarer Weg kann es daher sein, nur zwingend notwendige Veränderungen einzuführen und sich dabei so nah wie möglich an lokale Rechtstraditionen zu halten.[1377]

c) Politische Umgestaltung

Diese, letztlich eingeschränkte, Befugnis zur Einführung von Veränderungen im Recht des besetzten Staats aufgrund menschenrechtlicher Erwägungen allein reicht jedoch nicht aus, um alle umgestaltenden Maßnahmen zu rechtfertigen, die in der Praxis vorgenommen werden. Insbesondere die Umgestaltung des politischen Systems ist nicht allein durch Menschenrechte zu rechtfertigen. Politische Veränderungen, die oft mit institutioneller und verfassungsrechtlicher Umgestaltung einhergehen, stellen einen Eingriff in die Souveränität des besetzten Staats dar, da Besatzer in der Pflicht stehen, die Souveränität des besiegten Landes so weit wie möglich zu respektieren.[1378] Zusätzlich können solche Veränderungen das in Art. 2 Ziff. 7 UN-Charta niedergelegte Verbot der Einmischung in innere Angelegenheiten verletzen.[1379]

Es ist jedenfalls sehr zweifelhaft, dass Eingriffe zur politischen Umgestaltung von den geschriebenen Ausnahmen vom Gesetzgebungsverbot im Besatzungsrecht gedeckt werden. Auch bei einer weiten Auslegung geht ein so massiver Eingriff über die Zielsetzungen der Ausnahmetatbestände, wie der Herstellung des öffentlichen Lebens und der öffentlichen Ordnung, hinaus.

Dennoch ist eine Rechtfertigung denkbar: Diese beruht auf der Überlegung, dass ohne politische Veränderungen das Ziel eines Friedenseinsatzes oft nicht zu erreichen ist. In Nachkonfliktsituationen finden sehr häufig fundamentale politische und institutionelle Umgestaltungen statt.[1380] Es geht dabei auch darum, diejenigen Strukturen zu verändern, die zum Konflikt geführt haben. In kriegszerrütteten Gesellschaften ist politischer Wandel notwendig, um die Voraussetzungen für dauerhaften Frieden zu schaffen. Die Erhaltung des Status quo kann für die nationale Versöhnung kontraproduktiv sein; um Veränderung zu erreichen, ist aber oft Unterstützung von außen notwendig.[1381] Peacemaking soll den institutionellen Übergang ermöglichen und unterscheidet sich deshalb wesentlich von den Zielsetzungen des klassischen Besatzungsrechts.[1382]

Die Rechtfertigung des militärischen Eingriffs im Rahmen des ius ad bellum findet sich damit bei den Anforderungen wieder, die das ius post bellum an den intervenierenden Staat stellt. Wurde ein Eingriff als humanitäre Intervention zur Verhinderung eines Genozids gerechtfertigt, muss dieses Ziel auch nach dem Konflikt

1377 Sassòli, EJIL 16 (2005), S. 677.
1378 Vgl. Bass, Phil. & Publ. Affairs 32 (2004), S. 392.
1379 Vgl. Fleck, in: Stahn/Easterday/Iverson (Hrsg.), Jus Post Bellum, S. 45 f.
1380 Fleck, in: Stahn/Easterday/Iverson (Hrsg.), Jus Post Bellum, S. 45.
1381 Ebd.
1382 Stahn, Rethinking, 17 EJIL (2006), S. 936.

umgesetzt und die Gesellschaft stabilisiert werden.[1383] Eine Gesellschaft darf nicht dem Chaos oder der Anarchie überlassen werden.[1384]

Eine politische Umgestaltung ist jedoch nicht zulässig, wenn sie vor allem den Interessen der Siegermächte dient. Der Aufbau bestimmter politischer Verhältnisse durch die Sieger, um deren wirtschaftlichen, militärischen oder politischen Zielen zu dienen oder gar eine Marionettenregierung zu installieren, ist nicht rechtfertigbar.[1385]

Das richtige Maß zwischen dem Respekt vor der Souveränität und den inneren Angelegenheiten des Zielstaats einerseits und der Notwendigkeit zur Veränderung des Status quo andererseits ist für jeden Einzelfall zu bestimmen. Der UN-Sicherheitsrat ist die einzige Instanz, die in Betracht kommt, um über die Notwendigkeit und das Ausmaß der politischen Veränderung – mangels einschlägiger gesetzlicher Ausnahmetatbestände – entscheiden zu dürfen. Enthält ein Sicherheitsratsmandat Vorgaben, nach denen ein Besatzer mit über die besatzungsrechtlichen Regelungen hinausgehenden Gesetzgebungskompetenzen beliehen wird, wird Art. 103 UN-Charta relevant. Danach haben die Verpflichtungen aus der UN-Charta Vorrang vor ihnen widersprechenden Verpflichtungen aus anderen internationalen Übereinkünften. Wendet man diese Vorschrift (analog) auf Sicherheitsratsresolutionen an, gehen diese dem ihnen widersprechenden Besatzungsrecht vor.[1386] Eine Autorisierung durch den Sicherheitsrat ermöglicht damit die Abweichung vom Besatzungsrecht im Rahmen von umgestaltenden Besatzungen.[1387] Die Beachtung des ius cogens und der Menschenrechte sowie die Konformität der Umsetzung der vom Sicherheitsrat autorisierten Maßnahmen mit den weiteren Vorschriften des humanitären Völkerrechts müssen jedoch gewährleistet sein.[1388]

1383 Vgl. Bass, Phil. & Publ. Affairs 32 (2004), S. 401.

1384 Vgl. Bass, Phil. & Publ. Affairs 32 (2004), S. 403.

1385 Bass, Phil. & Publ. Affairs 32 (2004), S. 390 f., der deshalb Kritik übt an den Aussagen des US-Präsidenten George W. Bush, dass die Länder, die sich nicht am 2003 begonnenen Irakkrieg beteiligt haben, auch nicht am lukrativen wirtschaftlichen Aufbau teilhaben sollten.

1386 Vgl. IGH (Case concerning questions of interpretation and application of the 1971 Montreal Convention arising from the aerial incident at Lockerbie (Libyan Arab Jamahiriya v. USA), Verfügung („Order“) vom 14.4.1992, Ziff. 42, verfügbar unter http://www.icj-cij.org/docket/files/89/7213.pdf, recherchiert am 11.8.2014) wonach gemäß Art. 103 UN-Charta die aus einer Sicherheitsratsresolution folgenden Pflichten der Mitgliedstaaten Vorrang haben über die Verpflichtungen aus anderen internationalen Abkommen. Vgl. Sassòli, EJIL 16 (2005), S. 680 f.

1387 Roberts, Transformative Military Occupation, AJIL 100 (2006), S. 622.

1388 Vgl. Sassòli, EJIL 16 (2005), S. 681; Roberts, Transformative Military Occupation, AJIL 100 (2006), S. 622.

IV. Zielvorgaben des ius post bellum

Neben Rechtsnormen enthält das ius post bellum Zielsetzungen mit Hilfe derer in einer Nachkonfliktphase aus der bloßen Abwesenheit von Waffengewalt positiver Frieden entstehen soll. Diese Zielvorgaben haben nicht verbindlichen Charakter und sind auf jeden Anwendungsfall anzupassen. Sie berühren sowohl die politischen Voraussetzungen für dauerhaften Frieden als auch die Aufarbeitung von geschehenem Unrecht und die Versöhnung innerhalb der Gesellschaft. Einige Ziele werden im Folgenden dargestellt.

1. *Faires Friedensabkommen*

Die Voraussetzungen für dauerhaften und gerechten Frieden sind bei Beendigung des Konflikts zu legen. Die Aushandlung und der Abschluss eines fairen Friedensabkommens ist deshalb eine Zielsetzung des ius post bellum.

Dies kann erreicht werden, wenn der Inhalt des Friedensabkommens nicht, wie zu Zeiten des Versailler Vertrags, nur unter den Siegermächten, sondern unter allen Konfliktparteien ausgehandelt wird.[1389] Dass alle Parteien am Zustandekommen des Abkommens beteiligt werden müssen, ergibt sich schon aus Art. 34 der Wiener Vertragsrechtskonvention, wonach ein Vertrag für einen Drittstaat ohne dessen Zustimmung weder Pflichten noch Rechte begründet. Zudem lässt sich in der modernen Praxis eine Neutralisierung des Verhandlungsprozesses beobachten, da angestrebt wird, die Interessen einer nicht bei den Verhandlungen anwesenden unterlegenen Partei gemeinschaftlich und mit Hilfe von Dritten zu wahren.[1390]

Der Fairness und Nachhaltigkeit von Friedensabkommen ist es ferner zuträglich, wenn auch internationale Akteure oder Organisationen daran teilnehmen und wenn sie durch die Vorgaben des Völkerrechts, vor allem des humanitären Völkerrechts, der Menschenrechte und des internationalen Strafrechts, gelenkt werden.[1391] Der Inhalt eines Friedensabkommens muss allen Parteien gerecht werden und zwischen deren miteinander konkurrierenden Vorstellungen über die Merkmale eines gerechten Friedens Kompromisse erzielen.[1392] Moderne Friedensabkommen können die Qualität von rechtlich ausgestalteten Roadmaps erhalten, die die wechselseitigen Verpflichtungen der Parteien darlegen.[1393]

2. *Politischer Wandel*

Wie erläutert sind politische Veränderungen oft Teil einer umgestaltenden Besatzung. Unter Umständen kann politischer Wandel auch eine Zielvorgabe des ius

1389 Vgl. Stahn, Rethinking, 17 EJIL (2006), S. 938.
1390 Ebd.
1391 Vgl. Bell, in: Stahn/Easterday/Iverson (Hrsg.), Jus Post Bellum, S. 183.
1392 Ebd.
1393 Ebd.

post bellum darstellen. Dies ist dann der Fall, wenn das Erreichen fortdauernden Friedens nicht ohne grundlegende politische Veränderungen denkbar scheint. Nach manchen Konflikten, vor allem Bürgerkriegen, sind das Land und seine Gesellschaft so zerrüttet, dass nur ein politischer Neuanfang die Chance bietet, die Herausforderungen des Aufbaus zu bewältigen. Die Strukturen, die zum Konflikt geführt haben, müssen durch neue ersetzt werden. Der Erhalt des Status quo würde dem Versöhnungsprozess schaden – seine Überwindung ist jedoch oft nicht ohne Unterstützung von außen möglich.[1394] Die Schranken der Souveränität des Zielstaats und des Einmischungsverbots in innere Angelegenheiten sind dabei zu beachten. Unter ihrer Berücksichtigung ist ein Weg zu finden, der den Eingriff so intensiv wie nötig und so gering wie möglich hält, aber so viel Veränderung herbeiführt, wie notwendig ist, um Frieden politisch und institutionell zu etablieren.

3. *Suche nach Ausgleich statt Bestrafung der Besiegten*

Das moderne ius post bellum befürwortet nicht die Verhängung von Maßnahmen gegen die Verlierer des Kriegs, die das Ziel der Bestrafung und Schwächung verfolgen. Zielvorgabe ist vielmehr das Streben nach Ausgleich.

Das bis 1945 gängige Konzept der Bestrafung des Aggressors durch die erzwungene Abgabe von Staatsgebiet wird nicht mehr vom Völkerrecht getragen; Entwaffnung und die Prinzipien der Staatenverantwortlichkeit treten an seine Stelle.[1395] Dies kommt zum Ausdruck im Gewaltverbot, im Selbstbestimmungsrecht der Völker, und in Art. 49 des IV. Genfer Abkommens, der die zwangsweise Umsiedlung oder Deportation von Personen verbietet. Nur der Sicherheitsrat verfügt theoretisch über die Befugnis, Strafmaßnahmen gegen Staaten einzusetzen, ist jedoch über Art. 24 Abs. 2 UN-Charta auch an den Grundsatz der Wahrung der territorialen Unversehrtheit und an das Selbstbestimmungsrecht gebunden.[1396]

Auch die Belastung eines Volks durch übermäßige Reparationsforderungen oder überzogene Sanktionen mit Strafcharakter wird als nicht mehr zeitgemäß angesehen.[1397] Zu harte finanzielle Auflagen führen nicht nur zur Verantwortlichkeit des Regimes, sondern belasten das ganze Volk mit einer kollektiven, unterschiedslosen Strafe; die Auswirkungen von Kompensationsforderungen sind vor dem Hintergrund der wirtschaftlichen Leistungsfähigkeit des Staats zu bewerten.[1398] Die Idee, dass Aggressor-Staaten die wirtschaftlichen Folgen des von ihnen begonnenen Kriegs tragen müssen, bleibt jedoch aktuell und ist ein akzeptiertes Mittel zur

---

1394 Fleck, in: Stahn/Easterday/Iverson (Hrsg.), Jus Post Bellum, S. 45.

1395 Vgl. Stahn, Rethinking, 17 EJIL (2006), S. 939.

1396 Ebd.

1397 Reparationen werden von manchen sogar als mit einem Stigma der Rachgier belastet bezeichnet. Vgl. Bass, Phil. & Publ. Affairs 32 (2004), S. 410; Stahn, Rethinking, 17 EJIL (2006), S. 939.

1398 Vgl. Stahn, Rethinking, 17 EJIL (2006), S. 939 f.; Bass, Phil. & Publ. Affairs 32 (2004), S. 409.

Entschädigung von Opfergruppen.[1399] Von einem Staat zu leistende Reparationen sollen kompensatorisch wirken, nicht Rache üben; ideal wäre das Bemühen, die direkt Verantwortlichen persönlich zu belasten.[1400]

Ein relativ neuer Versuch, Regelungen über Reparationen zu schaffen, findet sich in den Artikelentwürfen zur Staatenverantwortlichkeit (*Draft Articles on State Responsibility for Internationally Wrongful Acts)* der *International Law Commission* (ILC).[1401] Die *Draft Articles* äußern sich zu den verschiedenen Formen der Wiedergutmachung.[1402] Sie enthalten Überlegungen zur Verhältnismäßigkeit, die in der von der ILC kommentierten Fassung der Artikelentwürfe erläutert werden:[1403] Nach Art. 35 lit. b darf die *Restitution* (Wiederherstellung der Situation vor Begehung des rechtswidrigen Aktes) nicht außer Verhältnis zu dem Vorteil stehen, der sich aus *Restitution* im Gegensatz zu *Compensation* (Schadenersatz) ergibt. *Satisfaction* (Genugtuung) darf nicht außer Verhältnis zur Rechtsverletzung stehen oder in einer den verantwortlichen Staat erniedrigenden Form erfolgen (Art. 37 Abs. 3).[1404] Auch *Satisfaction* hat keinen Strafcharakter; in der Vergangenheit erfolgte übermäßige oder erniedrigende Forderungen sollen so beschränkt werden.[1405] Die *Draft Articles* legen damit zwar keine klaren Grenzen fest, schaffen jedoch mit dem Grundsatz der Verhältnismäßigkeit einen Maßstab.

Auch die als Druckmittel durchgeführten Sanktionen sollen nicht die breite Bevölkerung, sondern die Verantwortlichen treffen. Dies zeigen die Ausführungen über zielgerichtete Sanktionen (*targeted sanctions*) im UN High Level Panel-Bericht *A more secure world.* Danach sollen Maßnahmen wie Waffenembargos, Einreiseverbote, Finanzsanktionen, den Luftverkehr betreffende Sanktionen oder auch

---

1399 Im Luxemburger Abkommen von 1952 wurden Entschädigungszahlungen der Bundesrepublik Deutschland an Israel vereinbart; (Quelle: Politisches Archiv des Auswärtigen Amts, BILAT – ISR 1, www.auswaertiges-amt.de, recherchiert am 1.3.2013); vgl. Bass, Phil. & Publ. Affairs 32 (2004), S. 408, 410 f.

1400 Vgl. Bass, Phil. & Publ. Affairs 32 (2004), S. 409.

1401 Die *Draft Articles* aus dem Jahr 2001 wurden von der UN-Generalversammlung in der Resolution A/RES/56/83 vom 28.1.2002 angenommen, es entstand daraus aber bislang kein völkerrechtlicher Vertrag. Die *Draft Articles* stellen jedoch ein Hilfsmittel dafür dar, festzustellen, was gewohnheitsrechtlich hinsichtlich völkerrechtlicher Verantwortlichkeit gilt. Vgl. Ipsen, in: Ipsen (Hrsg.), Völkerrecht, § 39 Rn. 1 f. Die Resolution 56/83 enthält die Artikelentwürfe und ist verfügbar unter http://www.un.org/ga/search/view_doc.asp?symbol=A/RES/56/83&Lang=E, recherchiert am 1.3.2013.

1402 Diese sind *Restitution*, *Compensation* und *Satisfaction*, vgl. Art. 34 ff. der *Draft Articles.*

1403 Die von der ILC kommentierte Fassung (Draft articles on Responsibility of States for Internationally Wrongful Acts, with commentaries, 2001) ist verfügbar unter http://legal.un.org/ilc/texts/instruments/english/commentaries/9_6_2001.pdf, recherchiert am 13.8.2014.

1404 Vgl. auch Ziff. 5 des ILC-Kommentars (Fn. 1403) zu Art. 34, Ziff. 11 zu Art. 35.

1405 Vgl. Ziff. 8 des ILC-Kommentars (Fn. 1403) zu Art. 37.

Sportembargos Druck auf Machthaber und Eliten ausüben, ohne humanitäre Folgen zu verursachen, und diejenigen isolieren, die internationales Recht verletzen.[1406]

4. Herstellung individueller Verantwortlichkeit

Das moderne ius post bellum lehnt jede Form von kollektiver und unterschiedsloser Verantwortlichkeit ab und setzt das Ziel der Herstellung individueller Verantwortlichkeit. Kollektiv wirkende Strafmaßnahmen sind unzulässig; Individuen können nur für ihr eigenes Fehlverhalten zur Verantwortung gezogen werden.[1407] Dies kommt in Art. 50 der Haager Landkriegsordnung zum Ausdruck, wonach wegen der Handlungen Einzelner keine Strafe über eine ganze, nicht mitverantwortliche Bevölkerung verhängt werden darf. Art. 33 der IV. Genfer Konvention verbietet in Bezug auf nicht an den Feindseligkeiten Beteiligte Strafen für nicht persönlich begangene Übertretungen, Kollektivstrafen, Maßnahmen zur Einschüchterung oder Terrorisierung und Vergeltungsmaßnahmen. Die Eigenständigkeit der individuellen gegenüber der Staatenverantwortlichkeit kommt auch darin zum Ausdruck, dass amtliche Eigenschaften oder Immunitäten hinsichtlich der strafrechtlichen Verfolgung von den vom internationalen Strafrecht erfassten Verbrechen unerheblich sind (so in Art. 27 des Status des Internationalen Strafgerichtshofs).[1408]

5. Transitional Justice

Das ius post bellum bezweckt die Aufarbeitung von Unrecht in der Übergangsphase zum Frieden. Der Überbegriff *Transitional Justice* erfasst Maßnahmen juristischer und nicht-juristischer Art, die darauf gerichtet sind, das Erbe massiver Menschenrechtsverletzungen zu erkennen und auf Verantwortlichkeit, Gerechtigkeit und Versöhnung hinzuwirken; die strafrechtliche Verfolgung von Kriegsverbrechern, Wahrheitskommissionen, Entschädigungen und institutionelle Reformen können zu den Maßnahmen gehören.[1409] *Transitional Justice* findet in der Übergangsphase von Gewaltherrschaft zu einer demokratischen Zivilgesellschaft

---

1406 High-level Panel Bericht *A more secure world* (Fn. 646), Ziff. 179.

1407 Vgl. Stahn, Rethinking, 17 EJIL (2006), S. 940.

1408 Art. 7 des Statuts des Internationalen Strafgerichtshofs für das ehemalige Jugoslawien und Art. 6 des Statuts des Internationalen Strafgerichtshofs für Ruanda enthalten entsprechende Regelungen; vgl. Stahn, Rethinking, 17 EJIL (2006), S. 940, Fn. 108.

1409 Vgl. die Definition in Ziff. 8 des Berichts des UN-Generalsekretärs *The rule of law and transitional justice in conflict and post-conflict societies* vom 23.8.2004 (UN Doc. S/2004/616 – verfügbar unter http://daccess-dds-ny.un.org/doc/UNDOC/GEN/N04/395/29/PDF/N0439529.pdf, recherchiert am 22.7.2014), sowie die Definition der Nichtregierungsorganisation „International Center for Transitional Justice" (vgl. http://ictj.org/about/transitional-justice, recherchiert am 5.2.2013).

statt.[1410] Aufarbeitung von Gewalt, Vergangenheitsbewältigung und der Versuch, Gerechtigkeit herzustellen, sollen den Zusammenhalt der neuen Gesellschaft stärken und zu Versöhnung und dauerhaftem Frieden beitragen. Die Instrumente der *Transitional Justice* sollen den Rückfall in Gewalt und Selbstjustiz verhindern, die Schuld Individuen, anstatt einer Gruppe, zuweisen und der moralischen Verpflichtung den Opfern gegenüber, Gerechtigkeit zu schaffen, nachkommen; sie bewirken einen klaren Bruch mit vorherigen Unrechtsregimes und geben einer neuen Regierung Legitimität.[1411]

Transitional Justice kann zwar zunächst als Teil des ius in bello angesehen werden, da in Kriegsverbrecherprozessen über im Krieg verübte Verbrechen verhandelt und daher das Recht des bewaffneten Konflikts angewandt wird; jedoch finden diese Prozesse in der Nachkonfliktphase statt, so dass sie de facto post bellum-Gerechtigkeit suchen.[1412]

Als die wichtigsten Instrumente der Transitional Justice können Strafverfolgung, Wahrheitskommissionen und Entschädigung gelten.

Die Strafverfolgung derjenigen, die Rechtsverletzungen begangen oder befohlen haben, kann auf internationaler oder auf innerstaatlicher Ebene erfolgen. Auf internationaler Ebene existiert der im Jahr 2002 errichtete ständige Internationale Strafgerichtshof (IStGH), dessen Gerichtsbarkeit (nach den Art. 5 ff. des Römischen Statuts des IStGH) darauf gerichtet ist, nur die schwersten Verbrechen zu verfolgen, die die internationale Staatengemeinschaft als Ganzes betreffen.[1413] Dem Gerichtshof kommt dabei nur eine ergänzende Jurisdiktionsgewalt zu; er kann Verfahren nur an sich ziehen, wenn der Heimat- oder der Aufenthaltsstaat eines Beschuldigten zur Strafverfolgung aufgerufen oder verpflichtet wurde, der Staat dazu aber „nicht willens oder nicht in der Lage" ist (vgl. Art. 17 Abs. 1 lit. a Römisches Statut).[1414]

Die Internationalen Strafgerichtshöfe für das ehemalige Jugoslawien und für Ruanda wurden durch UN-Sicherheitsratsresolutionen als ad hoc-Straftribunale errichtet. Der Sicherheitsrat sah die geschehenen Verbrechen als Bedrohung des

1410 Vgl. die Beschreibung des Goethe-Instituts unter http://www.goethe.de/ges/pok/dos/dos/ern/vgp/de2295000.htm, recherchiert am 5.2.2013.

1411 Vgl. Robinson, 14 EJIL (2003), S. 489.

1412 Vgl. Österdahl, NJIL 81 (2012), S. 273 f.

1413 Derzeit (Stand Juli 2014) sind 122 Staaten Mitglieder des Römischen Statuts des IStGH. Nicht darunter sind jedoch u.a. die USA, Russland und China. Vgl. die Website des IStGH unter http://www.icc-cpi.int (recherchiert am 23.7.2014); Stein/v. Buttlar, Rn. 1191 f.

1414 Der IStGH verfügt jedoch über eine sehr weite Jurisdiktionsgewalt in personeller Hinsicht, da er tätig werden kann, wenn der Beschuldigte Staatsbürger eines Vertragsstaats des Römischen Statuts ist oder wenn die fragliche Handlung auf dem Hoheitsgebiet eines Vertragsstaats stattgefunden hat. Insbesondere die Befürchtung, dass im Ausland eingesetzte US-Soldaten vor dem IStGH verfolgt würden, haben die USA veranlasst, das Römische Statut nicht zu ratifizieren. Stein/v. Buttlar, Rn. 1201 f.

Weltfriedens und der internationalen Sicherheit an und handelte auf der Grundlage von Art. 39 i.V.m. Art. 41 UN-Charta.[1415] Der 1993 eingerichtete Internationale Strafgerichtshof für das ehemalige Jugoslawien hat den Zweck der Strafverfolgung der seit 1991 auf dem Gebiet des ehemaligen Jugoslawien geschehenen schweren Verletzungen des humanitären Völkerrechts.[1416] Der 1994 errichtete Internationale Strafgerichtshof für Ruanda ist zuständig für die Strafverfolgung der für den im Jahr 1994 in Ruanda geschehenen Genozid Verantwortlichen.[1417]

Die Durchführung von Kriegsverbrechertribunalen muss etlichen Herausforderungen gerecht werden: Es sollen Anklagen gegen alle mutmaßlichen Kriegsverbrecher erhoben und die Verfahren in einem angemessenen Zeitrahmen abgeschlossen werden.[1418] Politischer Einfluss auf die Tribunale ist zu vermeiden, die Tribunale und ihre Entscheidungen sollen als transparent und neutral wahrgenommen werden, und es darf nicht der Eindruck von Siegerjustiz entstehen.[1419]

Um sogenannte gemischte Gerichte handelt es sich zum Beispiel beim Sondergericht für Sierra Leone zur Verfolgung von seit 1996 im Bürgerkrieg von Sierra Leone begangenen Verbrechen und beim kambodschanischen Khmer Rouge-Tribunal zur Verfolgung der zwischen 1975 und 1979 begangenen Verbrechen der Roten Khmer; beide Sondergerichte sind sowohl mit internationalen als auch mit Richtern aus Sierra Leone bzw. Kambodscha besetzt.[1420] Ihre Errichtung beruht auf von den Vereinten Nationen mit dem jeweiligen Staat geschlossenen Abkommen.[1421] Ferner kann die juristische Aufarbeitung durch rein innerstaatliche Gerichte vollzogen werden. Die Strafverfolgung auf innerstaatlicher Ebene kann die noch schwachen Justizstrukturen der Staaten in Nachkonfliktsituationen jedoch überfordern, weshalb

---

1415 Stein/v. Buttlar, Rn. 1181.

1416 Vgl. die UN-Sicherheitsratsresolutionen S/RES/808 (1993) vom 22.2.1993 und S/RES/827 (1993) vom 25.5.1993, durch die der Gerichtshof eingerichtet wurde. Die Resolutionen sind verfügbar unter http://www.icty.org/x/file/Legal%20Library/Statute/statute_808_1993_en.pdf und http://www.icty.org/x/file/Legal%20Library/Statute/statute_827_1993_en.pdf, recherchiert am 23.7.2014.

1417 Vgl. die für die Errichtung maßgebliche UN-Sicherheitsratsresolution S/RES/955 (1994) vom 8.11.1994; verfügbar unter http://daccess-dds-ny.un.org/doc/UNDOC/GEN/N95/140/97/PDF/N9514097.pdf, recherchiert am 23.7.2014.

1418 Vgl. Jackman, Humanitäres Völkerrecht 2007, S. 40 ff.

1419 Ebd.

1420 Stein/v. Buttlar, Rn. 1187 ff.

1421 *Agreement between the United Nations and the government of Sierra Leone on the establishment of a Special Court for Sierra Leone* vom 16.1.2002 (verfügbar unter http://www.rscsl.org/Documents/scsl-agreement.pdf, recherchiert am 24.7.2014); *Agreement between the United Nations and the Royal Government of Cambodia concerning the prosecution under Cambodian law of crimes committed during the period of Democratic Kampuchea* vom 6.6.2003 (verfügbar unter https://treaties.un.org/doc/Publication/UNTS/Volume%202329/Part/volume-2329-I-41723.pdf, recherchiert am 24.7.2014).

manchmal nur führende Personen und nur die schwersten Rechtsverletzungen angeklagt werden.[1422]

Da es in Ruanda die enorme Anzahl durchzuführender Strafverfahren unmöglich machte, alle Anklagen vor dem Internationalen Strafgerichtshof für Ruanda und vor den innerstaatlichen Gerichten zu erheben, wurden als Reaktion auf die langen Verfahrensdauern auf lokaler Ebene sogenannte *Gacaca*-Gerichte eingerichtet.[1423] *Gacaca* ist eine traditionelle ruandische Art und Weise der Konfliktlösung auf lokaler Ebene; diese wurde zum Forum für Anklagen gegen am Völkermord Beteiligte umgeformt, modernisiert und auf breiter Ebene etabliert.[1424] Jeder Beschuldigte wird dabei vor dem *Gacaca*-Gericht des Ortes angeklagt, in dem er die ihm vorgeworfenen Verbrechen begangen haben soll; die Einwohner des Ortes bilden eine Versammlung, aus der sie die Richter wählen, und die als Diskussionsforum dient, durch das auch Beweise und Argumente vorgebracht werden.[1425]

Wahrheitskommissionen, mit der Aufgabe Geschehnisse zu untersuchen und Unrecht aufzudecken, sind ein weiteres Instrument der *Transitional Justice.* Das Verständnis, dass Wahrheitskommissionen als Alternative zur Strafverfolgung eingesetzt werden, weil jene aus politischen oder praktischen Gründen nicht durchführbar erscheint, ist der Ansicht gewichen, dass Wahrheitskommissionen die Strafverfolgung nur ergänzen können.[1426] Wahrheitskommissionen stellen, mehr als die Strafjustiz, die Opfer in den Vordergrund und dokumentieren das ihnen geschehene Unrecht.[1427] Die Aufdeckung der Wahrheit kann einerseits die innere Aussöhnung eines Landes behindern, andererseits aber bewirken, dass am Unrecht Beteiligte nicht weiter politische Macht ausüben.[1428] Langfristig soll die Arbeit von Wahrheitskommissionen verhindern, dass die Erinnerung an die Geschehnisse

---

1422 Seibert-Fohr, Transitional Justice in Post-Conflict Situations, in: Wolfrum (Hrsg.), MPEPIL, Ziff. 16.

1423 Im Jahr 2003 waren ca. 130.000 im Zusammenhang mit dem Genozid Beschuldigte oder Angeklagte inhaftiert. Vgl. Uvin, in: Bloomfield/Barnes/Huyse (Hrsg.), Reconciliation After Violent Conflict, S. 116; Jackman, Humanitäres Völkerrecht 2007, S. 42.

1424 Uvin, in: Bloomfield/Barnes/Huyse (Hrsg.), Reconciliation After Violent Conflict, S. 116 f.

1425 Die schwersten Verbrechen („Kategorie I") konnten nicht vor den *Gacaca*-Gerichten angeklagt werden. Die gewählten Richter erhielten, mit internationaler Unterstützung, eine Einweisung. Uvin, in: Bloomfield/Barnes/Huyse (Hrsg.), Reconciliation After Violent Conflict, S. 117.

1426 Vgl. Tomuschat, Die Kunst, Die Friedens-Warte 74 (1999), S. 365; Seibert-Fohr, Transitional Justice in Post-Conflict Situations, in: Wolfrum (Hrsg.), MPEPIL, Ziff. 18.

1427 Die Dokumentation kann helfen, das Schicksal von Opfern zu klären, oder auch als Grundlage für Entschädigungsansprüche dienen. Seibert-Fohr, Transitional Justice in Post-Conflict Situations, in: Wolfrum (Hrsg.), MPEPIL, Ziff. 18; Tomuschat, Die Kunst, Die Friedens-Warte 74 (1999), S. 365.

1428 Vgl. Tomuschat, Die Kunst, Die Friedens-Warte 74 (1999), S. 366.

verloren geht, die tieferen Gründe für den Konflikt erforschen, Gewaltmuster erkennen und so dazu beitragen, einen Rückfall zu verhindern.[1429]

Entschädigungen als weiteres Instrument von *Transitional Justice* sollen den Opfern einen Ausgleich für entstandene Schäden bieten. Da vom Staat in großem Umfang zu leistender Schadenersatz eine erhebliche Belastung und Schwächung für eine neue Regierung darstellen kann, haben Entschädigungen jedoch oft nur symbolischen Charakter.[1430]

Die Umsetzung von *Transitional Justice*-Instrumenten ist damit zwar geeignet, ein gewisses Maß an Verantwortlichkeit und Gerechtigkeit herbeizuführen, nicht immer dienen sie aber auch der Versöhnung. Ein Dilemma zwischen Gerechtigkeit und Frieden kommt hier zum Tragen. Täter zur Verantwortung zu ziehen und Geschehnisse aufzuklären und festzuhalten ist einerseits notwendig, um Gerechtigkeit zu erreichen, aus der schließlich Versöhnung entstehen kann, andererseits lässt eine detaillierte Aufklärung von Taten, manchmal lange Zeit nach deren Begehung, das Unrecht wieder aufleben und kann so die Feindseligkeit in einer bereits gemäßigten Stimmung erneut beleben. Weil zu viel Strafverfolgung und Aufklärung kontraproduktiv wirken können, wird vertreten, dass es zu akzeptieren sei, dass Frieden oft bedeutet, Unrecht und Ungerechtigkeiten hinzunehmen.[1431]

Das moderne Peace-making verlangt daher, Nachkonflikt-Verantwortlichkeit und die Anforderungen des Friedens miteinander in Einklang zu bringen.[1432] Eine Möglichkeit, dies zu tun, besteht darin, Strafjustiz und Wahrheits- und Versöhnungsmechanismen zu kombinieren und Amnestien für weniger schwere Verbrechen zuzulassen.[1433]

Die Frage, ob die Aufgabe zur Herstellung von Frieden schwerer wiegen muss als die zur Herstellung von Gerechtigkeit, lässt sich nicht definitiv beantworten.[1434] Ob und inwieweit es notwendig ist, Frieden vor Gerechtigkeit zu stellen, ist in jedem Einzelfall zu entscheiden.

B. Herausforderungen des Nation-Building

I. Ziele des Nation-Building

Im ersten Kapitel wurden als Ziele des Nation-Building die Faktoren Friedenssicherung, Gewährleistung der öffentlichen Sicherheit, humanitäre Hilfe, Aufbau und Stärkung staatlicher Institutionen, Wiederaufbau und Förderung der

1429 Seibert-Fohr, Transitional Justice in Post-Conflict Situations, in: Wolfrum (Hrsg.), MPEPIL, Ziff. 18; Robinson, 14 EJIL (2003), S. 484.

1430 Seibert-Fohr, Transitional Justice in Post-Conflict Situations, in: Wolfrum (Hrsg.), MPEPIL, Ziff. 20.

1431 Vgl. Bass, Phil. & Publ. Affairs 32 (2004), S. 404 f.

1432 Vgl. Stahn, Rethinking, 17 EJIL (2006), S. 940.

1433 Stahn, Rethinking, 17 EJIL (2006), S. 940 f.; Robinson, 14 EJIL (2003), S. 483 f.

1434 Vgl. Bass, Phil. & Publ. Affairs 32 (2004), S. 405.

wirtschaftlichen und sozialen Entwicklung, Rechtsstaatlichkeit, Demokratisierung und Förderung einer nationalen Identität definiert. Nun sollen einige Herausforderungen praktischer Art aufgezeigt werden, die sich aus diesen Zielen ergeben.

Dabei kann es helfen, die Ziele anhand der zeitlichen Abfolge ihres Erreichens zu priorisieren, wobei die Phasen ineinander übergehen und voneinander abhängen. Der Ausgangspunkt ist eine Nachkonfliktsituation im Zielland, in der es sich externe Akteure, die oft auch beim Beenden des vorangegangenen Konfliktes mitgewirkt haben, zum Ziel setzen, nachhaltigen Frieden zu sichern. Demnach ist die Friedenssicherung in allen Phasen der Nachkonfliktmission deren überragendes Ziel. Von der Sicherung und Festigung des Friedens ausgehend soll schließlich dessen Stabilität und Dauerhaftigkeit hergestellt werden. Als kurzfristige Zwischenziele soll dazu in einer ersten Phase erreicht werden, dass das Land nicht in den Konflikt zurückfällt, dass die öffentliche Sicherheit wiederhergestellt und das dafür notwendige Gewaltmonopol etabliert wird, und dass die grundlegenden Bedürfnisse der Bevölkerung durch humanitäre Hilfe erfüllt werden. Als mittelfristige Ziele können der Aufbau staatlicher Institutionen und der Anstoß für die wirtschaftliche und soziale Entwicklung des Landes gelten. Langfristig sollen Rechtsstaatlichkeit und Demokratisierung sowie das Herausbilden einer nationalen Identität erreicht werden. Die Grundlagen für die demokratische Entwicklung sind bereits mittelfristig zu legen.

Im Folgenden werden einige Ziele aufgegriffen, die Nation-Builder vor besondere Herausforderungen stellen.

1. *Sicherheit*

Ein Gewaltmonopol zu errichten und so die öffentliche Sicherheit und Ordnung zu gewährleisten ist eine unumstrittene Notwendigkeit im Rahmen von Nation-Building Missionen, die Umsetzung eine ihrer größten Herausforderungen. Die Sicherheitslage in Nachkonfliktsituationen ist derart fragil, dass stets zu befürchten ist, dass Gewalt und Feindseligkeiten wieder aufbrechen. Lokale Kriegsherren, „Warlords", halten oft für ihre Regionen die Macht inne und üben diese gewaltsam aus. In einem vom Konflikt gezeichneten rechts- und gesetzlosen Raum breitet sich eine hohe allgemeine Kriminalität aus, die oft von Banden gesteuert wird. Zudem werden Drogenproduktion und -handel zum Wirtschaftszweig. Fortdauernde Kriminalität und Gewalt gefährden die Mission, vor allem die Hilfsorganisationen, und vermindern die Legitimität der ausländischen Akteure ebenso wie die der neuen Regierung des Ziellandes.

Die externen Akteure müssen, um Sicherheit herzustellen, militärische und polizeiliche Funktionen erfüllen. Zu ersterer gehören die Kontrolle über lokale militärische Einheiten und Milizen und Zwangsmaßnahmen im Rahmen des Peace Enforcement, zu letzterer die Aufrechterhaltung der öffentlichen Ordnung und Bekämpfung der Kriminalität.[1435] Wenn die externen Akteure es schaffen, die Macht der Kriegsherren und Banden zu durchbrechen, bringen sie eine erste, wesentliche Verbesserung für die lokale

1435 Vgl. Fukuyama, Guidelines, in: Fukuyama (Hrsg.), Nation-Building, S. 234 f.

Bevölkerung hervor. Bevor dies erreicht werden kann, stehen die Externen jedoch vor der oft großen Schwierigkeit, für ihre eigene Sicherheit zu sorgen. Für NGOs bleibt häufig keine andere Möglichkeit als die Zahlung von Schutzgeldern an lokal dominierende Warlords; so werden diese jedoch gestärkt, die Durchsetzung des staatlichen Gewaltmonopols gehindert und die Strukturen der Kriegswirtschaft erhalten.[1436]

Das fehlende Voraussehen und Nichtverhindern der Plünderungen und massiven Störungen der öffentlichen Ordnung im Irak nach der US-geführten Invasion wird heute als einer der größten Fehler dieses Einsatzes angesehen.[1437] In Afghanistan war und ist es äußerst schwierig, das Gewaltmonopol der afghanischen Regierung in allen Landesteilen sicherzustellen.[1438]

2. *Errichtung staatlicher Institutionen*

Nation-Builder sollen den Anstoß zur Errichtung funktionsfähiger und legitimer staatlicher Einrichtungen geben. Dazu gehören zum einen der Regierungsapparat und Einrichtungen, die die staatliche Gewalt ausüben, wie Justiz, Verwaltung und Polizei, zum anderen Einrichtungen der Daseinsvorsorge, unter anderem für Gesundheit, Bildung und Soziales. Es soll eine neue politische Ordnung entstehen, die sich vom bisherigen System, unter dem der Konflikt entstanden ist, unterscheidet und friedenssichernd wirkt. Der neue Staatsapparat soll seinen Bürgern zudem Leistungen bieten können, solche für die unmittelbare Versorgung ebenso wie solche Leistungen, die für das gesellschaftliche Zusammenleben notwendig sind.

Es ist wichtig, dass die neue Regierung im Zielstaat über Legitimität verfügt, und dass die neue politische Ordnung nicht zu sehr auf den Parteien des ursprünglichen Konflikts beruht.[1439] Legitimität entsteht aus heutiger Sicht primär aus demokratischen Wahlen: Werden zu früh nach dem Konflikt Wahlen abgehalten, birgt dies jedoch die Gefahren, dass bewaffnete Gruppen die Wähler beeinflussen, dass sich demokratische politische Parteien nicht bilden und organisieren können und dass die – oft radikalen – Parteien des vorangegangenen Konflikts ihre Positionen durch Wahlen legitimieren und somit kein echter Wandel stattfindet.[1440] Zudem entsteht Legitimität aus der Einbeziehung aller Gruppen der Gesellschaft. Im Nation-Building Prozess sind alle relevanten gesellschaftlichen Kräfte zu berücksichtigen; die Beteiligung darf sich nicht auf Eliten beschränken oder zivilgesellschaftlich wenig vertretene Bevölkerungsgruppen übersehen.[1441]

In Afghanistan genießt die Versammlungsform der Loya Jirga traditionell Legitimität. Im Übergangsprozess wurden eine außerordentliche Loya Jirga zur

---

1436 Schade, in: Hippler (Hrsg.), Nation-Building, S. 185.

1437 Fukuyama, Guidelines, in: Fukuyama (Hrsg.), Nation-Building, S. 234.

1438 Vgl. oben; Fukuyama, Guidelines, in: Fukuyama (Hrsg.), Nation-Building, S. 234.

1439 Fukuyama, Guidelines, in: Fukuyama (Hrsg.), Nation-Building, S. 237.

1440 Ebd.; Talentino, The Two Faces, Cambridge Review of International Affairs 17 (2004), S. 566.

1441 Hopp/Kloke-Lesch, in: Hippler (Hrsg.), Nation-Building, S. 208.

Einsetzung der Übergangsverwaltung und eine verfassunggebende Loya Jirga einberufen. Ihre Mitglieder waren so ausgewählt, dass alle Gruppen im Land repräsentiert wurden, sie waren aber nicht vom Volk gewählt.[1442] Die Präsidentschaftswahlen und Parlamentswahlen fanden nach demokratischen Prinzipien statt.

Die geschaffenen Einrichtungen funktionsfähig und wirksam zu machen ist eine weitere große Herausforderung. Die ausländischen Akteure müssen hier das richtige Maß finden bei der Entscheidung, Leistungen selbst zu erbringen oder dies den neuen Institutionen zu überlassen. Letzteren muss Raum gegeben werden, um eigene Mechanismen und Strategien zu entwickeln. Es nützt dem Fortgang des politischen Prozesses hin zu dauerhaftem Frieden, wenn eine von den neuen Einrichtungen ausgehende, wirtschaftliche und soziale Besserstellung der Bevölkerung merklich wird.[1443] Staatliche Leistungen in den Bereichen Gesundheit, Soziales und Bildung tragen zur gesellschaftlichen Anerkennung des Staatsapparats bei.[1444]

Die von externen Akteuren erbrachten Leistungen sind einerseits unentbehrlich für Versorgung und Wiederaufbau, andererseits können sie die Entwicklung des Landes behindern. Wenn viele ausländische Organisationen im Land aktiv sind, werden diese zum attraktiven Arbeitgeber für Einheimische; deren Kapazitäten stehen den inländischen Einrichtungen, die im Verhältnis keine konkurrenzfähigen Gehälter zahlen können, nicht mehr zur Verfügung, was den Aufbau staatlicher Strukturen hindert.[1445] Den lokalen Behörden, die ja die Verantwortung für die Leitung des Landes übernehmen müssen, werden Talente abgeworben; durch Ausländer erbrachte Dienstleistungen werden zum Hindernis für die neuen Institutionen, diese Aufgaben selbst zu übernehmen.[1446]

Das Problem zeigt sich auch an der Rolle von NGOs. Gerade diese sind für die zügige Sicherstellung sozialer Dienstleistungen unentbehrlich, da sie dort aushelfen, wo noch keine staatliche Sozialversorgung existiert.[1447] Sie geben zudem als Wirtschaftsfaktor und Arbeitsmarktsegment positive wirtschaftliche Impulse.[1448] Die negative Auswirkung des „braindrain" in den Entwicklungssektor besteht jedoch ebenso wie die Gefahr, dass im Verlauf des Übergangsprozesses ein von Spannungen begleitetes Konkurrenzverhältnis zwischen den staatlichen Institutionen und NGOs um internationale Hilfsgelder und personelle und technische Ausstattung entsteht.[1449] So warfen sich zur Zeit der afghanischen Übergangsregierung NGOs

1442 Vgl. oben bei Afghanistan (1. Kapitel, D III 3).
1443 Vgl. Hopp/Kloke-Lesch, in: Hippler (Hrsg.), Nation-Building, S. 208.
1444 Vgl. Schade, in: Hippler (Hrsg.), Nation-Building, S. 186.
1445 Fukuyama, Nation-Building, in: Fukuyama (Hrsg.), Nation-Building, S. 7; Schade, in: Hippler (Hrsg.), Nation-Building, S. 184, 191.
1446 Fukuyama, Guidelines, in: Fukuyama (Hrsg.), Nation-Building, S. 241 f.
1447 Schade, in: Hippler (Hrsg.), Nation-Building, S. 185.
1448 Schade, in: Hippler (Hrsg.), Nation-Building, S. 184.
1449 Schade, in: Hippler (Hrsg.), Nation-Building, S. 184 f.

und Regierungsvertreter gegenseitig mangelnde Koordinations- und Kooperationsbereitschaft vor.[1450]

3. *Rechtsstaatlichkeit und Demokratisierung*

Als tragendes Element der Herstellung von Staatlichkeit wird die Rechtsstaatlichkeit bzw. das dem Konzept des Rechtsstaats sehr ähnliche Konzept der rule of law verstanden; letzteres enthält nach einer breiten Definition die rechtsstaatlichen Prinzipien von Gewaltenteilung, Grundrechtsschutz, Gesetzmäßigkeit der Verwaltung und unabhängiger Gerichtsbarkeit.[1451] Staatliche Institutionen können nur glaubwürdig sein, wenn das Recht vorherrscht, nicht Willkür oder Korruption.

Während die Notwendigkeit der Schaffung rechtsstaatlicher Strukturen unbestritten ist, wird Demokratisierung nicht stets als Element von Nation-Building genannt. Auch wenn im Völkerrecht kein Recht im Sinne eines Anspruchs auf Demokratie erkennbar ist, wird Demokratisierung aber trotzdem meist als die beste Option in einer Nachkonfliktsituation angesehen. Erklärt wird dies weniger mit einer abstrakten oder ideologisch begründeten besseren Eignung von Demokratie, die Gesellschaft zu regeln, als mit ihrem Wirkungsgrad, dauerhaften Frieden zu sichern. Für das Ziel der Schaffung einer nach innen und nach außen friedlichen Gesellschaft wird Demokratisierung als Methode dafür gesehen, wie der Wettbewerb um Macht und Wohlstand in der Gesellschaft von gewaltsamen in friedliche Kanäle gelenkt werden kann.[1452] Demokratie schafft Regeln für die friedliche Lösung von Streitigkeiten und lenkt den politischen Wettkampf in die geordneten Bahnen von Wahlen.[1453] Nation-Building soll gesellschaftliche Rivalitäten lösen, die politische Festigung fördern und erreichen, dass alle gesellschaftlichen Gruppen vom Frieden profitieren.[1454] Um diesen Aufbau der Gesellschaft leisten zu können, soll Nation-Building eine politische Kultur schaffen, die Demokratie und Rechtsstaatlichkeit unterstützt.[1455]

Die Schaffung von Demokratie ist insbesondere in bisher nicht demokratisch regierten Gesellschaften ein sehr ehrgeiziges und langfristiges Ziel. Die meisten Nachkonfliktgesellschaften sind in mancherlei Hinsicht geteilt, zwischen ethnischen, religiösen, kulturellen oder politischen Gruppen. Die Sicherung eines friedlichen Miteinanders von Mehrheiten und Minderheiten gehört zum demokratischen Aufbau.[1456] Vor dem Hintergrund der gesellschaftlichen Teilung sind die Fragen nach der Art und Weise der öffentlichen Entscheidungsfindung und nach eventuellen Autonomieregelungen wesentlich für die Umsetzung der Demokratisierung.

1450 Schade, in: Hippler (Hrsg.), Nation-Building, S. 187.
1451 Vgl. Epping, Die Friedens-Warte 83 (2008), S. 37.
1452 Dobbins, Towards, International Peacekeeping 15 (2008), S. 80.
1453 Vgl. Hoddie/Hartzell, in: Hoddie/Hartzell (Hrsg.), Strengthening Peace in Post-Civil War States, S. 8.
1454 Vgl. Quénivet, in: Fischer/Quénivet, Post-Conflict Reconstruction, S. 18.
1455 Vgl. Quénivet, in: Fischer/Quénivet, Post-Conflict Reconstruction, S. 18 f.
1456 Vgl. Pfaff-Czarnecka, in: Hippler (Hrsg.), Nation-Building, S. 56.

Es müssen Mechanismen gefunden werden, wie in der Zukunft alle gesellschaftlichen Gruppen ausreichend an der öffentlichen Entscheidungsfindung beteiligt werden. Hierfür kann zum Beispiel ein Gremium geschaffen werden, in dem die Vertreter aller wichtigen Gruppierungen an der Entscheidungsfindung teilhaben und zentrale Fragen einvernehmlich und durch Kompromisse, ohne Mehrheitsentscheid, gelöst werden (sogenanntes Konkordanzmodell).[1457] Eine weitere Möglichkeit liegt in der Gestaltung des Wahlsystems in einer Weise, dass Minderheiten in politischen Gremien breit vertreten sind – zum Beispiel durch Festlegung einer bestimmten Anzahl von Vertretern, die von einer Minderheit zu wählen sind (sogenannte kommunale Repräsentation).[1458] Feste Quoten bergen jedoch das Problem, dass sie ethnische Differenzen besonders hervorheben und so extremistische Strömungen begünstigen können.[1459]

Eine teilweise Selbstregierung einzelner Gruppen lässt sich durch die Einführung eines föderalen Systems erreichen. Dabei gelten dieselben Regeln für die Beziehungen der einzelnen Regionen zum politischen Zentrum.[1460] Anderes gilt bei einer territorialen Autonomie, in der einer Region gestattet wird, für sie wichtige Belange selbst zu regeln, ohne dass andere Regionen dieselben Vorrechte erhalten.[1461] Zudem ist eine sogenannte kulturelle Autonomie denkbar, die auch auf nicht-territorialer Ebene stattfinden kann, und die sich in einem besonderen, institutionalisierten Schutz der Identität einer Minderheit, zum Beispiel durch Stärkung von Sprache, Religion oder Brauchtum, ausdrückt.[1462] Föderalisierung und Autonomielösungen können regionale Konflikte lösen, aber auch die Gefahr der Sezession und des Zerfalls des Staates bergen.[1463] Bei einer in Bezug auf die übertragenen Befugnisse sehr weitgehenden Föderalisierung entziehen die föderalen Teile dem Mantelstaat die Möglichkeit, ein eigenes Staatswesen zu entwickeln.[1464] Insgesamt ist die institutionalisierte Beteiligung aller Gruppen für die Demokratisierung notwendig, weil so Entscheidungen durch alle getragen werden können und auch Minderheiten an der Machtausübung teilhaben. Jedoch bergen Reformen, die Gruppengrenzen hervorheben, die Gefahr, interethnische Schranken zu verschärfen und Spannungen innerhalb der Bevölkerung zu festigen.[1465]

1457 Pfaff-Czarnecka, in: Hippler (Hrsg.), Nation-Building, S. 57 f.

1458 Pfaff-Czarnecka, in: Hippler (Hrsg.), Nation-Building, S. 58 f.

1459 Vgl. Pfaff-Czarnecka, in: Hippler (Hrsg.), Nation-Building, S. 60.

1460 Pfaff-Czarnecka, in: Hippler (Hrsg.), Nation-Building, S. 60 f.

1461 Ebd.

1462 Pfaff-Czarnecka, in: Hippler (Hrsg.), Nation-Building, S. 62.

1463 Vgl. Pfaff-Czarnecka, in: Hippler (Hrsg.), Nation-Building, S. 61 f.

1464 Epping, Die Friedens-Warte 83 (2008), S. 34.

1465 Vgl. Epping, Die Friedens-Warte 83 (2008), S. 35; Pfaff-Czarnecka, in: Hippler (Hrsg.), Nation-Building, S. 65.

4. Nationale Identität

Das Herausbilden einer nationalen Identität ist das, was das Element der Nation in Nation-Building ausmacht und was es wesentlich von State-Building unterscheidet. Für den Aufbau eines Staats ist auch der Wiederaufbau der Gesellschaft notwendig: Diese soll zu einer politischen Gemeinschaft werden, die über das Verständnis einer gemeinsamen Identität und ein Band von Solidarität und Loyalität und so über wenigstens ein Minimum an nationaler Einheit verfügt.[1466] Eine nationale Identität allein reicht nicht um Frieden zu schaffen, sie kann aber dazu beitragen, die Spaltung der Gesellschaft zu reduzieren und einen Gemeinschaftssinn zu entwickeln.[1467] Dieser kann dabei helfen, ein soziales Fundament zu schaffen, durch das Mehrheitsentscheidungen für alle akzeptabel werden.[1468]

Um eine nationale Identität zu erreichen, müssen zunächst Ansatzpunkte zur gemeinsamen Identifizierung geboten werden. Bereits die neu errichtete Verfassung eines Landes hat eine symbolische Dimension und kann zur kollektiven Identifizierung dienen.[1469] Zudem ist es notwendig, alle gesellschaftlichen Gruppen an der Ausgestaltung der gesellschaftlichen Ordnung teilhaben zu lassen, damit ein hohes Maß an Akzeptanz dieser Ordnung entsteht.[1470] Die Politik zur Nationenbildung muss dazu die richtigen Prioritäten setzen und diejenigen Aspekte fördern, die verschiedenen Gesellschaftsgruppen wichtig sind, wie zum Beispiel die Verbesserung von Bildung, Möglichkeiten zur Religionsausübung oder Erhalt der Sprache.[1471] Durch die Wahl von National- und Bildungssprachen oder Quotenregelungen findet die Nationenbildung auch im Rahmen des State-Building statt.[1472]

Ein Gemeinschaftsgefühl zum Entstehen zu bringen ist ein schwieriger und langwieriger Prozess, vor allem wenn zuvor in der Gesellschaft erbitterte Feindschaften vorherrschten.[1473] Letztlich kann die Politik hierfür nur den Anstoß geben, während sich eine Identität bei der lokalen Bevölkerung herausbilden muss – bei dieser liegt aber auch die größte Ressource für dauerhaften Frieden.[1474] Für die Bevölkerung muss fühlbar werden, dass nationaler Zusammenhalt einen Mehrwert bietet.[1475]

1466 Vgl. Klabbers, LJIL 16 (2003), S. 371; Heinrich/Kulessa, in: Hippler (Hrsg.), Nation-Building, S. 102.

1467 Vgl. Talentino, The Two Faces, Cambridge Review of International Affairs 17 (2004), S. 568.

1468 Vgl. v. Bogdandy/Häußler, Nations, in: Wolfrum (Hrsg.), MPEPIL, Ziff. 14.

1469 Vgl. v. Bogdandy/Häußler, Nations, in: Wolfrum (Hrsg.), MPEPIL, Ziff. 14.

1470 Hopp/Kloke-Lesch, in: Hippler (Hrsg.), Nation-Building, S. 207.

1471 Derichs, in: Hippler (Hrsg.), Nation-Building, S. 73 f.

1472 Derichs, in: Hippler (Hrsg.), Nation-Building, S. 76 f.

1473 Vgl. Klabbers, LJIL 16 (2003), S. 371.

1474 Vgl. Talentino, The Two Faces, Cambridge Review of International Affairs 17 (2004), S. 567.

1475 Vgl. Derichs, in: Hippler (Hrsg.), Nation-Building, S. 72 f.

II. Anforderungen an die externen Akteure

Aus den Erfahrungen bisheriger Missionen kann man auf einige Anforderungen schließen, die von den externen Akteuren zu erfüllen sind, um erfolgreich Nation-Building betreiben zu können. In der Übergangsphase sollen die Grundlagen für den institutionellen, politischen und gesellschaftlichen Wandel gelegt und die Voraussetzungen dafür geschaffen werden, dass die Macht von der internationalen Verwaltung auf die neue Regierung des Ziellandes übertragen wird.

Da Nation-Building einen langwierigen Prozess darstellt, sind Nation-Builder gefordert, sich dieser Aufgabe über einen langen Zeitraum zu widmen und die hierfür notwendigen finanziellen und personellen Ressourcen aufzuwenden.[1476] Neben Zeit und Geld wird den externen Akteuren auch – wie zu zeigen sein wird – Strategie und Koordination abverlangt.

1. Legitimation und Mandatierung

Eine Nation-Building Mission hat im Rahmen ihrer rechtlichen Grenzen stattzufinden. Diese wurden oben als ius post bellum erläutert. Da die exakten Vorgaben des rechtlichen Rahmens variieren können, ist er für jede Mission gesondert zu identifizieren.[1477] Dies geschieht anhand der Art und Weise der Legitimierung und der Mandatierung des Engagements.

Die rechtliche Legitimation eines Engagements ist nicht nur für das abstrakte Erfordernis der Einhaltung des Rechts wichtig, sondern auch für den Erfolg der Mission. Rechtmäßigkeit fördert die Akzeptanz des Einsatzes bei der Bevölkerung und deren Willen zum Mitwirken; sie dient der Bereitschaft zum Bereitstellen personeller und finanzieller Ressourcen durch Staaten und zum Engagement durch NGOs; rechtmäßige Missionen werden zudem eher als glaubwürdig und verlässlich wahrgenommen.[1478]

Durch den UN-Sicherheitsrat erteilte Mandate sind die wichtigsten Rechtsquellen für Nation-Building Missionen. Diese Mandate sollten so klar umrissen sein wie möglich, einen eindeutigen Rahmen vorgeben und auch menschenrechtliche Verpflichtungen und Ausnahmen hiervon darlegen.[1479] Sinnvoll wäre zudem eine bisher nicht praktizierte Anpassung des Mandatsrahmens an die Erfordernisse der unterschiedlichen Phasen der Übergangszeit: Da in dieser Zeit keine klare Zuordnung zur Anwendbarkeit von Kriegs- oder Friedensrecht möglich ist, weil einerseits Frieden geschlossen wurde, andererseits noch Konfliktpotenzial vorhanden ist, befindet sie

1476 Vgl. Chesterman, You, The People, S. 244; Etzioni, International Affairs 80, I (2004), S. 3; Epping, Die Friedens-Warte 83 (2008), S. 29.
1477 Vgl. Epping, Die Friedens-Warte 83 (2008), S. 35.
1478 Epping, Die Friedens-Warte 83 (2008), S. 27.
1479 Epping, Die Friedens-Warte 83 (2008), S. 27 f.

sich in einem rechtlichen Graubereich.[1480] Eine klarere Mandatierung könnte hier einen eindeutigeren Rahmen vorgeben.

2. *Treuhandschaft und* responsibility to protect

Bei der Frage nach dem rechtlichen Status einer Übergangsverwaltung wurde die in der UN-Charta vorgesehene klassische Treuhandverwaltung verworfen, ein treuhänderisches Verhältnis zwischen Verwaltern und Zielland aber im Grundsatz bejaht. Den ausländischen Akteuren ist eine treuhänderische Verwaltung aufgegeben, weil sie die Regierungsbefugnisse im Land als Verwalter nur vorübergehend wahrnehmen und diese nur zum Vorteil des Landes ausüben sollen. Schon aufgrund dieser Verpflichtung kommt den Verwaltern eine Schutzverantwortung zugunsten des Ziellandes zu. Nicht vollständig geklärt ist, wie weit diese Verantwortung reicht.

Im Fall eines plötzlichen Rückzugs der Akteure inmitten einer Übergangsverwaltung müsste man mit dem Zusammenbruch der staatlichen Strukturen rechnen, weil die Behörden des Landes noch nicht in der Lage wären, die Staatsgewalt effektiv auszuüben.[1481] Die daran anschließende Frage, inwieweit die Staatengemeinschaft eine Pflicht zum Verbleiben trifft, wenn ein Engagement einmal begonnen wurde, führt zum Konzept der *responsibility to protect*, das an Bedeutung gewonnen hat.[1482] Es beinhaltet die Schutzverantwortung gegenüber der Bevölkerung eines Staats, die auf die internationale Gemeinschaft übergeht, wenn der Staat selbst keinen Schutz bietet.[1483] Aus Sicht der ICISS enthält diese Schutzverantwortung die Komponenten der *responsibility to prevent*, der Verantwortung zur Konfliktprävention, der *responsibility to react*, der Verantwortung zum aktiven Eingreifen, wenn es zum Schutz der Bevölkerung erforderlich ist, sowie der *responsibility to rebuild*, der Verantwortung, nach einer Intervention beim Aufbau Unterstützung zu leisten, um dauerhaften Frieden und nachhaltige Entwicklung zu erreichen.[1484] Letztere *rebuild*-Komponente ist für Übergangsverwaltungen und im Nachkonfliktkontext von besonderer Bedeutung. Anhand der Staatenpraxis und der Resolutionspraxis des Sicherheitsrats lässt sich der Beginn einer gewohnheitsrechtlichen Entwicklung hin zu einer *responsibility to protect* feststellen; die Bereitschaft zur umfassenden Konfliktnachsorge und die Umsetzung des Konzepts des positiven Friedens werden von der internationalen Gemeinschaft zunehmend erwartet.[1485]

1480 Epping, Die Friedens-Warte 83 (2008), S. 28 f.
1481 Epping, Die Friedens-Warte 83 (2008), S. 32 f.
1482 Vgl. Epping, Die Friedens-Warte 83 (2008), S. 33.
1483 ICISS, The Responsibility to Protect, S. 17. Vgl. oben bei humanitäre Intervention (2. Kapitel, B III).
1484 ICISS, The Responsibility to Protect, S. 17, 19, 29, 39.
1485 So enthält Sicherheitsratsresolution S/RES/1244 (1999), Fn. 363, umfassende Vorkehrungen für die Übergangsphase. Vgl. Epping, Die Friedens-Warte 83 (2008), S. 33.

Aus dem Treuhandgedanken und aus der Bedeutung des Konzepts der *responsibility to protect*, das in der Praxis bereits umgesetzt wird, ist damit zu schließen, dass internationale Verwalter gehalten sind, für die Konfliktnachsorge Verantwortung zu übernehmen.

3. *Wiederaufbau, Entwicklung und* local ownership

Wiederaufbau hat zum Ziel, den Status quo ante wiederherzustellen, und beinhaltet zum Beispiel die Instandsetzung zerstörter Gebäude oder Infrastruktur und den Aufbau von Einrichtungen zur unmittelbaren Versorgung mit humanitärer Hilfe und grundlegenden Dienstleistungen.[1486] Durch Entwicklung sollen die Grundlagen dafür gelegt werden, dass der Staat in der Zukunft über ein wirtschaftliches und soziales System verfügt, das ohne Unterstützung von außen funktioniert. Während Wiederaufbau kurzfristigen Charakter hat, ist Entwicklung langfristig und zukunftsgerichtet. Wiederaufbau kann direkt von Externen geleistet werden, Entwicklung hingegen verlangt nach der Einbindung lokaler Kräfte.[1487] Dieses Prinzip der *local ownership*, der Einbeziehung lokaler Kräfte in den Wiederaufbauprozess, soll vermeiden, dass durch zu starke Einbindung ausländischer Akteure eine dauerhafte Abhängigkeit von diesen entsteht, sicherstellen, dass das Land notwendige Fähigkeiten selbst entwickelt, und so die Grundlage für die eigenständige Gestaltung des Fortgangs der Gesellschaft legen.[1488] Die Notwendigkeit von *local ownership* ist auf das Selbstbestimmungsrecht der Völker zurückzuführen, dessen innere Dimension dem Volk die Wahlfreiheit hinsichtlich seines politischen Status und seines Gesellschafts- und Wertesystems lässt.[1489] *Local ownership* ist jedoch nicht als lokale Kontrolle über die Übergangsverwaltung aufzufassen, da eine Übergangsverwaltung nicht notwendig wäre, wäre lokal ausgeübte Kontrolle erstrebenswert; *ownership* betrifft zunächst kein politisches Tätigwerden – schließlich hat die lokal vorhandene politische Dynamik den Konflikt verursacht.[1490] Es ist aber notwendig, dass die internationalen Akteure Klarheit über die Beziehung zwischen ihnen und lokalen Akteuren schaffen, und dass sie transparent machen, wie sich diese Beziehung im Laufe der Verwaltung entwickeln soll und welche Befugnisse in den verschiedenen Phasen des Übergangs auf lokale Akteure übergehen sollen.[1491]

Für Wiederaufbau und Entwicklungshilfe engagiert sich oft eine Vielzahl von Akteuren; durch internationale Organisationen oder Fonds auf multilateraler Ebene, durch die Entwicklungsministerien und -organisationen einzelner Staaten auf bilateraler

1486 Vgl. Fukuyama, Guidelines, in: Fukuyama (Hrsg.), Nation-Building, S. 234.
1487 Ebd.
1488 Vgl. Epping, Die Friedens-Warte 83 (2008), S. 29; Fukuyama, Guidelines, in: Fukuyama (Hrsg.), Nation-Building, S. 234.
1489 Epping, Die Friedens-Warte 83 (2008), S. 30.
1490 Chesterman, You, The People, S. 239, 242.
1491 Chesterman, You, The People, S. 240, 242.

Ebene und durch eine große Anzahl an Nichtregierungsorganisationen.[1492] Obwohl alle im Land tätig werden, um Unterstützung zu leisten, fehlt es bisweilen an der Koordinierung der Tätigkeiten dieser Akteure. Unkoordinierte Aktivitäten sind jedoch oft ineffektiv, manchmal sogar kontraproduktiv.

Koordinierungsschwierigkeiten steigen mit der Anzahl und Vielfalt der Beteiligten und der Komplexität der Einsätze und können zwischen militärischen und zivilen Akteuren und zwischen staatlichen Organisationen und NGOs ebenso auftreten wie innerhalb der UN-Familie.[1493] Die Gründe für unzureichende Koordinierung können liegen in sich überschneidenden oder sich widersprechenden Mandaten, in unterschiedlichen Zielen, die nicht immer die Bedürfnisse vor Ort treffen, in unterschiedlichen Herangehensweisen und Konzepten der Akteure, im Unwillen, Freiräume und Unabhängigkeiten aufzugeben, oder im mangelnden Zeit- und Geldaufwand für koordinierende Maßnahmen.[1494] Ungeklärt ist jedoch, wie eine ideale Koordinierung aussehen würde. Als eine Herangehensweise kommt in Betracht, das bisher lose verbundene Netzwerk von Akteuren besser zu strukturieren, um die Kommunikation im Netzwerk zu steigern; problematisch ist jedoch, ob das Teilen von Informationen allein ausreicht, um umfassende Strategien zu etablieren.[1495] Eine weitere Herangehensweise kann in der Einführung einer hierarchischen Struktur liegen, in der Entscheidungen zentralisiert und vorgegeben werden; dies hat jedoch den erheblichen Nachteil, dass so die Flexibilität, mit der die Akteure auf die häufig wechselnden Umstände reagieren können, geschwächt würde.[1496]

Ohne Zweifel besteht ein Bedarf an Koordinierung der Aktivitäten der verschiedenen Akteure. Kommunikation und „Networking" können stets helfen. Inwieweit Strategieentscheidungen „von oben" vorgegeben werden, muss anhand der spezifischen Anforderungen jeder Nation-Building Situation entschieden werden.

4. Kontrollmechanismen

Die Festsetzung rechtlicher Rahmenbedingungen allein garantiert nicht deren Umsetzung. Es muss Mechanismen geben, die die Einhaltung der Rechtsvorschriften bei der Durchführung der Mission sicherstellen. Solche Kontrollmechanismen sollten sowohl missionsintern Kontrolle und Aufsicht ermöglichen als auch der Bevölkerung des Zielstaats ein Beschwerdeforum bieten.[1497] Organisationsinterne, aber dennoch unabhängige Instanzen sollten die Einhaltung der Grenzen der Befugnisse des internationalen Personals überwachen, Immunitäten sollten zurückhaltend eingesetzt

1492 Fukuyama, Guidelines, in: Fukuyama (Hrsg.), Nation-Building, S. 241.

1493 Paris, in: Paris/Sisk (Hrsg.), The Dilemmas of Statebuilding, S. 55 f.

1494 Paris, in: Paris/Sisk (Hrsg.), The Dilemmas of Statebuilding, S. 58 f.; Fukuyama, Guidelines, in: Fukuyama (Hrsg.), Nation-Building, S. 241.

1495 Paris, in: Paris/Sisk (Hrsg.), The Dilemmas of Statebuilding, S. 61 f.

1496 Ebd.

1497 Epping, Die Friedens-Warte 83 (2008), S. 36 f.

werden.[1498] Die Rechtmäßigkeit der Durchführung einer Verwaltungsmission, die als Ersatzstaat fungiert, ist entscheidend für Legitimität und Glaubwürdigkeit des Einsatzes aus Sicht der Bevölkerung.[1499]

5. *Exit-Strategie*

Nation-Building verfolgt nach dem Treuhandgedanken das letztendliche Ziel der Rückführung der Verantwortung über das Land an dessen Behörden. Auch wenn es etliche Jahre dauern kann, bis die Nation-Building Ziele erreicht werden und der Zielstaat über die notwendigen Strukturen verfügt, alle Befugnisse der Nation-Builder selbst auszuüben, ist es zweckmäßig, frühzeitig eine Strategie über die Voraussetzungen für den Rückzug, den Zeitpunkt und die Art und Weise zu erarbeiten. Dies ist Teil der Entwicklungsaufgabe des Nation-Building.[1500] Ein ungeplanter oder zu kurzfristiger Abzug kann die positiven Auswirkungen des Einsatzes zunichtemachen.[1501] Eine Exit-Strategie, verbunden mit einer eindeutigen Zielsetzung des Mandats, schafft klare Bedingungen für die Mission und wirkt sowohl gegenüber den externen Akteuren als auch gegenüber dem Zielstaat, der massive Einschränkungen seiner Souveränität hinnehmen muss.[1502]

1498 Epping, Die Friedens-Warte 83 (2008), S. 37.
1499 Epping, Die Friedens-Warte 83 (2008), S. 36 f.
1500 Vgl. den Bericht des UN-Generalsekretärs *No exit without strategy: Security Council decision-making and the closure or transition of United Nations peacekeeping operations*, UN Doc. S/2001/394 vom 20.4.2001, verfügbar unter http://www.un.org/docs/sc/reports/2001/sgrep01.htm, recherchiert am 11.8.2014; vgl. Fukuyama, Nation-Building, in: Fukuyama (Hrsg.), Nation-Building, S. 6 f.; Zaum, in: Stahn/Easterday/Iverson (Hrsg.), Jus Post Bellum, S. 334 ff.
1501 ICISS, The Responsibility to Protect, S. 41.
1502 Epping, Die Friedens-Warte 83 (2008), S. 32.

Schlussbemerkung

Nicht den eigentlichen bewaffneten Konflikt für sich zu entscheiden, sondern den Frieden zu gewinnen, nämlich Verhältnisse herzustellen, die diesen langfristig sichern, ist die größte Schwierigkeit der asymmetrischen Konflikte unserer Zeit. Die aus Gewaltherrschaft und Terrorismus resultierenden Gefahren für die globale Sicherheit sind dabei ebenso anzugehen wie Armut und Unterentwicklung. Je mehr Menschen am wirtschaftlichen Wohlergehen teilhaben, je gerechter die Weltordnung ist, umso größer die Stabilität.

Nation-Building schließt als Instrument der Friedenssicherung neben juristischen und politischen auch wirtschaftliche, gesellschaftliche und soziale Aspekte ein. Es verfolgt ehrgeizige Ziele und stellt vor allem die Politik vor die Aufgabe, Wege zur Umsetzung zu finden. Dabei ist die schwierige Abwägung zu treffen, wann die Grundsätze von Souveränität der Staaten und Ideologiefreiheit des Völkerrechts hinter Interventionen aus humanitären Gründen, auferlegter Verwaltung von außen und Demokratisierung zurücktreten müssen. Nation-Building ist verknüpft mit Entwicklungszusammenarbeit und dem Finden von Wegen für die Versöhnung zerrütteter Gesellschaften. Dabei mangelt es nicht an Einsatzbereitschaft. Dennoch bleiben Art und Intensität von Nation-Building abhängig vom politischen Willen der Hauptakteure der internationalen Gemeinschaft.

Literaturverzeichnis

Alfredsson, Gudmundur: Peoples, in: Rüdiger Wolfrum (Hrsg.), Max Planck Encyclopedia of Public International Law, Stand August 2007; zit.: Alfredsson, Peoples, in: Wolfrum (Hrsg.), MPEPIL.

Anderson, Anthony: Enhancing the role of military peacekeepers in post-conflict peacebuilding: Revisiting the center of gravity, Sicherheit und Frieden 22 (2004), S. 1 ff.

Anderson, Benedict: Imagined communities, reflections on the origin and spread of nationalism, London 2006; zit.: Anderson, Imagined communities.

Arnauld, Andreas von: Souveränität und *responsibility to protect*, in: Die Friedens-Warte 84 (2009), S. 11 ff.

Aspremont, Jean D': La Création internationale d'états démocratiques, in: RGDIP 2005, S. 889 ff.

Aust, Anthony: Handbook of International Law, Cambridge 2005.

Baberowski, Jörg: Afghanistan als Objekt britischer und russischer Fremdherrschaft im 19. Jahrhundert, in: Bernhard Chiari (Hrsg.), Wegweiser zur Geschichte, Afghanistan, 3. Auflage, Paderborn 2009, S. 27 ff.; zit.: Baberowski, in: Chiari (Hrsg.), Wegweiser zur Geschichte, Afghanistan.

Barnett, Michael: Building a Republican Peace, International Security 30.4 (2006), S. 87 ff.

Bausback, Winfried: Menschenrechtliche Anforderungen an die Struktur und Organisation von Legislative, Exekutive und Judikative; in: Klein, Eckart (Hrsg.), Gewaltenteilung und Menschenrechte, Kolloquium 11.-12. November 2005, Potsdam, Berlin 2006; zit.: Bausback, in: Klein (Hrsg.), Gewaltenteilung und Menschenrechte.

Bass, Gary J.: Jus Post Bellum, Phil. & Publ. Affairs 32 (2004), S. 384 ff.

Bell, Christine: Of *Jus Post Bellum* and *Lex Pacificatoria*: What's in a Name?, in: Carsten Stahn, Jennifer S. Easterday, Jens Iverson (Hrsg.), Jus Post Bellum, Mapping the Normative Foundations, Oxford 2014, S. 181 ff.; zit.: Bell, in: Stahn/Easterday/Iverson (Hrsg.), Jus Post Bellum.

Bellal, Annyssa; Giacca, Gilles; Casey-Maslen, Stuart: International law and armed non-state actors in Afghanistan, IRRC 93 (2011), S. 47 ff.

Benvenisti, Eyal: The International Law of Occupation, 2. Auflage, Oxford 2012.

Berber, Friedrich: Lehrbuch des Völkerrechts, Zweiter Band, Kriegsrecht, 2. Auflage, München 1969.

Berger, Mark T.: From Nation-Building to State-Building: the geopolitics of development, the nation-state system and the changing global order, Third World Quarterly 27 (2006), S. 5 ff.

Berger, Mark T.: From Nation-Building to State-Building: the geopolitics of development, the nation-state system and the changing global order, in: Mark T. Berger (Hrsg.), From Nation-Building to State-Building, New York 2008, S. 1 ff.; zit.: Berger, From Nation-Building to State-Building, in: Berger (Hrsg.), From Nation-Building to State-Building.

Besson, Samantha: Sovereignty, in: Rüdiger Wolfrum (Hrsg.), Max Planck Encyclopedia of Public International Law, Stand April 2011; zit.: Besson, Sovereignty, in: Wolfrum (Hrsg.), MPEPIL.

Bleckmann, Albert: Allgemeine Staats- und Völkerrechtslehre, Vom Kompetenz- zum Kooperationsvölkerrecht, Köln 1995.

Blumenwitz, Dieter: Das universelle Gewaltanwendungsverbot und die Bekämpfung des grenzüberschreitenden Terrorismus, BayVBl. 1986, S. 737 ff.; zit.: Blumenwitz, Das universelle Gewaltanwendungsverbot, BayVBl. 1986.

Blumenwitz, Dieter: Souveränität – Gewaltverbot – Menschenrechte, Eine völkerrechtliche Bestandsaufnahme nach Abschluß des nicht mandatierten NATO-Einsatzes in Ex-Jugoslawien, Politische Studien, Sonderheft 4/1999, S. 19 ff.; zit.: Blumenwitz, Souveränität, Politische Studien, Sonderheft 4/1999.

Blumenwitz, Dieter: Die völkerrechtlichen Aspekte des Irak-Konflikts, Zeitschrift für Politik 50 (2003), S. 301 ff.; zit.: Blumenwitz, Die völkerrechtlichen Aspekte, Zeitschrift für Politik 50 (2003).

Bogdandy, Armin von; Häußler, Stefan: Nations, in: Rüdiger Wolfrum (Hrsg.), Max Planck Encyclopedia of Public International Law, Stand Oktober 2008; zit.: v. Bogdandy/Häußler, Nations, in: Wolfrum (Hrsg.), MPEPIL.

Bothe, Michael: Occupation after armistice, in: Rudolf Bernhardt (Hrsg.), Encyclopedia of Public International Law, Volume Three, Amsterdam 1997, S. 761 ff.; zit.: Bothe, Occupation after armistice, EPIL III.

Bothe, Michael: Occupation, belligerent, in: Rudolf Bernhardt (Hrsg.), Encyclopedia of Public International Law, Volume Three, Amsterdam 1997, S. 763 ff.; zit.: Bothe, Occupation, belligerent, EPIL III.

Bothe, Michael: Occupation, pacific, in: Rudolf Bernhardt (Hrsg.), Encyclopedia of Public International Law, Volume Three, Amsterdam 1997, S. 766 ff.; zit.: Bothe, Occupation, pacific, EPIL III.

Bothe, Michael: Militärische Gewalt als Instrument von Konfliktregelung: Versuch einer rechtlichen und politischen Ordnung zehn Jahre nach dem Ende des Ost-West-Konflikts, in: Sabine von Schorlemer (Hrsg.), Praxis-Handbuch UNO, Die Vereinten Nationen im Lichte globaler Herausforderungen, Berlin 2003, S. 13 ff.; zit.: Bothe, in: v. Schorlemer (Hrsg.), Praxis-Handbuch UNO.

Boutros-Ghali, Boutros: An Agenda for Peace: Preventive diplomacy, peacemaking and peace-keeping, Bericht des UN-Generalsekretärs vom 17.6.1992, UN Doc. A/47/277-S/24111, verfügbar unter http://www.unrol.org/files/A_47_277.pdf, zuletzt recherchiert 13.8.2014; zit.: Boutros-Ghali, An Agenda for Peace.

Boutros-Ghali, Boutros: Supplement to an Agenda for Peace: Position paper of the Secretary-General on the Occasion of the Fiftieth Anniversary of the United Nations, Bericht des UN-Generalsekretärs vom 3.1.1995, UN Doc. A/50/60-S/1995/1, verfügbar unter http://www.un.org/documents/ga/docs/50/plenary/a50-60.htm, zuletzt recherchiert am 13.8.2014; zit.: Boutros-Ghali, Supplement to an Agenda for Peace.

Boysen, Sigrid: Demokratische Selbstbestimmung? Zum Verhältnis von staatlicher Integrität und Gruppenrechten im Völkerrecht, AdV 47 (2009), S. 427 ff.

Braun, Johann: Einführung in die Rechtsphilosophie, Tübingen 2006.

Breitwieser, Thomas: Internationales Engagement im Spiegel des Völkerrechts, in: Bernhard Chiari, Agilolf Keßelring (Hrsg.), Wegweiser zur Geschichte, Kosovo, 3. Auflage, Paderborn 2008, S. 137 ff.; zit.: Breitwieser, in: Chiari/Keßelring (Hrsg.), Wegweiser zur Geschichte, Kosovo.

Brownlee, Jason: Can America Nation-Build?, World Politics 59 (2007), S. 314 ff.

Brownlie, Ian: Principles of Public International Law, 7. Auflage, Oxford, New York, 2008.

Buergenthal, Thomas: Human Rights, in: Rüdiger Wolfrum (Hrsg.), Max Planck Encyclopedia of Public International Law, Stand März 2007; zit.: Buergenthal, Human Rights, in: Wolfrum (Hrsg.), MPEPIL.

Bußmann, Walter: Nation, in: Görres-Gesellschaft, Staatslexikon, Dritter Band, 7. Auflage, Freiburg 1987, Sp. 1265 ff.; zit.: Bußmann, Nation, in: Staatslexikon.

Call, Charles; Cousens, Elizabeth: Ending Wars and Building Peace: International Responses to War-Torn Societies, International Studies Perspectives 9 (2008), S. 1 ff.

Capotorti, Francesco: Study on the Rights of Persons Belonging to Ethnic, Religious and Linguistic Minorities, by Francesco Capotorti, Special Rapporteur of the Sub-Commission on Prevention of Discrimination and Protection of Minorities, UN Doc. E/CN.4/Sub.2/384/Rev.1, New York 1979.

Cassese, Antonio (Hrsg.): UN Law, Fundamental Rights, Two Topics in International Law, Alphen aan den Rijn 1979; zit.: *Bearbeiter*, in Cassese, UN Law, Fundamental Rights.

Cassese, Antonio: Self-determination of peoples, A legal reappraisal, Cambridge 1995.

Chesterman, Simon: Justice Under International Administration: Kosovo, East Timor and Afghanistan; An International Peace Academy Report, September 2002, verfügbar unter http://portal.uned.es/pls/portal/docs/PAGE/UNED_MAIN/LAUNIVERSIDAD/DEPARTAMENTOS/0614/INVESTIGACION/DOC_ASPJUDICIALES/JUSTICE_UNDER_INTL.PDF, zuletzt recherchiert am 12.8.2014, zit.:

Chesterman, Justice Under International Administration, International Peace Academy Report.

Chesterman, Simon: You, The People, The United Nations, Transitional Administration, and State-Building, Oxford, New York 2004; zit.: Chesterman, You, The People.

Chiari, Berhard: Der sowjetische Einmarsch in Afghanistan und die Besatzung von 1979 bis 1989, in: Bernhard Chiari (Hrsg.), Wegweiser zur Geschichte, Afghanistan, 3. Auflage, Paderborn 2009, S. 61 ff.; zit.: Chiari, in: Chiari (Hrsg.), Wegweiser zur Geschichte, Afghanistan.

Chopra, Jarat: The UN's Kingdom of East Timor, Survival 42 (2000), S. 27 ff.

Christiano, Thomas: An Instrumental Argument for a Human Right to Democracy, Phil. & Publ. Affairs 39 (2011), S. 142 ff.

Cogen, Marc; de Brabandere, Eric: Democratic Governance and Post-conflict Reconstruction, LJIL 20 (2007), S. 669 ff.

Cohen, Joshua: Is there a Human Right to Democracy?, in: Christine Sypnowich (Hrsg.), The Egalitarian Conscience, Essays in Honour of G. A. Cohen, Oxford 2006, S. 226 ff.; zit.: Cohen, in: Sypnowich (Hrsg.), The Egalitarian Conscience.

Combacau, Jean; Sur, Serge: Droit international public, 8. Auflage, Paris 2008.

Cot, Jean-Pierre; Pellet, Alain; Forteau, Mathias (Hrsg.): La Charte des Nations Unies, Commentaire article par article, Band I, 3. Auflage, Paris 2005; zit.: *Bearbeiter*, in: Cot/Pellet/Forteau (Hrsg.), La Charte des Nations Unies.

Crawford, James: The Criteria for statehood in international law, The British Yearbook of International Law 48 (1976–77), S. 93 ff.

Crawford, James: Democracy and the body of international law, in: Gregory H. Fox, Brad R. Roth (Hrsg.), Democratic governance and international law, Cambridge 2000, S. 91 ff.; zit.: Crawford, in: Fox/Roth (Hrsg.), Democratic governance.

Cristescu, Aureliu: The Right to Self-Determination, Historical and current developments on the basis of United Nations instruments, Study prepared by Aureliu Cristescu, Special Rapporteur of the Sub-Commission on Prevention of Discrimination and Protection of Minorities, UN Doc. E/CN.4/Sub.2/404/Rev.1, New York 1981.

Daglish, Kristen; Nasu, Hitoshi: Towards a true incarnation of the rule of law in war-torn territories: Centring peacebuilding in the will of the people, NILR 76 (2007), S. 81 ff.

Dahm, Georg; Delbrück, Jost; Wolfrum, Rüdiger: Völkerrecht, Band I/1, Die Grundlagen. Die Völkerrechtssubjekte, 2. Auflage, Berlin 1989; zit.: Dahm/Delbrück/Wolfrum, Bd. I/1.

Dahm, Georg; Delbrück, Jost; Wolfrum, Rüdiger: Völkerrecht, Band I/3, Die Formen des völkerrechtlichen Handelns; Die inhaltliche Ordnung der internationalen Gemeinschaft, Berlin 2002; zit.: Dahm/Delbrück/Wolfrum, Bd. I/3.

Delbrück, Jost: Die Konstitution des Friedens als Rechtsordnung, Zum Verständnis rechtlicher und politischer Bedingungen der Friedenssicherung im internationalen System der Gegenwart, Berlin 1996, Aufsatzsammlung herausgegeben von *Dicke, Klaus; Hobe, Stephan; Meyn, Karl-Ulrich; Riedel, Eibe; Schütz, Hans-Joachim*; zit.: Delbrück, *[Aufsatztitel]*, in: Die Konstitution des Friedens als Rechtsordnung.

Derichs, Claudia: Die Nation gestalten – Ideologische Aspekte des Nation-Building, in: Jochen Hippler (Hrsg.), Nation-Building, Ein Schlüsselkonzept für friedliche Konfliktbearbeitung?, Bonn 2004, S. 69 ff.; zit.: Derichs, in: Hippler (Hrsg.), Nation-Building.

Di Fabio, Udo: Das Recht offener Staaten, Grundlinien einer Staats- und Rechtstheorie, Tübingen 1998.

Dinh, Nguyen Quoc; Dailler, Patrick; Forteau, Mathias; Pellet, Alain: Droit international public, 8. Auflage, Paris 2009.

Dinstein, Yoram: War, Aggression and Self-Defence, 4. Auflage, Cambridge 2005.

Dixon, Martin: Textbook on International Law, 5. Auflage, Oxford 2005.

Dobbins, James: Learning the Lessons of Iraq, in: Francis Fukuyama, Nation-Building, Beyond Afghanistan and Iraq, Baltimore 2006, S. 218 ff.; zit.: Dobbins, Learning the Lessons, in: Fukuyama (Hrsg.), Nation-Building.

Dobbins, James: Preparing for Nation-Building, Survival 48.3 (2006), S. 27 ff.; zit.: Dobbins, Preparing, Survival 48.3 (2006).

Dobbins, James: Europe's Role in Nation Building, Survival 50.3 (2008), S. 83 ff.; zit.: Dobbins, Europe's Role, Survival 50.3 (2008).

Dobbins, James: Towards a More Professional Approach to Nation-building, International Peacekeeping 15 (2008), S. 67 ff.; zit.: Dobbins, Towards, International Peacekeeping 15 (2008).

Doehring, Karl: Effectiveness, in: Rudolf Bernhardt (Hrsg.), Encyclopedia of Public International Law, Volume Two, Amsterdam 1999, S. 43–48; zit.: Doehring, Effectiveness, EPIL II.

Doehring, Karl: State, in: Rudolf Bernhardt (Hrsg.), Encyclopedia of Public International Law, Volume Four, Amsterdam 2000, S. 600 ff.; zit.: Doehring, State, EPIL IV.

Doehring, Karl: Demokratie und Völkerrecht, in: Hans-Joachim Cremer, Thomas Giegerich, Dagmar Richter, Andreas Zimmermann (Hrsg.), Tradition und Weltoffenheit des Rechts, Festschrift für Helmut Steinberger, Berlin 2002; zit.: Doehring, Demokratie und Völkerrecht, in: Cremer/Giegerich/Richter/Zimmermann (Hrsg.), Festschrift für Steinberger.

Doehring, Karl: Völkerrecht, Ein Lehrbuch, 2. Auflage, Heidelberg 2004; zit.: Doehring, Völkerrecht.

Doswald-Beck, Louise; Vité, Sylvain: International Humanitarian Law and Human Rights Law, IRRC 293 (1993), S. 94 ff.

Doyle, Michael W.: Die Stimme der Völker, in: Otfried Höffe (Hrsg.), Immanuel Kant, Zum ewigen Frieden, 3. Auflage, Berlin 2011, S. 157 ff.; zit.: Doyle, in: Höffe (Hrsg.), Immanuel Kant, Zum ewigen Frieden.

Dreier, Horst: Souveränität; in: Görres-Gesellschaft (Hrsg.), Staatslexikon, 4. Band, 7. Auflage, Freiburg 1988, Sp. 1203 ff.; zit.: Dreier, Souveränität, in: Staatslexikon.

Dreier, Horst (Hrsg.): Grundgesetz Kommentar, Band II Artikel 20–82, 2. Auflage, Tübingen 2006; zit.: *Bearbeiter,* in: Dreier (Hrsg.), Grundgesetz Kommentar, Bd. II.

Drew, Catriona: The East Timor Story: International Law on Trial, EJIL 12 (2001), S. 651 ff.

Drews, Christian: Post-Conflict Peace-Building, Diss., Mainz 2000.

Dupuy, Pierre-Marie: Sécurité collective et organisation de la paix, RGDIP 1993, S. 617 ff.

Easterday, Jennifer S.; Iverson, Jens; Stahn, Carsten: Exploring the Normative Foundations of *Jus Post Bellum*: An Introduction, in: Carsten Stahn, Jennifer S. Easterday, Jens Iverson (Hrsg.), Jus Post Bellum, Mapping the Normative Foundations, Oxford 2014, S. 1 ff.; zit.: Easterday/Iverson/Stahn, in: Stahn/Easterday/Iverson (Hrsg.), Jus Post Bellum.

Eide, Asbjørn: Protection of Minorities, Possible ways and means of facilitating the peaceful and constructive solution of problems involving minorities, Report submitted by Mr. Asbjørn Eide, Commission on Human Rights, Sub-Commission on Prevention of Discrimination and Protection of Minorities, UN Doc. E/CN.4/Sub.2/1993/34, 10. August 1993; zit.: Eide, Protection of Minorites.

Epping, Volker: Völkerrechtliche Aspekte der Wiederherstellung von Staatlichkeit in Nachkonfliktgesellschaften: Was können multilaterale Friedensmissionen beim Wiederaufbau staatlicher Strukturen in Krisengebieten leisten?, Die Friedens-Warte 83 (2008), S. 25 ff.

Ermacora, Felix: Allgemeine Staatslehre, Vom Nationalstaat zum Weltstaat, Erster Teilband, Berlin 1970.

Etzioni, Amitai: A self-restrained approach to nation-building by foreign powers, International Affairs 80 (2004), S. 1 ff.

Evans, Mark: At War's End: Time to Turn to *Jus Post Bellum*?, in: Carsten Stahn, Jennifer S. Easterday, Jens Iverson (Hrsg.), Jus Post Bellum, Mapping the Normative Foundations, Oxford 2014, S. 26 ff.; zit.: Evans, in: Stahn/Easterday/Iverson (Hrsg.), Jus Post Bellum.

Fleck, Dieter (Hrsg.): The Handbook of International Humanitarian Law, 2. Auflage, Oxford 2008; zit.: *Bearbeiter,* in: Fleck (Hrsg.), The Handbook of International Humanitarian Law.

Fleck, Dieter: Jus Post Bellum as a Partly Independent Legal Framework, in: Carsten Stahn, Jennifer S. Easterday, Jens Iverson (Hrsg.), Jus Post Bellum, Mapping the

Normative Foundations, Oxford 2014, S. 49 ff.; zit.: Fleck, in: Stahn/Easterday/ Iverson (Hrsg.), Jus Post Bellum.

Fleiner, Thomas / Basta Fleiner, Lidija R.: Allgemeine Staatslehre, Über die konstitutionelle Demokratie in einer multikulturellen globalisierten Welt, 3. Auflage, Berlin, Heidelberg 2004.

Fox, Gregory H.; Roth, Brad R.: Introduction: the spread of liberal democracy and its implications for international law, in: Gregory H. Fox, Brad R. Roth (Hrsg.), Democratic governance and international law, Cambridge 2000, S. 1 ff.; zit.: Fox/ Roth, in: Fox/Roth (Hrsg.), Democratic governance.

Franck, Thomas M.: The emerging right to democratic governance, AJIL 86 (1992), S. 46 ff.

Franz, Oliver: Osttimor und das Recht auf Selbstbestimmung, Frankfurt am Main 2005.

Frowein, Jochen Abr.: Jus Cogens, in: Rudolf Bernhardt (Hrsg.), Encyclopedia of Public International Law, Volume Three, Amsterdam 1997, S. 65 ff.; zit.: Frowein, Jus Cogens, EPIL III.

Frowein, Jochen: Ius cogens, in: Rüdiger Wolfrum (Hrsg.), Max Planck Encyclopedia of Public International Law, Stand Januar 2009; zit.: Frowein, Ius cogens, in: Wolfrum (Hrsg.), MPEPIL.

Fukuyama, Francis: Nation-Building and the Failure of Institutional Memory, in: Francis Fukuyama, Nation-Building, Beyond Afghanistan and Iraq, Baltimore 2006, S. 1 ff.; zit.: Fukuyama, Nation-Building, in: Fukuyama (Hrsg.), Nation-Building.

Fukuyama, Francis: Guidelines for Future Nation-Builders, in: Francis Fukuyama, Nation-Building, Beyond Afghanistan and Iraq, Baltimore 2006, S. 231 ff.; zit.: Fukuyama, Guidelines, in: Fukuyama (Hrsg.), Nation-Building.

Gardam, Judith Gail: Proportionality and force in international law, AJIL 87 (1993), S. 391 ff.

Gasser, Hans-Peter: International Humanitarian Law and Human Rights Law in Non-international Armed Conflict: Joint Venture or Mutual Exclusion, German Yearbook of International Law 45 (2002), S. 149 ff.; zit.: Gasser, International Humanitarian Law, GYIL 45 (2002).

Gasser, Hans-Peter: From Military Intervention to Occupation of Territory: New Relevance of International Law of Occupation, in: Horst Fischer/ Ulrike Froissart/ Wolff Heintschel von Heinegg/ Christian Raap (Hrsg.), Krisensicherung und Humanitärer Schutz – Crisis Management and Humanitarian Protection, Festschrift für Dieter Fleck, Berlin 2004; S. 139 ff.

Geiß, Robin; Siegrist, Michael: Has the armed conflict in Afghanistan affected the rules on the conduct of hostilities?, IRRC 93 (2011), S. 11 ff.

Gordon, Stuart: Icarus Rising and Falling: The Evolution of UN Command and Control Structures, in: D.S. Gordon, F.H. Toase (Hrsg.), Aspects of Peacekeeping, London 2001, S. 19 ff.; zit.: Gordon, in: Gordon/Toase (Hrsg.), Aspects of Peacekeeping.

Gornig, Gilbert H.: Der Inhalt des Selbstbestimmungsrechts, Politische Studien, Sonderheft 6/1993, Juli 1993, 44. Jahrgang, S. 11 ff.; zit.: Gornig, Der Inhalt, Politische Studien 6/1993.

Gornig, Gilbert H.: Menschenrechte und Naturrecht, in: Gilbert H. Gornig, Burkhard Schöbener, Winfried Bausback,Tobias H. Irmscher (Hrsg.), Iustitia et Pax, Gedächtnisschrift für Dieter Blumenwitz, 2008, S. 409 ff.; zit.: Gornig, Menschenrechte und Naturrecht, in: Gornig/Schöbener/Bausback/Irmscher (Hrsg.), Iustitia et Pax.

Grabitz, Eberhard; Hilf, Meinhard; Nettesheim, Martin: Das Recht der Europäischen Union, Kommentar, Loseblatt-Ausgabe, München 2011; zit.: *Bearbeiter* in: Grabitz/Hilf/Nettesheim, Das Recht der Europäischen Union.

Grawert, Rolf: § 16 Staatsvolk und Staatsangehörigkeit, in: Josef Isensee, Paul Kirchhof (Hrsg.), Handbuch des Staatsrechts der Bundesrepublik Deutschland, Band II, Verfassungsstaat, 3. Auflage, Heidelberg 2004, S. 107 ff.; zit.: Grawert, in: Isensee/Kirchhof (Hrsg.), Handbuch des Staatsrechts II, § 16.

Gray, Christine: The use of force and the international legal order, in: Malcolm Evans (Hrsg.), International Law, Oxford 2003, S. 589 ff.; zit.: Gray, in: Evans (Hrsg.), International law.

Gros Espiell, Héctor: The Right to Self-Determination, Implementation of United Nations Resolutions, Study prepared by Héctor Gros Espiell, Special Rapporteur of the Sub-Commission on Prevention of Discrimination and Protection of Minorities, UN Doc. E/CN.4/Sub.2/405/Rev.1, New York 1980.

Handrick, Steffen: Das Kosovo und die internationale Gemeinschaft: Nation-building versus peace-building?, Hamburg 2005.

Hannum, Hurst: Autonomy, Sovereignty, and Self-Determination, The Accommodation of Conflicting Rights, Philadelphia 1996.

Hechtl, Manfred: Die offensive Defensive: Das Recht der präventiven Selbstverteidigung?, Frankfurt am Main 2011.

Heinrich, Wolfgang; Kulessa, Manfred: Dekonstruktion von Staaten als Chance für neue Staatlichkeit? Die Beispiele Somalia und Somaliland, in: Jochen Hippler (Hrsg.), Nation-Building, Ein Schlüsselkonzept für friedliche Konfliktbearbeitung?, Bonn 2004, S. 88 ff.; zit.: Heinrich/Kulessa, in: Hippler (Hrsg.), Nation-Building.

Heintschel von Heinegg, Wolff: Casebook Völkerrecht, München 2005.

Heintze, Hans-Joachim: Theorien zum Verhältnis von Menschenrechten und humanitärem Völkerrecht, Humanitäres Völkerrecht – Informationsschriften 2011, S. 4 ff.

Henrard, Kristin: Minorities, International Protection, in: Rüdiger Wolfrum (Hrsg.), Max Planck Encyclopedia of Public International Law, Stand Februar 2013; zit.: Henrard, Minorities, International Protection, in: Wolfrum (Hrsg.), MPEPIL.

Heraclices, Alexis: The Kosovo Conflict and Its Resolution, In Pursuit of Ariadne's Thread, Security Dialogue 28 (1997), S. 317 ff.

Herdegen, Matthias: Völkerrecht, 11. Auflage, München 2012; zit.: Herdegen, Völkerrecht.

Herdegen, Matthias: Der Wegfall effektiver Staatsgewalt im Völkerrecht: „The Failed State", in: Daniel Thürer, Matthias Herdegen, Gerhard Hohloch (Hrsg.), Der Wegfall effektiver Staatsgewalt: „The Failed State" (The Breakdown of Effective Government), Berichte der Deutschen Gesellschaft für Völkerrecht, Band 34, Heidelberg 1996, S. 49 ff.; zit.: Herdegen, Der Wegfall effektiver Staatsgewalt, BDGV 34 (1996).

Hilpold, Peter: Neue Minderheiten im Völkerrecht und im Europarecht, AdV 42 (2004), S. 80 ff.; zit.: Hilpold, Neue Minderheiten, AdV 42 (2004).

Hilpold, Peter: Das Kosovo-Problem – ein Testfall für das Völkerrecht, ZaöRV 68 (2008), S. 779 ff.; zit.: Hilpold, Das Kosovo-Problem, ZaöRV 68 (2008).

Hilpold, Peter: Das Selbstbestimmungsrecht der Völker, JuS 2013, S. 1081 ff.; zit.: Hilpold, Das Selbstbestimmungsrecht, JuS 2013.

Hippel, Karin von: Democracy by force: A renewed commitment to nation building, The Washington Quarterly 23.1 (2000), S. 95 ff.

Hippler, Jochen: Gewaltkonflikte, Konfliktprävention und Nationenbildung – Hintergründe eines politischen Konzepts, in: Jochen Hippler (Hrsg.), Nation-Building, Ein Schlüsselkonzept für friedliche Konfliktbearbeitung?, Bonn 2004, S. 14 ff.; zit.: Hippler, in: Hippler (Hrsg.), Nation Building.

Hirst, Megan: Too Much Friendship, Too Little Truth: Monitoring Report on the Commission of Truth and Friendship in Indonesia and Timor-Leste; International Center for Transitional Justice, Januar 2008, verfügbar unter http://hass.unsw.adfa.edu.au/timor_companion/documents/hirst.ctf.critique.pdf, recherchiert am 11.11.2013.

Hobe, Stephan: Der offene Verfassungsstaat zwischen Souveränität und Interdependenz, Eine Studie zur Wandlung des Staatsbegriffs der deutschsprachigen Staatslehre im Kontext internationaler institutionalisierter Kooperation, Berlin 1998.

Hobe, Stephan; Kimminich, Otto: Einführung in das Völkerrecht, 8. Auflage, Tübingen, Basel 2004.

Hoddie, Matthew; Hartzell, Caroline A.: Introduction, in: Matthew Hoddie, Caroline A. Hartzell (Hrsg.), Strengthening Peace in Post-Civil War States, Transforming Spoilers into Stakeholders, Chicago 2010, S. 1 ff.; zit.: Hoddie/Hartzell, in: Hoddie/Hartzell (Hrsg.), Strengthening Peace in Post-Civil War States.

Hoffmann, Gerhard: Protectorates, in: Rudolf Bernhardt (Hrsg.), Encyclopedia of Public International Law, Volume Three, Amsterdam 1997, S. 1153 ff.; zit.: Hoffmann, Protectorates, EPIL III.

Hofmann, Rainer: Menschenrechte und der Schutz nationaler Minderheiten, ZaöRV 2005, S. 587 ff.; zit.: Hofmann, Menschenrechte, ZaöRV 2005.

Hofmann, Rainer: Annexation, in: Rüdiger Wolfrum (Hrsg.), Max Planck Encyclopedia of Public International Law, Stand Februar 2013; zit.: Hofmann, Annexation, in: Wolfrum (Hrsg.), MPEPIL.

Hopp, Ulrike; Kloke-Lesch, Adolf: Nation-Building *versus* Nationenbildung – Eine entwicklungspolitische Perspektive, in: Jochen Hippler (Hrsg.), Nation-Building, Ein Schlüsselkonzept für friedliche Konfliktbearbeitung?, Bonn 2004, S. 195 ff.; zit.: Hopp/Kloke-Lesch, in: Hippler (Hrsg.), Nation-Building.

International Commission on Intervention and State Sovereignty: The Responsibility to Protect, Report, Dezember 2001, verfügbar unter http://responsibilitytoprotect.org/ICISS%20Report.pdf (recherchiert am 18.2.2014); zit.: ICISS, The Responsiblity to Protect.

Ipsen, Knut (Hrsg.); Völkerrecht, 5. Auflage, München 2004; zit.: *Bearbeiter*, in: Ipsen (Hrsg.), Völkerrecht.

Ipsen, Knut; Der Kosovo-Einsatz – Illegal? Gerechtfertigt? Entschuldbar?; Die Friedens-Warte 74 (1999), S. 19 ff.; zit.: Ipsen, Der Kosovo-Einsatz, Die Friedens-Warte 74 (1999).

Iverson, Jens: Contrasting the Normative and Historical Foundations of Transitional Justice and *Jus Post Bellum*: Outlining the Matrix of Definitions in Comparative Perspective, in: Carsten Stahn, Jennifer S. Easterday, Jens Iverson (Hrsg.), Jus Post Bellum, Mapping the Normative Foundations, Oxford 2014, S. 80 ff.; zit.: Iverson, in: Stahn/Easterday/Iverson (Hrsg.), Jus Post Bellum.

Isensee, Josef: § 15 Staat und Verfassung, in: Josef Isensee, Paul Kirchhof (Hrsg.), Handbuch des Staatsrechts der Bundesrepublik Deutschland, Band II, Verfassungsstaat, 3. Auflage, Heidelberg 2004, S. 3 ff.; zit.: Isensee, in: Isensee/Kirchhof, Handbuch des Staatsrechts II, § 15.

Jackman, Bronwen: Seeking Justice in Post Conflict States: Any Answers or Just More Questions?, Humanitäres Völkerrecht – Informationsschriften 2007, S. 37 ff.

Jellinek, Georg: Allgemeine Staatslehre, 2. Auflage, Berlin 1905.

Jeong, Ho-Won: Expanding peacekeeping functions for peace operations, Sicherheit und Frieden 22 (2004), S. 19 ff.

Jessup, Philip C.: Should International Law Recognize an Intermediate Status between War and Peace, AJIL 48 (1954), S. 98 ff.

Kant, Immanuel: Zum ewigen Frieden, Ein philosophischer Entwurf, Königsberg 1795, in: Hermann Schlüter (Hrsg.), Immanuel Kant, Zum ewigen Frieden, Philosophische Arbeitsmaterialien 8, München 1999; zit.: Kant, Zum ewigen Frieden, in: Schlüter (Hrsg.).

Kant, Immanuel: Die Metaphysik der Sitten, Königsberg 1798.

Kimminich, Otto: Der Mythos der humanitären Intervention, AdV 33 (1995), S. 430 ff.

Klabbers, Jan: Redemption Song? Human Rights Versus Community-building in East Timor, LJIL 16 (2003), S. 367 ff.

Knoll, Bernhard: From Benchmarking to Final Status? Kosovo and The Problem of an International Administration's Open-Ended Mandate, EJIL 16 (2005), S. 637 ff.

Kolb, Robert: Human Rights and Humanitarian Law, in: Rüdiger Wolfrum (Hrsg.), Max Planck Encyclopedia of Public International Law, Stand März 2013; zit.: Kolb, Human Rights and Humanitarian Law, in: Wolfrum (Hrsg.), MPEPIL.

Kreuter-Kirchhof, Charlotte: Völkerrechtliche Schutzverantwortung bei elementaren Menschenrechtsverletzungen, Die Responsibility to Protect als Verantwortungsstruktur, AdV 48 (2010), S. 338 ff.

Kriele, Martin: Einführung in die Staatslehre, Die geschichtlichen Legitimationsgrundlagen des demokratischen Verfassungsstaates, 6. Auflage, Stuttgart, Berlin, Köln, 2003.

Kühne, Winrich: UN-Friedenseinsätze verbessern – Die Empfehlungen der Brahimi-Kommission, in: Sabine von Schorlemer (Hrsg.), Praxis-Handbuch UNO, Die Vereinten Nationen im Lichte globaler Herausforderungen, Berlin 2003, S. 715 ff.; zit.: Kühne, in: v. Schorlemer (Hrsg.), Praxis-Handbuch UNO.

Kurzbach, Gerlinde: UN-Friedenssicherung in der Praxis, Vereinte Nationen 2012, S. 121 ff.

Lauterpacht, Hersch (Hrsg.): International Law, A Treatise, By L. Oppenheim, Vol. II Disputes, War and Neutrality, 7. Auflage, London 1952.

Liebach, Ingo: Die unilaterale humanitäre Intervention im „zerfallenen Staat" („failed State"), Köln 2004.

Lister, Matthew: There is no human right to democracy. But may we promote it anyway?, Stan. J. Int. L. 48 (2012), S. 257 ff.

Malcolm, Noel: Kosovo, A Short History, New York 1998.

Marauhn, Thilo: Konfliktfolgenbewältigung in Afghanistan zwischen Utopie und Pragmatismus, Die völkerrechtlichen Rahmenbedingungen der Übergangsverwaltung, AdV 40 (2002), S. 480 ff.

Martenczuk, Bernd: Rechtsbindung und Rechtskontrolle des Weltsicherheitsrats, Die Überprüfung nichtmilitärischer Zwangsmaßnahmen durch den Internationalen Gerichtshof, Berlin 1996.

Martens, Michael: Perspektiven für das unabhängige Kosovo, in: Bernhard Chiari, Agilolf Keßelring (Hrsg.), Wegweiser zur Geschichte, Kosovo, 3. Auflage, Paderborn 2008, S. 125 ff.; zit.: Martens, in: Chiari/Keßelring (Hrsg.), Wegweiser zur Geschichte, Kosovo.

Matheson, Michael J.: United Nations Governance of Postconflict Societies, AJIL 95 (2001), S. 76 ff.

Maurer, Hartmut: Staatsrecht I, Grundlagen, Verfassungsorgane, Staatsfunktionen, 6. Auflage, München 2010.

May, Larry: Jus Post Bellum, Grotius, and *Meionexia*, in: Carsten Stahn, Jennifer S. Easterday, Jens Iverson (Hrsg.), Jus Post Bellum, Mapping the Normative Foundations, Oxford 2014, S. 15 ff.; zit.: May, in: Stahn/Easterday/Iverson (Hrsg.), Jus Post Bellum.

McAuliffe, Pádraig: UN peace-building, transitional justice and the rule of law in East Timor: the limits of institutional responses to political questions, NILR 58 (2011), S. 103 ff.

McLaughlin Mitchell, Sara; Diehl, Paul F.: Caution in what you wish for: The consequences of a right to democracy; Stan. J. Int. L. 48 (2012), S. 289 ff.

Medenica, Olivera: Protocol I and Operation Allied Force: Did NATO Abide by Principles of Proportionality, Loy. L.A. Int'l & Comp. L. Rev. 23 (2001), S. 329 ff.

Meng, Werner: War, in: Rudolf Bernhardt (Hrsg.), Encyclopedia of Public International Law, Volume Four, Amsterdam 2000, S. 1334 ff.; zit.: Meng, War, EPIL IV.

Meron, Theodor: The humanization of humanitarian law, AJIL 94 (2000), S. 239 ff.

Messinger, Heinz; Türck, Gisela; Willmann, Helmut: Langenscheidt, Standard German Dictionary, Berlin, München 1993; zit.: *Bearbeiter*, in: Langenscheidt, Standard German Dictionary.

Mielke, Katja: Der afghanische Bürgerkrieg, in: Bernhard Chiari (Hrsg.), Wegweiser zur Geschichte, Afghanistan, 3. Auflage, Paderborn 2009, S. 75 ff.; zit.: Mielke, in: Chiari (Hrsg.), Wegweiser zur Geschichte, Afghanistan.

Möllers, Christoph: Staat (J), in: Werner Heun, Martin Honecker, Martin Morlok, Joachim Wieland (Hrsg.), Evangelisches Staatslexikon, Stuttgart 2006, Sp. 2272 ff.; zit.: Möllers, Staat (J), in: Evangelisches Staatslexikon.

Morgan Edwards, Lucy: State-building in Afghanistan: a case showing the limits?, IRRC 92 (2010), S. 967 ff.

Murphy, Sean D.: Democratic legitimacy and the recognition of States and governments, in: Gregory H. Fox, Brad R. Roth (Hrsg.), Democratic governance and international law, Cambridge 2000, S. 123 ff.; zit.: Murphy, in: Fox/Roth (Hrsg.), Democratic governance.

Murswiek, Dietrich: Offensives und defensives Selbstbestimmungsrecht, Zum Subjekt des Selbstbestimmungsrechts der Völker, Der Staat 23 (1984), S. 523 ff.; zit.: Murswiek, Offensives und defensives Selbstbestimmungsrecht, Der Staat 23 (1984).

Murswiek, Dietrich: Die Problematik eines Rechts auf Sezession – neu betrachtet, AdV 31 (1993), S. 307 ff.; zit.: Murswiek, Die Problematik eines Rechts auf Sezession, AdV 31 (1993).

Neuhold, Hanspeter; Hummer, Waldemar; Schreuer, Christoph: Österreichisches Handbuch des Völkerrechts, Band 1: Textteil, 4. Auflage, Wien 2004.

Nolte, Georg: Kosovo und Konstitutionalisierung: Zur humanitären Intervention der NATO-Staaten, ZaöRV 59 (1999), S. 941 ff.

Nys, Ernest (Hrsg.): De indis et de iure belli relectiones, Being parts of Relectiones Theologicae XII, by Franciscus de Victoria, Washington 1917.

Österdahl, Inger: Just War, Just Peace and the Jus Post Bellum, NJIL 81 (2012), S. 271 ff.

Oeter, Stefan: Selbstbestimmungsrecht im Wandel, Überlegungen zur Debatte um Selbstbestimmung, Sezessionsrecht und „vorzeitige" Anerkennung, ZaöRV 52 (1992), S. 741 ff.; zit.: Oeter, Selbstbestimmungsrecht im Wandel, ZaöRV 52 (1992).

Oeter, Stefan: Demokratieprinzip und Selbstbestimmungsrecht der Völker, Zwei Seiten einer Medaille?, in: Hauke Brunkhorst (Hrsg.), Demokratischer Experimentalismus, Politik in der komplexen Gesellschaft, Frankfurt 1998, S. 329 ff.; zit.: Oeter, Demokratieprinzip, in: Brunkhorst (Hrsg.), Demokratischer Experimentalismus.

Oeter, Stefan: Souveränität – ein überholtes Konzept?, in: Hans-Joachim Cremer, Thomas Giegerich, Dagmar Richter, Andreas Zimmermann (Hrsg.), Tradition und Weltoffenheit des Rechts, Festschrift für Helmut Steinberger, Berlin 2002; zit.: Oeter, Souveränität, in: Cremer/Giegerich/Richter/Zimmermann (Hrsg.), Festschrift für Steinberger.

Oeter, Stefan: Die internationalen ‚Protektorate' in Bosnien-Herzegowina und im Kosovo – Entwicklung und rechtliche Folgeprobleme der UN-Friedensregime, in: Horst Fischer/ Ulrike Froissart/ Wolff Heintschel von Heinegg/ Christian Raap (Hrsg.), Krisensicherung und Humanitärer Schutz – Crisis Management and Humanitarian Protection, Festschrift für Dieter Fleck, Berlin 2004; S. 427 ff.; zit.: Oeter, Die internationalen ‚Protektorate', in: Fischer/Froissart/Heintschel v. Heinegg/Raap (Hrsg.), Festschrift für Fleck.

Oeter, Stefan: Post-Conflict Peacebuilding – Völkerrechtliche Aspekte der Friedenskonsolidierung in Nachkriegsgesellschaften, Die Friedens-Warte 80 (2005), S. 41 ff.; zit.: Oeter, Post-Conflict Peacebuilding, Die Friedens-Warte 80 (2005).

Oeter, Stefan: The *Kosovo* Case – An Unfortunate Precedent, ZaöRV 75 (2015), S. 51 ff.; zit.: Oeter, The Kosovo Case, ZaöRV 75 (2015).

Panel on United Nations Peace Operations, unter dem Vorsitz von *Lakhdar Brahimi:* Bericht zum Diskussionspunkt "Comprehensive review of the whole question of peacekeeping operations in all their aspects", enthalten in UN Doc. A/55/305–S/2000/809 vom 21.8.2000, verfügbar unter http://www.unrol.org/files/brahimi%20report%20peacekeeping.pdf, zuletzt recherchiert am 13.8.2014; zit.: Brahimi-Bericht.

Paris, Roland: Human Security: Paradigm Shift or Hot Air? International Security 26 (2001), S. 87 ff.; zit.: Paris, Human Security, International Security 26 (2001).

Paris, Roland: Understanding the "coordination problem" in postwar statebuilding, in: Roland Paris, Timothy D. Sisk (Hrsg.), The Dilemmas of Statebuilding, Confronting the contradictions of postwar peace operations, London, New York 2009, S. 53 ff.; zit.: Paris, in: Paris/Sisk (Hrsg.), The Dilemmas of Statebuilding.

Paris, Roland; Sisk, Timothy D.: Introduction, Understanding the contradictions of postwar statebuilding, in: Roland Paris, Timothy D. Sisk (Hrsg.), The Dilemmas of Statebuilding, Confronting the contradictions of postwar peace operations, London, New York 2009, S. 1 ff.; zit.: Paris/Sisk, Introduction, in: Paris/Sisk (Hrsg.), The Dilemmas of Statebuilding.

Partsch, Karl Josef: Humanitarian Law and Armed Conflict, in: Rudolf Bernhardt (Hrsg.), Encyclopedia of Public International Law, Volume Two, Amsterdam 1995, S. 933 ff.; zit.: Partsch, Humanitarian Law and Armed Conflict, EPIL II.

Partsch, Karl Josef: Human Rights and Humanitarian Law, in: Rudolf Bernhardt (Hrsg.), Encyclopedia of Public International Law, Volume Two, Amsterdam 1995, S. 910 ff.; zit.: Partsch, Human Rights and Humanitarian Law, EPIL II.

Partsch, Karl Josef: Self-Determination, in: Rüdiger Wolfrum, Christiane Philipp (Hrsg.), United Nations: Law, Policies and Practice, Volume 2, München 1995, S. 1171 ff.; zit.: Partsch, Self-Determination, in: Wolfrum/Philipp (Hrsg.), United Nations.

Partsch, Karl Josef: Nations, Peoples; in: Rudolf Bernhardt (Hrsg.), Encyclopedia of Public International Law, Volume Three, Amsterdam 1997, S. 511 ff.; zit.: Partsch, Nations, Peoples, EPIL III.

Pellet, Alain: The Destruction of Troy will not Take Place, in: Emma Playfair (Hrsg.), International Law and the Administration of Occupied Territories, Two Decades of Israeli Occupation of the West Bank and Gaza Strip, Oxford 1992, S. 169 ff.; zit.: Pellet, in: Playfair (Hrsg.), International Law and the Administration of Occupied Territories.

Peters, Anne: Einführung in die Europäische Menschenrechtskonvention, München 2003; zit.: Peters, Einführung in die Europäische Menschenrechtskonvention.

Peters, Anne: Völkerrecht: Allgemeiner Teil, Zürich 2006; zit.: Peters, Völkerrecht.

Pfaff-Czarnecka, Joanna: Demokratisierung und Nation-Building in „geteilten Gesellschaften", in: Jochen Hippler (Hrsg.), Nation-Building, Ein Schlüsselkonzept für friedliche Konfliktbearbeitung?, Bonn 2004, S. 49 ff.; zit.: Pfaff-Czarnecka, in: Hippler (Hrsg.), Nation-Building.

Quaritsch, Helmut: Staat und Souveränität, Band 1: Die Grundlagen, Frankfurt (M.) 1970.

Quénivet, Noëlle: Lessons Learned and Applied? Post-Conflict Reconstruction: Nation- or State-Building in Iraq, in: Horst Fischer, Noëlle Quénivet (Hrsg.), Post-Conflict Reconstruction: Nation- and/or State-Building, Berlin 2005, S. 9 ff.; zit.: Quénivet, in: Fischer/Quénivet, Post-Conflict Reconstruction.

Quigley, John: The "Privatization" of Security Council Enforcement Action: a Threat to Multilateralism, Michigan Journal of International Law 17 (1996), S. 249 ff.

Rahim, Taiba: The future of Afghanistan: an Afghan responsibility, IRRC 92 (2010), S. 993 ff.

Randelzhofer, Albrecht: § 17 Staatsgewalt und Souveränität, in: Josef Isensee, Paul Kirchhof (Hrsg.), Handbuch des Staatsrechts der Bundesrepublik Deutschland, Band II, Verfassungsstaat, 3. Auflage, Heidelberg 2004, S. 143 ff.; zit.: Randelzhofer, in: Isensee/Kirchhof, Handbuch des Staatsrechts II, § 17.

Ratner, Steven R.: Foreign Occupation and International Territorial Administration: The Challenges of Convergence, EJIL 16 (2005), S. 695 ff.

Reidy, Aisling: The approach of the European Commission and Court of Human Rights to international humanitarian law, IRRC 324 (1998), S. 513 ff.

Reinold, Theresa: State weakness, irregular warfare, and the right to self-defense post 9/11, AJIL 105 (2011), 244 ff.

Reisman, W. Michael: Coercion and Self-Determination: Construing Charter Article 2 (4), AJIL 78 (1984), S. 642 ff.; zit.: Reisman, Coercion, AJIL 78 (1984).

Reisman, W. Michael: Holding the center of the law of armed conflict, AJIL 100 (2006), 852 ff.; zit.: Reisman, Holding, AJIL 100 (2006).

Rittberger, Volker: Frieden durch Staatlichkeit? – Einführung, Die Friedens-Warte 2008, S. 11 ff.

Roberts, Adam: Prolonged Military Occupation: The Israeli-Occupied Territories 1967–1988, in: Emma Playfair (Hrsg.), International Law and the Administration of Occupied Territories, Two Decades of Israeli Occupation of the West Bank and Gaza Strip, Oxford 1992, S. 25 ff.; zit.: Roberts, in Playfair (Hrsg.), International Law and the Administration of Occupied Territories.

Roberts, Adam: Transformative military occupation: applying the laws of war and human rights, AJIL 100 (2006), S. 580 ff.; zit.: Roberts, Transformative military occupation, AJIL 100 (2006).

Roberts, Adam: What is a military occupation?, The British Yearbook of International Law 55 (1984), S. 249 ff.; zit.: Roberts, What is a military occupation?, BYIL 55 (1984).

Robinson, Darryl: Serving the Interests of Justice, EJIL 14 (2003), S. 481 ff.

Rossbacher, Dina: Die Interimsverwaltung der Vereinten Nationen im Kosovo (UNMIK) und die Rechtsstaatsmission EULEX der Europäischen Union, in: Bernhard Chiari, Agilolf Keßelring (Hrsg.), Wegweiser zur Geschichte, Kosovo, 3. Auflage, Paderborn 2008, S. 95 ff.; zit.: Rossbacher, in: Chiari/Keßelring (Hrsg.), Wegweiser zur Geschichte, Kosovo.

Ruffert, Matthias: The Administration of Kosovo and East-Timor by the International Community, ICLQ 50 (2001), S. 613 ff.

Ruffert, Matthias; Walter, Christian: Institutionalisiertes Völkerrecht, Das Recht der Internationalen Organisationen und seine wichtigsten Anwendungsfelder, München 2009.

Sassòli, Marco: Legislation and Maintenance of Public Order and Civil Life by Occupying Powers, EJIL 16 (2005), S. 661 ff.

Schade, Jeanette: Zwischen Projektitis und Gegenmachtbildung – NGOs in Prozessen des Nation-Building, in: Jochen Hippler (Hrsg.), Nation-Building, Ein Schlüsselkonzept für friedliche Konfliktbearbeitung?, Bonn 2004, S. 178 ff.; zit.: Schade, in: Hippler (Hrsg.), Nation-Building.

Schaller, Christian: Peacebuilding und "ius post bellum", Völkerrechtliche Rahmenbedingungen der Friedenskonsolidierung nach militärischen Interventionen, Berlin 2006.

Scheffer, David J.: Beyond Occupation Law, AJIL 97 (2003), S. 842 ff.

Schetter, Conrad: Die Anfänge Afghanistans, in: Bernhard Chiari (Hrsg.), Wegweiser zur Geschichte, Afghanistan, 3. Auflage, Paderborn 2009, S. 19 ff.; zit.: Schetter, Die Anfänge Afghanistans, in: Chiari (Hrsg.), Wegweiser zur Geschichte, Afghanistan.

Schetter, Conrad: Die Taliban und die Neuordnung Afghanistans, in: Bernhard Chiari (Hrsg.), Wegweiser zur Geschichte, Afghanistan, 3. Auflage, Paderborn 2009, S. 83 ff.; zit.: Schetter, Die Taliban, in: Chiari (Hrsg.), Wegweiser zur Geschichte, Afghanistan.

Schindler, Dietrich: Kriegsrecht und Menschenrechte; in: Ulrich Häfelin (Hrsg.), Menschenrechte, Föderalismus, Demokratie; Festschrift für Werner Kägi, Zürich 1979, S. 327 ff.; zit.: Schindler, Kriegsrecht und Menschenrechte, in: Häfelin (Hrsg.), Festschrift für Kägi.

Schlagintweit, Reinhard: Afghanistan als Staat im 20. Jahrhundert, in: Bernhard Chiari (Hrsg.), Wegweiser zur Geschichte, Afghanistan, 3. Auflage, Paderborn 2009, S. 37 ff.; zit.: Schlagintweit, in: Chiari (Hrsg.), Wegweiser zur Geschichte, Afghanistan.

Schliesky, Utz: Souveränität und Legitimität von Herrschaftsgewalt, Die Weiterentwicklung von Begriffen der Staatslehre und des Staatsrechts im europäischen Mehrebenensystem, Tübingen 2004.

Schmidt, Manfred G.: Demokratie (J.), in Werner Neun, Marin Honecker, Marin Morlok, Joachim Wieland (Hrsg.), Evangelisches Staatslexikon, Stuttgart 2006, Sp. 325 ff.; zit.: Schmidt, Demokratie (J.), in: Evangelisches Staatslexikon.

Schneckener, Ulrich: Frieden machen: Peacebuilding und peacebuilder, in: Die Friedens-Warte 80 (2005), S. 17 ff.

Schoch, Bruno: Demokratisierung im ungeklärten Staat? Das UN-Protektorat im Kosovo – eine Bilanz, Hessische Stiftung Friedens- und Konfliktforschung (HSFK), Report Nr. 13/2010.

Schöbener, Burkhard: Allgemeine Staatslehre, München 2009; zit.: Schöbener, Allgemeine Staatslehre.

Schöbener, Burkhard: Schutz der Menschenrechte mit militärischer Gewalt: die humanitäre Intervention zwischen Völkerrecht und internationaler Politik, Zeitschrift für Politik 47 (2000), S. 293 ff.; zit.: Schöbener, Schutz der Menschenrechte, ZfP 47 (2000).

Schweisfurth, Theodor: Völkerrecht, Tübingen 2006.

Schwenk, Edmund H.: Legislative Power of the Military Occupant under Article 43, Hague Regulations, The Yale Law Journal 54 (1945), S. 393 ff.

Seibert-Fohr, Anja: Transitional Justice in Post-Conflict Situations, in: Rüdiger Wolfrum (Hrsg.), Max Planck Encyclopedia of Public International Law, Stand Januar 2011; zit.: Seibert-Fohr, Transitional Justice in Post-Conflict Situations, in: Wolfrum (Hrsg.), MPEPIL.

Sen, Amartya: Development as freedom, New York 1999.

Sicilianos, Linos-Alexandre: L'influence des droits de l'homme sur la structure du droit international, Première Partie: La hiérarchisation de l'ordre juridique international, RGDIP 2012, S. 5 ff.

Sicilianos, Linos-Alexandre: L'influence des droits de l'homme sur la structure du droit international, Deuxième Partie: Les conséquences structurelles de la hiérarchisation, RGDIP 2012, S. 241 ff.

Simma, Bruno (Hrsg.): The Charter of the United Nations, A Commentary, Volume I, 2. Auflage, München 2002; zit.: *Bearbeiter,* in: Simma (Hrsg.), The Charter of the United Nations, Vol. I.

Simma, Bruno: NATO, the UN and the Use of Force: Legal Aspects, EJIL 1999, S. 1 ff.

Slim, Hugo: Positioning Humanitarianism in War: Principles of Neutrality, Impartiality and Solidarity, in: D.S. Gordon, F.H. Toase (Hrsg.), Aspects of Peacekeeping, London 2001, S. 125 ff.; zit.: Slim, in: Gordon/Toase (Hrsg.), Aspects of Peacekeeping.

Sloane, Robert D.: The Cost of Conflation: Preserving the Dualism of *Jus ad Bellum* and *Jus in Bello* in the Contemporary Law of War, YJIL 34 (2009), S. 47 ff.

Sohn, Louis B.: Peace, means to safeguard, in: Rudolf Bernhardt (Hrsg.), Encyclopedia of Public International Law, Volume Three, Amsterdam 1997, S. 921 ff.; zit.: Sohn, Peace, means to safeguard, EPIL III.

Stahn, Carsten: Constitution without a State? Kosovo Under the United Nations Constitutional Framework for Self-Government, LJIL 14 (2001), S. 531 ff.; zit.: Stahn, Constitution, LJIL 14 (2001).

Stahn, Carsten: 'Jus ad bellum', 'jus in bello' ... 'jus post bellum'? – *Rethinking the Conception of the Law of Armed Force,* EJIL 17 (2006), S. 921 ff.; zit.: Stahn, Rethinking, EJIL 17 (2006).

Stein, Torsten; von Buttlar, Christian: Völkerrecht, 12. Auflage, Köln, München 2009.

Steinberger, Helmut: Sovereignty, in: Encyclopedia of Public International Law, Volume Four, Amsterdam 2000, S. 500 ff.; zit.: Steinberger, Sovereignty, EPIL IV.

Stephens, Dale: Human Rights and Armed Conflict – The Advisory Opinion of the International Court of Justice in the Nuclear Weapons Case, in: Yale Human Rights & Development Law Journal (YHRDLJ) 2001, S. 1 ff.

Stern, Klaus: Das Staatsrecht der Bundesrepublik Deutschland, Band I, Grundbegriffe und Grundlagen des Staatsrechts, Strukturprinzipien der Verfassung, 2. Auflage, München 1984.

Strebel, Helmut: Martens‘ Clause, in: Rudolf Bernhardt (Hrsg.), Encyclopedia of Public International Law, Volume Three, Amsterdam 1997, S. 326 f.; zit.: Strebel, Jus Martens‘ Clause, EPIL III.

Strohmeyer, Hansjörg: Collapse and Reconstruction of a Judicial System: The United Nations Missions in Kosovo and East Timor, AJIL 95 (2001), S. 46 ff.

Stütz, Julia: „State-Building" aus theoretischer und praktischer Perspektive, Baden-Baden 2008.

Suy, Eric: United Nations Peacekeeping System, in: Rudolf Bernhardt (Hrsg.), Encyclopedia of Public International Law, Volume Four, Amsterdam 2000, S. 1143 f.; zit.: Suy, United Nations Peacekeeping System, EPIL IV.

Talentino, Andrea Kathryn: Intervention as Nation-Building: Illusion or Possibility?, Security Dialogue 33 (2002), S. 27 ff.; zit.: Talentino, Intervention as Nation-Building, Security Dialogue 33 (2002).

Talentino, Andrea Kathryn: The Two Faces of Nation-Building: Developing Function and Identity, Cambridge Review of International Affairs 17 (2004), S. 557 ff.; zit.: Talentino, The Two Faces, Cambridge Review of International Affairs 17 (2004).

Thürer, Daniel: Das Selbstbestimmungsrecht der Völker, AdV 22 (1984), S. 113 ff.; zit.: Thürer, Das Selbstbestimmungsrecht, AdV 22 (1984).

Thürer, Daniel: Der „zerfallene Staat" und das Völkerrecht, in: Die Friedens-Warte 74 (1999), S. 275 ff.; zit.: Thürer, Der „zerfallene Staat", Die Friedens-Warte 74 (1999).

Thürer, Daniel: Self-Determination, in: Rudolf Bernhardt (Hrsg.), Encyclopedia of Public International Law, Volume Four, Amsterdam 2000, S. 364 ff.; zit.: Thürer, Self-Determination, EPIL IV.

Thürer, Daniel: Der Kosovo-Konflikt im Lichte des Völkerrechts: Von drei – echten und scheinbaren – Dilemmata, AdV 38 (2000), S. 1 ff.; zit.: Thürer, Der Kosovo-Konflikt, AdV 38 (2000).

Tomuschat, Christian: Die Kunst, Frieden zu schließen und zu sichern, Die Friedens-Warte 74 (1999), S. 361 ff.; zit.: Tomuschat, Die Kunst, Die Friedens-Warte 74 (1999).

Tomuschat, Christian: Völkerrechtliche Aspekte des Kosovo-Konflikts, Die Friedens-Warte 74 (1999), S. 33 ff.; zit.: Tomuschat, Völkerrechtliche Aspekte, Die Friedens-Warte 74 (1999).

Trettin, Frederik; Winckler, Joel Gwyn: Die Friedensmissionen der Vereinten Nationen, Vereinte Nationen 2012, S. 115 ff.

Tucker, Robert W.: Reprisals and Self-Defense: The Customary Law, AJIL 66 (1972), S. 586 ff.

Uvin, Peter: The *Gacaca* Tribunals in Rwanda, in: David Bloomfield, Teresa Barnes, Lus Huyse (Hrsg.), Reconciliation After Violent Conflict, A Handbook, International Institute for Democracy and Electoral Assistance, Stockholm 2003, S. 116 ff.; zit.: Uvin, in: Bloomfield/Barnes/Huyse (Hrsg.), Reconciliation After Violent Conflict.

Vatanparast, Roxana: Waging Peace: Ambiguities, Contradictions, and Problems of a *Jus Post Bellum* Legal Framework, in: Carsten Stahn, Jennifer S. Easterday, Jens Iverson (Hrsg.), Jus Post Bellum, Mapping the Normative Foundations, Oxford 2014, S. 142 ff.; zit.: Vatanparast, in: Stahn/Easterday/Iverson (Hrsg.), Jus Post Bellum.

de Vattel, Emer: Le droit des gens ou principes de la loi naturelle, appliqués à la conduite et aux affaires des nations et des souverains, Band 2, Leide 1758.

Verdross, Alfred; Simma, Bruno: Universelles Völkerrecht, Theorie und Praxis, 3. Auflage, Berlin 1984.

Vitzthum, Wolfgang Graf: Völkerrecht, 4. Auflage, Berlin 2007; zit.: *Bearbeiter*, in: Vitzthum (Hrsg.), Völkerrecht.

Voon, Tania: Pointing the finger: Civilian casualties of NATO bombing in the Kosovo conflict, Am. U. Int'l L. Rev. 16 (2001), 1083 ff.

Vries, Josef de (Hrsg.): Francisco Suárez, Ausgewählte Texte zum Völkerrecht, Tübingen, 1965; zit.: Francisco Suárez, in: de Vries (Hrsg.), Francisco Suárez, Ausgewählte Texte zum Völkerrecht.

Warbrick, Colin: States and recognition in international law, in: Malcolm Evans (Hrsg.), International Law, Oxford 2003, S. 205 ff.; zit.: Warbrick, in: Evans (Hrsg.), International law.

Watkin, Kenneth: Controlling the Use of Force: A Role for Human Rights Norms in Contemporary Armed Conflicts, AJIL (98) 2004, S. 1 ff.

Weller, Marc: Peace-Keeping and Peace-Enforcement in the Republic of Bosnia and Herzegovina, ZaöRV 56 (1996), S. 70 ff.; zit.: Weller, Peace-Keeping, ZaöRV 56 (1996).

Weller, Marc: Kosovo's final status, International Affairs 84 (2006), S. 1223 ff.; zit.: Weller, Kosovo's final status, International Affairs 84 (2006).

Wenzel, Nicola: Group Rights, in: Rüdiger Wolfrum (Hrsg.), Max Planck Encyclopedia of Public International Law, Stand Januar 2011; zit.: Wenzel, Group Rights, in Wolfrum (Hrsg.), MPEPIL.

Wittkowsky, Andreas; Kasch, Holger: Testfall Kosovo: Zwischenbilanz der europäischen Konfliktbearbeitung, ZIF Policy Briefing, Mai 2012.

Wolfrum, Rüdiger (Hrsg.): Handbuch Vereinte Nationen, 2. Auflage, München 1991; zit.: *Bearbeiter*, in: Wolfrum (Hrsg.), Handbuch Vereinte Nationen.

Zaum, Dominik: Jus Post Bellum and the Politics of Exit, in: Carsten Stahn, Jennifer S. Easterday, Jens Iverson (Hrsg.), Jus Post Bellum, Mapping the Normative Foundations, Oxford 2014, S. 334 ff.; zit.: Zaum, in: Stahn/Easterday/Iverson (Hrsg.), Jus Post Bellum.

Zippelius, Reinhold: Allgemeine Staatslehre, Politikwissenschaft, 15. Auflage, München 2007.

Schriften zum internationalen und zum öffentlichen Recht

Herausgegeben von Gilbert Gornig

- Band 1 Michael Waldstein: Das Asylgrundrecht im europäischen Kontext. Wege einer europäischen Harmonisierung des Asyl- und Flüchtlingsrechts. 1993.
- Band 2 Axel Linneweber: Einführung in das US-amerikanische Verwaltungsrecht. Kompetenzen, Funktionen und Strukturen der „Agencies" im US-amerikanischen Verwaltungsrecht. 1994.
- Band 3 Tai-Nam Chi: Das Herrschaftssystem Nordkoreas unter besonderer Berücksichtigung der Wiedervereinigungsproblematik. 1994.
- Band 4 Jörg Rösing: Beamtenstatut und Europäische Gemeinschaften. Eine Untersuchung zu den gemeinschaftsrechtlichen Anforderungen an die Freizügigkeit der Arbeitnehmer im Bereich des öffentlichen Dienstes. 1994.
- Band 5 Wolfgang Wegel: Presse und Rundfunk im Datenschutzrecht. Zur Regelung des journalistischen Umgangs mit personenbezogenen Daten. 1994.
- Band 6 Sven Brandt: Eigentumsschutz in europäischen Völkerrechtsvereinbarungen. EMRK, Europäisches Gemeinschaftsrecht, KSZE – unter Berücksichtigung der historischen Entwicklung. 1995.
- Band 7 Alejandro Alvarez: Die verfassunggebende Gewalt des Volkes unter besonderer Berücksichtigung des deutschen und chilenischen Grundgesetzes. 1995.
- Band 8 Martin Thies: Zur Situation der gemeindlichen Selbstverwaltung im europäischen Einigungsprozeß. Unter besonderer Berücksichtigung der Vorschriften des EG-Vertrages über staatliche Beihilfen und der EG-Umweltpolitik. 1995.
- Band 9 Rolf-Oliver Schwemer: Die Bindung des Gemeinschaftsgesetzgebers an die Grundfreiheiten. 1995.
- Band 10 Holger Kremser: „Soft Law" der UNESCO und Grundgesetz. Dargestellt am Beispiel der Mediendeklaration. 1996.
- Band 11 Michael Silagi: Staatsuntergang und Staatennachfolge: mit besonderer Berücksichtigung des Endes der DDR. 1996.
- Band 12 Reinhard Franke: Der gerichtliche Vergleich im Verwaltungsprozeß. Auch ein Beitrag zum verwaltungsrechtlichen Vertrag. 1996.
- Band 13 Christoph Eichhorn: Altlasten im Konkurs. 1996.
- Band 14 Dietrich Ostertun: Gewohnheitsrecht in der Europäischen Union. Eine Untersuchung der normativen Geltung und der Funktion von Gewohnheitsrecht im Recht der Europäischen Union. 1996.
- Band 15 Ulrike Pieper: Neutralität von Staaten. 1997.
- Band 16 Harald Endemann: Kollektive Zwangsmaßnahmen zur Durchsetzung humanitärer Normen. Ein Beitrag zum Recht der humanitären Intervention. 1997.
- Band 17 Jochen Anweiler: Die Auslegungsmethoden des Gerichtshofs der Europäischen Gemeinschaften. 1997.
- Band 18 Henrik Ahlers: Grenzbereich zwischen Gefahrenabwehr und Strafverfolgung. 1998.
- Band 19 Heinrich Hahn: Der italienische Verwaltungsakt im Lichte des Verwaltungsverfahrensgesetzes vom 7. August 1990 (Nr. 241/90). Eine rechtsvergleichende Darstellung. 1998.
- Band 20 Christoph Deutsch: Elektromagnetische Strahlung und Öffentliches Recht. 1998.

Band 21 Cordula Fitzpatrick: Künstliche Inseln und Anlagen auf See. Der völkerrechtliche Rahmen für die Errichtung und den Betrieb künstlicher Inseln und Anlagen. 1998.

Band 22 Hans-Tjabert Conring: Korporative Religionsfreiheit in Europa. Eine rechtsvergleichende Betrachtung. Zugleich ein Beitrag zu Art. 9 EMRK. 1998.

Band 23 Jörg Karenfort: Die Hilfsorganisation im bewaffneten Konflikt. Rolle und Status unparteiischer humanitärer Organisationen im humanitären Völkerrecht. 1999.

Band 24 Matthias Schote: Die Rundfunkkompetenz des Bundes als Beispiel bundesstaatlicher Kulturkompetenz in der Bundesrepublik Deutschland. Eine Untersuchung unter besonderer Berücksichtigung natürlicher Kompetenzen und der neueren Entwicklung im Recht der Europäischen Union. 1999.

Band 25 Hermann Rothfuchs: Die traditionellen Personenverkehrsfreiheiten des EG-Vertrages und das Aufenthaltsrecht der Unionsbürger. Eine Gegenüberstellung der vertraglichen Gewährleistungen. 1999.

Band 26 Frank Alpert: Zur Beteiligung am Verwaltungsverfahren nach dem Verwaltungsverfahrensgesetz des Bundes. Die Beteiligtenstellung des § 13 Abs. 1 VwVfG. 1999.

Band 27 Matthias Reichart: Umweltschutz durch völkerrechtliches Strafrecht. 1999.

Band 28 Nikolas von Wrangell: Globalisierungstendenzen im internationalen Luftverkehr. Entwicklung der Regulierung und Liberalisierung unter Berücksichtigung strategischer Allianzen und des Code-Sharing. 1999.

Band 29 Marietta Hovehne: Ein demokratisches Verfahren für die Wahlen zum Europäischen Parlament. Legitimation gemeinschaftlicher Entscheidungsstrukturen im europäischen Integrationsprozeß. 1999.

Band 30 Nina Kaden: Der amerikanische Clean Air Act und das deutsche Luftreinhalterecht. Eine rechtsvergleichende Untersuchung. 1999.

Band 31 Brigitte Daum: Grenzverletzungen und Völkerrecht. Eine Untersuchung der Rechtsfolgen von Grenzverletzungen in der Staatenpraxis und Folgerungen für das Projekt der International Law Commission zur Kodifizierung des Rechts der Staatenverantwortlichkeit. 1999.

Band 32 Andreas Fürst: Die bildungspolitischen Kompetenzen der Europäischen Gemeinschaft. Umfang und Entwicklungsmöglichkeiten. 1999.

Band 33 Gilles Despeux: Die Anwendung des völkerrechtlichen Minderheitenrechts in Frankreich. 1999.

Band 34 Michael Reckhard: Die rechtlichen Rahmenbedingungen der Sanktionierung von Beitragsverweigerung im System der Vereinten Nationen. 1999.

Band 35 Carsten Pagels: Schutz- und förderpflichtrechtliche Aspekte der Religionsfreiheit. Zugleich ein Beitrag zur Auslegung eines speziellen Freiheitsrechts. 1999.

Band 36 Bernhard Mehner: Die grenzüberschreitende Wirkung direktempfangbaren Satellitenfernsehens aus völkerrechtlicher Sicht. 2000.

Band 37 Karl-Josef Ulmen: Pharmakologische Manipulationen (Doping) im Leistungssport der DDR. Eine juristische Untersuchung. 2000.

Band 38 Jochen Starke: Die verfassungsgerichtliche Normenkontrolle durch den Conseil constitutionnel. Zum Kompetenztitel des Art. 61 der französischen Verfassung. 2000.

Band 39 Marco Herzog: Rechtliche Probleme einer Inhaltsbeschränkung im Internet. 2000.

Band 40 Gilles Despeux: Droit de la délimitation maritime. Commentaire de quelques décisions plutoniennes. 2000.

Band 41 Christina Hackel: Der Untergang des Landes Braunschweig und der Anspruch auf Restitution nach der Wiedervereinigung Deutschlands. 2000.

Band 21 Cordula Fitzpatrick: Künstliche Inseln und Anlagen auf See. Der völkerrechtliche Rahmen für die Errichtung und den Betrieb künstlicher Inseln und Anlagen. 1998.

Band 22 Hans-Tjabert Conring: Korporative Religionsfreiheit in Europa. Eine rechtsvergleichende Betrachtung. Zugleich ein Beitrag zu Art. 9 EMRK. 1998.

Band 23 Jörg Karenfort: Die Hilfsorganisation im bewaffneten Konflikt. Rolle und Status unparteiischer humanitärer Organisationen im humanitären Völkerrecht. 1999.

Band 24 Matthias Schote: Die Rundfunkkompetenz des Bundes als Beispiel bundesstaatlicher Kulturkompetenz in der Bundesrepublik Deutschland. Eine Untersuchung unter besonderer Berücksichtigung natürlicher Kompetenzen und der neueren Entwicklung im Recht der Europäischen Union. 1999.

Band 25 Hermann Rothfuchs: Die traditionellen Personenverkehrsfreiheiten des EG-Vertrages und das Aufenthaltsrecht der Unionsbürger. Eine Gegenüberstellung der vertraglichen Gewährleistungen. 1999.

Band 26 Frank Alpert: Zur Beteiligung am Verwaltungsverfahren nach dem Verwaltungsverfahrensgesetz des Bundes. Die Beteiligtenstellung des § 13 Abs. 1 VwVfG. 1999.

Band 27 Matthias Reichart: Umweltschutz durch völkerrechtliches Strafrecht. 1999.

Band 28 Nikolas von Wrangell: Globalisierungstendenzen im internationalen Luftverkehr. Entwicklung der Regulierung und Liberalisierung unter Berücksichtigung strategischer Allianzen und des Code-Sharing. 1999.

Band 29 Marietta Hovehne: Ein demokratisches Verfahren für die Wahlen zum Europäischen Parlament. Legitimation gemeinschaftlicher Entscheidungsstrukturen im europäischen Integrationsprozeß. 1999.

Band 30 Nina Kaden: Der amerikanische Clean Air Act und das deutsche Luftreinhalterecht. Eine rechtsvergleichende Untersuchung. 1999.

Band 31 Brigitte Daum: Grenzverletzungen und Völkerrecht. Eine Untersuchung der Rechtsfolgen von Grenzverletzungen in der Staatenpraxis und Folgerungen für das Projekt der International Law Commission zur Kodifizierung des Rechts der Staatenverantwortlichkeit. 1999.

Band 32 Andreas Fürst: Die bildungspolitischen Kompetenzen der Europäischen Gemeinschaft. Umfang und Entwicklungsmöglichkeiten. 1999.

Band 33 Gilles Despeux: Die Anwendung des völkerrechtlichen Minderheitenrechts in Frankreich. 1999.

Band 34 Michael Reckhard: Die rechtlichen Rahmenbedingungen der Sanktionierung von Beitragsverweigerung im System der Vereinten Nationen. 1999.

Band 35 Carsten Pagels: Schutz- und förderpflichtrechtliche Aspekte der Religionsfreiheit. Zugleich ein Beitrag zur Auslegung eines speziellen Freiheitsrechts. 1999.

Band 36 Bernhard Mehner: Die grenzüberschreitende Wirkung direktempfangbaren Satellitenfernsehens aus völkerrechtlicher Sicht. 2000.

Band 37 Karl-Josef Ulmen: Pharmakologische Manipulationen (Doping) im Leistungssport der DDR. Eine juristische Untersuchung. 2000.

Band 38 Jochen Starke: Die verfassungsgerichtliche Normenkontrolle durch den Conseil constitutionnel. Zum Kompetenztitel des Art. 61 der französischen Verfassung. 2000.

Band 39 Marco Herzog: Rechtliche Probleme einer Inhaltsbeschränkung im Internet. 2000.

Band 40 Gilles Despeux: Droit de la délimitation maritime. Commentaire de quelques décisions plutoniennes. 2000.

Band 41 Christina Hackel: Der Untergang des Landes Braunschweig und der Anspruch auf Restitution nach der Wiedervereinigung Deutschlands. 2000.

Schriften zum internationalen und zum öffentlichen Recht

Herausgegeben von Gilbert Gornig

Band 1 Michael Waldstein: Das Asylgrundrecht im europäischen Kontext. Wege einer europäischen Harmonisierung des Asyl- und Flüchtlingsrechts. 1993.

Band 2 Axel Linneweber: Einführung in das US-amerikanische Verwaltungsrecht. Kompetenzen, Funktionen und Strukturen der „Agencies" im US-amerikanischen Verwaltungsrecht. 1994.

Band 3 Tai-Nam Chi: Das Herrschaftssystem Nordkoreas unter besonderer Berücksichtigung der Wiedervereinigungsproblematik. 1994.

Band 4 Jörg Rösing: Beamtenstatut und Europäische Gemeinschaften. Eine Untersuchung zu den gemeinschaftsrechtlichen Anforderungen an die Freizügigkeit der Arbeitnehmer im Bereich des öffentlichen Dienstes. 1994.

Band 5 Wolfgang Wegel: Presse und Rundfunk im Datenschutzrecht. Zur Regelung des journalistischen Umgangs mit personenbezogenen Daten. 1994.

Band 6 Sven Brandt: Eigentumsschutz in europäischen Völkerrechtsvereinbarungen. EMRK, Europäisches Gemeinschaftsrecht, KSZE – unter Berücksichtigung der historischen Entwicklung. 1995.

Band 7 Alejandro Alvarez: Die verfassunggebende Gewalt des Volkes unter besonderer Berücksichtigung des deutschen und chilenischen Grundgesetzes. 1995.

Band 8 Martin Thies: Zur Situation der gemeindlichen Selbstverwaltung im europäischen Einigungsprozeß. Unter besonderer Berücksichtigung der Vorschriften des EG-Vertrages über staatliche Beihilfen und der EG-Umweltpolitik. 1995.

Band 9 Rolf-Oliver Schwemer: Die Bindung des Gemeinschaftsgesetzgebers an die Grundfreiheiten. 1995.

Band 10 Holger Kremser: „Soft Law" der UNESCO und Grundgesetz. Dargestellt am Beispiel der Mediendeklaration. 1996.

Band 11 Michael Silagi: Staatsuntergang und Staatennachfolge: mit besonderer Berücksichtigung des Endes der DDR. 1996.

Band 12 Reinhard Franke: Der gerichtliche Vergleich im Verwaltungsprozeß. Auch ein Beitrag zum verwaltungsrechtlichen Vertrag. 1996.

Band 13 Christoph Eichhorn: Altlasten im Konkurs. 1996.

Band 14 Dietrich Ostertun: Gewohnheitsrecht in der Europäischen Union. Eine Untersuchung der normativen Geltung und der Funktion von Gewohnheitsrecht im Recht der Europäischen Union. 1996.

Band 15 Ulrike Pieper: Neutralität von Staaten. 1997.

Band 16 Harald Endemann: Kollektive Zwangsmaßnahmen zur Durchsetzung humanitärer Normen. Ein Beitrag zum Recht der humanitären Intervention. 1997.

Band 17 Jochen Anweiler: Die Auslegungsmethoden des Gerichtshofs der Europäischen Gemeinschaften. 1997.

Band 18 Henrik Ahlers: Grenzbereich zwischen Gefahrenabwehr und Strafverfolgung. 1998.

Band 19 Heinrich Hahn: Der italienische Verwaltungsakt im Lichte des Verwaltungsverfahrensgesetzes vom 7. August 1990 (Nr. 241/90). Eine rechtsvergleichende Darstellung. 1998.

Band 20 Christoph Deutsch: Elektromagnetische Strahlung und Öffentliches Recht. 1998.

Band 42 Peter Aertker: Europäisches Zulassungsrecht für Industrieanlagen. Die Richtlinie über die integrierte Vermeidung und Verminderung der Umweltverschmutzung und ihre Auswirkungen auf das Anlagenzulassungsrecht der Bundesrepublik Deutschland. 2000.

Band 43 Karsten Bertram: Die Gesetzgebung zur Neuregelung des Grundeigentums in der ersten Phase der Französischen Revolution (bis 1793) und deren Bedeutung für die deutsche Eigentumsdogmatik der Gegenwart. 2000.

Band 44 Ulrike Hartmann: Die Entwicklung im internationalen Umwelthaftungsrecht unter besonderer Berücksichtigung von *erga omnes*-Normen. 2000.

Band 45 Thomas Jesch: Die Wirtschaftsverfassung der Sonderverwaltungsregion Hongkong. Eine Darstellung vor dem Hintergrund der Wiedereingliederung in die Souveränität der Volksrepublik China. 2001.

Band 46 Sven Gottschalkson: Der Ausschluß des Zivilrechtsweges bei Eigentumsverlusten an Immobilien in der ehemaligen DDR. 2002.

Band 47 Gilbert Hanno Gornig / Gilles Despeux: Seeabgrenzungsrecht in der Ostsee. Eine Darstellung des völkerrechtlichen Seeabgrenzungsrechts unter besonderer Berücksichtigung der Praxis der Ostseestaaten. 2002.

Band 48 Andreas Zühlsdorff: Rechtsverordnungsersetzende Verträge unter besonderer Berücksichtigung des Umweltrechts. 2003.

Band 49 Katja Schmitz: Durchgriffswirkung von Maßnahmen der UN und ihrer Sonderorganisationen unter besonderer Berücksichtigung von Resolutionen des UN-Sicherheitsrates – Die Entwicklung supranationaler Strukturen. 2003.

Band 50 Stefanie Rothenberger: Die angemessene Nutzung gemeinschaftlicher Ressourcen am Beispiel von Flüssen und speziellen Ökosystemen. Eine vergleichende Betrachtung zum modernen Verständnis eines klassischen völkerrechtlichen Nutzungsprinzips. 2003.

Band 51 Christoph von Burgsdorff: Die Umsetzung der EG-Datenschutzrichtlinie im nicht-öffentlichen Bereich. Möglichkeit einer zukunftsorientierten Konzeption des Datenschutzes in der Privatwirtschaft unter besonderer Berücksichtigung des BDSG. 2003.

Band 52 Frank Reinhardt: Powerline. Verfassungs-, verwaltungs- und telekommunikationsrechtliche Probleme. 2003.

Band 53 Chie Sato: Immunität Internationaler Organisationen. 2004.

Band 54 Johannes Thoma: EU-Recht und Schranken hoheitlicher Staatstätigkeit. 2004.

Band 55 Wolf Peterhoff: Rechtsansprüche enteigneter Volksgruppen und ihre Durchsetzbarkeit. 2004.

Band 56 Do-Hyub Kim: Das deutsche parlamentarische Regierungssystem als mögliches Modell für Korea. 2004.

Band 57 Alexander Koberg: Die Exilregierung im Völkerrecht. Eine Untersuchung ihrer rechtlichen Klassifikation. 2005.

Band 58 Nils Christian Carstensen: Das Verhältnis des Seerechtsübereinkommens der Vereinten Nationen von 1982 zu fischereirechtlichen Übereinkommen und deren Streitbeilegungsvorschriften. 2005.

Band 59 Oliver Franz: Osttimor und das Recht auf Selbstbestimmung. Eine Untersuchung zur Anwendung des Selbstbestimmungsrechts der Völker am Beispiel Osttimors. 2005.

Band 60 Michael Kadgien: Das Habsburgergesetz. 2005.

Band 61 Felix Wolf: Terrorversicherungen und europäisches Wettbewerbsrecht. Verschiedene Modelle staatlicher Beteiligung an einer Terrorversicherung für Wirtschaftsbetriebe und ihre Vereinbarkeit mit dem europäischen Wettbewerbsrecht. 2005.

Band 62 Heiko Bertelmann: Die Europäisierung des Staatshaftungsrechts. Eine Untersuchung zum Einfluss des Europäischen Gemeinschaftsrechts auf das deutsche Staatshaftungsrecht unter besonderer Berücksichtigung der Haftung für judikatives Unrecht. 2005.

Band 63 Cedric Christian Meyer: Konkretisierung unbestimmter Rechtsbegriffe im deutschen und französischen Anlagenzulassungsrecht. 2005.

Band 64 Philippe Gréciano: Die Gerichtsbarkeit der Europäischen Gemeinschaften. Rechtsprechung und Rechtssprache Europas aus französischer Perspektive. Mit einem Vorwort von Theodor Öhlinger. 2007.

Band 65 Anne-Louise Schümer: Die Stellung des Ministerpräsidenten in den Bundesländern im Vergleich. 2006.

Band 66 Helen Ghebrewebet: Identifying Units of Statehood and Determining International Boundaries. A Revised Look at the Doctrine of *Uti Possidetis* and the Principle of Self-Determination. 2006.

Band 67 Arne Hertel: Beihilfen an kleine und mittlere Unternehmen. 2006.

Band 68 Markus Günther: Europol. Rechtsschutzmöglichkeiten und deren Vereinbarkeit mit nationalen und internationalen Anforderungen. 2006.

Band 69 Christian Wicker: The Concepts of Proportionality and State Crimes in International Law. An Analysis of the Scope of Proportionality in the Right of Self-Defence and in the Regime of International Countermeasures and an Evaluation of the Concept of State Crimes. 2006.

Band 70 Hauke Stöwsand: Zyperns Beitritt zur Europäischen Union. Vom Antrag auf Mitgliedschaft bis zum Protokoll der Beitrittsakte. 2007.

Band 71 Natalie Rowohl: Weltbank und Internationaler Währungsfonds: Ihre Mandate und deren Abgrenzung. Stand und Reformvorschläge. 2007.

Band 72 Ru-Huei Liu: Europäisierung des deutschen Umweltrechts. 2008.

Band 73 Katja Lange: Der Status der Aufständischen im modernen humanitären Völkerrecht. 2007.

Band 74 Tarik El-Shabassy: Die Durchsetzung finanzieller Sanktionen der Europäischen Gemeinschaften gegen ihre Mitgliedstaaten. 2008.

Band 75 Karsten Seifert: Das interamerikanische System zum Schutz der Menschenrechte und seine Reformierung. 2008.

Band 76 Nora Graaff: Staatenverantwortlichkeit. Vom „völkerrechtlichen Verbrechen“ zur „schwerwiegenden Verletzung einer zwingenden Völkerrechtsnorm“ anhand der ILC-Kodifikationsarbeit. 2008.

Band 77 Aldona Szczeponek: Die Umsetzung des Völkerrechts und des europäischen Gemeinschaftsrechts in Polen. Unter Berücksichtigung verfassungsrechtlicher Lösungen anderer europäischer Staaten. 2008.

Band 78 Christian Friedrich Fonk: Europäische Luftqualitätsziele und nationale Erfüllungsverantwortung. 2009.

Band 79 Christina Prinzhorn: Der Grundsatz des öffentlichen Zugangs zu amtlichen Dokumenten aus der Perspektive des internationalen Rechts. Materiell-rechtliche Vorgaben durch das internationale Recht für Informationszugangsrechte in den nationalen Rechtsordnungen Europas. 2009.

Band 80 Steffen Eicker: Der Deutsch-Herero-Krieg und das Völkerrecht. Die völkerrechtliche Haftung der Bundesrepublik Deutschland für das Vorgehen des Deutschen Reiches gegen die Herero in Deutsch-Südwestafrika im Jahre 1904 und ihre Durchsetzung vor einem nationalen Gericht. 2009.

Band 81 Niels Beisinghoff: Corporations and Human Rights. An Analysis of ATCA Litigation against Corporations. 2009.

Band 82 Gesine Wolf-Zimper: Zielgerichtete Sanktionen des Sicherheitsrates der Vereinten Nationen und effektiver Rechtsschutz. 2009.

Band 83 David Bergius: Die offene Frage des Privateigentums der Vertriebenen im deutsch-polnischen Verhältnis. 2009.

Band 84 Axel Rolf Schneider: Petitionen zum Europäischen Parlament mit Berücksichtigung des Bürgerbeauftragten. 2009.

Band 85 Tobias Nord: Rechtsnachfolge bei zwischenstaatlichen Organisationen. 2010.

Band 86 Marcel Bongard: Emissionshandel und effektiver Rechtsschutz: Ein unvereinbarer Gegensatz? Eine Untersuchung zu den Auswirkungen marktwirtschaftlicher Umweltschutzinstrumente auf den Individualrechtsschutz am Beispiel des Emissionshandelssystems. 2010.

Band 87 Armin Huhn: Amtshaftung im bewaffneten Auslandseinsatz. Anwendbarkeit und Leistungsfähigkeit des Amtshaftungsrechts bei Verletzung des *ius in bello*. 2010.

Band 88 Johannes Mosters: Ethische Beschaffung. Sekundärzwecke im Zeitalter der Globalisierung. 2010.

Band 89 Thomas Herntrich: Thüringen. Von den thüringischen Kleinstaaten nach Zerfall des Alten Reiches bis zum Freistaat Thüringen. Eine völkerrechtliche und verfassungsrechtliche Betrachtung. 2010.

Band 90 Marcelo Antonio Villagrán Abarzúa: Verfassungsrechtliche Grundlagen der Gemeindeverwaltung in Chile. Auch ein Beitrag zur Dezentralisierung und Dekonzentration. 2010.

Band 91 Manfred Hechtl: Die offensive Defensive: Das Recht der präventiven Selbstverteidigung? Lösungsansätze für (scheinbare) Bedrohungen durch einzelne Staaten und internationale Terrornetzwerke. 2011.

Band 92 Christian Grüner: Quantität und Qualität der europäischen Rechtsetzung. 2011.

Band 93 Anna Keller: Der neue Rechtsrahmen für den öffentlichen Rundfunk in Frankreich. 2011.

Band 94 Jörn Eschment: Musterprozesse vor dem Europäischen Gerichtshof für Menschenrechte. Probleme und Perspektiven des Piloturteilsverfahrens. 2011.

Band 95 Marija Dietrich: Staatliches Souveränitätsverständnis im Wandel der gesellschaftspolitischen Strukturen. Eine Perspektive der Europäischen Union nach Inkrafttreten des Vertrags von Lissabon. 2011.

Band 96 Philipp Austermann: Die Anrechnungsbestimmungen im Abgeordnetenrecht des Bundes und der Länder. Eine verfassungsrechtliche und verfassungspolitische Untersuchung unter besonderer Berücksichtigung des Abgeordnetenstatus. 2011.

Band 97 Gilbert Gornig (Hrsg.): Krisengebiete der Welt. Völkerrechtliche und politische Aspekte. 2011.

Band 98 Jörg Brackmann: Genehmigung, Anmeldung und Anzeige gentechnischer Arbeiten und Anlagen. Nach den Änderungen des Gentechnikrechts 2002, 2005 und 2008. 2011.

Band 99 Giuseppe de Vergottini / Valeria Piergigli (eds.): Topographical Names and Protection of Linguistic Minorities. 2011.

Band 100 Nevzat Kirkagac: Verdachtsausweisungen im deutschen Rechtsstaat. 2011.

Band 101 Karlheinz Rode: Verfassungsidentität und Ewigkeitsgarantie. Anmerkungen zu einem Mythos der Deutschen Staatsrechtslehre. 2012.

Band 102 Markus Kühnl: Enteignung und Mediation. Ansätze mediativer Konfliktlösung hinsichtlich einer Enteignung zur Realisierung planfeststellungsbedürftiger Großvorhaben. 2012.

Band 103 Max Fischer: Das System konsistenter Entgeltregulierung im deutschen Telekommunikationsrecht. 2012.

Band 104 Jennifer Satish: Nationale Handlungsspielräume beim Anbau von gentechnisch veränderten Organismen (GVO). Europa- und welthandelsrechtliche Implikationen. 2012.

Band 105 Eva Marie Lischka: Völkerrechtliches und nationales Schifffahrtsrecht. 2013.

Band 106 Friederike Maria Posor: Der Darfur-Konflikt und seine Auswirkungen auf die internationale Staatengemeinschaft. Vor dem Hintergrund neuer völkerrechtlicher Rechtsfortbildung. Möglichkeiten und Grenzen der internationalen Friedenskonsolidierung. 2013.

Band 107 Kai Georg Krenz: Rechtliche Probleme des internationalen Kulturgüterschutzes. Durchsetzung, Harmonisierungsbestrebungen und Restitutionen von Kulturgütern. 2013.

Band 108 Jörg Sommer: Das Recht der Kriegsgefangenen in modernen bewaffneten Konflikten. 2013.

Band 109 Henning Hildebrandt: Die Rechtsproblematik multipler Regulierungsstrukturen in der Doping-Bekämpfung. Zur Notwendigkeit und Möglichkeit einer globalen öffentlich-rechtlichen Kontrolle sozialmächtiger Sportverbände. 2013.

Band 110 Isabelle Reutzel: Das Weltraumrecht in Europa. Eine Analyse der nationalen Regelungen zur Raumfahrt. 2014.

Band 111 Lì Lǐ: Potenzial und Grenzen der Missbrauchskontrollregelung in der Europäischen Union und in der Volksrepublik China. Eine rechtsvergleichende Analyse am Beispiel der Kampfpreisstrategien. 2014.

Band 112 Adrianna Agata Michel: Polens Staatlichkeit in sieben Jahrhunderten. Eine völkerrechtliche Analyse zur Staatensukzession. 2015.

Band 113 René Ghouse: Langzeitverantwortlichkeit im parlamentarischen Gesetzgebungsverfahren. Ausgewählte Reformbemühungen zum Schutz nachrückender Generationen auf dem Prüfstand. 2016.

Band 114 Jan Ulrich Heinemann: Die Entwicklung der Außenkompetenzen der Europäischen Union im Vergleich der Rechtslagen vor und nach dem Reformvertrag von Lissabon. Unter besonderer Berücksichtigung der impliziten Außenkompetenzen. 2016.

Band 115 Christian Ehlenz: Zum Verhältnis von Recht und Ökonomik beim Behinderungsmissbrauch gemäß Art. 102 AEUV. Die Zwangslizenzierung von Immaterialgüterrechten als Paradigma des More Economic Approach. 2016.

Band 116 Franziska Schuierer: Nation-Building als Aspekt des Völkerrechts. Friedenssicherung in Nachkonfliktsituationen. 2016.

www.peterlang.com

www.ingramcontent.com/pod-product-compliance
Ingram Content Group UK Ltd.
Pitfield, Milton Keynes, MK11 3LW, UK
UKHW021844290926
8980IPUK00005B/642

9 783631 681152